실크로드의 종교 교육기관

수도원 - 마드라사 - 경당 - 서원

실크로드의 종교 교육기관

수도원-마드라사-경당-서원

초판1쇄 인쇄 2024년 2월 13일
초판1쇄 발행 2024년 2월 20일

지 은 이 계명대학교 실크로드연구원 편
펴 낸 이 신일희
펴 낸 곳 계명대학교 출판부
출판등록 제347-1998-1호(1970. 9. 1.)
주 소 대구광역시 달서구 달구벌대로 1095
대표전화 053-580-6233
팩 스 053-580-6235
홈페이지 www.kmupress.com

ISBN 979-11-6516-197-2 93210 값 35,000원

실크로드의 종교 교육기관

수도원 - 마드라사 - 경당 - 서원

계명대학교 실크로드연구원 편

계명대학교 출판부

차 례
Contents

제2부

이슬람 세계의 마드라사_조미경

제3부

중국의 경당_권상우

제4부

한국의 서원_김기주

머리말

Preface

실크로드의 교육기관은 종교와 긴밀하게 연결되어 있다. 따라서 종교가 권력을 얻으면 교육기관의 권력도 강해지고 그 반대의 경우도 마찬가지이다. 실크로드가 종교의 길이면서 권력이동의 길인 이유가 바로 그 때문이다. 2,000여 년 전 한나라 무제의 명령으로 장건이 실크로드를 개척했을 당시에는 유목민 훈족과 정주민 한漢족의 힘겨루기가 관건이었고, 3세기 기독교가 로마의 국교로 공인된 이래 실크로드에서는 중국과 로마제국의 교역에 편승한 기독교와 불교, 유교 사상의 교류가 활발하게 이루어졌으며, 7세기 이슬람교의 탄생 이후 실크로드는 무슬림 유목민의 주무대였다. 이슬람 문명이 서쪽의 기독교 문명과 만나 교류하면서 이베리아 반도에서 이슬람 문명이 뿌리내리게 되고, 동쪽 중국의 유교문화와 접촉함으로써 중국에서 유교와 이슬람의 혼합 형태인 경당교육이 이루어졌다. 당시 실크로드의 동쪽에 있던 조선은 중국 유교 교육의 영향을 받아 서원을 설립하고 조선의 실정에 맞게 변용하여 서원 교육을 발전시켜가고 있었다.

종교와 교육을 포석으로 삼아 실크로드를 따라 걷는 이유는 한편으로 실크로드가 5대양 6대주를 연결하고 두루 포괄하고 있다는 사실을 다시 한번 상기시켜 실크로드 국한론의 한계를 극복하고, 다른 한편으로 동서양을 잇는 실크로드 본연의 역할과 양극단을 오가며 그 무게중심을 잡는 실크로드 정신을 강조하면서 세계사의 기울어진 운동장을 바로 잡아 보기 위함이다. 이런 맥락에서 시안에서 이스탄불까지 오아시스 도시들을 연결하는 실크로드 육로의 양쪽 횡선이 최대한 연장되고, 메소포타미아, 이집트, 인도, 황하 문명의 발상지에 실크로드 초원로가 제5대 문명의 발상지로 가세함으로써 종횡의 실크로드 교류가 가능해진다. 거기다가 환環지구 실크로드가 21세기 방식으로 재조명되면 그야말로 동서남북은 물론 사방팔방의 공간을 통하는 거대한 환環지구 실크로드 네트워크가 형성될 것이다. 그렇게 되면 그 길 위에서 지금까지 대립적이고 적대적이었던 이원적 가치들이 상호 보완하면서 어깨를 나란히 할 수 있고, 우열을 가리기 위해 혈안이 되었던 세력들이 서로 다름을 인정하고 공존하면서 공생할 수 있는 길이 생긴다. 이것이 바로 본 저서의 집필 목적이고 각 집필자가 궁극적으로 지향하는 바이다.

제1부 **기독교 세계의 수도원**에서 홍순희는 수도원의 역사와 수도원 교육, 수도원의 재정과 건축을 다룬다. 수도원의 역사에서는 수도원의 탄생 배경과 동방과 서방의 수도원 운동, 수도원과 세속 사회의 상생 및 공생으로 수도원의 몸집이 비대해짐과 동시에 세속화 및 타락하는 양상, 그리고 클뤼니, 시토, 설교 수도회 등의 개혁을 다룬다. 이를 위해 수도원 탄생의 배경이 되는 유대교와 기독교, 로마 제국의 상관관계를 짚어보고 로마 제국에서 기독교가 국교로 공인되기 전과 공인된 후, 그리고 게르만 민족의 대이동으로 유럽의 판도가 바뀌면서 기독교 문명에 게르만 문명이

섞이는 과정, 이후 중세 유럽이 전개되는 과정 등을 종합적으로 정리한다. 수도원 운동은 로마 제국에서 기독교가 국교가 되면서 비롯된다. 초기 수도원 운동이 동방에서 시작되었지만 4세기 이후에는 초기 기독교정신을 회복하기 위한 수도원 운동이 서방에서도 점화된다. 그리고 6세기 후반 베네딕도 수도회가 창립되면서 서방 수도원 운동이 체계적으로 이루어진다.

수도원 교육에서는 수도원 생활이 수도원 교육의 기반이라고 전제하고 수도원의 '관조하는 삶'과 '행동하는 삶', 수도원 생활의 2대 원칙인 '기도하고 일하라', 그리고 금욕적인 삶을 생활화하는 수도사의 미니멀 라이프를 알아본다. 또한 수도원의 교육적 기능과 「베네딕도 규칙서」를 분석해 수도원 교육의 이념과 실천 덕목, 사제교육과 사제 공식 업무 관련 교육, 신학교육, 렉시오 디비나 등을 포함하는 수도원 교육 내용을 살펴본다. 수도원 교육의 외연 확장에서는 중세 교육 일반과 중세 수도원 교육에 집중하면서 수도원 교육에서 도시민 내지는 대학 교육으로 중세 교육의 패러다임이 어떻게 전환되었는지 알아본다. 중세 수도원 교육은 베네딕도회 중심의 수도원 교육이 시작된 6세기 말부터 중세가 막을 내리는 15세기까지 수도원 담장 안팎에서 이루어진 교육과 특히 수도원이 구심이 되는 교육 시스템을 아우른다.

수도원 재정과 건축에서는 재정과 건축이 수도원의 역사와 궤를 같이한다고 보고 토지 경작과 가축 사육, 관습부조금 등으로 재정을 충당했던 초기 수도원이 유럽 중세가 전개되는 과정에서 귀족들과 교회로부터 얼마나 적극적으로 재정 지원을 받게 되었는지, 그리고 수도원이 어떻게 거대한 부를 창출할 수 있었는지 살펴본다. 수도원 건축에서는 베네딕도 수도회와 시토 수도회 소속 수도원의 건축 설계도면을 분석하고 설계도면에 반영된 수도회의 성격과 지향점 등을 비교한다. 건축 구조적으로 볼 때, 시토 수도회 소속 수도원의 설계 도면이 더 폐쇄적이고 단순하다는 것을 알 수 있는데, 이는 엄격하고 철저했던 초기 수도원 운동으로 돌아가고자 했던 시토 수도회의 지향성과 이상이 반영되었기 때문이다. 마지막으로 베네딕도 수도회 소속 성 갈렌 수도원과 시토 수도회 소속 마울브론 수도원, 그리고 설교 수도회를 대표하는 아시시의 프란체스코 수도원과 대성당을 탐방해 본다.

제2부 **이슬람 세계의 마드라사**에서 조미경은 1,200여 년의 역사를 지닌 이슬람 세계의 유서 깊은 전통 교육기관 마드라사에 천착했다. 마드라사의 역사에서는 마드라사 형성의 문명사적 배경과 기원, 이슬람 학파, 그리고 마드라사의 전파 과정에 대해 알아본다. 마드라사 형성의 주요한 문명사적 배경을 중국 제지술의 전파와 아랍 왕조 시기 전문 학술기관 '지혜의 집'이 이룬 학술적 성취를 중심으로 살펴본다. 예언자 무함마드가 직접 제자들을 가르친 곳인 '알 수파'를 발생의 기원으로 삼은 마드라사는 11세기경 현재의 중앙아시아 지역인 호라산과 트란스옥시아나 지역 일대에 대거 건립되면서 주변 지역으로 빠르게 확산된 것으로 추정된다. 마드라사의 전파는 이슬람 세력의 정복 전쟁, 실크로드를 통한 문물 교역과 인적 교류 등의 방식으로 이루어졌다. 본 연구에서는 마드라사의 전파 과정을 아랍 왕조 통치 시기, 이란 왕조 통치 시기, 몽골 왕조 집권기, 오스만 튀르크 제국 집권기, 아시아 국가로의 전파 시기 등 다섯 가지 범주로 나누어 살펴본다.

마드라사의 교육에서는 이슬람 교육의 목표를 알아본 후, 마드라사의 생활과 교과과정을 조명한다. 이슬람 교육의 목표는 예언자 무함마드의 가르침에 따라 유일신 알라를 경배하고 꾸란과 하디스를 배워 선한 삶을 지향하는 무슬림을 양성하는 것이다. 이슬람 초등교육기관인 쿠탑에서 종교

교육과 읽기, 쓰기 등의 기초 교육을 마친 학생 중 일부는 마드라사에 입학해 학업을 이어간다. 마드라사 학생들의 일과는 무슬림이 올리는 하루 다섯 번의 기도 시간에 맞춰 이뤄진다. 10세기 무렵 모스크 부속기관으로 등장한 마드라사는 11세기경 교육체계를 정비하면서 제도화된 교육기관의 성격을 띠게 되고, 15세기 오스만 튀르크 제국 시기에 정규 교육기관으로 자리 잡아 발전의 정점에 도달한다. 마드라사 교과과정은 생성 초기에 주로 이슬람 법학과 신학을 중심으로 구성되었지만, 추후 그리스 철학과 페르시아 문학, 자연과학 등 외래학문의 영향을 받아 다양해지고 실생활에 유용한 교과가 추가되면서 보편 교육으로 나아가는 기반을 갖췄다.

마드라사의 운영과 건축에서는 마드라사의 운영주체인 와끄프 재단과 사회적 역할, 마드라사 건축의 특징에 대해 서술한다. 마드라사는 이슬람식 기부제도인 와끄프의 재정 지원으로 모스크에서 분리되어 독자적인 기관으로 설립되었다. 와끄프 제도로 학생들은 무상교육을 받고, 교수진은 경제적인 안정을 이뤄 교육과 연구에 몰두할 수 있었다. 마드라사는 교육적 기능 외에도 정치와 사회 문제 전반에 걸쳐 무슬림 공동체 구성원의 삶에 깊숙이 관여하며 도움을 주었다. 또한 실크로드 상인들과 여행객, 수도승 등 타지인에게도 편의를 제공하고, 유용한 정보와 지식을 제공하는 정보의 집산지가 되었다. 마드라사는 건축적인 측면에서도 이슬람이 추구하는 신앙적 세계관을 잘 드러내는 특성을 가지며, 시대와 지역별로 다양하게 발전한 몇몇 마드라사 건축물은 도시의 외관을 장식하는 상징적인 건물이 되었다.

제3부 **중국의 경당**에서 권상우는 '중국 마드라사'라고도 불리는 경당과 경당교육을 다루었다. 이슬람이 중국에 처음 들어온 시기는 당나라 고

종高宗 영휘永徽 2년651년인 것으로 알려져 있다. 무슬림은 중국에 들어와서 번방蕃邦이라는 무슬림 공동체에서 이슬람의 생활 습관과 종교 의례를 지킬 수 있었지만 명明 조정은 무슬림에게 한어를 사용하게 하고, 동일한 민족과 통혼을 금하고, 해금무역을 추진했다. 이 때문에 아랍이나 서역에서 이슬람 지도자가 중국에 들어오지 못하게 되자 중국이슬람 내부에서 종교 지도자를 양성할 목적으로 이슬람 고등 교육기관인 경당교육을 창시하였다. 경당교육은 이슬람 고등 교육기관이면서도 중국 전통 사숙 교육의 영향을 받은 교육기관이었다. 경당교육은 섬서陝西 지역에서 시작해서 중국 전 지역으로 퍼져 나가면서 섬서학파陝西學派, 산동학파山東學派, 운남학파雲南學派가 등장하였다.

경당교육은 교과 과정, 교재, 학생경생 선발 방식 등을 제도화하였다. 특히 청말 운남학파雲南學派 마덕신馬德新, 마련원馬聯元 등의 공헌이 지대하다. 그들은 경당교육을 소학小學, 중학中學, 대학大學으로 구분하면서 경당교육을 단계적이고 연속적인 교육 과정으로 재편하였다. 그런데 이 세 과정 중에서 중학은 어린 시절에 경문을 배우지 못한 무슬림을 위해서 설립된 학교이다. 경당교육에서 소학과 대학은 전통이슬람에서의 쿠탑과 마드라사 교육 과정에 해당한다. 소학에서는 경전을 암송하거나 이슬람의 기본 교리를 학습하였다면, 대학에서는 이슬람에 관한 전문적인 지식을 가르치면서 종교지도자를 양성하였다. 경당교육의 교과과정에는 아랍형태학, 어법학, 수사학, 논리학, 교법학, 리학, 신학 7문을 가르쳤다. 그 중에서 앞의 4문은 언어 과정 과목들이고, 뒤의 3문은 종교 과정 과목들이다. 앞의 4문은 비록 언어 과정이긴 하지만 언어 학습을 하는 목적이 꾸란을 이해하기 위한 과목이다. 이 두 영역을 합해서 '경주학經注學'이라고 칭하였다. 그리고 아랍어 교학과 짝을 맞추기 위해서 각 과정에 상응하는 페르시아 교재를 제작해서 아랍어와 페르시아어 두 언어 중에 어느 한쪽에도 치우치지 않도록 경당교육 과정 체계를 구성하였다.

경당교육은 이슬람을 세대로 이어갈 수 있는 종교 인재를 양성하고 이슬람 전통 교육 사상을 발전시키는 데 중요한 역할을 한다. 명청 시대에 회족 무슬림은 경당교육에서 이슬람의 가르침과 지식을 중시하는 우수한 전통을 계승하여 경당교육과 한문 역저 활동의 시작과 발전에 중요한 역할을 하였다. 예를 들면, 명청 때 왕대여王岱與, 장중張中, 상지미常志美, 마주馬注, 유지劉智, 마덕신馬德新, 마연원馬聯元 등이 있었다. 그들은 '유학으로 경전을 해석하면서以儒詮經' 이슬람교의 우수한 전통을 계승할 수 있었다. 이들 중 왕대여, 마주, 유지, 마덕신 등은 경당교육을 통한 학습과 왕성한 한문 역저 활동으로 회족 역사에서 유명한 '한문역저술가'되었다. 경당교육이 체계를 갖춘 교육제도가 되면서, 이슬람문화가 중국에서 전승되고 발전하는 데 중대한 작용을 하였다.

제4부 **한국의 서원**에서 김기주는 유교 교육기관인 실크로드 동쪽 끝 조선의 서원을 다룬다. 크게 세 주제로 구성되는데, '서원의 등장과 전개'에서는 서원과 서원 정책의 역사적 전개 과정을, '서원의 교육'은 교육기관인 서원의 교육 활동과 그 특징을, '서원의 건립과 운영'에서는 서원 건립 주체의 변화와 운영과정 등을 각각 살펴본다.

먼저 서원의 등장과 전개에서는 성리학과의 연결고리를 기반으로, 서원의 역사적 전개 과정을 살펴본다. 송대에 성립한 성리학은 앞선 한당시대 훈고학이나 사장학과 차별성을 보여준다. 그 차별성은 사실상 맹자라는 인물, 『맹자』라는 책과 깊이 관련된다. 성리학은 맹자에 대한 재평가에서 성립했기 때문이다. 그런데 맹자에 대한 재평가는 성리학자에게 해결해야 할 하나의 과제를 남겼고, 또 성리학의 주요 특징을 만들었다. 해결해야 할 과제는 맹자를 재평가한 성리학이 유학의 정통 흐름에서 벗어나지 않았다는 사실, 곧 이단이 아니라는 점을 증명하는 것이었다. 반면 맹자의 재평가를 통해 형성된 성리학의 특징은 성선性善에 근거한 인간에 대한 믿음이다. 누구나 공부를 통해 성인이 될 수 있다는 맹자의 주장은 성리학에서 교육에 대한 신뢰로 이어졌다. 이 두 요소는 중국이나 조선에서 성리학자들이 서원이라는 교육기관에 주목하고, 서원건립운동을 펼치는 주요한 계기가 되었다.

다음 서원의 교육에서는 서원의 교육목표와 교과과정을 정리한 후, 무신론無神論에 기초한 성리학이 왜 제향 의식을 강조하는지 살펴보면서, 그 교육적 의미를 분석한다. 그리고 정규 교과과정은 아니지만, 서원의 학문 활동인 회강의 내용과 형식에 대해 정리한다. 향교를 중심으로 한 관학이 관리 양성을 목표로 한다면, 서원의 교육은 성리학적 이념에 근거해 '덕과 분리되지 않는 배움', 윤리적 덕성의 배양을 목표로 삼았다.

마지막 서원의 건립과 운영에서는 지방관이 서원의 건립을 주도하다가 지역의 유림으로, 다시 지역의 유력 문중으로 건립 주체가 바뀌면서 서원의 성격이 변화해 가는 과정을 정리한다. 또 교육기관인 서원이 어떤 경제적 행정적인 기반 위에서 운영되었는지를 살펴보고, 일반적인 서원의 공간구성과 함께, 그 공간을 채우고 있는 서원 건축물의 교육적 용도와 의미를 살펴본다.

전체적으로 제4부는 한국의 서원에 대한 이해가, 넓게는 인류의 문명사적 흐름과 관련되고, 좁게는 성리학과 밀접하게 연관된다는 점에 주목한다. 그리고 다음과 같은 네 가지, 첫째는 성리학의 성립과 함께 교육기관인 서원이 어떻게 등장하는지, 둘째는 성리학적 이념이 서원 교육의 목적, 내용과 방식에 어떻게 구현되는지, 셋째는 성리학적 지향에 기반을 두고 어떻게 서원이 건립 운영되고, 건축물은 그 지향을 어떻게 표현하는지, 마지막으로 이 같은 서원의 등장이 수도원이나 마드라사와 함께 문명사적 흐름에서 어떤 의미를 담고 있는지를 분석한다.

종교와 교육은 인류의 역사에서 언제나 권력의 중심에 있었다. 종교는 인간 이성이 신의 권좌를 차지한 이래 종교의 세속화가 이루어지면서 세속적인 권력을 얻는 수단이 되었고, 교육은 인간과 인간을 우열로 나누는 잣대가 되어 우월한 인간이 열등한 인간에 대한 권리 확보의 도구가 되었다. 따라서 권력화된 종교가 '권력의 의지'를 강화하기 위해 교육기관을 설립하고 그곳에서 교육받은 자를 통해 권력을 승계하는 방식으로 권력을 확대하고 유지했다. 다시 말하면 종교와 교육은 신권神權과 인권人權을 동력으로 삼아, 때로는 나란히, 때로는 착종되어, 때로는 두 개의 괴물이 되어 세계사의 수레바퀴를 굴렸다. 그 결과 때로는 종교와 교육이 보조를 맞추며 균형을 잡았고, 때로는 힘을 합쳐서 둘 다 비대해졌으며, 또 어떤 때는 한쪽으로 힘이 기울어져서 다른 한쪽을 집어삼키는 일도 생겼다. 또 다른 때는 둘 다 아귀다툼으로 변질되거나 타락하여 결국 소멸되기도 하는데, 이러한 과정과 절차 역시 자연의 순환 원리와 원칙을 그대로 따른다. 실크로드 상의 수많은 종교 중에 유럽 기독교의 수도원과 아랍·이슬람의 마드라사, 중국의 경낭, 한국의 서원을 그 포석으로 삼아 실크로드의 얼굴을 그려본다.

2024년 2월

저자 일동

제1부

기독교 세계의 수도원

홍순희

제1부
Chapter

기독교 세계의 수도원

1. 수도원의 역사

1) 수도원의 탄생과 수도원 운동

(1) 수도원의 탄생 배경

중세 기독교 세계와 수도원을 올바로 이해하기 위해서는 기독교와 유대교의 유사점과 차이점을 비교 또는 대비하는 작업이 필요한데, 그 이유는 기독교와 유대교, 이슬람교가 한 뿌리에서 뻗은 세 줄기임[01]에도 불구하고 기독교와 유대교가 과거부터 현재까지 끊임없이 반목과 갈등의 관계를 견지했기 때문이다. 기독교의 기원은 유대교와 맞닿아 있다. 물론 현재

---

01 신종락, "레싱의 눈에 비친 유대교, 기독교, 이슬람교의 특성과 종교적 변화-드라마 『현자 나탄』을 중심으로-," 『인문과학』 64 (2017): 263쪽 이하 참조.

의 유대교와 고대의 유대교는 다르고 기독교와 유대교의 상관성도 많이 느슨해졌지만, 예수 자신이 유대인이고 기독교가 유대교에서 유래한 점 등으로 볼 때, 유대교와 기독교의 관계를 획일적으로 규정할 수는 없다.[02] 특히 기독교의 유대교 박해나 두 종교 간 반목의 이유는 종교와 무관하고 심지어 반종교적이다. 로마 제국에서 기독교가 국교로 공인된 313년 전후로 오랜 세월 불편했던 유대교와 기독교의 관계는 결국 적대적으로 변했다. 그리고 기독교를 국교로 공인한 후 로마 제국과 유대 민족 간 전쟁에서 유대인이 참패하여 로마 가톨릭 중심 중세 유럽의 기독교 판도에서 유대교는 점점 밀려났다. 유대교를 뿌리로 삼는 헤브라이즘과 그리스와 동방 문화의 혼합 형태인 헬레니즘이 예수 탄생을 계기로 로마 제국에서 만나 향후 유럽 문명 또는 문화의 양대 축을 이루는데, 사실 헤브라이즘은 유대교와 기독교의 혼합 내지는 착종 형태로 변용되었다.

로마 가톨릭과 15세기 이후 개신교는 예수의 탄생과 고통, 죽음과 부활, 그리고 재림을 구심으로 올바른 믿음과 사랑을 강조하는데, 기독교에서는 인간의 죄를 대속하기 위해 십자가에 못 박혀 죽은 하느님의 아들, 즉 독생자 예수의 사랑을 가장 고차원적이고 고귀한 것으로 보고 예수 그리스도를 구세주 또는 구속자로 영접할 경우, 죄 사함을 받고 구원될 수 있다고 믿는다. 이런 맥락에서 기독교에서는 죄지은 자를 처벌하는 것보다 용서하는 것을 더 중요하게 생각한다. 반면 유대교에서는 야훼의 율법이 모든 것보다 선행하고 모든 것의 지침과 잣대가 된다. 유대인들은 전통과

---

02 게르트 타이센, 박정수(역), “유대교와 기독교 바울에게서 시작된 두 종교의 분열에 대한 사회사적 고찰,” 『신약논단』 13, 4 (2006): 1056쪽. 타이센은 유대교와 기독교의 관계 설정에 관한 세 가지 모델, 즉 유대교와 유사한 기독교, 유대교의 확장인 기독교, 유대교의 변형인 기독교를 제시한다.

관습, 의식과 의례, 기도와 올바른 행동을 중요시하고 대속하는 자나 구세주와 같은 존재의 매개 없이 선한 행동을 하면 하느님과 직결될 수 있다고 믿는다. 이런 맥락에서 유대교에서는 잘못한 행동에 '이에는 이, 눈에는 눈'이라는 양형 원칙이 적용된다. 따라서 하느님과 유대 백성 사이에 맺어진 언약을 이행하는 것이 유대교에서는 가장 중요한데, 무엇보다 유대인에게는 하느님의 선택을 받은 백성으로서 하느님께서 그들에게 '젖과 꿀이 흐르는 가나안' 땅을 약속했다는 믿음이 절대적이었다. 게다가 믿음대로 행하는 것이 유대교 신앙의 원칙이자 유대인의 생활 기준이었기 때문에 그들의 삶이 기독교인의 삶보다 훨씬 엄격하고 가혹했다.

학술적으로 유대교가 규명된 것은 바빌론유수BC 597-BC 538 사건 이후부터이다. 바빌론유수는 이스라엘 유다왕국 사람들이 포로가 되어 신바빌로니아BC 626-BC 539의 바빌론으로 이주한 사건을 말하는데, 신바빌로니아를 정복한 페르시아의 고레스 왕Cyrus the Great=키루스 2세, BC 550-BC 530 재위은 당시 바빌론에 포로로 잡혀 있던 유대인들을 풀어주면서 고향으로 돌아가 예루살렘 성전을 재건할 수 있도록 적극적으로 도와주었다. 물론 그보다 500년 전쯤인 기원전 10세기경에 이스라엘 왕국의 야훼교가 존재했지만 그것을 유대교의 직접적인 전신으로 보기에는 학술적인 근거가 부족하다. 기원전 5세기 예루살렘 성전을 재건할 당시에는 레위지파Levites 사두개파Sadducees[03]가 있었고

---

03 사두개파는 다윗과 솔로몬 치세의 대제사장 사독을 선조로 하는 종파로 유대인의 종교와 정치 최고 지도자, 즉 대제사장을 지지한 당파이다. 사두개파는 정치적인 색채가 강한 소수의 교양인으로 구성되었고 기원전 2세기부터 기원후 70년까지 실질적인 권리를 누리고 행사한 귀족계급에 속했다 https://en.wikipedia.org/wiki/Sadducees (검색일: 2023.12.30.)

기원전 3세기와 2세기에는 바리새파Pharisees[04]와 에세네파Essenes[05]가 있었는데, 예수 탄생 이후 70년까지 바리새파와 에세네파의 상호 작용은 서로에게 긍정적인 영향을 끼쳤다. 하지만 로마가 반反유대인 정책을 적극적으로 시행할 때, 그러니까 예루살렘 성전을 파괴하고 반反로마 유대인을 탄압하고 축출하는 정책을 폈을 때, 바리새파가 친親로마 노선으로 유일하게 현대까지 명맥을 유지할 수 있었다면 에세네파는 반反로마 기조를 유지하면서 당시 로마 제국의 사회 분위기와 거리를 두어 로마 제국의 핍박을 받았다.

로마 제국의 유대교 탄압은 로마 제국이 기독교를 국교화한 이후 기독교의 유대교 억압으로 이어졌다.[06] 로마 제국이 유대교를 탄압하는 동안 민중 유대교도들이 아래로부터 봉기하여 로마 제국에 강력하게 저항했기 때문에 결국 로마 제국이 유대교를 예외적으로 허락했고,[07] 그 결과 기원전 1세기부터 기원후 1세기까지 유대인들은 한편으로 종교 활동의 전성기를 구가할 수 있었고, 다른 한편으로 병역 면제와 세금 감면 등의 특혜를

---

04 바리새파는 귀족 중심의 사두개파와 달리 중간 계급의 평신도가 주를 이루는 종파로 유대교 경건주의에 속한다. 바리새파는 예수 생존 당시에 활약을 했고 그리스-로마 문화나 그리스-동방 문화가 사회 전반에 팽배한 상황에서 이스라엘 신앙과 문화의 고유성을 지키기 위해 율법의 가르침을 아주 엄격하게 지켰다 https://en.wikipedia.org/wiki/Pharisees (검색일: 2023.12.30.)

05 에세네파를 흔히 쿰란 공동체라고 부르는데, 그 이유는 이들의 금욕적인 삶의 흔적이 쿰란 동굴에 온전히 남아있었기 때문이다. 에세네파는 종말과 종말 이후의 삶을 기대하고 믿었기 때문에 현실적인 삶을 부정적으로 보고 반유대인 정책을 펼치는 로마 제국과 거리를 두려는 경향이 강했다. 에세네파는 대부분 분리 또는 격리된 채 사회생활과 수도생활을 병행했고 일부는 완전히 분리된 성소에서 수도하기도 했다 https://en.wikipedia.org/wiki/Essenes (검색일: 2023.12.30.)

06 김은규, “로마 콘스탄티누스 황제 전·후 시대에 기독교의 유대교 박해,” 『신학사상』 184 (2019): 68쪽 .

07 염창선c, “초기 기독교와 로마제국의 정치적 갈등과 대응,” 『서양고전학연구』 51 (2013): 134쪽.

누릴 수 있었다.[08] 이에 로마 시민들은 반감을 갖고 다시 유대인들을 적대시했다.[09] 그리고 이러한 감정이 1, 2세기부터 싹트기 시작하여 4세기 이후 본격화된 기독교도의 반유대인 감정과 연결되었고 이러한 정서가 기독교 로마 제국에 팽배해졌다.[10]

로마 제국이 기독교를 국교로 승인하기 전 로마 제국의 초기 기독교 탄압은 유대교 탄압의 연장선상에 있었다. 64년에 시작된 네로 황제Nero, 54-68년 재위의 기독교 박해[11]로부터 313년 밀라노 협약이 체결되기 전까지, 약 250년 중 140년 이상을 10명의 로마 제국 황제[12]들이 기독교를 박해했다.[13] 로마 제국 초기에 기독교 박해로 수많은 기독교도가 순교했고, 박해가 심하면 심할수록 초기 기독교 정신을 지키고 기독교 신앙을 실천하려는 저항도 그만큼 커졌다.[14] 로마 제국의 초기 기독교 박해와 박해의 반작용인 기독교도의 순교, 즉 지속적이고, 반복적이며, 무차별적인 박해와 그것에 버금가는 저항 내지는 순교라는 '정'과 '반'의 끊임없는 지양 운동의

---

08 김은규, 앞의 논문, 67쪽.

09 W. Klassen, "Anti-Judaism in Early Christianity: The State of the Question," in P. Richardson and D. Granskou (Eds.), *Anti-Judaism in Early Chtirtianity*, vol. 1 (New York: Wilfrid Laurier University Press, 1986), pp. 11-12.

10 R. Wilde, *Treatment of the Jews in the Greek Christian writers of the first three centuries* (Washington, D.C.: Catholic University of America Press, 1949), pp. 32-37.

11 E. Champlin, *Nero* (Cambridge: Belknap Press of Harvard University Press, 2005), pp. 121-122. 로마는 항상 화재에 취약했는데, 64년, 목조 건물 중 하나로 추정되는 곳에서 화재가 발생했고, 하필이면 바람이 심하게 불어 일주일 이상 불길이 번졌다. 화재 원인을 둘러싸고 민심이 흉흉해지자 네로 황제는 자신의 혐의를 불식하기 위해 당시 신흥 종교였던 기독교에 화재 책임을 묻고 기독교도를 대학살했다. 그리고 이로써 네로 황제가 기독교를 박해한 최초의 로마 제국 황제라는 오명을 남겼다.

12 이쾌재, "로마제국 기독교 박해의 제요인," 『사총』 26 (1982): 58쪽.

13 염창선a, "4세기 교회와 국가의 '교회정치적(kirchenpolitisch)' 차원", 『한국교회사학회지』 18 (2006): 97쪽; 염창선c, 앞의 논문, 109쪽; 김은규, 앞의 논문, 68-69쪽 참조.

14 폴 존슨, 『기독교의 역사』, 김주한 옮김 (서울: 포이에마, 2013), 142-143쪽; 이쾌재, 앞의 논문, 57-127쪽 참조.

결과, 기독교가 로마 제국의 국교가 되는 '합'에 이르렀지만 그때까지 로마 제국과 초기 기독교는 상극의 대립적인 이원성 그 자체였기 때문에 양자는 "함께 어우러지기 힘든 조직체"[15]였을 뿐만 아니라 둘 사이에는 공생과 공존을 위한 공통분모가 없었다.

313년 기독교가 로마 제국의 국교가 되자 기독교는 로마 제국으로부터 받은 박해의 칼날을 유대교에 휘둘렀다. 기독교인에게 유대인은 인간의 원죄를 대속하기 위해 하느님의 독생자로 이 세상에 온 메시아 예수를 박해하고 죽인 살인자였기 때문에 그들을 박해의 우선 대상으로 삼는 것은 당연했고 그들에 대한 단죄는 정당했다. 게다가 유대인이라는 공동의 적을 섬멸하기 위한 로마 제국과 기독교의 연합은 양측의 유대인 적대 감정에 기름을 부었다. 4세기 이후에는 기독교가 로마 제국의 상류층에 파고들기 시작했고 반유대인 감정에 사로잡힌 무리가 교회로 몰려들었기 때문에 로마 제국만큼이나 권력을 가지게 된 기독교[16]가 유대인을 증오하고, 그들을 범죄자로 규정하며, 심지어 그들을 괴물로 보는 등 유대인 박해의 선봉에 섰다.[17] 이러한 일련의 행위로 로마 제국과 기독교는 승승장구했고 그 결과 기독교는 세속적인 권력을 확보하여 더 이상 순교와 희생으로 점철되었던 초기 기독교 정신을 고집할 필요가 없게 되었다.

---

15 염창선c, 앞의 논문, 109쪽.

16 J. E. Seaver, *The Persecution of the Jews in the Roman Empire*(300-428). (Lawrence: University of Kansas Publications, 1952), p. 19.

17 J. E. Seaver, *ibid.*, p.19.

(2) 동방 수도원 운동

기독교 수도원주의[18]의 발흥에 유대교나 그레코 로마 철학[19], 동방 종교가 다소 영향을 끼친 흔적은 분명히 있다. 물론 그렇다고 해서 이러한 요소들에서 기독교 수도원 운동이 촉발되었다고는 볼 수 없다. 다만 이러한 종교나 사상이 기본적으로 수덕주의[20]를 기반으로 한 수도생활을 공유하고 있으므로 유럽 기독교 세계의 수도원 운동을 이야기할 때 이것들이 거론되기도 하는데, 이런 맥락에서 수덕주의는 수도원주의의 전 단계[21]에 해당한다고 볼 수 있다. 하지만 주지하는바 기독교 수도원 운동은 초기 기독교 정신이 해이해짐에 따라 박해 당시 순교자들의 희생정신이 희석되고 기독교인의 신앙생활이 느슨해진 데서 비롯되었다. 수도원 운동은 초기 그리스도교가 박해받을 당시, 신앙을 지키고 복음을 전하기 위해 순교를 무릅쓴 기독교인과 기독교 정신을 바탕으로 한다.[22] 로마에서 기독교가 공인되고 마침내 국교가 되자 기독교인은 더 이상 박해를 당할 이유

---

18 정용석, "수도원의 형성과 역사," 『기독교사상』 682 (2015): 11쪽. 수도원주의(monasticism)라는 말은 그리스어 'monasterion'에서 유래했는데 고대에 독거하며 수도생활을 하는 은자의 거처나 수도사들의 공동생활 주거지를 일컫는 말이었다. 그리스어 'monos'는 '홀로'라는 뜻이며 'monachos'는 '독거자'를 의미한다.

19 그레코-로마는 기원전 333년 마케도니아의 알렉산드로스 대왕의 동방원정으로 촉발된 동서양 문명의 만남과 충돌, 융합이 일어난 시기를 아우른다. 이 시기에 헤브라이즘과 헬레니즘이 만나 한편으로는 충돌하고 다른 한편으로는 융합함으로써 또 하나의 문화현상을 만들어낸다. 임진수, "그레코-로만 세계와 초기 기독교의 자선가 사상(euergetism)," 『Canon & culture』 16 (2014): 269쪽 참조.

20 정용석, 앞의 논문, 9쪽. 그리스어 'askesis'에서 유래한 수덕주의는 본래 고대 그리스 운동선수들의 '훈련, 연습, 실천'을 일컫는 말로서 "극기 또는 자기부정의 실천을 통해 자신을 정화하고 덕을 쌓아 신에게 접근하고 궁극적으로 신과 합일을 이루려는 노력"이라고 정의할 수 있다.

21 정용석, 위의 논문, 11쪽.

22 로마 제국의 그리스도교 박해는 1세기경부터 시작하여 밀라노 칙령(313)으로 종교적 자유가 허용되기 전까지 계속되었다. 그러다가 4세기 말에 그리스도교가 로마의 국교가 되는데, 박해 당시, 황제숭배를 거부하고 신앙을 지키려고 했던 수많은 그리스도교 신자들은 십자가형, 참수형, 맹수와의 격투 등의 잔혹한 방법으로 순교하였다.

가 없어졌다. 평화의 시기가 지속되자 초기 기독교 정신이 해이해졌고, 이에 박해의 시대로 소급해서 초기 기독교 정신을 회복하기 위한 움직임이 동방에서부터 일어난다. 그리스도교 수도생활의 발상지는 동방의 이집트 사막[23]이고 리비아, 시리아, 이스라엘, 시나이반도 등지에서 독거 수도사들이 등장했다. 수도생활 초기 역사에서 수도사들이 이집트 사막이나 광야, 섬이나 동굴에서 혼자 극도의 금욕생활과 기도와 명상을 하면서 고립된 생활을 했다는 것을 알 수 있다. 초기 독거 수도사의 이러한 선택은 313년 밀라노 칙령 이후에 교회가 제국과 유착하여 권력자들의 교회가 된 것과 밀접한 관계가 있다. 이런 역사적 배경에서 초기 기독교 신앙의 순수성을 지키면서 신에게 전적으로 기대어 마침내 신과 합일하기 위해 초기 그리스도인들은 세속을 떠나 사막으로 들어가서 수도생활을 하게 되었다.[24]

최초의 독거 수도사이자 수도생활의 창건자로 간주되고 '수도사의 아버지'라고 불리는 대大안토니우스Anthony the Great , 251-356[25]는 이집트에서 태어났다. 안토니우스는 4세기 초 급변한 로마 사회와 변질된 기독교 정신과 최대한 거리를 두기 위해 스스로 사회와 격리하여 자신을 사막 한가운데 '내던진' 것이다. 그는 홀로 있기를 갈망하면서 철저하게 자신을 버림으로써 신의 품에 안기고자 했다. "네가 온전하고자 할진대 가서 네 소유를

---

23 그래서 수도원 운동에서 이집트가 "다른 나라보다 앞서 있고 첫째가는 수도자의 나라", 또는 "수도원 생활의 표본국"으로 간주된다. 칼 프랑크, "동방 수도원의 초기 형태," 『신학전망』 71 (1985): 84쪽(이하 프랑크b로 표기함).

24 프랑크b, 위의 논문, 84쪽. 프랑크는 안토니우스가 고향 근처에 있는 사막으로 옮겨간 것에 대해 사막에서 일찍 터전을 잡고 한평생 사막 생활을 하고 있던 사람들과 합류한 것에 불과하다고 보기도 한다. 하지만 수도원 운동의 역사에서 안토니우스는 독거 수도사의 효시가 된다.

25 손은실, "중세 수도원의 빛과 그림자-수도회 변천의 큰 흐름: 기원에서 13세기 탁발수도회까지," 『기독교사상』 675 (2015): 13쪽.

팔아 가난한 사람에게 주라 그리하면 하늘에서 보화가 네게 있으리라 그리고 와서 나를 따르라 하시니"[26]라는 성경 말씀을 읽고 지체 없이 부모의 재산을 모두 팔아 가난한 사람에게 나누어 주었다.

동방의 초기 수도사 중에 안토니우스처럼 이집트에서 태어나 사막에서 독거 수도생활을 한 또 한 명의 수도사가 있었으니 그가 바로 성 파코미우스St. Pachomius Great, 292-346이다. 파코미우스는 본래 기독교인이 아니었지만 개종 후 스스로 독거 수도생활을 했고 "믿는 사람이 다 함께 있어 모든 물건을 서로 통용하고 또 재산과 소유를 팔아 각 사람의 필요에 따라 나눠 주며"[27]라는 성경 구절을 읽고 말씀에 따른 순명의 삶을 살기로 결단했다. 그리고 세상을 위해 자신의 생명을 바치게 해달라고 그리스도에게 간절히 기도했다.[28] 또한 "날마다 마음을 같이하여 성전에 모이기를 힘쓰고 집에서 떡을 떼며 기쁨과 순전한 마음으로 음식을 먹고"[29]라는 성경 말씀을 몸소 실천했는데, 자신이 가진 것을 필요한 사람에게 필요한 만큼 모두 나눠주면서 그들과 함께 심적 교감과 영적 교류를 하면서 삶과 수도생활을 공유했다.[30] 이런 맥락에서 파코미우스는 초기 공주共主 수도원 공동체의 창시자[31]가 되었다.

---

26 큰글성경편찬위원회, 『아가페 큰글 성경』 (서울: ㈜ 아가페출판사, 2008), 32쪽. (마태복음 19장 21절).

27 큰글성경편찬위원회, 위의 책, 191쪽. (사도행전 2장 44-45절).

28 A. Ryrie, *The Desert Movement: Fresh Perspectives on the spirituality of the desert* (London: Canterbury Press Norwich, 2011), p.49.

29 큰글성경편찬위원회, 앞의 책, 191쪽. (사도행전 2장 46절).

30 프랑크b, 앞의 논문, 86쪽. 프랑크는 이에 대해 "조직력이 뛰어났던 그는 어떤 사명 의식을 띠고 있었으며, 그 당시 은수자들이 한 단일체를 이루려는 경향을 파악하고 이들을 결속시키는 데 애를 썼다."고 분석한다.

31 지재구, "초기 공주 수도원 공동체(Coenobitic monasticism)에 관한 연구: 성 파코미우스(St. Pachomius Great, 292-346 AD)의 삶과 영성을 중심으로," 『교회사학』 23 (2023): 256쪽.

세 번째 동방의 초기 수도원 형태는 독거 또는 공주 수도원과 다르다. 독거 수도원과 공주 수도원의 경우, 세속 사회와 떨어져 있는 것이 일반적인데, 대大바실리우스Basil the Great, 329-379는 독거 또는 공동체 수도생활을 하는 사람들을 교회 안으로 불러들였고 사람들이 사는 마을 안에 수도원을 설립했다. 성인 집안[32]의 귀족 출신인 바실리우스는 그리스 아테네에서 공부한 후 가족 소유의 땅에서 수도생활을 했는데, 수도사가 성서 중심의 영적인 삶뿐만 아니라 사회적인 삶도 살아야 한다고 강조했다. 그래서 수도원과 마을의 거리가 가까워졌고 수도원이 사회사업과 교육사업을 맡아 했는데, 바실리우스는 수도원 생활로 빈부격차를 좁히기 위해 특별히 노력했다.[33] 바로 이 지점에서 바실리우스 수도원의 특징이 잘 드러난다. 바실리우스는 어원적으로 '혼자' 또는 '격리'의 의미를 지닌 수도원을 교회 안으로 끌어들이면서 수도원과 세속의 경계를 허물었다. 바실리우스가 만든 동방교회 수도원은 베네딕도가 만든 서방교회에 버금간다.[34]

(3) 서방 수도원 운동

동방에서 일기 시작한 수도원 운동이 유럽에도 불어닥쳐 유럽 각지에 수도원이 생겨났고 수도원의 형태도 동방과 마찬가지로 다양했다.[35] 서

---

32 노성기, "바실리우스가 세운 사랑의 도시, '바실리아드'," 『신학전망』 200 (2018): 43쪽. 바실리우스의 할머니와 아버지, 어머니가 성인이고, 10남매 중에 바실리우스 자신을 포함해서 4명이 성인이다.

33 노성기, 위의 논문, 55쪽 이하 참조; 하성수, "부와 가난에 대한 바실리우스의 이해," 『신학전망』 172 (2011): 75쪽 이하 참조.

34 프랑크b, 앞의 논문, 93쪽.

35 정용석, 앞의 논문, 12쪽 참조. 수도원의 유형으로는 세상과 격리되어 홀로 생활하는 독거(獨居) 수도원과 수도사들이 공동체를 이루어 규범에 따라 수도생활을 하는 공주(共住) 수도원, 그리고 이 두 형태를 절충한 반(半)공주 수도원이 있다.

방교회 수도원의 생성에 대해서는 자체 발생설과 동방교회 전파설이 있고 이 두 가지 입장은 긴 논쟁 끝에 둘 다 근거가 있다고 결론이 났다.[36] 서방에서 수도생활이 수도원의 형태를 띤 것은 4세기 후반이었다. 그때부터 서방교회는 동방교회의 '야만적인' 방랑 고행 수도생활 대신 수도원 울타리 안에서 "길들여진 수도원 생활"[37]을 시작했는데, 히에로니무스Eusebius Sophronius Hieronymus, 347-420[38]가 그 중심에 있었다.

히에로니무스는 소아시아 안디옥 부근 황야에서 수도생활을 체험한 후 로마로 돌아와서 본격적으로 수도원주의를 전파하기 시작했다.[39] 특히 382년부터 384년까지 로마에 체류했던[40] 히에로니무스는 고행과 같은 수도 집회를 주관했고 당시 적극적으로 고행 수도를 실천한 부녀자에게 영적 수도생활과 성경 공부를 같이 지도했다. 히에로니무스가 로마를 떠난 후 여인들은 고행과 같은 수도생활의 터전을 시골로 옮기고 거기에서 가정공동체적인 성격의 수도생활을 이어나갔는데, 엄격한 제한과 극도의 금

---

36 칼 프랑크, "서방 수도원의 시작," 『신학전망』 73 (1986): 52쪽 참조. 프랑크는 라틴 교회에 수도원이 급속도로 발전할 수 있었던 이유에 대해, 한편으로는 동방교회 수도원 덕분이라고 분석하면서 다른 한편으로는 그렇다고 해서 서방교회의 수도원이 동방교회 수도원의 복사판은 아니라고 강조한다(이하 프랑크c로 표기함).

37 프랑크c, 위의 논문, 53쪽.

38 히에로니무스의 이름은 '신성한 사람'을 의미하는 고대 그리스어 '히에로뉘모스('Ιερώνυμος)에서 유래하는데, 스트리돈의 제롬(Jerome of Stridon)으로도 불린다. 그는 서방교회의 중요한 신학자이면서 현재 천주교 주요 성인으로 추대되어 있다. 특히 서방교회 지역의 수도원 운동에 선구자적 역할을 했다. 그의 상징물은 십자가, 해골, 모래시계, 책, 두루마리이고 학자, 학생, 고고학자, 서적상, 순례자, 사서, 번역가, 수도사 또는 수녀의 수호성인이다. https://en.wikipedia.org/wiki/Jerome (검색일: 2023. 08. 18.)

39 히에로니무스의 생애와 관련하여 삐에르 마라발, 『제롬(히에로니무스)의 생애』, 남성현 편역(서울: 엠애드, 2006); 최원오, "히에로니무스 『명인록』의 교부학적 의미," 『가톨릭신학』 40 (2022): 7-12쪽 참조.

40 최원호, 위의 논문, 8쪽. 382년, 히에로니무스는 주교 파울리누스의 통역자로 로마 교회 회의에 참석했다가 다마수스 교황(Pope Damasus I, 305-384)의 눈에 띄어 비서로 일하게 되면서 로마에 체류하게 되었다.

욕적인 수도생활을 하는 초기 동방 수도원 풍경과는 사뭇 달랐다.[41] 하지만 동방과 서방 수도원이 지향하고 추구한 것은 본질적으로 크게 차이가 나지 않았다. 이렇게 출발한 초기 서방 수도원은 수도원 태동과 거의 동시에 이탈리아 전역에 퍼지기 시작했고, 갈리아 지방을 거쳐 영국으로 건너가 켈트 지역으로 확산하였으며 6세기에는 영국 전역과 특히 아일랜드 지방에 뿌리내리게 되었다.

5세기, 현재의 프랑스, 벨기에, 스위스 서부, 그리고 라인강 서쪽의 독일을 포함하는 갈리아 지방에서는 마르티누스 수도원과 호노라투스 수도원이 쌍벽을 이루었다. 마르티누스Martin of Tours, c. 316-397는 몇 년간 금욕적인 은둔 생활을 하면서 자신을 단련한 후 프랑스 서부 누벨 아키텐Nouvelle-Aquitaine 레지옹région 관할 비엔Vienne 주 소재 리귀제Ligugé에서 본격적인 수도생활을 시작했다.[42] 361년 스승 힐라리오St. Hilarius, 300-368의 격려를 받으면서 리귀제 인근에 수도원을 세웠고, 이 수도원이 나중에 역사 깊은 베네딕도 수도회 소속 리귀제 수도원으로 발전한다. 10년 후인 371년에 마르티누스는 투르의 주교로 서임을 받는데, 주교로서 마르티누스가 중

---

41 히에로니무스 서한 43쪽. 프랑크c, 앞의 논문, 53쪽에서 재인용: 손수 구운 빵과 집에서 재배한 채소, 신선한 우유, 이런 모든 것은 시골에 자리 잡은 수도원이 우리에게 제공하는, 소박하지만 구미를 당기는 음식이다. 우리도 이렇게 살면 기도하느라 잠자는 일도 잊어버리고, 독서하면서 배고픈 줄도 모를 것이다. 여름에는 나무 그늘이 있고, 가을에는 낙엽 위에 앉아 쉴 수 있다. 봄에는 정원에 꽃이 만발한다. 새들의 노랫소리에 어우러진 시편을 외는 소리는 더 듣기 좋고, 겨울이 와도, 서리와 눈이 내려도 나는 땔나무를 걱정하지 않는다. 나는 내가 스스로 훈기가 날 때까지 혹은 잠들어 버릴 때까지 깨어 있겠다. 나는 결코 얼지 않으리라.

42 프랑크c, 위의 논문, 58쪽 이하 참조. 갈리아 지역에서 남동 갈리아 지방 로느 계곡과 마르세이 및 지중해 연안의 섬들을 중심으로 또 하나의 독자적인 수도원 지역이 형성되었다. 여러 섬 중에 특히 레랭(Lerins) 제도 중 하나인 생토노라(Saint-Honorat)섬에 레랭 수도원이 세워졌고 그 중심에 호노라투스 (Saint Honorat, c. 350-429)가 있었다. 레랭 수도원은 시토회 수도원으로 마르티누스 계통의 수도원과 쌍벽을 이루면서 갈리아 지방을 대표하는 두 계통의 수도원으로 자리매김하게 되었다. 호노라투스가 세운 레랭 수도원에 관해서는 프랑크b, 앞의 논문, 58쪽 이하 참조.

점을 둔 것은 우상파괴와 죄수 석방이었다. 주교 재임 당시 마르티누스는 열정적으로 본당 사목을 하면서 지속적으로 수도공동체를 설립하여 자신의 교구령인 투르에서부터 샤르트르Chartres, 파리, 오퉝Autun, 비엔까지 공동체를 확대했다. 마르티누스는 투르의 교구장직에서 물러난 후 자신이 직접 세운 마르무티에 수도원Abbaye de Marmoutier에서 수도생활을 했는데, 이곳에서 마르티누스와 보좌 수사 일부는 나무로 지은 작은 수도실에 거주했고 대부분 다른 수사들은 바위를 깎아 만든 동굴에 기거했다.

이탈리아 누르시아 출신 베네딕도Sanctus Benedictus de Nursia, 480-540는 젊은 시절에 로마로 유학을 갔다. 베네딕도가 로마에서 유학할 당시, 서로마 제국이 멸망한 지 오래되지 않아 정치는 불안정했고, 윤리, 도덕적으로 퇴폐한 사회에는 이단이 득세했다. 서로마 제국의 멸망은 우연의 산물도 아니고 전세戰勢의 불균형 때문만도 아니었다. 여러 가지 종말적인 현상 가운데 특히 두드러진 것은 인간 정신의 해이함과 신앙심의 결여였다. 인간 정신의 해이함으로 도덕과 윤리는 실종되었고 인간은 타락했다. 신앙심의 결여는 오만과 방종과 시기를 낳았고 그 결과 그것에 편승하는 이단 집단을 양산했다. 퇴폐적인 로마의 일상과 타락한 인간 군상을 목격한 베네딕도는 로마 유학을 접고 거기서 50마일 떨어진 이탈리아 중부 수비아코Subiaco에 있는 동굴Sacro Speco로 들어가서 3년 동안 그야말로 혼자 철저한 은둔 생활을 했다.[43] 그의 삶은 철저하게 이율배반적이면서 철두철미하게

---

43 베네딕도가 은거한 동굴은 매우 가파른 절벽에 있는데, 베네딕도가 어떻게 그곳에 접근할 수 있었는지 의아할 정도이다. 이형우에 의하면 베네딕도가 외부와 유일하게 접촉한 것은 외부로부터 빵을 받기 위함이었고 빵으로 주린 배를 채운 후에는 일상의 대소사를 깡그리 잊어버릴 정도로 기도에 몰두하고 매진했다. 베딕투스, 『베네딕도 수도 규칙』, 이형우 역주 (서울: 분도출판사, 2017), 13쪽.

일관성이 있었는데, 그 이유는 베네딕도가 '알면서도 무지하고 현명하면서도 무식한' 수도사가 되기로 작정했기 때문이다.[44] 안다고 해서 모든 것을 다 아는 것이 아니기에 베네딕도는 자신의 무지함을 깨닫고 끊임없이 앎을 지향하는 삶을 살았고, 동시에 현명하다고 해서 만사에 능한 것은 아니기에 무식함을 실토하고 보다 현명해질 수 있는 삶을 추구했다.

누르시아 베네딕도[45]

수비아코 성 베네딕도(Sacro Speco) 수도원[46]

베네딕도는 수비아코 동굴에서 독거 수도를 하다가 이탈리아 라치오주 로마현에 있는 비코바로Vicovaro의 한 수도원 원장으로 추대되었다. 하지만 베네딕도의 엄격한 규율에 반감을 품은 자들이 그를 독살하려고 했기 때문에 베네딕도는 다시 수비아코로 돌아갔고, 그때 수많은 추종자가 동행했다. 베네딕도는 수비아코에서 수도공동체를 조직하고 추종자들을 교육했으나, 수비야코에서도 지역 사제의 시기와 방해가 너무 심해 결

---

44 보이드 윌리암, 『서양교육사』, 이홍우, 박재문, 유한구 역, 개정·증보판 (파주: 교육과학사 2008), 149쪽.

45 https://en.wikipedia.org/wiki/Benedict_of_Nursia (검색일: 2023.08.20.)

46 https://fr.wikipedia.org/wiki/Sanctuaire_du_Sacro_Speco (검색일: 2023.08.20.)

국 몬테카시노Monte Cassino 이주했다. 그리고 그곳에 있던 아폴로 신전을 허물고 거기에 4세기 갈리아 지방 프랑스 리귀제에서 수도회를 처음 창설한 투르의 성 마르티누스 주교를 기념하는 성당을 지었는데, 그것이 베네딕도 수도회의 모체가 된 몬테카시노 수도원이다.[47] 베네딕도는 몬테카시노 수도원에서 평생 수도사 교육과 사제 양성에 힘썼다. 그리고 그곳에서 그의 유일한 저서, 「베네딕도 규칙서Regula Benedicti」가 집필된 것으로 추정된다.[48] 이 규칙서 덕분에 중세 종교의 질서가 잡히기 시작했고, 수도원의 체계가 집대성되었다.[49]

몬테카시노 수도원[50]

---

47 박경수, "수도원, 그 현장을 가다 04. 몬테카시노 수도원, 베네딕투스 수도회의 요람," 『기독교사상』 746 (2021): 155쪽.

48 이형우, 앞의 책, 26쪽 참조. 베네딕도가 직접 쓴 원문은 화재로 소실되었고, 그 대신 다양한 필사본이 전해져 내려온다. 성서를 예외로 하면 고대 문헌 가운데 「베네딕도 규칙서」만큼 필사본이 많은 문헌이 없을 정도이다. 이하에서 「베네딕도 규칙서(Regula Benedicti)」는 RB로 약칭하고 RB 다음에 차례로 나오는 숫자는 각각 장과 절을 가리킨다.

49 하태규, "성 베네딕트의 가르침에 나타난 영성과 기도," 『한국전문대학기독교교육학회논문집』 4, 1 (2000): 97쪽.

50 https://youtu.be/30eAeg9GiAc (검색일: 2023.08.20.)

몬테카시노 수도원 베네딕도 성당 내부[51]

수도修道는 신과 인간의 거리를 좁혀주고 신에게 부여받은 신성을 잃어버린 인간이 신성을 기억하고 다시 찾기 위해 육신의 삶을 성찰하고 제한하면서 정신을 단련하고 고양하는 행위이다. 수도사가 금욕할수록 정신이 맑아지고 육신을 학대할수록 정신이 또렷해진다. 그리고 정신이 맑아질수록 몰아 상태에 이르게 되고, 몰아지경에서 신과의 합일을 체험하기 때문에 수도사들의 금욕이나 육체에 대한 학대는 결국 신에게 이르는 수도의 일환이다. 독거 수도사가 철저하게 금욕적인 은둔 수도생활을 한 이유도 바로 이 때문이다. 이처럼 기독교에서는 육체 또는 물질의 세계와 정신적 영적 세계를 구분하는데 그렇다고 해서 신에게 부여받은 육체를 악으로, 정신과 영혼을 선으로 규정하여 이 둘을 선험적으로 구분하고 양자 간에 우열을 정하는 우를 범해서는 안 된다.[52]

---

51 https://italiatv.tistory.com/19 (검색일: 2023.12.25.)

52 플라시드 드세유, 『사막에서 피어난 복음』, 허성석 역 (서울: 분도출판사, 2019), 53쪽 참조. 그리스도교적 금욕에서 육체와 감성을 신앙의 힘으로 억제하고, 심지어 무화하는 이유는 수도사가 결국 천상의 사랑을 향해, 신과의 합일을 위해 나아가기 위함이지 육체를 평가절하하고 악

2) 수도원의 발전과 세속화

(1) 수도원주의

수도원의 사회적 기능을 살펴보기 위해서는 수도원 운동이 동방에서 태동할 당시 은둔 수도사의 독거 수도생활을 먼저 떠올릴 필요가 있다. 수도원주의monasticism라는 용어는 그리스어 *μοναστήριον*=monasterion에서 유래했는데, 그 의미는 '혼자이다, 혼자있다μονάζΩ=monázō', 또는 '혼자μόνος=mónos'이다. 따라서 수도원주의는 사회와 유리된 사막이나 동굴이라는 수도 공간에서 수도사 혼자 은둔하면서 철저하게 금욕하는 것을 골자로 한다. 수사는 소유물을 완전히 포기하고 기도와 명상을 주로 하며, 선행을 베푼다는 서약을 해야 한다. 이러한 서약을 하고 그 약속을 철저하게 지키기 위해 금욕주의적인 삶을 사는 수도사들을 제도적으로 묶어두는 것이 수도원주의의 핵심이다. 수도원 구성원은 일반인의 사회생활과는 달리 수사나 수녀 집단에 속하고, 그렇지 않으면 종교적인 은둔자로서 수도생활을 한다. 수도사들은 극단적인 외로움 속에서 철저하게 침묵하고 지독하게 금욕하면서 고행과 기도를 반복하는데, 이것은 결국 지상에서 천국의 사랑을 지향하고 실천함으로써 신과 합일하기 위함이다.[53]

수도원주의라는 용어가 의미하는바 수도사에게는 독신의 삶이 매우 중요하다. 소위 말하는 '사막의 교부'들은 독신과 금욕으로 동물적인 욕구에서 벗어나 인간의 한계를 넘어설 때, 이 세상에서 천국을 '선취'할 수

으로 규정하기 위함이 아니다.

53 드세유, 위의 책, 67쪽 참조.

있다고 본다.[54] 그래서 그들은 신적 경지에 도달하기 위해 육체적인 욕구를 철저하게 말살하고 물질적인 것을 기꺼이 포기한다. 따라서 수도원주의에 입각하면 수도원 운동 태동 당시 수도원과 세속 사회가 선험적으로 구분되어 수도원은 신의 권력이 미치는 신성한 공간으로, 세속 사회는 나태함과 게으름, 범죄가 만연하는 소굴로 규정된 점, 수도원과 세속 사회 간 관계가 소원하고 구성원 간 교류가 제한되거나 차단된 점, 그리고 세속 사회에 대한 수도원의 벽이 점점 높아진 점 등은 지극히 당연하다. 그러다가 사막이나 동굴에서 은둔 수도생활을 하던 독거 수도사를 구심으로 추종자들이 모이기 시작하고 그 규모가 점점 더 커지면서 이들을 수용할 공간이 필요하게 되었다. 이에 수도원 역시 혼자가 아닌 함께 금욕적인 수도생활을 하는 주거지로 그 의미가 변용되었다.

수도원 소속 수사들이 늘어나 수도원의 몸집이 커지면서 수도원과 세속 사회는 필요나 이해관계에 따라 상호 영향을 주고받으며 양자 간 거리를 좁혔고, 그 과정에서 갈등이 초래되기도 했다. 본래 수도원에서는 자급자족을 원칙으로 생필품 생산을 위한 최소한의 육체노동만이 허용되었다. 하지만 수도원이 발달하면서 수도원에 딸린 식구가 많아졌고, 그 결과 한편으로는 노동력이 확보되고 다른 한편으로는 생필품 소비가 늘어나 수도원에서 적극적으로 경제활동을 하게 되었는데, 수도원은 맥주나 유제품을 생산하고 판매하여 큰 수입을 올리기도 했다. 게다가 귀족들이 퇴임 후 제2의 인생을 수도원에서 보낼 생각으로 수도원에 경제 지원을 확대한 것이 수도원 재원 증가에 큰 역할을 했다. 수도원에서 세속적인 일에 개입

---

54 드세유, 위의 책, 23쪽 참조.

하는 경우도 많아지고 세속 사회에서 수도원에 대가를 지불하고 자문하는 일도 비일비재했다. 이렇게 수도원과 세속 사회 간 관계가 긴밀해진 것은 수도원의 사회적 기능에 변화가 있었다는 것을 의미한다. 초기 수도원 태동 당시 수도원이 세속 사회와 엄격하게 거리두기를 한 것은 세속 사회의 각종 '악'에 물들지 않기 위한 물리적인 자구책이었다. 그런데 수도원과 세속 사회가 필요에 따라 서로에게 다가가 타협 방안을 모색하고 마련할 경우, 수도원의 사회적 기능은 적극적으로 강화되지만 그 반작용으로 수도원의 변질과 타락은 불가피하고 수도원과 세속 사회 간 이권 다툼을 둘러싼 갈등과 불화도 필연적으로 발생한다.

(2) 수도원의 발전

이집트 사막에서 고행의 독거 수도생활을 한 안토니우스 중심의 수도원을 수도원 역사의 시작으로 볼 때, 6세기 말이 되면 동방에서는 동방대로, 서방에서는 서방대로 수도원의 숫자가 불어나면서 기독교인의 수도 현저하게 늘어나는데, 이때부터 수도원을 향한 비판의 목소리가 고조되고 수도원 내 반성적이고 개혁적인 움직임이 일기 시작했다. 4-5세기에 걸쳐 갈리아 귀족들이 수도원으로 몰려든 것은 자의든 타의든 정계 은퇴 후 수도원과 교회에서 새로운 경력을 쌓아 종국에는 교회의 감독직을 맡으려고 하는 정치적인 욕심 때문이었다.[55] 주지하는바 게르만 민족의 대이동으로

---

55 이와 관련하여, M. Heinzelmann, *Bischofsherrschaft in Gallien: Zur Kontinuität romischer Führungsschichten vom 4. bis zum 7. Jahrhundert* (München: Artemis Verlag, 1976), pp. 11-22; M. Heinzelmann, "The 'affair' of Hilary of Arles(445) and Gallo-Roman Identity in the Fifth Century," in *Fifth-century Gaul: a Crisis of Identity?*, edited by J. Drinkwater and H. Elton (Cambridge: Cambridge University Press, 1992), pp. 239-251; R. Mathisen, *Roman Aristocrats in Barbarian Gaul: Strategies for Survival in an Age of Transition* (Austin:

반달족과 같은 게르만족이 갈리아 지역을 공격하기도 했고,[56] 콘스탄티누스 3세Constantine III, 407-411 재위 통치하에서 내전으로 귀족 지배계층의 지반이 흔들리기 시작했으므로 살 궁리를 하느라 귀족들이 수도원을 찾았다.[57]

5세기 초, 이러한 정치적·사회적 변동으로 특권을 누리던 귀족들이 불안한 마음으로 수도원을 찾았든, 정계 은퇴를 한 유복한 귀족들이 은퇴 후 이상적인 삶을 꿈꾸면서 수도원으로 모여들었든, 5세기 갈리아 지방의 수도원으로 귀족들이 모여든 것은 사실이다. 게다가 귀족들의 '가난'에 대한 생각이 확고하지 않고 '부'에 대한 잣대가 엄격하지 않았기 때문에, 초기 동방교회 모든 수도생활의 대전제였던 부에 대한 철저한 포기를 선언하지 않은 채 귀족들이 무작정 수도원에 들어왔다.[58] 이렇게 수도원에 들어온 귀족들이 금욕적인 수도생활을 엄격하게 실천할 리가 만무했다. 귀족들이 나태하고 게으르고 한가하게 생활하자 수도원의 분위기는 사뭇 달라졌고, 수도원과 수도사들도 점점 이러한 분위기에 물들어갔다. 이러한 현상에 대해 혹자는 5세기 게르만 민족의 대이동으로 갈팡질팡하던 갈리아 귀족들의 자구책이자 생존전략이었다고 해석하기도 하고,[59] 어떤 사람

University of Texas Press, 1993), pp. 89-104; 나현기, 앞의 논문, 140쪽 이하 참소.

56 P. Heather, "Why Did the Barbarians Cross the Rhine?," *Journal of Late Antiquity* 2 (2009): pp. 3-4.

57 J. B. Bury, *History of the Later Roman Empire: From the Death of Theodosius I to the Death of Justinian*, vol. 1 (Mineola: Dover Publications, 2011), pp. 185-211; 나현기, 앞의 논문, 142쪽 참조.

58 P. Brown, *Through the Eye of a Needle: Wealth, the Fall of Rome, and the Making of Christianity in the West, 350-550 AD* (Princeton and Oxford: Princeton University Press, 2012), p. 415.

59 R. W. Mathisen, *Roman Aristocrats in Barbarian Gaul: Strategies for Survival in an Age of Transition* (Austin: University of Texas Press, 1993), pp. 89-104. 나현기, 앞의 논문, 140쪽에서 재인용; 나현기, 위의 논문, 150쪽 참조.

은 5세기 "갈리아 교회의 귀족화"[60] 라고 정의하기도 하는데, 이러한 해석은 당시 수도원의 정치화와 세속화의 단면을 반영한 것이다.

서로마 제국이 멸망하고 거의 한 세기가 지나면서 서방교회 수도원은 유럽 전역에 걸쳐 다양하게 분포되었다. 이 시기 수도원과 기독교 신자의 수가 맞물려 증가한 것에 대해 프랑크는 세 가지 이유[61]를 드는데, 그 첫째는 고대 후기 귀족들이 수도원과 고행 수도를 하는 수도원 생활을 긍정적으로 인식했기 때문이고, 둘째는 수도원과 주교의 밀접한 관계 및 상보적인 역할 때문이며, 셋째는 교회에서도 수도원의 고행 수도적인 삶을 높이 평가했기 때문이다. 말하자면 수도원과 귀족의 상생으로 수도원은 정치·경제적으로 영향력 있는 후원자들을 확보할 수 있었고, 귀족들은 정계 은퇴 후 수도원에 살면서 또 다른 위상을 확보할 수 있었다. 수도원이 주교와 그 지역 교회를 위해 일하면 주교가 수도원을 적극적으로 지원하고 돌보는 방식으로 상부상조했기 때문에 수도원과 교회 역시 상호보완적인 관계를 유지하면서 기독교 전파에 주력할 수 있었다.

(3) 수도원의 세속화

476년 서로마 제국을 멸망시킨 게르만 민족의 용병 대장 오도아케르 Flavius Odoacer, 476-493 재위가 이탈리아 왕을 자처했을 때, 로마의 갈리아 사령관 시아그리우스 Syagrius, 430-486가 동로마 제국에 사신을 보내어 자신을 서로마 황제로 추대해 줄 것을 요청했다. 그러나 소아시아 이사우리아 출

---

60 P. Brown, *The Rise of Western Christendom* (Malden, MA: Blackwell Publisher, 1997), p. 65.

61 프랑크b, 앞의 논문, 60-61쪽 참조.

신인 당시 동로마 제국의 황제 제노Flavius Zeno, 474-491 재위는 시아그리우스의 청을 들어주는 대신 오도아케르 손을 들어주었다. 5세기 말, 게르만 민족이 프랑크 왕국을 세웠고 프랑크 왕국 최초의 메로비우스 왕조Merovingian dynasty=메로빙거 왕조 클로비스 1세Clovis I, 446-511가 프랑크 왕국의 실질적인 창시자로서 훈족 격퇴의 공을 인정받아 중부 독일에서 피레네산맥에 이르는 지역을 손에 넣었다. 특히 클로비스가 다른 게르만 부족과 달리 일찌감치 가톨릭으로 개종한 것은 중세 유럽사에서 프랑크 왕국의 입지를 굳건히 하는 디딤돌이 되었고 프랑크 왕국의 발전에 주춧돌이 되었다. 클로비스의 아들 클로타르 1세Chlotar I, c. 497-561 때 프랑크 왕국은 갈리아 전역을 장악할 만큼 번성했는데, 그때 이미 시리아와 이스라엘 등 동방 국가 상인들과 교류하면서 관세 수입을 기반으로 하는 로마 특유의 관료체제 국가로 발전하였다.

8세기 중반 이후에는 메로비우스 왕조의 궁재이면서 실세였던 카롤루스 마르텔루스Carolus Martellus, 680-741가 프랑크 왕국의 두 번째 왕조 카롤루스 왕조Carolingian dynasty=카롤링거 왕조를 열었는데, 그의 아버지가 피핀 2세Pepin II, 630-714이고, 아들이 단신왕短身王 피피누스 3세 브레비스Pippinus III Brevis, 714-768이며, 손자가 바로 카롤루스 대제(=Carolus Magnus, c. 742-814)이다. 주지하는바 카롤루스 대제는 중서부 유럽 대부분을 차지하여 프랑크 왕국을 크게 키웠고, 그것이 결국에는 프랑스와 이탈리아, 독일로 분할된다. 800년 12월 교황 레오 3세Leo III, 795- 816 재위가 카롤루스 대제에게 동로마 황제에 버금가는 서로마 황제직을 수여했는데, 카롤루스 대제 재임 시에 중세 유럽이 문화·예술적으로 부흥기를 맞이한다. 그리고 그것을 바탕으로 카롤루스 대제는 프랑크 왕국이 로마 제국의 정통성을 이어받은 유일한 왕국임을 천명하면서 신성 로마 제국Sacrum Romanum Imperium을 열고 황제로 즉위

한다.[62]

신성 로마 제국 시기 수도원의 특징은 수도원 역시 제국의 면모를 갖추어 수도원이 더 이상 세속과 격리되어 금욕적인 수도생활을 엄격하게 하는 공간이 아니라 세상사에 개입하는 것은 물론 정치적인 지배 권력과 매우 긴밀하게 연결되었다는 점이다. 이 시기 수도원은 부와 권력의 집산지이기도 했는데, 그것은 8, 9세기 카롤링거 왕조의 통치자들이 수도원에 많은 기부를 하면서 수도원을 적극적으로 보호했기 때문이다. 그 뿐만 아니라 수많은 귀족이 수도원을 직접 세우기도 했는데, 그 이유는 정계 은퇴 이후 안락하고 편안한 제2의 삶을 보장받기 위함이었다. 실제로 그들은 수도원에 들어와 수도원 생활을 하다가 그곳에서 생을 끝내고 그곳에 묻혔다.[63] 통치자들과 귀족들이 수도원에 통 큰 기부를 하고, 그 대가로 수도원은 통치자와 귀족들이 원하는 도움과 조언을 해 주면서 수도원은 점점 부와 권력을 축적하였다.

이 시기 수도원은 신성 로마 제국의 수도원답게 카롤링거 왕조 통치자들의 정치적인 과업 수행에 직접적인 도움을 주었다. 보통 수도원은 기도와 성경 중심의 비가시적인 봉사로 국가의 안정에 이바지하는데, 제국의 수도원은 더 실질적이고 구체적인 역할을 수행하였다. 카롤루스 대제의 경우, 이교도의 나라들을 프랑크 왕국에 복속하고 이교도를 기독교로 개종시키

---

62 800년 서유럽에서 대두된 신성 로마 칭호는 924년에 사라졌다가 962년 오토 1세(Otto the Great, 912-973)가 황제로 즉위하면서 다시 부활하였다. 오토 1세는 자신이 카롤루스 제국과 카롤루스 황제의 후계자임을 천명하고 스스로 신성 로마 제국의 황제임을 공표했다. 이런 맥락에서 962년을 공식적인 신성 로마 제국의 시작 시점으로 보지만 신성 로마 제국의 시작을 카롤루스 대제 때로 소급하기도 한다.

63 L. K. Little, *Religious Property and the Profit Economy in Medieval Europe* (New York: Cornell University Press, 1983), p. 63.

는 것을 과업으로 삼았고 주교와 세속 성직자들은 물론 수도원의 수도승들도 이 과업에 동참했다. 수도원장들은 카롤링거 왕조의 살아 있는 대리자로서 이민족의 영토를 식민화하고 이교도의 개종에 앞장섰다. 이교도에게 정착지를 마련해주었고, 그들이 경작할 토지를 제공했으며, 법의 사각지대에 놓인 그들에게 복음의 씨앗을 뿌려 삶의 터전을 선교의 장으로 삼았다. 이런 식으로 카롤링거 왕조 시대 프랑크 제국의 수도원들은 황제의 통치권과 재산권을 보장하고 확대하는 데 일조했고 그 대가로 수도원의 곳간은 점점 불어났다. 그리고 수도원으로 흘러들어온 많은 토지가 세속적인 목적으로 사용되면서 수도원은 점점 타락과 부패의 온상으로 전락했다.

3) 수도원 개혁 운동

(1) 클뤼니 수도회 개혁

수도원이 중세 유럽에서 사회·문화적으로 지대한 영향을 끼쳤고 8, 9세기까지 '베네딕도의 시대'라고 불릴 정도로 크게 번성했지만 과도한 수도원의 싱징은 수도원 운동의 변질과 수도원 생활의 타락이라는 부작용을 낳았다. 그리고 그것에 대한 실망과 비판, 성찰과 반성이 결국에는 수도원 개혁으로 이어졌다. 개혁의 선봉에는 카롤루스 대제의 아들 경건왕 루트비히 1세Ludovicus I Pius, 778-840의 명에 따라 816년 수도원 개혁을 주도하고 베네딕도 수도회를 실질적으로 설립한[64] 수도원 개혁의 정신적

64 김병용, "9세기 루이 경건왕의 수도원 개혁: "아니아느의 개혁?"" 『한국서양중세사학회 연구발표회 자료집』 58 (2009): 17쪽.

지주[65] 아니아느의 베네딕도Benedict of Aniane, 747-821가 있었다. 816년에 시작된 수도원 개혁을 '아니아느의 개혁'이라 부를 만큼 루트비히 1세 치하 카롤링거 왕조의 수도원 개혁에서 아니아느의 영향력은 지대했는데, '제국 수도원의 개혁자'나 '수도회 총수', '총수도원장'[66] 등과 같은 그의 별명으로 그 정도를 가늠할 수 있다.

수도원 개혁의 일환으로 베네딕도는 '레굴라 마기스트리Regula Magistri', 그러니까 6세기 초 이탈리아 로마 남동부에 기거하는 익명의 스승이 작성한 수도원 규칙과 바실리우스와 파코미우스 규칙, 아일랜드 규칙, 그리고 누르시아 베네딕도 규칙 등이 섞여 있는 '레굴라 믹스타Regula Mixta'를 '우나 레굴라Una Regula', 즉 하나의 통일된 규칙으로 집대성하여 의례와 의식 절차는 물론, 의식주를 포함한 수도원 생활 전반에 일관성 있게 적용하려고 했는데, 이러한 아니아느의 개혁 의지와 황제의 뜻이 로마 교황청이 원하는 개혁 방향에 부합했기 때문에 여러 가지 복잡한 절차를 거치고 오랜 시간이 지난 후 마침내 '레굴라 베네딕티Regula Benedicti, 즉 누르시아 베네딕도가 몬테카시노 수도원에서 집필한 것으로 추정되는 베네딕도 규칙이 제국의 모든 수도원과 수녀원 규칙의 표준이 되었다.[67] 이제 제국의 모든 수도사와 수녀는 예외 없이 베네딕도 규칙를 따라야 했고[68] 규칙으로 정하지 않은 전통과 관습조차 베네딕도 규칙에 수렴되고 일관성이 있어야 했다.

---

65 Wattenbach Levision und Wilhelm Levision, *Deutschlands Geschichtsquellen im Mittelalter. Vorzeit und Karolinger, III. Heft, Die Karolinger Vom Tode Karls Des Grossen Bis Zum Vertrag Von Verdun*, bearbeitet von H. Löwe (Weimar: Hermann Bohlaus Nachfolger, 1957), p. 307.

66 김병용, 앞의 논문, 17쪽 참조.

67 김병용, 위의 논문, 19-20쪽 참조.

68 A. Angenendt, *Das Frühmittelalter. Die abendländliche Christenheit von 400 bis 900* (Stuttgart: Kohlhammer, 1990), p. 366.

909년, 프랑스 클뤼니 수도원Abbaye de Cluny이 제국 차원에서 이루어진 아니아느 베네딕도 수도원 개혁 운동의 바통을 이어 받았다. 10세기 초는 중세 중에서도 '암흑기'로 향후 100년 간 교회는 최악의 혼란에 빠져있었다.[69] 클뤼니 수도원 개혁 운동은 종교적인 갈등과 정치적인 부정부패, 사회적인 혼란과 도덕적인 타락 등을 수도원이 중심이 되어 척결할 수 있다는 믿음에서 출발했다.[70] 사회 정화 운동과 인간의 정신 개조, 정치권과 교권의 쇄신 등이 수도원의 과제였고, 수도원장의 사명이며, 수도승의 소명이었는데, 이 말은 클뤼니 수도원의 개혁이 수도원 개혁으로부터 출발하여 사회적인 개혁을 대대적으로 실현할 수 있다는 것을 의미한다.

클뤼니 수도회 개혁이 프랑스를 넘어 유럽 전역에 제2, 제3의 클뤼니 수도원이 세워지고 '클뤼니 수도원 연맹'이 결성될 정도로, 성공할 수 있었던 것[71]은 결국 훌륭한 지도자 덕분이었다. 인격적으로나 신앙적으로 훌륭하고 탁월한 수도원장들이 클뤼니 수도원 개혁을 지속해서 단행하여 클뤼니 수도회 개혁이 전 유럽에서 공신력을 얻어 성공할 수 있었다.[72] 특히 클뤼니 수도원의 제2대 원장 성 오도Saint Odo of Cluny, c. 878-942는 수도원 생활에서 특히 침묵과 고행을 강조하고, 더 나은 기도를 위해 전례典禮의 중요성을 피력하면서 수도원 개혁 모델을 만들었다. 한편으로는 초대 수도원 운동의 정신을 계승하고 금욕적인 고행의 수도생활을 엄격하게 실천하되, 다른 한편으로는 거기에만 머무르지 않고 새로운 신학적인 근거와 선교적

---

69 정병식, "교회사의 개혁 패러다임 고찰," 『신학과선교』 40 (2012): 284쪽. 정병식은 10세기초부터 100년 동안 22명의 교황이 교체되었는데, 그 이유가 살해, 해임, 추방이라고 밝힌다.

70 이영재, "클뤼니(Cluny) 수도원의 개혁 운동에 대한 연구," 『숭실사학』 13 (1999): 140쪽. 이영재는 클뤼니 수도원 개혁 관련 연구 경향에 대해 다섯 부류로 구분하여 소개한다.

71 정병식, 앞의 논문, 288쪽.

72 이영재, 앞의 논문, 155쪽.

인 감각을 더하여 시대적 조류와 사회적 분위기에 맞게 클뤼니 개혁 모델을 다듬었다.[73] 수도사가 육체노동을 최대한 줄이고 기도생활에 전념하는 것과 수도원이 귀족의 지배나 대주교의 감독권 등 모든 세속 권력으로부터 독립함으로써 무소유와 청빈을 실천하는 것이 클뤼니 개혁 모델의 골자였는데, 수도원 개혁의 새로운 패러다임[74]을 보여주었다는 맥락에서 수도원장 오도는 「베네딕도 규칙서」를 복원하고 확산시킨 공을 인정받았다.[75]

하지만 수도원장 오도의 강한 개혁 의지가 개혁 모델에 반영되는 과정에서 부작용이 생기기도 했다. 기도 전례를 지나치게 강조[76]한 나머지 전례의 외형적인 의식이 부각되고, 그것을 반영하는 수도원의 외형이 비대해졌으며, 전례 집행과 수도원 운영에 필요한 재정 규모가 커질 수밖에 없었다. 세속에 대한 정치적인 개입과 세속 권력과의 결탁[77]으로 수도원이 부와 권력을 축적하는 것은 수도원 운동의 기본 정신 중 하나인 청빈에 반하는 것이고, 청빈을 실천하지 않는 것은 순결한 마음과 맑은 정신을 더럽히고 혼탁하게 하는 것이다. 그리고 이것은 결국 하느님의 명령을 거역하는 불순종으로 이어지는데, 이런 맥락에서 당시 개혁을 주도했던 클뤼니 수도회는 개혁의 칼자루를 스스로에게 돌릴 수밖에 없었다. 클뤼니 수도회 개혁

---

73 이영재, 위의 논문, 155쪽 이하. 이영재는 오도의 개혁 이념이 이후 교황 그레고리우스 7세에게 계승되었음을 밝힌다.

74 정병식, 앞의 논문, 288쪽.

75 Bede K. Lackner, *The Eleventh-Century Background of Citeaux* (Collegeville: Cistercian Publications, 1972), p. 48.

76 이영재, 앞의 논문, 143쪽. 이영재는 전례를 "세속인들이 수도원에 기부하도록 기부자의 동기를 제공해 주는 것"으로 본다.

77 A. Brackmann, "Die politische Wirkung der Kluniazensischen Bewegung," in *Zur politischen Bedeutung der Kluniazensischen Bewegung* (Darmstadt: Wissenschaftliche Buchgesellschaft, 1965), pp. 7ff.

운동이 일어난 지 2세기가 지난 후 클뤼니 수도회 개혁 운동은 결국 실패한다. 실패 이유가 여러 가지 있겠지만 가장 본질적인 이유는 다양해진 수도원의 전례와 화려해진 수도원 성당의 외형이 청빈과 고행, 금욕으로 점철되는 수도원 정신과 맞지도 않고 심지어 반비례하기 때문이다.

클뤼니 수도원[78]

(2) 시토 수도회 개혁

클뤼니 수도회의 개혁 운동이 실패로 끝나갈 무렵 또 하나의 개혁 물결이 일어나는데, 바로 시토 수도회의 개혁 운동이 그것이다. 시토회의 개혁 운동은 클뤼니 수도회 개혁 운동의 실패에 대한 반작용으로 일어났다. 따라서 시토회의 수도원 개혁 의지와 강도, 개혁을 위한 실천 강령 등은 클뤼니 수도회보다 훨씬 엄격했고, 수도원의 존재 양식도 가톨릭교회의

78 https://www.imaeil.com/page/view/2019030710440325996 (검색일: 2023.12.25.)

봉쇄 수도회를 표방했다. 봉쇄 수도원에 걸맞게 시토 수도회는 세속 사회와의 접촉은 물론 관계 자체를 끊었고, 자급자족을 원칙으로 했으며, 클뤼니 수도원 개혁에서 간과한 손으로 하는 육체노동을 중시했는데, 역설적으로 봉쇄 수도원 울타리 안에서 행한 농업과 맥주 제조 등의 노동 활동이 수도원 내의 경제 부양은 물론이고 수도원 울타리 밖으로 나가 중세 유럽의 경제기반을 마련하고 경제활동을 활성화하는 데 일조했다.

시토 수도회를 발족한 사람은 로베르토 몰렘St. Robertus Molesme, 1027-1111이다. 클뤼니 수도회 개혁 운동에 가담했던 로베르토는 베네딕도 규칙서가 "성령의 섭리로 성립된 것"이기 때문에 "풍유적인 의미"가 아닌 "단순한 경험과 가시적인 행위의 관점"에서 가장 적합하고, 가장 거룩하며, 가장 복된 것이라고 주장했다.[79] 또한 로베르토는 물질과 영성이 반비례한다고 믿고 당시 물질적으로 풍요로웠던 클뤼니 수도회와 결별했다. 그리고 혼자 오랜 시간 은수 생활을 한 후 추종자들과 함께 시토Citeaux에서 수도원 공동체를 설립하여 청빈하고 단순한 수도생활을 실천했다.[80] 시토 수도회 개혁의 골자는 베네딕도 규칙을 엄격하게 지키는 것과 성 베네딕도 이전 사막 교부들의 금욕과 청빈, 복종을 그대로 실천하는 것이었다. 로베르토가 몰렘으로 돌아간 후 후임 수도원장들, 즉 제2대 수도원장 성 알베리코St. Alberico, 1099-1109 재위와 제3대 수도원장 성 스테파노 하딩St. Stepano Harding, 1109-1133 재위이 그 전통을 이어갔다. 시토회의 짜임새 있는 조직과 체계적인 활동[81]으로 13세기 중엽에는 거의 700여 개의 수도원이 시토회 산하에 있을

79 리처드 윌리엄 서던, 『중세교회사』, 이길상 역 (서울: 크리스천다이제스트북스, 1999), 270쪽.
80 칼 프랑크, 『기독교 수도원의 역사』, 최형걸 역 (서울: 은성출판사, 2007), 131쪽(이하 프랑크a로 표기함).
81 시토회의 조직과 활동에 관해서는 박진형, 『그레고리오 개혁과 수도회 개혁에 관한 고찰』, (대

정도로 시토회 수도원이 개혁의 영향력을 확대했다.

그런데 1220년경이 되면서 한편으로는 시토 수도회가 번성의 가도를 달리고 다른 한편으로는 시토회 개혁 초기의 이상을 상실하게 되는 이율배반적인 현상이 나타나기 시작했다. 그리고 이것은 다른 수도회의 개혁 의지 상실이나 개혁 실패와는 양상이 다르다. 수도원의 몸집이 비대해지고 수도원이 부정부패와 타락의 온상으로 전락했기 때문에 클뤼니 수도회의 개혁 운동이 실패했다면 시토회 개혁 운동의 실패는 그 원인이 다른 곳에 있었다. 시토회 수도사들은 철저하게 자신을 부인하고 지독하게 가난하며 지나치게 단순하게 살았다. 말하자면 시토 수도회 소속 수도사는 초기 기독교 정신으로 돌아가 배네딕도 규칙대로 살기 위해 엄격하게 자신을 통제하고, 외부 세계와의 접촉을 차단했으며, 연명에 필요한 최소한의 음식을 자급자족했다. 하지만 초기 수도원 운동이 일어났던 3, 4세기와 시토회 수도원 개혁 운동이 일어났던 12, 13세기 사이에는 거의 천 년이라는 시간적인 간격이 존재한다. 그리고 그 사이에 수도원 바깥세상이 급속도로 변화했고 그 변화가 사회 구조적인 지각변동을 동반했다.[82] 수도원 바깥에서는 봉건제도의 확립과 도시의 발달, 시민계급의 성장 등이 시대적 흐름이 되었다. 그런데 정작 수도원 안에서는 청빈한 삶을 지나치게 강조한 나머지 수도원에 잉여금이 쌓이기 시작했고, 이 잉여금을 수도원 토지 확보와 수도원 규모 확대를 위해 지출하다 보니 무소유를 표방하면서 부를 축적하게 되었다. 세속의 눈으로 보면 시토회의 수도원 개혁은 표리부동하고 일관성이 없으며 부와 권력 축적을 위해 청빈을 빙자하고 가난을

구가톨릭대학교 대학원 석사학위 논문, 2010): 65쪽 이하 참조.

82 손은실, 앞의 논문, 17쪽 참조.

가장한 것으로 충분히 오해를 받을 수 있었다. 의도하지는 않았지만 결과적으로 시토회 수도원 개혁 운동은 세속적으로 성공함으로써 개혁의 이상 실현에는 실패한 결과를 초래했다.

시토 수도원[83]

(3) 탁발 수도회 개혁

13세기 초 서방세계 교회는 중대한 도전에 직면했다. 십자군 전쟁의 소용돌이에서 정치적·종교적·사회적으로 중세의 기반이 크게 흔들렸고 십자군 전쟁이 간헐적으로 반복되면서 기독교 문명과 이슬람 문명의 만남과 충돌, 그리고 인적·물적 교류에 따른 지각변동이 불가피했다. 13세기에 접어들면서 도시가 성장하고, 도시를 중심으로 새로운 인프라가 구축되었으며, 상공업에 종사하는 새로운 계층이 생기기 시작했다. 또한 이 시기에 유럽에서 대학이 설립되었고 대학 중심으로 고대 철학과 중세 신학, 그리

83 https://cyw.pe.kr/xe/index.php?mid=a26&document_srl=1091649 (검색일: 2023.12.25.)

고 이슬람 학문 관련 연구와 교육이 활발하게 이루어졌다. 반면 당시 교회와 수도원은 이러한 사회구조적·경제적·학문적·종교적 변화에 능동적으로 대처하지도 못했고 변화된 상황에 적극적으로 적응할 수도 없었다. 이렇게 교회와 수도원이 갈 길을 잃고 우왕좌왕할 때 성 도미니코Sanctus Dominicus, 1170-1221와 아시시의 성 프란체스코Sanctus Franciscus Assisiensis, 1181-1226[84]가 각각 '설교 수도회'[85]와 '형제들의 수도회'[86]라는 탁발 수도회를 창설해서 응전의 자구책을 마련했다. 탁발 수도회의 기본 콘셉트는 수도사가 수도원 밖으로 나가서 세속인을 상대로 하느님 말씀을 직접 전하는 것이다.

설교 수도사들이 방랑하기 시작한 지 불과 한 세기 만에 유럽에서는 약 700개의 도미니코 수도원이 생겨났고 프란체스코 수도원의 숫자는 그 두 배에 달했다고 한다. 이 시기에 탁발 수도원이 이렇게 많이 늘어난 것은 설교를 듣고자 하는 대중들의 숫자가 그만큼 많았다는 것을 의미한다. 중세 봉건주의의 프레임에 갇혀 기독교 신앙의 테두리 안에서 별 갈

---

84 이영재, "중세 도시의 성장과 사회 변화에 대한 성 프란체스코(회)의 새로운 응전," 『서양중세사연구』 61 (2009): 1쪽. 이영재는 프란체스코가 자신에 대한 전기를 남기지 않았다고 밝힌다. 프란체스코 생애와 관련해서 요한네스 요르겐센, 『아씨시의 성 프란치스코』, 조원영 옮김 (서울: 프란치스코출판사, 2006); 작은 형제회 한국 관구, 『성 프란치스코의 전기 모음』 (서울: 프란치스코출판사, 2009); 토마스 첼라노, 『아씨시 성 프란치스꼬의 생애』, 프란치스꼬회 한국 관구편 (서울: 분도출판사, 1986) 참조.

85 허성준, 『수도 전통에 따른 렉시오 디비나 I : 독서와 묵상』 (서울: 분도출판사, 2018), 47쪽 참조. 설교 수도회 창설자인 도미니코는 '기도'와 '공부'에 초점을 맞추어 설교하면서 렉시오 디비나(lectio divina), 즉 거룩한 독서 방법도 아울러 소개했다. 도미니코에 의하면 성경이 아닌 다른 책을 읽으면서 책의 여백에 꼼꼼하게 메모하는 것도 렉시오 디비나에 포함된다. 물론 이것은 성경만을 독서의 대상으로 삼아 기도하고 묵상하며 관조하는 본래의 렉시오 디비나와는 다른 방식인데, 혹자는 이러한 현상을 렉시오 디비나의 변질 또는 쇠퇴로 보기도 한다.

86 이영재, 앞의 논문, 8쪽 참조. 프란체스코가 처음에 세운 '형제들의 수도회'는 세 유형의 집단으로 나뉜다. 제1회가 작은 형제회이고, 제2회가 클라라가 이끄는 수녀회이며, 제3회가 속인들로 구성된 수도회이다. 특히 1252년 볼로냐 목록을 기준으로 제3회 수도회에 이름이 올라가 있는 57명의 세속 형제들과 자매들의 직업을 살펴보면, 공증인과 서적 상인부터 필사인, 제빵사, 이발사, 목재 공급책 등이 있다. 이들은 세속적인 삶을 영위하면서 프란체스코 탁발 수도회로부터 영적인 지도를 받았다.

등 없이 지내던 대중의 의식이 깨어나면서 대중은 설교 수도사의 설교를 듣고 기독교 정신과 중세 위계질서의 체계, 기독교의 지향점 등을 정확하게 알고 싶어 했고 제대로 파악하고자 했다.[87] 당시 설교 수도사들은 도시에 살면서 대학교육을 받았는데, 도미니코와 프란체스코 수도회에서 이러한 인재들이 필요했던 이유는 설교 수도사들이 신학적인 지식뿐만 아니라 철학적인 지식을 갖춘 자유교양인의 면모를 갖추어야 지적 호기심을 가진 대중을 신학적으로 설득하고, 이단들이 대중을 현혹할 때 논리적이고 합당하게 설교하여 대중을 보호할 수 있다고 믿었기 때문이다. 당시 많은 탁발 수도사가 파리 대학이나 볼로냐 대학 출신이었기 때문에 이들이 소속된 수도회와 대학 간의 관계도 긴밀했다.

암흑시대 중세가 서서히 저물면서 중세 르네상스의 여명이 밝아올 때, 대중들이 탁발 수도사들을 환호하고 그들의 설교에 경도된 이유는 프란체스코의 인간에 대한 긍정적인 믿음 때문이었다. 히포의 아우구스티누스 Augustinus Hipponensis, 354-430가 아담과 하와의 낙원 추방 이후 인간이 원죄의 굴레에서 벗어날 방법이 없다고 해석한 것과 대조적으로 프란체스코는 인간 본성의 위대함을 무한 신뢰했다. 그래서 프란체스코는 탁발 수도사들에게 대학교육의 기회를 제공했고 심지어 일반 신도와 대중까지도 형제애로써 함께 품었다. 하느님의 형상대로 지어지고 하느님의 숨결로 생명을 부여받은 모든 인간에게 신성이 깃들어 있다고 믿었기 때문에 프란체스코는 그것을 가꾸고 키워서 지상에서 위대한 일을 할 수 있도록 인간의 위대한 본성을 일깨우고자 했다. 이런 맥락에서 프란체스코가 탁발 수도회

---

87 Little, *op. cit.*, p. 216 참조. Little은 12, 13세기 중세 기독교 사회에서 내적인 변화가 일어날 수 있었던 것은 탁발 수도회 운동 덕분이라고 분석한다.

를 창설한 것 역시 하느님의 전능하신 능력을 믿으면서 동시에 "인간에 대한 끝없는 낙천주의"[88]를 신뢰했기 때문이다. 프란체스코는 예수가 가난한 사람에게 베풀었던 것처럼 인간이 인간에게 관대하게 베푸는 미덕을 지니고 있다고 믿고 그것에 전적으로 의존했다.[89]

중세 암흑시대가 중세 르네상스로 전환되고 그것이 근대의 개막을 알리는 르네상스로 연결되는 데는 도미니코와 프란체스코 수도회의 개혁이 한몫했다. 특히 프란체스코의 개혁 이념 근저에는 '자유'와 '평등'과 '박애'의 씨앗이 뿌려져 있었는데, 그도 그럴 것이 예수의 삶 자체가 그것을 그대로 실천하는 삶이었고, 그런 예수가 프란체스코 삶의 기준이 되었기 때문이다. 탁발 수도사들이 세상 밖으로 나왔다는 것은 당시 수도원이나 성당이라는 제한된 공간이 무한 확대되어 공간적으로 자유로워졌다는 것을 의미하고, 그들이 탁발로 연명했다는 것은 무소유로써 교회와 세속으로부터 완전히 자유로워졌다는 것을 말한다.[90] 평등에 관한 프란체스코의 기본적인 생각은 지상에 있는 모든 이들을 대상으로 설교하는 것인데, 여기에서도 프란체스코는 예수를 본보기로 삼는다.[91] 예수가 이 세상에 올 때 가장 낮은 곳으로 임한 것처럼 프란체스코에게도 강자보다는 약자가, 부자보다

---

88 이영재, 앞의 책, 113쪽.

89 G. K. Chesterton, *St. Thomas Aquinas, St. Francis of Assisi* (San Francisco: Ignatius Press, 1986), p. 273.

90 이영재, 앞의 책, 115쪽 참조. 이와 관련하여 이영재는 일부 수도원에서 성직자를 비롯한 소수가 특권을 누림으로써 자유를 얻을 수 있었던 반면, 프란체스코 수도회에서는 성직자가 아닌 제3회 소속 회원까지 특권을 누림으로써 자유를 누리는 범위가 확대되었다고 본다. 클뤼니 수도회 개혁 당시만 하더라도 수도원에 국한된 특권인 불입권과 면제권이 프란체스코 수도회 제3회 회원에게도 인정되었는데, 그 이유는 프란체스코 제1회(형제회)와 제2회(자매회)에서 이러한 특권을 다 거부했기 때문이었다.

91 J. Le Goff, "Saint France, Medieval or Modern?," in *St. Francis of Assisi: Essays in Commemoration*, edited by M. W. Sheehan (New York: The Franciscan Institute, 1982), p. 14.

는 빈자가, 엘리트보다는 대중이, 귀족보다 평민이 우선이었는데, 그 이유는 프란체스코가 '모든 인간은 구원 앞에서 평등하다'는 신념을 확고하게 가지고 있었기 때문이다. 박애 또는 형제애는 자유와 평등을 전제로 하는 민주적인 이념으로 친구뿐만 아니라 적까지도 포괄하는 개념[92]이다. 프란체스코는 가족 안에서의 형제애를 강조하는데, 이때 가족은 하느님 아버지와 아들 예수가 구심이 되는 공동체 집단을 말한다.[93]

기도하는 프란체스코와 새들에게 설교하는 프란체스코[94]

성 도미니코[95]

92 Chesterton, *op. cit.,* p. 265.
93 Le Goff, *op. cit.,* p. 76.
94 https://ko.wikipedia.org/wiki/%EC%95%84%EC%8B%9C%EC%8B%9C%EC%9D%98_%ED%94%84%EB%9E%80%EC%B9%98%EC%8A%A4%EC%BD%94 (검색일: 2023.12.26.)
95 https://ko.wikipedia.org/wiki/%EB%8F%84%EB%AF%B8%EB%8B%88%EC%BD%94 (검색일: 2023.12.26.)

2. 수도원 교육

1) 수도원 생활

(1) 관조하는 삶과 행동하는 삶

중세 수도사의 삶은 물론이고 일반 기독교인의 삶을 단순화해서 구분하면 '관조하는 삶Vita Contemplativa'과 '행동하는 삶Vita Activa'으로 대별된다.[96] 고대 철학자와 중세 신학자도 관조하는 삶과 행동하는 삶의 영역을 오갔다. 르네상스와 근대를 거쳐 21세기 인간의 삶도 관조하는 삶과 행동하는 삶으로 크게 나눌 수 있다. 다만 고대 철학자와 중세 신학자, 중세 수도사와 일반 기독교 신자, 르네상스와 계몽주의를 거쳐 근·현대의 성직자와 신도, 그리고 스승과 제자의 삶이, 관조와 활동을 양 끝점으로 삼는 스펙트럼의 어느 지점에 놓여있는지가 관건이다.[97] 천칭 저울에서 양쪽 접시에 관조하는 삶과 행동하는 삶을 올리면 어떤 때 전자 쪽으로, 또 다른 때는 후자 쪽으로 접시가 기운다. 그것은 두 가지 방식의 삶 중에 어디에 방점을 찍느냐에 따라, 둘 중 어느 쪽에 시간과 노력을 할애하고 투자하

---

96 전광식, "Vita Activa와 Vita Contemplativa: 삶의 유형에 대한 개념사적 논의," 『대동철학』 56 (2011): 31쪽. 전광식은 이 개념이 인간 삶의 모든 유형을 양분할 뿐만 아니라 직업군을 나눌 때도 사용된다고 언급하면서 '농부'와 '기사', '성직자'를 행동하는 삶의 직업군으로, 수도승을 관조하는 삶의 직업군으로 구분한 중세 한 수도원장의 저서를 소개한다.

97 최은순, "중세 유럽 교사의 삶과 교육," 『교육철학연구』 40, 4 (2018): 194-195쪽 참조(이하 최은순b로 표기함). 최은순은 육체와 정신을 구분하고 노동을 관조보다 열등한 것으로 규정하여 관조하는 삶을 추구하는 경향이 고대 그리스의 산물임을 밝힌다. 아리스토텔레스의 용어로 그리스 단어인 '비오스 프락티코스(Bios Praktikos)'와 '비오스 테오레티코스(Bios Theoretikos)'가 중세에 각각 라틴어 '비타 악티바(Vita Activa)'와 '비타 콘템플라티바(Vita Contemplativa)'로 번역되었다; 전광식, 앞의 논문, 29-30쪽 참조.

느냐에 따라, 어디에서 무엇을 어떻게 하며 사느냐에 따라 추의 무게가 달라지고 추의 중심이 이동하기 때문이다.

중세 수도원에서는 '관조하는 삶'과 '활동하는 삶' 모두, 천국을 향해 걸어가고 하느님을 만나는 과정에서 동원되는 삶의 방식이다. 말하자면 수도사에게는 매일 매일의 삶이 수도의 과정이다. '기도'와 '공부'와 '육체노동'으로 이루어지는 수도사의 일상에서 신앙의 영역을 극대화하려면 '하느님의 일'인 기도를 정해진 시간에 빠짐없이 해야 하고, 기도를 바탕으로 하느님과 대화하기 위해 공부해야 한다. 그리고 '하느님의 일'과 '공부'를 하는 동안 쓰지 못했거나 덜 쓴 몸을 움직여 권태를 이기고 나태에서 벗어나 최소한의 생계를 유지하기 위한 활동, 즉 육체노동을 해야 한다. 육체노동에는 그물 만들기와 채와 바구니, 돗자리, 직물 짜기, 파피루스 제작하기 및 필사하기 등, 몸과 손을 쓰는 육체노동뿐만 아니라 독서 활동인 렉시오 디비나도 포함된다. 수도원 생활에서 수도사는 '하느님의 일'을 할 때 침묵하면서 절대복종해야 하고, '공부'를 할 때 집중하면서 매진하고 경청해야 하며, '육체노동'을 할 때도 정신이 흐트러지지 않도록 주의해야 한다. 그리고 하루도 빠짐없이 일정한 시간에 이 세 가지 임무를 균형 있게 수행해야 한다.

그리스 세계에서 인간의 영혼을 구성하는 세 가지 요소, 즉 '프락티케Praktiké'와 '퓌시케Physiké', '테올로기케Theologiké'[98]가 중세 수도원 생활의 두

98 허성준, 앞의 책, 6-7, 34-38쪽 참조. 허성준은 '하나님의 일'과 '공부', '육체노동'을 일차적으로 '프락티케(Praktiké, 수행)'와 '그노스티케(Gnostiké, 인식 또는 관조)'로 구분하고, 이차적으로 그노스티케를 '퓌시케(Physiké, 자연에 대한 인식)'와 '테올로기케(Theologiké, 신에 대한 인식)'로 세분하는 이집트 켈리아의 교부이자 필사가인 에바그리우스 폰티쿠스(Evagrius Ponticus, 345-399)를 소개한다.

가지 방식으로 수용되면서 여러 가지 화학적 반응이 일어났다. 그리스 세계에서 육체적인 쾌락을 탐하는 삶은 정신적인 가치를 추구하는 삶보다 열등한 것으로 간주하였다. 그리고 육체와 정신의 대립적인 이원성은 중세 수도원 생활에서도 그대로 유지되어 육체적 욕망이 철저한 금욕의 대상이 되었다. 물론 그렇다고 해서 중세인의 육체에 대한 인식이 고대 그리스인처럼 그렇게 부정적이지는 않았다. 그리스 세계에서 수행과 인식 또는 관조가 세상사에 관여하거나 초월자를 규명하고자 했다면, 중세에는 그 개념들이 수도원 안으로 들어오면서 종교적인 색채를 띠게 되어 행동하는 삶과 관조하는 삶 모두, 방식과 방법은 다르지만, 신과의 합일을 위한 삶이 되었다. 그리고 그 사이에서 '여가otium'라는 개념이 수도원 교육의 근간이 되는 수도원 생활의 변수로 작용한다.

보통 '여가'라고 하면 일정 시간 육체 활동을 한 후에 갖는 휴식이 떠오르는데, 중세 수도원 생활에서 말하는 라틴어 '오티움'은 '무위'와 '관조'의 의미를 포함한다.[99] 그래서 '여가'가 '관조의' 여가이고, '관조에 의한' 여가이며, '관조를 위한 여가'가 되고 자연스럽게 여가 없음은 '활동하는 삶'을 사느라 '관조하는 삶'을 위한 여가 없음을 의미한다. 그런데 중세 수도원 생활에서 '활동하는 삶'이 '여가 없음'의 삶이 되므로 지나치게 활동적으로 살면 나태에 빠지게 된다. 활동하는 삶, 즉 '여가 없음'의 삶에 치중하면 관조하는 삶, 즉 여가의 삶을 누릴 수가 없고, 여가의 삶을 누릴 수가 없으면 정신적인 나태에 빠지기 쉽다. 이런 맥락에서 기독교의 금기 사

---

99 '여가'를 '한가함(otiositas)'으로 해석해서 "한가함은 영혼의 원수이다."라고 규정하는 「베네딕도 규칙서」 48장 1항을 다른 관점으로 해석하는 근거가 된다. 이형우, 앞의 논문, 24쪽 이하 참조.

항인 '나태acedia'는 '활동하는 삶'이 아닌 '관조하는 삶'에 관여하는 개념이고, 이것이 바로 중세 수도원 운동과 수도원, 수도사의 시금석이었다.

(2) 수도원 생활의 2대 원칙: 기도하고 일하라

Ora et labora[100]

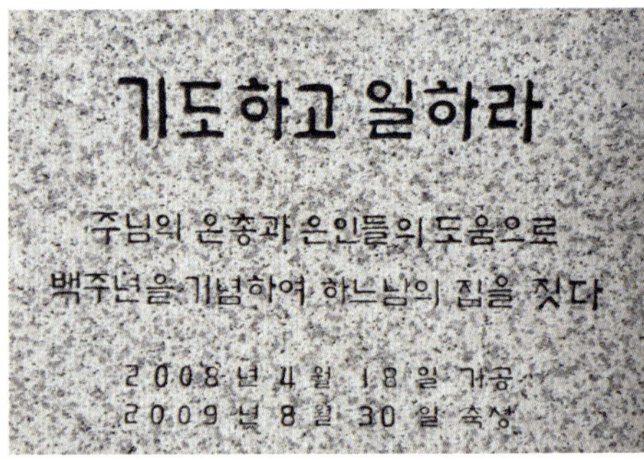

기도하고 일하라[101]

베네딕도 수도원을 방문하면 쉽게 볼 수 있는 '기도하고 일하라Ora et labora'라는 글귀는 관조하는 삶과 행동하는 삶에 관한 베네딕도 수도원 생활의 2대 원칙이다. 수도사의 일상[102]이 하느님의 일, 공부, 육체노동으로 구분되어 있지만 이 세 가지 일은 결국 하느님을 향하여 나아간다는 대전제와 궁극적인 목적에 부합할 때 의미가 있다. 수도원의 일상에서 하느님의 일과 공부는 기도 자체와 기도를 기반으로 하는 활동이기 때문에 '관

---

100 https://www.wikidata.org/wiki/Q1410982 (검색일: 2024.01.07.)

101 성 베네딕도 왜관 수도원 본당

102 오인탁 외, 『기독교교육사』, (서울: 한들 출판사, 2007), 105쪽. 필자는 수도사의 일상을 시간대별로 새벽기도(오전 2시)-명상과 독서(오전 3시 30분)-찬양(오전 4시 30분)-아침기도(오전 6시)-독서(오전 6시 30분-9시)-오전기도(오전 9시)-노동(오전 9시 15분-오후 4시)-정오기도(낮 12시)-오후기도(none, 오후 4시-4시 30분)-오후기도(vespers, 오후 4시 30분-5시)-저녁 식사(오후 5시)-저녁기도(오후 5시 45분)-끝 기도(저녁 6시)-취침(저녁 6시-오전 2시)로 구분하는데, 시간 전례에 관한 계산법은 학자들에 따라 다소 차이가 있다.

조하는 삶'에 해당하고 '육체활동'은 '행동하는 삶'에 해당한다. 그래서 중세 수도원 생활에서는 관조하는 삶과 행동하는 삶이 대립적이지도, 상극적이지도 않다. 고대 그리스에서는 관조하는 삶과 행동하는 삶을 엄격하게 구분하고, 전자를 후자보다 우월한 것으로 규정하여 전자와 후자를 지배와 종속의 관계로 설정하면서 양자 간 반비례적인 관계를 조장하기도 했다. 하지만 중세 수도원에서는 관조하는 삶과 행동하는 삶이 상호 작용하고 서로 보완하면서 신을 향해 다가가는 인간의 발걸음을 재촉하고 인도한다. 그래서 '기도'와 '일'은 수도원 생활에서 양자택일이 불가능하고 필요충분조건을 충족하는 두 가지 요소가 된다.

기도는 하느님과 만나는 일로 「베네딕도 규칙서」에서 기도에 관해 아주 구체적인 지침을 제시한다. 수도원 생활에서 가장 중점을 두어야 하는 것은 하느님의 일, 즉 기도 및 공동 기도이다. 이와 관련해서 「베네딕도 규칙서」에는 "그 어느 것도 하느님의 일보다 낫게 여기지 말라"RB 43, 3[103]고 명시되어 있다. 또한 규칙서에는 낮시간에 바치는 일곱 개의 시간 전례와 찬미하는 기도의 성격을 띠는 〈야간기도〉에 관한 규칙RB 16, 1-4도 있는데, 낮시간에는 일출 시점에 드리는 〈아침기도〉, 〈제1시기도〉, 〈제3시기도〉, 〈제6시기도〉, 〈제9시기도〉, 〈저녁기도〉, 〈끝기도〉[104]를 해야 하고 〈끝기도〉를 마친 후에는 철저하고 엄격하게 침묵하기 위해 굳게 닫았던 입을 다시

103 "그 어느 것도 그리스도께 대한 사랑보다 낫게 여기지 말라."(RB 4, 21); "그 어느 것도 그리스도보다 더 낫게 여기지 말라."(RB 72, 11)

104 이형우, "Ora et labora': 베네딕도회 정신에서 본 일과 휴식," 『가톨릭 신학과 사상』 56 (2006): 11쪽. 이형우는 「베네딕도 규칙서」 집필 당시에는 일출과 일몰을 기준으로 낮과 밤을 구분하고 낮시간과 밤시간을 각각 12등분하여 1시간으로 정했기 때문에 계절에 따라 1시간의 길이가 유동적임을 밝힌다. 그리고 이러한 사실을 바탕으로 이형우는 일출 시점이 아침이고 낮시간 기준 영시라고 할 때, 제3시기도는 지금 시간 오전 9시에 바치는 기도이고, 제6시기도는 낮12시에, 그리고 제9시기도는 오후 3시에 바치는 기도라고 해석한다.

여는, "하루 중에 처음으로 바치는 기도"[105]인 〈야간기도〉를 해야 한다. 그런데 낮시간 기도에 해당하는 총 7번의 기도 가운데 〈아침기도〉와 〈저녁기도〉는 구약시대부터 있었고, 〈제3시기도〉, 〈제6시기도〉, 〈제9시기도〉도 〈아침기도〉, 〈저녁기도〉와 함께 수도원 운동이 시작되기 전부터 있었으며, 〈제1시기도〉와 〈끝기도〉는 기독교의 완전수 7에 맞추기 위해 베네딕도가 추가한 것으로 추정된다.[106] 뿐만 아니라 규칙서 19장에는 기도할 때의 마음과 자세, 방법과 길이 등이 명시되어 있다.[107]

수도원 육체노동에는 말 그대로 몸 또는 손으로 하는 노동과 독서 활동인 렉시오 디비나가 포함된다. 「베네딕도 규칙서」에는 수도사의 일상 중에 '육체노동'에 관한 것[108]이 시기별로 시간대에 따라 상세하게 명시되어 있다. 구체적인 시작 시간은 부활절부터 10월 1일까지, 10월 1일부터 사순절 시작까지, 그러니까 낮의 길이가 길어지는 봄과 여름, 밤의 길이가 길어지는 가을과 겨울을 기준으로 정해진다. 규칙서에 따르면 '육체노동'을 하는 시간은 기도 시간과 맞물려 있다. 하지만 그래도 수도사 일상의 대부분을 차지하는 것은 기도이고, 일은 기도보다 종류가 많고 수도원 생활과 수도사의 일상에서 꼭 필요하지만, 시간은 오히려 제한적이고, 보조적이며, 부수적이다:

---

105 이형우, 위의 논문, 18쪽.

106 이형우, 위의 논문, 17쪽.

107 1 만일 우리가 권세 있는 사람들에게 무엇을 여쭙고자 할 때, 겸손과 존경심 없이는 감히 하지 못할 것인즉, 2 하물며 만물의 주님이신 하느님께는 온갖 겸손과 순결한 경건심으로 간청해야 할 것이다. 3 많은 말로써가 아니라, 마음의 순결함과 통회의 눈물로써 우리 (간청이) 들어 허락되는 것임을 알 것이다. 4 그러므로 (기도가) 하느님의 은총에서 영감을 받은 열정으로 길어지는 경우가 아니라면, 기도는 짧고 순수해야 한다. 5 모든 이가 모여 있을 때 기도는 짧게 할 것이며, 장상의 신호가 있으면 모든 이들은 함께 일어설 것이다.

108 RB, 48, 3 이하 참조: 매일의 육체노동에 대하여

3 즉, 부활절부터 10월 1일까지는 아침에 <제1시기도>를 끝낸 다음 제4시까지 필요한 노동을 하고,

4 제4시부터 <제6시기도>를 바칠 때까지 독서에 전념할 것이다.

5 <제6시기도> 후에 식사를 마치면 자기 침대에서 완전한 침묵 중에 쉴 것이지만, 만일 누가 혼자 독서를 하고자 한다면 다른 사람들에게 방해가 되지 않도록 할 것이다.

6 <제9시기도>는 좀 당겨서 제8시 반에 하고, 다시 <저녁기도>까지 해야 할 일을 할 것이다.

7 그러나 만일 지역의 필요성이나 가난함 때문에 직접 곡식을 추수해야 할 경우에라도 불만스러워하지 말 것이니,

8 우리의 교부들과 사도들처럼 자신의 손으로 노동함으로써 생활할 때 비로소 참다운 수도승들이 되기 때문이다.

[…]

10 10월 1일부터 사순절 시작까지는 제2시 끝까지 독서에 전념하고,

11 제2시에 <제3시기도>를 바칠 것이다. 그리고 제9시까지 모든 이들은 자신에게 맡겨진 일을 할 것이다.

12 제9시를 (알리는) 첫 번째 신호가 울리면, 각자는 하던 일을 멈추고 두 번째 신호가 울릴 때까지 대기하고 있어야 한다.

13 식사 후에는 개인의 독서나 시편 (공부에) 전념할 것이다.

14 사순절 동안에는 아침부터 제3시 끝까지 각자 독서에 전념하고, 제10시 끝까지 각자에게 맡겨진 일을 할 것이다.

15 사순절 동안 모든 이들은 각자 도서실에서 책들을 받아 차례대로 다 읽을 것인데

16 이 책들은 사순절 첫날에 (나누어) 줄 것이다.

(3) 수도사의 '미니멀 라이프'

모든 인간은 필멸의 존재이고 수도사 역시 그러하다. 하지만 수도사의 삶은 유한을 무한으로 잇는다. 그래서 수도사를 '순례자homo viator'라고 부른다. 순례자는 이 땅에 태어난 유한의 존재이지만 무한의 존재인 하느님과 하느님의 나라를 향해 길을 나선다. 순례의 길이 험하고 그 과정이 아무리 험난해도 순례자는 가던 길을 멈추지 않고, 중간에 주저앉거나 넘어지거나 쓰러져도 다시 일어나 묵묵히 걸어간다. 그렇다면 순례자에게 '성배'는 무엇이고 순례자가 자신의 '성배'를 찾기 위해 무엇을 어떻게 해야 하는가? 이 질문에 대한 해답을 찾아가는 멀고 먼 순례의 길이 수도생활이고 수도원의 교육 과정이다. 결국 순례자의 '성배'는 순례자의 내면에 들어있고, 순례자가 내면의 소리에 귀를 기울이면서 자신의 '성배'를 찾아가는 과정, 즉 "어렵고 고통스러운 자기 인식의 여정"[109]이 결국 수도이고, 수도원의 생활이며, 교육이다.

기도와 일로 점철되는 수도사의 일상과 관련하여 「베네딕도 규칙서」에서는 기상과 취침 시간, 음식과 알코올 함유 음료 분량, 식사 시간, 의복과 신발 등에 관한 규칙을 상세하게 규정한다. 매일 제6시와 제9시 식사 시간에는 조리된 음식 두 가지가 제공되는데, 그 이유는 음식이 한 가지만 있는 경우, 그것을 못 먹는 사람은 굶을 수밖에 없기 때문이다. 그리고 두 가지 음식 외에 과일이나 연한 채소를 먹을 수 있다. 식사는 최대한

---

109 이홍우, "기독교의 심성함양 프로젝트: 메타프락시스적 관점", 『도덕교육연구』 31, 2 (2019): 246-248쪽 참조; 유해룡, "영적 여정의 길로서의 베네딕트의 『수도규칙』", 『Korea Presbyterian Journal of Theology』 45, 4 (2013): 286쪽. 유해룡은 순례자의 자기인식과 관련해서 "되어야 할 자기(self)라기보다는 현재적 자아(ego)를 발견하고 그것을 출발점으로 해서 또 다른 자아를 향하여 역동적으로 움직여 나가는 전 과정을 일컫는다."고 밝힌다.

하루에 두 번 또는 한 번 할 수 있고 상황에 따라 아빠스의 재량과 권한으로 양을 늘릴 수는 있지만 과식보다는 절제를 권장한다. 그리고 네 발 가진 짐승의 고기는 절대로 먹으면 안 된다.[110] 알코올 함유 음료의 분량[111]도 제한하는데, 그 이유는 "술이 수도승들에게는 결코 합당하지 않"고 "지혜로운 사람들까지도 탈선하게 만들기" 때문이다. 다만 과음하지 않고 술에 취하지 않는다는 전제하에 약간씩 술을 마시는 것은 합의할 수 있다. 수도사의 식사 시간[112]에 대해 부활절부터 성령강림절까지는 제6시에 점심을 먹고 저녁에도 식사를 한다. 하지만 성령강림절부터 여름 동안에는 가급적이면 수요일과 금요일 제9시까지 금식하는데, 수요일과 금요일을 제외하고는 제6시에 점심을 먹을 수 있다. 9월 13일부터 사순절 시작까지는 제9시에 식사를 하고 사순절부터 부활절까지는 등불을 켜지 않아도 되는 시간에 저녁을 먹는다.

수도사의 의복과 신발[113]은 거주하는 지방의 여건과 기후에 따라 제공된다. 온대 지방의 경우, 여름에는 얇은 천 또는 낡은 천으로 만들고 겨울에는 모직으로 만든 '꾸꿀라'와 '투니카' 각각 두 벌, 어깨에 걸치는 옷 '스카풀라', '샌들'과 구두가 제공되는데, 의복이나 신발의 색깔이나 디자인, 품질보다 가격이 중요하다. 그리고 새 옷과 새 신발을 받으면 헌것은 즉시 반납해야 하고 침구는 요와 여름용 얇은 이불과 겨울용 두꺼운 이불, 그리고 베개만으로 족하다. 만약 수도사가 수도원에서 제공하는 물품 외에 '사사로운 물건'을 가지고 있으면 '극히 엄한 벌'에 처해 '개인 소유의

---

110 RB 39, 1 이하 참조: 음식의 분량에 대하여
111 RB 40, 5 이하 참조: 음료[술]의 분량에 대하여
112 RB 41, 1 이하 참조: 식사 시간에 대하여
113 RB 55, 1 이하 참조: 의복과 신발에 대하여

악습'을 근절해야 한다. 그리고 이를 위해 아빠스는 '꾸꿀라'와 '투니카', '샌들'과 구두, 침구 외에 허리띠와 칼, 펜과 바늘, 수건과 서판 등 수도원 생활의 필수품을 수도사 개인에게 나누어 주어 수도사가 궁색함을 느끼지 않도록 잘 배려해야 한다. 이렇게 아빠스의 통제와 지도, 그리고 배려로 제공되는 물품과 음식, 음료 등으로 무소유와 금욕을 실천하는 수도사의 미니멀 라이프는 배금주의와 물질만능주의에 경도된 현대인들에게 시사하는 바가 크다.

2) 수도원 교육

(1) 수도원의 교육적 기능

서로마 제국의 몰락과 더불어 그리스와 로마가 이룩한 문명적 업적이 철저히 파괴되고 그때까지 인류가 쌓아 올린 문화적·학문적 업적의 탑이 와르르 무너졌다. 그럴 때 교육만이 그 기둥을 다시 세우고, 그 탑을 다시 쌓을 수 있는데, 어둠의 시대에 빛을 열기 위해 교육을 담당한 기관이 바로 중세 수도원이었고 중세 교육을 맡은 장본인이 바로 수도사들이었다.[114] 수도원과 수도사가 있는 곳이면 그곳이 바로 학문과 교육의 현장이었고, 그곳에서는 학문과 교육의 열기가 언제나 뜨거웠으며, 수도원 생활과 수도사의 일상이 바로 수도원 교육의 내용이고 방법이었다. 역사와

---

114 보이드, 앞의 책, 148쪽; 브라이언 타이어니, 시드니 페인터, 『서양중세사: 유럽의 형성과 발전』, 이연규 역 (서울: 집문당, 2015), 109쪽; 최은순, "중세 수도원운동의 이념과 그 교육사적 공헌," 『도덕교육연구』 32, 1 (2020): 113쪽 이하 참조 (이하 최은순a로 표기함).

전통이 오래된 수도원의 건축학적인 구조를 살펴보면 부속시설로 학교와 도서관이 있다는 것을 알 수 있다. 암흑시대 중세가 스스로 빛을 열어 어둠을 밝힘으로써 세계사에서 긍정적으로 평가받는 것도 바로 수도원 생활을 기반으로 하는 수도원 교육 덕분이다.

반면 수도원의 교육적 기능에 회의적인 입장을 표하거나 수도원의 교육적 역할을 과소평가하는 연구자도 있다.[115] 이들은 고대와 중세를 선험적으로 구분하고 고대와 중세 간에 우열을 조장하여 고대를 우월한 것으로, 중세를 열등한 것으로 각각 규정한다. 이들은 중세가 암흑시대인 이유를 밝히느라 바쁘고, 신 중심의 질서에 편승하여 인간의 능력이 제대로 발휘되지 않는다고 주장하며, 신학이 으뜸이기 때문에 다른 학문이 신학의 시녀로 전락했다는 논리를 앞세운다.[116] 물론 그런 부분도 없지는 않다. 하지만 고대와 근대 사이에 중세가 없었다면 고대가 근대로 이어질 수 없었을 것이고 중세가 없었다면, 고전주의의 원천은 있지만, 낭만주의의 지향점은 사라질 것이다. 그렇게 되면 헤브라이즘과 헬레니즘이라는 양대 축이 업 앤드 다운을 반복하면서 만들어 낸 포물선의 모양이 일그러지고, 두 축 사이에 불균형과 균열이 생기며, 결국에는 두 축 모두 와해되는 지경에 이를 것이다. 이런 맥락에서 중세는 단절과 연결이라는 이율배반적이고 양가적인 의미를 자체 포함한다.

초기 수도원 운동이 일어날 당시에는 수도원 교육이 체계화되지 못하고 은둔자의 독거 수도생활이 수도원 생활의 전부였지만, 안토니우스와 같은 동방의 독거 수도사를 중심으로 공동체가 형성되고 그것이 수도

115 최은순a, 위의 논문, 113쪽 이하 참조.
116 보이드, 앞의 책, 147-148쪽 참조.

원의 형태로 발달하고 동방과 서방세계에서 수도원의 숫자가 늘어나면서, 수도원이 중세 교육을 담당하는 주요 공간이 되었다. 수도원 운동이 일어난 직접적인 이유가 초기 기독교 정신의 해이해짐과 실종에 있었기 때문에, 수도원 교육에서 정신을 강화하고 단련하는 것이 무엇보다 중요했다. 맑은 정신으로 자신의 내면에 침잠하고 몰아의 상태에서 신과 합일하는 것이 중세 수도원 생활과 수도원 교육의 궁극적인 목적이기 때문에 정신을 고양하기 위한 금욕생활은 필수적이었고, 그런 의미에서 금욕은 정신을 위한 것이며, 신과의 합일에 필수 불가결한 것이었다.

(2) 수도원 교육의 이념과 실천 덕목: 「베네딕도 규칙서」

고대 말부터 중세 초까지, 그러니까 4-6세기까지 동방에서뿐만 아니라 서방에서도 수도원이 많이 생겼다. 뿐만 아니라 수도원의 규모도 커지고 세속 사회에서 수도원의 입지가 강화되면서 이에 대한 반작용도 만만찮았다. 기독교가 로마의 국교가 되었다고 해서 로마에 거주하는 모든 로마인이 기독교인인 것은 아니었다.[117] 타종교를 믿던 이민족 중에 기독교로 개종한 자들도 있고, 심지어 기독교로 개종한 황제들도 있었는데, 이들의 입장에서 보면 수도원의 외적 발전이 달갑지만은 않았다. 게다가 부와 권력이 쌓이면 부패와 타락이 동반되기 때문에 수도원 내에서도 일찌감치 반성과 개혁의 움직임이 있었다. 게다가 극도의 금욕적인 고행을 요구하는 수도생활의 방식 역시 변화하는 시대상이나 사회분위기에 맞게 변형되어

---

117 W. Boyd and E. J. King, *The History of Western Education* (London: Adam & Charles Black, 1975), p. 75. 서로마 제국이 멸망하기 전, 로마 제국이 영토를 확장하면서 정복지에 문법학교와 수사학교를 세웠는데, 그 이유는 정복민을 로마화(romanization)하기 위해서였다.

야 할 필요가 있었다. 그래서 당시에 수많은 수도원 규칙서가 만들어졌다가 사라지기를 반복했는데, 그중에서 서방교회의 권위 있는 규칙서로 인정받아 지금까지 수도원 생활의 지침이 되는 것이 바로 몬테카시노 수도원을 설립한 베네딕도가 집대성한 「베네딕도 규칙서」이다.

「베네딕도 규칙서」의 존재가 세상에 알려진 것은 교황 그레고리우스 1세Papa Gregorius I, c. 540-604가 쓴 『대화록Dialogorum Libri』을 통해서이다. 베네딕도는 초기 동방과 서방 수도원을 직간접적으로 두루 경험하고 그 경험을 바탕으로 '스피리투알리타스 베네딕티나Spiritualitas Benedictina', 즉 '베네딕도회 영성'[118]을 고취하는 수도원 생활에 필요한 규칙을 엄선하고 정제해서 에센스만 모아 규칙서를 만들었다.[119] 그리고 아니아느 베네딕도 덕분에 이 규칙서의 진가가 발휘된다. 아니아느 베네딕도는 각 수도원에서 사용하던 여러 종류의 규칙서를 수집하여 「베네딕도 규칙서」와 일일이 대조하면서 비교 연구하면서 당시 많은 수도원에서 「베네딕도 규칙서」를 상당 부분 임의적이고 자의적으로 해석해서 규칙서를 만들었다는 사실을 발견했다.[120] 규칙서가 일관성이 없는 것은 물론이고 수도원 정신에 위배되는 내용도

---

118 허성석, "베네딕도회 영성에 대한 고찰," 『가톨릭 신학과 사상』 43 (2003): 9-10쪽. 허성석은 '베네딕도회 영성'을 의미하는 스피리투알리타스 베네딕티나(Spiritualitas Benedictina)에서 '베네딕티나'는 '베네딕도회의', '베네딕도회 수도사의', '베네딕도회적인'을 의미하는 형용사로서 13세기에는 프랑스 언어권 문헌에서, 14세기 이후에는 라틴어 자료에서 등장하다가 17세기에 일반적인 용어로 사용되었다고 설명한다. 아울러 영성을 의미하는 '스피리투알리타스' 개념을 정의하는 데에 어려움이 있다고 하면서 통상적인 의미로 물질적·육체적 영역에 속하는 것과 달리 '영적 본성'과 '내적인 삶', 인간의 '비물질적인 부분'에 관계하는 것을 뜻한다고 밝힌다.

119 허성석, 위의 논문, 14쪽 참조. 허성석은 베네딕도가 "결코 전통을 쇄신하지도 파괴하지도 않았다. 그는 단순히 초기 수도승 전통으로부터 다양한 영적 가르침들을 받아들여 자신의 체험을 바탕으로 그것들을 나름대로 적용하였을 뿐이다. 따라서 규칙서 안에는 동·서방의 다양한 원천들이 혼합되어 있다."고 해석한다.

120 https://news.cpbc.co.kr/article/689914 (검색일: 2023.08.19.)

있었다. 그러다 보니 수도원 규율은 느슨해졌고, 수도원 생활이 엉망이 되었으며, 금욕적인 고행의 수도도 변질될 수밖에 없었다.

「베네딕도 규칙서」의 정신을 그대로 살리고 그 정신대로 실천할 방안을 적극적으로 모색하기 위해 아니아느 베네딕도는 프랑크 왕국 카롤루스 왕조의 3대 국왕이자 신성 로마 제국의 명목상 황제였던 경건왕 루도비쿠스 1세에게 실상을 알리고 도움을 청했다. 황제 역시 수도원 개혁의 필요성을 절감했기 때문에 아니아느 베네딕도를 전폭적으로 지지했다. 마침내 프랑크 왕국 내 모든 수도원이 의무적으로 「베네딕도 규칙서」를 채택하였고 그 결과 「베네딕도 규칙서」가 서방 수도원의 표준 규칙서가 되었다.[121] 그리고 12세기 말까지 서방 수도원 정체성을 형성하고 서방 기독교 고유의 문화를 형성하는 데 결정적인 역할을 했다. 19세기 말에서 20세기 초, 서방 기독교가 비유럽권 국가로 전파될 때 「베네딕도 규칙서」가 부흥의 불씨를 붙여 지금까지도 「베네딕도 규칙서」를 중심으로 가톨릭교회와 수도원, 수녀원이 기독교 정신을 연마하고 있다.

「베네딕도 규칙서」 내용을 살펴보면 규칙서가 수도원 생활과 교육의 모든 영역을 총망라하고 있음을 알 수 있다.[122] 수도원이 세상과 동떨어져

---

121 김범용, 앞의 논문, 17-20쪽 참조.

122 이형우, 앞의 책, 22쪽. 이형우는 머리말과 총 73개의 장으로 구성된 「베네딕도 규칙서」를 머리말부터 제7장까지, 8장부터 73장까지 크게 두 부분으로 구분하고 첫 번째 부분에서는 이론적이고 영성적인 주제들이, 두 번째 부분에서는 수도원 제도나 규율 관련 실제적인 주제들이 다루어진다고 분석한다; 김봉수, "『베네딕트 규칙서』에 나타난 수도원이념에 관한 연구," 『총신대논집』 16 (1997): 266쪽 이하 참조. 김봉수는 「베네딕도 규칙서」가 크게 영성과 규율, 보완규정으로 구성되어 있다고 언급하면서 세부 구조와 내용을 ① 머리말: 규칙서 구성의 목적과 이상적인 수도생활 및 목표 ② 1-3장: 수도원 조직의 기본구조 ③ 4-7장: 수도원 생활 자체와 그 덕스러움 ④ 8-20장: 기도 시간의 배분 및 태도 ⑤ 21-52장: 수도원 내 규율과 조직에 관한 규정 ⑥ 53-57장: 수도원과 세속의 관계 ⑦ 58-66장: 수도원 구성원의 인적사항 ⑧ 67-72장: 보완규정 ⑨ 73장: 권고로 구분하여 상세하게 소개한다.

있다고 해서 세상의 법과 무관한 것도 아니고 수도사가 독거한다고 해서 자기 마음대로 수도할 수 있는 것도 아니다. 규칙서에 따르면 세상과 유리되어 있을수록 더 엄격한 잣대가 적용되어야 하고 혼자 있을수록 더 혹독한 기준이 있어야 한다. 수도원에 낭비와 방종이 판을 치고 수도사가 욕망과 무절제에 취해 있으면 수도는 불가능하다. 타락한 수도원과 퇴폐적인 수도사의 삶은 세상 사람들의 보통 삶보다 상대적으로 훨씬 더 추하게 와 닿는다. 베네딕도 자신이 그것을 여러 차례 목격했기 때문에 수도원의 전통적인 관례에 자신의 경험을 더해서 수도원 규칙의 이론과 실제를 설계하고 완성했다. 같은 맥락에서 세속에 한 발을 딛고 있으면서 삭발로 수도를 대신하는 행위는 하느님에 대한 기만행위이고 혼자든 둘 셋 무리 지어서든 자기들만의 세계를 형성하고 그 안에 갇혀 자기들의 이해관계에 따라 행동하면서 유리하면 취하고 불리하면 배척하는 '사라바이타'[123]가 이중 잣대를 수시로 들이대면서 수도원의 질서와 법을 교란한다는 점을 그는 지적한다. 수도승 영성의 대리인[124]으로서 베네딕도는 규칙서 머리말 1-3절에서 규칙서의 대원칙을 제시한다:

---

123 허성석, 『중용의 사부, 배네딕도의 영성』 (서울: 분도출판사, 2015), 25-26쪽. '사라바이타(sarabaita)'는 콥트어로 '공동체에서 분리된 자'를 뜻하는데, 허성석은 이들이 두세 명씩 무리지어 산다는 점에서 공동체 생활을 한다고 보지만 수도원과 근본적으로 다른 이유는 수도원 규칙과 같은 규칙이 없고 수도원 규칙을 해석하고 전달하고 유지하는 영적인 스승 아빠스가 없기 때문이라고 진단한다. 8 그들은 둘이나 셋, 때로는 혼자서 목자도 없이, 주님의 양떼에서가 아니고 오직 자기네들의 무리 안에서 사는 자들이다. 그들의 법은 욕망의 쾌락이며, 9 자기들이 추정하고 선택한 것은 무엇이나 다 거룩하다고 하고 자기들이 원치 않는 것은 부당하다고 여긴다(RB, 머리말 8-9).

124 허성석, 앞의 논문, 11쪽. 허성석은 기독교에서 영성을 사제 영성, 평신도 영성, 수도사 영성, 전례 영성, 수도회 영성 등으로 세분화하는데, 베네딕도회 영성은 베네딕도회 고유의 영성을 다루지만 베네딕도 자신이 어떤 특별한 영성을 새로이 제시하지는 않았다고 언급한다.

1. 오, 아들아, 스승의 계명을 경청하고 네 마음의 귀를 기울이며 어진 아버지의 훈시를 기꺼이 받아들여 보람 있게 채움으로써,
2. 불순종의 나태로 물러갔던 그분께 순종의 노고로 되돌아가거라.
3. 그러므로 자기 뜻을 버리고 참된 왕이신 주 그리스도를 위해 분투하고자 순명의 극히 강하고 훌륭한 무기를 잡는 자여, 나는 이제 너에게 이 말을 하는 바이다.

제1절에서는 이 규칙서를 읽는 모든 사람을 '아들'이라 칭하고 아들에게 '어진 아버지'의 훈시를 받아들일 것을 명한다. 그리고 '아버지'의 훈시는 '스승'을 매개로 '아들' 즉 수도사와 수녀를 포함한 모든 기독교 신자에게 전달된다. 아버지의 훈시가 스승의 계명으로 전해질 때 반드시 요구되는 자세가 있는데, 그것은 바로 '경청' 특히 '마음의 귀'를 기울이는 것이다. 제2절에서는 '불순종'과 '순종'의 주제가 제시된다. 불순종은 '어진 아버지'의 뜻을 거역함으로써 아버지에게서 멀어지는 것이고, 순종은 불순종함으로써 아버지에게서 멀어진 '아들'을 아버지 곁으로 돌아오게 하는 것이다. 제3절에서는 '순명'[125]의 원칙이 제시된다. 순명은 "그리스도를 대신하는 '스승'이나 다른 사람의 뜻을 수행하기 위하여 자기 뜻을 포기함"[126]을 말하는데, 그 원천이 되는 성경 구절은 "누구든지 나를 따라오려거든 자기를 부인하고 자기 십자가를 지고 나를 따를 것이니라"[127]이다. 하느님 나라를 지향하면서 살고자 하는 자는 누구든지 자신의 모든 것을 전부 다 포기해야 한다. 주지하는바 소유욕이 하느님 나라에 들어가는데 가장 큰

---

125 허성석, 위의 논문 25쪽. 허성석 신부는 순명에 대해 "베네딕도회 영성의 본질을 이룰 만큼 규칙서 안에서 특별한 위치를 차지하고 있"고 규칙서가 "'순명'으로 시작(RB 머리말, 3)해서 '순명'으로 끝날 만큼 중요하다(RB 73, 6)"고 한다.

126 허성석, 위의 논문, 26쪽.

127 큰글성경편찬위원회, 앞의 책, 67쪽(마가복음 8장 34절).

걸림돌이 되기 때문에 안토니우스를 비롯한 초기 동·서방 수도사들은 최우선으로 자신이 가진 모든 재산을 처분해서 가난한 사람에게 나누어 주고 수도원 생활을 시작했다. 그리고 순명에는 십자가를 지는 고통이 동반되는데, 이 고통이 금욕적인 수도원 생활의 고행에 비견된다.

「베네딕도 규칙서」 머리말 첫 부분에 나오는 '경청'과 '순종', '순명'이 수도원 생활의 가장 기본적인 지침이 되면서 규칙서 전체를 관통한다. 그리고 이러한 대원칙하에 베네딕도가 수도원 생활에서 특별히 중요하다고 생각하는 세 가지 덕목, 즉 순명[128]과 침묵[129], 겸손[130]에 대해 「베네딕도 규

---

128 RB 5, 1-12: 1 복종의 첫째 단계는 지체 없는 순명이다. […] 10 그러므로 영원한 생명의 길로 들어가기를 간구하는 자는 11 "생명으로 들어가는 길은 좁다."고 하신 주님의 말씀을 따라 좁은 길을 택한다. 12 그래서 그들은 자기 마음대로 살거나 자기의 소망이나 욕망을 따르지 아니하고, 다른 사람의 판단과 명령을 따라 수도원 안에 살면서 아빠스를 자기 으뜸으로 모시고자 한다.

129 RB 6, 1-5: 1 "나는 말하기를, '내 길을 지키어 내 혀로 죄짓지 않으리라. 나는 내 입에다 파수꾼을 두었고, 벙어리가 되어 낮추어졌으며, 좋은 일에 대해서도 말하지 않았노라.'"고 하신 예언자의 말씀을 우리는 실행하자. […] 4 성서에 "너는 많은 말에서 죄를 피하지 못하리라."고 기록되어 있고, 5 또 다른 곳에는 "죽음과 삶이 혀에 달려 있다."고 기록되어 있기 때문이다.

130 RB 7, 1-62: 1 형제들아, 성서는 우리에게 소리쳐 말하기를, "누구든지 자기를 높이는 사람은 낮아지고, 자기를 낮추는 사람은 높아질 것이다."라고 하신다. […] 10 겸손의 첫째 단계는, 하느님께 대한 두려움을 늘 눈앞에 두어 잠시도 잊지 않으며, […] 31 겸손의 둘째 단계는, […] 32 오히려 "나는 내 뜻을 이루려고 온 것이 아니라 나를 보내신 분의 뜻을 이루려고 왔다."고 하신 주님의 말씀을 실제 행동으로 본받는 것이다. […] 34 겸손의 셋째 단계는, […] "그분은 죽기까지 순종하셨다."고 사도께서 말씀하신 그 주님을 본받는 것이다. 35 겸손의 넷째 단계는, 순명에 있어 어렵고 비위에 거슬리는 일 또는 당한 모욕까지도 의식적으로 묵묵히 인내로써 받아들이며, […] 44 겸손의 다섯째 단계는, 자기 마음속에 들어오는 모든 악한 생각이나 남모르게 범한 죄악들을 겸손한 고백을 통하여 아빠스에게 숨기지 않는 것이다. […] 49 겸손의 여섯째 단계는, […] "나는 쓸모없는 자이오며 알아듣지도 못하였나이다. 나는 당신 앞에서 짐승과 같은 처지오나 늘 당신과 함께 있겠나이다."라고 말하는 것이다.[…] 51 겸손의 일곱째 단계는, 모든 사람들 가운데서 자신이 가장 못하고 비천한 사람이라는 것을 자신의 말로써 드러낼 뿐 아니라, […] 55 겸손의 여덟째 단계는, 수도승이 수도원의 공동 규칙이나 장상들의 모범이 권고하는 것 이외에는 아무것도 행하지 않는 것이다. 56 겸손의 아홉째 단계는, 수도승이 말함에 혀를 억제하고, 침묵의 정신을 가지고 질문을 받기 전에는 말하지 않는 것이니, […] 59 겸손의 열째 단계는, 쉽게 또 빨리 웃지 않는 것이니, […] 60 겸손의 열한째 단계는, 수도승이 말할 때 온화하고 웃음이 없으며 겸손하고 정중하며 간결한 말과 이치에 맞는 말을 하고, […] 62 겸손의 열두째 단계는, 수도승이 마음으로뿐 아니라 몸으로도 자기를 보는 사람들에게 겸손을 항상 드러내는 것이다.

칙서」에서 상세하게 언급한다. 순명과 침묵과 겸손으로 일관된 삶을 살면서 겸손의 모든 단계를 실천할 경우, 그 최종 목표 지점인 '하느님의 사랑'에 도달한다.

베네딕도는 「베네딕도 규칙서」의 마지막 제73장 1절에서 규칙서가 "수도원들 안에서 이것을 지킴으로써 어느 정도 품행을 올바르게 하며 수도생활을 시작하고 있다는 것을 나타내 보이기 위한 것"이라고 하면서 규칙서에 모든 덕목을 준수하는 규율 전부를 규정하지 않은 이유를 밝힌다. 다시 말하면 「베네딕도 규칙서」는 수도원 생활에서 지켜야 할 최소한의 정수만 뽑아 놓은 것으로서, 이 규칙을 지켰을 때, 완벽하지는 않지만 어느 정도는 올바른 품행을 갖추고 수도생활을 '시작'할 수 있는 기준을 규정해 놓은 지침서이다. 이런 맥락에서 「베네딕도 규칙서」는 한편으로 보편성과 일반성을 확보하지만 다른 한편으로 세속의 대법전이 될 수는 없다. 그리고 그럴 필요도 없다. 세속의 삶에서는 법조항이 특수하고 세부적일 수밖에 없다. 그리고 법망이 촘촘하면 할수록 법망을 뚫는 방법도 그만큼 많아지고 다양해진다. 그래서 법은 사회가 복잡해지고 시간이 지날수록 세분되고 구체적이 되는데, 「베네딕도 규칙서」는 그런 면에서 규칙의 각론이 아닌 원론에 해당한다. 그리고 수도생활을 시작한 자가 '완덕'을 향해 매진할 때 필요한 구체적인 방법이나 사례 등과 관련해서 베네딕도는 그 출처와 근거를 다음과 같이 밝힌다:

> 2 그러나 수도생활의 완덕을 향해 달려가려 하는 사람을 위해서는 거룩한 교부들의 가르침이 있으니, 이것을 지키는 사람은 완덕(完德)의 절정에 도달하게 될 것이다.
>
> 3 하느님의 권위로 쓰인 신·구약성서의 어느 면(面)이나 어느 말씀이 인간

생활의 가장 올바른 규범이 아니겠는가?
4 또한 거룩한 가톨릭 교부들의 어느 책이 우리 창조주께 바른길로 나아가라고 소리치고 있지 않은가?
5 또한 교부들의 담화집이나 제도서(制度書)나 그들의 전기(傳記)나 그밖에 우리의 거룩한 사부(師父) <바실리우스의 규칙서>는
6 착하게 살고 순종하는 수도승들의 덕을 닦기 위한 도구가 아니고 무엇이겠는가?

그리고 한 번 더 「베네딕도 규칙서」의 성격을 분명히 밝힌다:

8 그러므로 하늘의 고향을 향해 달려가려 하는 사람은 누구든지 초보자를 위해 쓴 이 최소한의 규칙을 그리스도의 도움을 받아 완수하여라.
9 그리하면 마침내 하느님의 보호하심으로 위에 언급한 교훈과 덕행의 더욱 높은 절정에 도달하게 될 것이다. 아멘.

수도원의 3대 덕목인 청빈, 순결, 순종은 이미 언급한바 동서고금을 막론하고 통한다. 중세 수도원 운동은 우리가 이 세상에 살면서 무엇을 어떻게 해야 하느님과 만날 수 있고 무엇을 매개로 하느님 나라로 갈 수 있는지를 보여준다. 결국 유한한 인간이 무한한 신의 품에 안겨 영생하기 위해서는 금욕을 통한 청빈과 순결, 복종의 미덕을 평생 실천해야 하는데, 그것은 중세 수도원 운동에서도 핵심요소였다. 중세에는 금욕이 신과의 합일을 위해 육체를 단련하고 감정을 정련하기 위한 수단이었다. 물론 그렇다고 해서 고대 그리스에서처럼 정신과 육체를 구분하고 정신을 육체보다 우월한 것으로 규정하여 육체를 폄하하거나 평가절하하지는 않는다. 이런 맥락에서 중세의 금욕을 현대적으로 해석해 보면 신체 단련과 감정정련, 욕망 절제로 세분될 수 있고, 그것은 결국 몸과 마음공부에 해당한다.

(3) 수도원 교육의 내용

사제 교육: 도덕교육, 공식 업무 교육, 신학교육

중세 수도원 교육은 베네딕도회 중심의 수도원 교육이 시작된 6세기 말부터 중세가 막을 내리는 15세기까지 수도원 담장 안에서 이루어진 교육과 수도원에서 사용된 교육 시스템을 아우르는 말이다. 수도원의 가장 기본적인 교육 활동으로는 수도원 생활과 수도사의 일상 관련 종교 공동체 활동, 즉 기도와 묵상, 경전 연구와 렉시오 디비나 등이 있다. 수도원 교육의 대상이 초기에는 수도사에 국한되었지만 수도원이 발전하고 세속화되면서 그 수혜자가 늘어났다. 수도원에 통 큰 기부를 하는 귀족 자제들도 수도원에서 교육을 받을 수 있었다. 하지만 수도원 교육의 궁극적인 목적은 사제 양성이었다. 사제는 하느님의 종으로서 회심하거나 개종한 기독교 신자를 사목하고 이단의 유혹에 쉽게 넘어가는 일반 기독교 신도를 계몽하고 인도해야 하는데, 이를 위해 엄격한 도덕교육과 체계적인 신학교육, 그리고 구체적인 실무교육[131]을 받아야 했다.

첫째, 사제를 위한 도덕교육에서 가장 기본이 되는 것은 "많은 훈련 중의 훈련"[132]인 참회이고 참회 관련 도덕교육의 교재로 「참회고행지침서」[133]가 있다. 죄와 참회의 상관관계에서 사제가 죄를 짓고 참회하지 않은

---

131 이필은, "6-10세기 아일랜드의 사제 교육," 『신학과 실천』 34 (2013): 391-410쪽 참조(이하 이필은a로 표기함).

132 A. W. Haddan and W. Stubbs, *Councils and Ecclesiastical Documents Relating to Great Britain and Ireland* II, vol. 1 (Oxford: Oxford University Press, 1973), p. 119.

133 이필은a, 앞의 논문, 394쪽. 이필은은 기독교로 회심한 이민족을 사목하기 위한 「참회고행지침서」가 동시에 종교지도자들의 자질이나 도덕성을 교육하기 위한 서적이라고 밝힌다. 「참회고행지침서」와 관련해서 이필은, "중세초기 개종한 기독교인을 위한 교육-7, 8세기 앵글로색슨지역의 「참회고행지침서」를 중심으로 -," 『기독교교육논총』 21 (2009): 185-212쪽 참조(이하 이필은c로 표기함).

상태에서 사목이나 목회를 하면 안 된다는 것이 사제 도덕교육의 기본 원칙이다.[134] 따라서 사제의 도덕교육과 관련해서 사목을 담당하는 사제들은 "죄를 짓고 상처를 입은 그리스도인을 죄로부터 보호하고 상처를 치유하는 의사"[135]로서 「참회고행지침서」를 평신도보다 더 정확하게 알아야 하고 더 철저하게 준수해야 하며 더 엄격하게 실천해야 한다. 따라서 「참회고행지침서」는 사제가 살인을 저질렀을 때의 참회 내용을 비롯해 성 관련 범죄,[136] 교회 재정과 운영에서 사제가 범할 수 있는 죄, 그리고 매우 사소한 도덕적인 실수를 했을 때 이에 상응하는 참회 관련 내용을 구체적으로 규정하고 자세하게 묘사한다.[137] 결국 사제의 도덕교육은 엄격한 참회의 잣대를 제시함으로써 행위적인 차원에서 신앙을 실천[138]할 때 도덕적으로 거의 완전무결한 사제를 양성하는 것을 궁극적인 목적으로 한다.

둘째, 사제를 위한 공식 업무 관련 교육은 기독교 의례와 직결된다. 당시 기독교 의례는 기독교 질서를 바로잡고 기독교 사회를 구축하는 데 필수 불가결한 요소였다. 그럼에도 사제들이 자신의 공적 임무를 수행하면서 실수하는 경우가 빈번했는데, 그것은 충분한 교육을 받고 자격을 제대로 갖춘 사제가 그렇게 많지 않았음에 대한 반증이다.[139] 사제가 성만찬과 같은 의례를 집전하는 과정에서 실수할 경우에도 참회 고행을 해야 하

---

134 이필은a, 위의 논문, 395쪽. 이필은은 세례를 받은 자가 참회하지 않고 천국에 갈 수 있는가에 대해 8세기 아일랜드의 「참회고행지침서」나 규칙서가 정확하게 설명하고 있다고 언급한다.

135 이필은a, 위의 논문, 396쪽.

136 이필은, "7~8세기 앵글로색슨 「참회고행지침서」에 나타난 성범죄 지침에 관한 연구," 『현상과 인식』 106 (2008): 130-147쪽(이하 이필은b로 표기함).

137 이필은a, 앞의 논문, 396쪽 참조. 사제가 사람을 죽인 경우에 10년 동안, 간통의 경우 아이가 없으면 수도사는 5년, 사제는 7년, 감독은 10년간 참회를 해야 한다.

138 위형윤, "신앙과 행위의 생활규범에 대한 고찰," 『신학과 실천』 24 (2010): 5-45쪽 참조.

139 이필은a, 앞의 논문, 399쪽.

는데, 사제의 참회 고행은 실수에 대한 참회 이상의 의미가 있다. 사제도 인간이기 때문에 사소한 실수는 할 수 있다. 하지만 교육의 부재나 부족으로 비슷한 실수가 반복될 경우, 그것은 더 이상 사제 개인의 문제가 아니라 기독교 질서의 근간을 흔드는 일일 수도 있다. 사제의 공식 업무에 관한 교육에서 「참회고행지침서」는 사제의 실수에 금식이나 절식으로 참회하는 방법을 자세하게 설명한다. 지침서에 따르면 다른 사제나 수도사가 실수했을 때 사제가 자의나 임의로 금식과 절식을 명령하는 것 또한 금지 사항이다. 사제의 공식 임무 관련 교육에서 참회와 고행은 도덕교육에서와 달리 그 무게가 가볍지만 같은 실수를 했을 때, 사제에게 내려지는 금식과 절식 명령은 수도원 원장이나 수도사에게 부여되는 것보다 무겁다.

셋째, 사제를 위한 신학교육에서는 성체에 대한 신학적 해석과 성체를 다루는 방법, 성체를 잘못 다루었을 때 참회하는 방법 등을 가르치는데 그와 관련된 내용 역시 「참회고행지침서」에 상세하게 묘사되어 있다.[140] 성체 또는 성인의 유골 숭배 사상은 특히 로마 가톨릭교회에서 매우 중요하게 다루는 신학적 주제이다. 로마 가톨릭에서 화체설, 즉 성찬식 때 먹고 마시는 빵과 포도주가 각각 예수의 몸과 피로 바뀐다는 주장을 신봉하고 사제가 예배 의식에서 매번 성찬식을 집전하기 때문에 사제는 특히 엄격하고 철저하게 성체와 성인 유골 관련 신학적 교육을 받아야 한다. 같은 맥락에서 사제가 성체 또는 성인 유골 관련 규율을 어기거나 같은 실수를

140 이필은a, 위의 논문, 401쪽. 이필은은 초기 동방 수도원 정신을 계승한 아일랜드 사제들이 유럽 대륙 사제들보다 성인 유골 사상에 더 많이 경도되었고 성인 유골에 대한 규율을 더 잘 지켰다고 언급한다.

반복할 경우, 그것에 상응하는 처벌로서 강도 높은 참회와 고행이 뒤따른다. 따라서 사제 대상 신학교육의 내용에는 참회 고행뿐만 아니라 참회 고행의 회복 과정도 포함되어 있다.[141] 사제를 대상으로 하는 이러한 신학적 교육 덕분에 당시 교회와 수도원이 그나마 권위를 지킬 수 있었고 사제가 사제로서 품위를 지키고 위엄을 갖출 수 있었다.

렉시오 디비나

렉시오 디비나는 중세 수도원 생활에서 하느님의 일, 공부, 육체노동 중 육체노동에 속한다. 렉시오 디비나의 영어식 표현은 "Divine Reading", "Spiritual Reading", "Sacred Reading", "Meditative Reading" 등[142]이고 한국어로는 "영적 독서", "거룩한 독서", "신적 독서", "성독聖讀"[143] 등으로 번역될 수 있다.「베네딕도 규칙서」 48장에 처음 소개되는 렉시오 디비나[144]는 수도사가 매일 두세 시간 해야 하는 의무사항으로 "거룩한 실존, 즉 하느님과의 만남을 위한 존재론적인 읽기"[145]를 의미한다. 수도원 생활에서 육체노동은 금욕과 청빈과 순결의 삶을 사는데 필요한 최소한의 것들을 자급자족하는 육체적인 활동과 독서 활동을 포함하는 개념이다. 그리고

---

141 이필은a, 위의 논문, 404쪽.

142 유해룡, 『영성의 발자취』 (서울: 장로회신학대학교출판부, 2011), 208쪽; 채혁수, "렉시오 디비나(Lectio Divina)와 기독교교육적 적용," 『실천신학』 84 (2023): 564쪽.

143 허성준, 앞의 책, 15쪽 참조. 허성준 신부는 '렉시오 디비나'를 '성독(聖讀)'으로 번역할 것을 제안하는데, 그 이유는 'spiritual reading(영역)' 또는 '영적 독서'(한역)로 번역할 경우, 렉시오 디비나의 본래 의미가 퇴색되어 성경 읽기의 중요성이 부각되기보다 일반적인 다양한 독서로 인식될 수 있다고 보기 때문이다.

144 렉시오 디비나의 역사와 관련해서는 채혁수, 앞의 논문, 566-569쪽 참조; 이형우, 앞의 책, 33쪽. 이형우는 오랫동안 렉시오 디비나가 무엇을 뜻하는지, 수도원 생활에서 얼마만큼 중요한지 간과한 채 지내 오다가 1980년대에 와서 재발견되었고, 지금은 교회 안에서 하나의 대표적인 영성 방법이 되었다고 한다.

145 유해룡, 앞의 책, 209쪽.

육체노동은 베네딕도가 '영혼의 원수'로 규정하는 '한가함'과 대비된다. 물론 육체노동을 한 후에는 '한가한' 휴식의 시간을 가져야 하지만 수도원 생활의 목적에 부합하는 '한가한' 휴식과 수도원 생활에 반하는, 즉 영혼을 나태하게 만드는 '한가함'은 차원이 완전히 다르다. 수도원의 일상 또는 수도사의 삶에 방해되고 해를 끼치는 '한가함'은 결국 '영혼의 원수'가 되어 하느님 나라를 향해 걸어가는 순례자를 타락하게 한다. 수도원의 일상과 떼래야 뗄 수 없는 수도원 교육에서 시간 전례의 공동 기도와 공부, 육체노동 중 그 어느 것도 소홀히 하거나 등한시할 수 없으므로 "정해진 시간에 육체노동을 하고 또 정해진 시간에 렉시오 디비나를 수행해야" 한다.

「베네딕도 규칙서」 48장 13절 이후를 읽어보면 수도원 교육내용으로 렉시오 디비나가 얼마나 중요한지, 렉시오 디비나의 궁극적인 목표가 무엇인지 알 수 있다. 결국 렉시오 디비나는 '하느님의 일Opus Dei'을 하는데 필요한 지식이나 정보를 최대한 확보하는 행동하는 삶으로서 이 역시 '하느님의 일'을 하는 것이다.

> 13 식사 후에는 개인의 독서나 시편 (공부에) 전념할 것이다.
> 14 사순절 동안에는 아침부터 제3시 끝까지 각자 독서에 전념하고[…]
> 15 사순절 동안 모든 이들은 각자 도서실에서 책들을 받아 차례대로 다 읽을 것인데
> 16 이 책들은 사순절 첫날에 (나누어) 줄 것이다.
> 17 특별히, 형제들이 독서에 전념하고 있는 시간에 한두 사람의 장로들에게 책임을 맡겨 수도원을 돌아다니게 하여,
> 18 혹시라도 한가함이나 잡담에 빠져 독서에 힘쓰지 않음으로써 자기 자신에게 무익할 뿐만 아니라 다른 사람들에게도 방해가 되는 게으른 형제

가 있는지 살피게 할 것이다.

19 이런 자가 없어야 하겠지만, 만일 있거든 한두 번 책망하고,

20 그래도 고치지 않거든 규정된 벌에 처하여 다른 이들이 두려워하게 할 것이다.

렉시오 디비나에 대한 베네딕도의 생각은 비교적 명확하다. 이미 언급한 것처럼 렉시오 디비나는 생필품을 생산하는 손노동Opus Manumm과 함께 수도원 생활의 육체노동에 해당한다. 그런데 공동 기도, 즉 '하느님의 일'이 라틴어로 오푸스 데이Opus Dei이고, 손노동 역시 오푸스 마눔인 것으로 보아 '하느님의 집'인 수도원에서 일어나고 행해지는 모든 일은, 그것이 공동 기도이든, 개인적인 공부이든, 손노동이든, 렉시오 디비나이든 모두 하나님의 "멋진 작품Opus"[146]이 되는 것이다. 또한 「베네딕도 규칙서」 48장에서는 렉시오 디비나와 '여가' 내지는 '한가함'의 상관 관계를 분명히 밝힌다. 행동하는 삶으로서 렉시오 디비나를 수행할 때, '잡담'을 하거나 독서를 하지 않고 '여유'를 누리는 '게으른 형제'는 책망과 처벌의 대상이 되는데, 이때 '잡담'과 '한가함'은 말하자면 '영혼의 원수'이다. 이런 맥락에서 렉시오 디비나는 관조하는 삶을 지향하는 '오푸스'이다.

「베네딕도 규칙서」에 나오는 독서, 즉 렉시오 디비나는 성경을 읽는 단계lectio와 성경 말씀을 묵상하는 단계meditation, 성경 말씀에 따라 기도하는 단계oratio, 그리고 여기에서 한 걸음 더 나아가 하느님과의 합일을 경험하는 단계contemplatio[147]까지 포함한다. 제1단계에서는 소리 내어 성경 말씀

---

146 이형우, 앞의 책, 26쪽.

147 허성준, 앞의 책, 46쪽 참조. 카르투시오회의 제9대 원장인 귀고 2세(Guigo II, 1140-1193)는 저서 『수도사의 사닥다리(The Ladder of Monks)』에서 신과의 합일 과정을 '독서(lectio)-묵상(meditatio)-기도(oratio)-관조(contemplatio)'의 네 단계로 제시했다.

을 반복해서 읽고, 제2단계에서는 말씀을 묵묵히 마음속에 새기면서 내면화하며, 제3단계에서는 하느님의 말씀과 인도하심에 따라 개인적인 기도를 하는데, 보통은 여기까지가 일반적인 렉시오 디비나 활동이다. 이렇게 제3단계까지만 마치더라도 하느님의 일, 공부, 육체노동의 일과를 충실히 수행하는 셈이 된다. 그리고 여기에서 한 단계 더 나아가면 렉시오 디비나를 통해 신과의 합일을 체험하는 제4단계에 이를 수 있다. 물론 제4단계에 도달하기 위해서는 개인의 노력에 신의 은총이 더해져야 하고, 신의 무한한 개입을 위해서는 '관조'라는 또 다른 차원의 독서가 이루어져야 한다.

렉시오 디비나의 전全단계에서 제2단계와 제4단계를 특별히 구분할 필요가 있다. 일반적인 종교 활동과 각종 명상에서 요구되는 제2단계의 '묵상'과 몰아의 경지에서 신과의 합일을 체험하는 제4단계의 '관조'는 엄연히 다르다. 렉시오 디비나 활동만을 따로 떼서 볼 때, 독서와 명상까지는 수도원 생활의 '활동하는 삶'에 해당하고 '기도'와 '관조'는 그야말로 '관조하는 삶'의 범주에 들어간다. 물론 렉시오 디비나의 네 단계 독서와 단계별 독서 방법은 불가분이고, 서로 유기적이며, 단계별 독서의 목표는 '야곱의 사다리'를 하나하나 밟는 것과 같다. 그래서 렉시오 디비나의 궁극적인 목적은 렉시오 디비나를 통해 종국적으로 하느님의 나라에 이르는 것이다.

중세 수도원 교육에서 렉시오 디비나를 통해 읽어야 할 내용과 그 범위를 둘러싼 논쟁이 심했다. 그 이유는 렉시오 디비나 역시 수도원의 세속화 물결에 편승하여 영향을 받고 타격을 입기 때문이다. 초기 수도원 역사에서 렉시오 디비나는 수도사가 하느님과 직접 만나기 위해 자신을 몰아 상태로 몰아넣는 활동으로 한편으로는 '관조하는 삶'의 최고 단계였지만 또 다른 한편으로는 '활동하는 삶'의 가장 기본적이고 기초적인 육체노동이었다. 이때 수도사는 성경만을 독서의 대상으로 삼아 읽고, 명상하고, 기도하고, 관조함으로써 자신의 영성을 갈고 다듬고 키워나갔기 때문에 성경 이외의 다른 책으로 독서 활동을 하는 것에 배타적이었다. 그러다가 8세기 이후, 사회적인 변화에 편승하여 수도원이 발전하고 확대되면서 렉시오 디비나의 범위 또한 넓어졌다. 그 결과 성경은 물론 성경 주석서나 주해서, 신학 관련 서적이나 이론서, 교부들의 언행록 또는 저서, 심지어 문학작품과 백과사전 등도 렉시오 디비나의 대상이 되었다. 이렇게 중세 수도원의 렉시오 디비나가 중세 이후 수도원 밖 교육기관의 고전 독서 활동으로 외연을 확장하게 된다.

3) 수도원 교육의 외연 확장

(1) 중세 교육

중세가 시작될 당시, 그러니까 서로마 제국이 멸망할 즈음과 그 전후의 유럽 사회에서는 혼란과 불안이 극에 달했다. 척박한 북유럽에서 하루하루 연명하며 불안한 삶을 살던 게르만 민족이 북방 유목민, 특히 훈족의 서진에 떠밀려 남쪽으로 대거 이동했다는 사실은 그들이 밟고 지나간 유럽 내륙 곳곳이 초토화되었음을 의미한다. 그리고 이들 세력에 서로마 제국이 멸망했다는 것은 그때까지 유럽 질서의 근간이 되었던 교육적·학문적·문화적인 토대가 크게 흔들렸다는 것을 말해준다.[148] 말하자면 그

148 Boyd and King, *op. cit.*, p. 78. 물론 콘스탄티누스 1세와 같이 로마 제국의 새로운 수도 콘스탄티노플을 아테네와 알렉산드리아, 로마와 같은 수준으로 끌어올리기 위한 노력을 다한 인

리스에서 로마로 이어진 고대 학문과 문화의 전통은 단절되었고, 로마 사회를 지탱하고 발전시킨 교육은 그 동력을 잃었으며, 무엇보다 서로마 제국 멸망 이후 제국을 통치한 이민족은 교육에 관심이 없었다. 그 결과 중세 초부터 학문이 극도로 경시되었고, 교육의 기회가 대폭 줄어들었으며, 교육의 수준 또한 현격히 낮아졌다.[149] 이런 상황에서 수도원은 종교적으로는 초기 기독교 정신을 회복하고, 이민족을 기독교로 개종시키는 일에 앞장서며, 하느님의 일인 '기도'와 '일'에 매진하면서 영적인 삶을 영위하는 종교 지도자 양성이 절실했다. 그리고 문화적으로는 고대 그리스를 계승한 로마의 옛 영광을 되찾을 교양 있는 인재도 길러야 했으며, 교육적으로는 사제를 양성하는 일 외에 라틴어 문맹률을 낮추고 문해력을 높이는 일도 해야 했다.

중세의 대표적인 교육에는 기독교 교육과 기사도 교육, 도제 교육 등이 있다. 수도원 교육과 성당 교육으로 나뉘는 중세 기독교 교육[150]은 신 중심의 중세 사회를 지탱하는 지주支柱격 교육이고, 기사도 교육은 중세 봉건사회의 근간을 유지하는 기사 양성을 목표로 한다. 그리고 도제 교육은 중세 중후기 상공업에 종사하거나 관련 업무를 수행하는 전문적인 직업인 육성을 목표로 한다. 중세 기독교 교육 중에 성당 교육은 성당 부속학교에서 하는 교육을 말한다. 이미 언급한바 서로마 제국 멸망 후 야만 이민족들이 대부분 교육기관을 폐쇄했기 때문에 기독교 교육을 위한 공

물도 있다. 콘스탄티누스 황제는 당시 유명한 학자들을 콘스탄티노플로 소집하여 문법과 수사학을 가르치게 했고, 교육의 기회를 증진하고 교육 수준을 높이기 위해 국가로부터 지급되는 교사의 봉급 지급을 재개하기도 했다.

149 권용근, "중세 기독교교육 활동과 그 내용에 관한 고찰." 『신학과 목회』 28, 9 (2007): 245쪽 참조.

150 권용근, 위의 논문, 252-253쪽 참조.

간과 교육을 받을 기회가 턱없이 부족했지만, 그렇다고 해서 교육 자체를 포기할 수는 없었다. 중세 교회는 한편으로 교회 지도자를 양성해야 했고, 다른 한편으로 소수 귀족층 평신도를 대상으로 라틴어 교육을 할 필요가 있었기 때문에 교회 안에 교육기관을 설립했는데, 그것이 바로 성당학교[151] 이다.

봉건 체제가 확고해지고 발전했던 9-15세기에 또 하나의 대표적인 교육은 기사도 교육이었다. 기사도 교육의 궁극적인 목표는 기독교적 봉사 정신과 게르만적 무사 정신을 겸비한 기사를 양성하는 것이다.[152] 기사도 교육은 신체훈련과 군사훈련, 예법교육과 종교교육으로 구성된다. 신체훈련과 군사훈련은 전사로서의 기사를 양성하고, 예법교육과 종교교육은 기사도를 발휘하여 주군에게 충성하고 신께 봉사하는 기사를 양성하는데 교육의 목적이 있다. 상류계층 자녀가 7세까지 가정에서 신체적·인성적·도덕적 훈련을 받은 후 기사도 교육을 받을 수 있다.[153] 기사도 교육에 입문하면 우선 교회와 주군과 부인에 대한 충성 맹세부터 해야 한다. 따라서 기사도 교육을 받는 자는 기본적으로 타의 모범이 되어 다른 사람의 존경을 받을 수 있도록 행동해야 한다는 생활신조를 가진다.

또 다른 중세 교육인 조합교육은 13세기에 상업과 산업에 종사하는 새로운 시민계급의 부상으로 도입되고 발전했다. 여러 차례 십자군 전쟁에서 이슬람과 기독교의 충돌은 이이리니하세노 개방에 의한 무역과 상업이 발달하는 결정적인 계기가 되었다. 십자군 전쟁이 기의 2세기에 걸쳐 지속

151 권용근, 위의 논문, 260-261쪽 참조.

152 권용근, 위의 논문, 250쪽.

153 노상우, 『교육의 역사와 사상』 (서울: 교육과학사, 2004), 73쪽.

되는 동안 인명 피해는 물론이고 물적·문화적 손실이 막대했지만, 무기 운송과 판매를 위한 교역, 대륙별, 국가별 신상품 교환과 사치품 유통 등이 이루어지면서 무역이 발달하게 되었다. 그리고 그 과정에서 실크로드 오아시스 거점도시들이 경제적으로 성장하며 자치권을 확보할 수 있었는데, 그때 시민계급이 경제활동의 주체였다. 당시 부유한 상인들은 조합union을 결성하여 자신들의 이익을 극대화하였고, 가업을 이어 부를 축적하기 위해 자녀들에게 조합교육을 받게 했다. 그들은 조합교육으로 모국어 읽기와 쓰기, 산술 등의 초보적인 지식을 습득할 수 있었다.

(2) 중세 수도원 교육

초기 수도원 운동이 일어날 당시에는 수도원 교육이 체계화되지 못하고 은둔자의 독거 수도생활이 수도원 생활의 전부였다. 하지만 안토니우스와 같은 동방의 독거 수도사를 중심으로 공동체가 형성되고 그것이 수도원의 형태로 발달했다. 그리고 동방과 서방세계에 수도원의 숫자가 늘어나면서 수도원이 중세 교육을 담당하는 주요 공간이 되었다. 수도원 운동이 일어난 직접적인 이유가 초기 기독교 정신의 해이해짐과 실종에 있었기 때문에, 수도원 교육에서는 정신을 강화하고 단련하는 것이 무엇보다 중요했다. 맑은 정신으로 자신의 내면에 침잠하고 몰아의 상태에서 신과 합일하는 것이 수도생활의 궁극적인 목적이기 때문에 정신을 고양하기 위한 금욕은 필수적이고, 그런 의미에서 금욕은 정신을 위한 것이고 신과의 합일에 필수 불가결한 것이다.

수도원 생활에서 금욕으로 청빈과 순결과 복종을 실천하고, 수도원 교육 현장에서 금욕하면서 기도로 '하느님의 일'을 하고, 하느님과 소통하는 '공부'를 하며, 손노동과 거룩한 독서라는 육체노동에 매진하는 것은 우선 사제로서 자격을 갖추기 위함이다. 그리고 교육자 또는 피교육자로서 수도원 교육에 임한다는 것은 스승 사제가 제자 사제를 길러 스승보다 더 훌륭한 수도승을 육성하기 위함이다. 물론 정식으로 수도원 교육을 받으려면 정해진 규율에 따라 몇 차례의 수련 기간을 거쳐야 하고, 매 수련 기간이 끝날 때마다 정해진 기간 반복적인 훈련을 받고 난 후에야 수도원 정주 생활과 교육이 본격적으로 진행된다. 이런 맥락에서 수도원 교육의 기본적인 목적은 이 세상보다 내세를 위한 삶을 준비하는 것이었고[154] 궁극적인 목적은 금욕적인 수도를 하고 엄격한 수도원 일과를 수행함으로써 원죄에 대한 정죄와 구속, 그리고 구원이다.

당시 수도사들에게는 성경 사본이나 책을 지니는 것이 허용되지 않았고 일정한 장소에서 공동의 성서만을 읽을 수 있었다. 이후 베네딕도 수도원에서는 교육과 학문연구의 필요성을 인식하여 수도사들에게 성서를 필사하여 나누어 읽도록 했고, 그 과정에서 수도사들이 학문의 중요성을 깨닫게 되었다. 수도원 교육은 수사들이 매일 글자를 익히고, 책을 읽고 연구하는 것을 기본 목표로 삼았다. 책을 필사하는 것뿐만 아니라 교회 예배에서 악기 사용법, 교회력 계산을 위한 읽기와 쓰기, 나아가 음악 기술, 수학 기술 등도 중요한 교육내용이었는데, 이런 교과목은 6세기부터 11세기까지 유럽 교육에서 지배적이었다.[155] 이렇게 수도원 학교에서는 그리스와 고대 로마의 교육 모델을 차용하여 언어능력과 의사소통 능력을 함양하는 문법·논리·수사학Trivium, 3학과 산수·기하·천문·음악Quadrivium, 4과을

154 E. H. Wilds and K. Tolttich, *The Foundation of Modern Education* (New York: Halt, Rinehart, K Winston, 1970), p. 162.

155 C. B. Eavey, *History of Christian Education* (Chicago: Moody Press 1964), pp. 103-104.

교육하였고 이 과목들이 중세 대학의 핵심 커리큘럼이 되었다.

수도원 학생은 수도원에서 공동생활을 하면서 공부하는 학생, 즉 내원과 수도원 부근에 머물면서 수도원 학교에 다니는 학생, 즉 외원으로 구분된다. 내교內校에 다니는 내원 중에 선택받은 자가 성직자가 되고 외원은 일반 학생으로 외교外敎에서 평신도 훈련을 주로 받는다. 수도원 학교에서 가르치는 방법으로는 학덕이 높은 학자로서 임명된 수사가 수도원에 몸을 바친 소년들과 견습 수사들을 가르쳤다. 그리고 유명한 학자가 수도원에 있을 때는 다른 수도원에 있는 수사들이 와서 배우기도 했다. 이런 과정을 거쳐 수도원 교육은 발전하였고, 교육의 목적과 과정도 진일보하였으며, 수도원 안에서 학문적인 논쟁도 점점 활발해졌다. 무조건적 신앙에서 회의하고 질문하는 신앙으로 패러다임이 전환되면서 신학과 철학의 결합 형태인 스콜라 철학이 태동하였고 그 결과 스콜라 철학 기반의 중세 대학이 탄생하게 되었다.[156] 물론 이 시기 대학 출현의 모태가 된 것은 수도원과 본산 학교, 사원학교와 같은 기독교 중심 교육기관이었다.[157]

---

156 박승찬, "중세 대학의 설립과 발전-학문의 자유를 지키기 위한 보루-," 『가톨릭철학』 26 (2016): 8쪽 이하. 박승찬은 대학의 성립 시기에 대한 의견이 분분하다고 밝힌다. 대학의 성립 시기를 '그리스의 대학들', '아테네의 종합대학교', '알렉산드리아 종합대학교'라는 용어와 5세기 비잔틴 시대 고등학문기관을 '대학'이라고 불렀다는 사실을 근거로 중세 이전부터 대학이 존재했다고 주장하는 학자들과 그 주장에 정면 도전하는 학자들을 소개한다.

157 중세 기독교 중심 교육기관으로는 문답 학교와 고등문답 학교, 본산 학교, 수도원 학교 등이 있다. 초등교육기관인 문답 학교에서는 기독교의 기본교리를 가르치고, 중등교육기관인 고등문답 학교에서는 문답 학교 교사 양성을 목적으로 하며, 각 교구 본산 소재지에 세운 본산학교(=사원학교 또는 성당학교)는 고등교육기관으로서 성직자 양성을 교육목표로 삼는다. 수도원 학교는 수도사 양성을 목적으로 설립되었고, 중세 후기에는 수도원 부속학교, 도서관, 병원 등도 생겨났다.

(3) 중세 교육의 패러다임 전환: 수도원 교육에서 일반[대학]교육으로

당시 학문과 교육을 전담했던 수도원과 수도원 부속학교 및 궁정 학교[158]에서 교육 수요를 감당하기에 역부족이었기 때문에 교육과 학문의 중심추가 수도원에서 성당 부속학교cathedral school와 대학university으로 이동했다. 그리고 교육내용과 범위, 방법과 목적 등도 수도원 교육과 비교할 수 없을 정도로 세분되고 심화한 전문적인 교육이 다방면으로 다양하게 제공되었다. 수도원 교육에서 성경과 신학 중심의 연구와 교육이 중점적으로 이루어지고 성당학교에서는 귀족 출신의 평신도에게 라틴어를 가르치고 성도를 이끌 성직자를 양성하기 위한 교육이 이루어졌다면 대학에서는 성경과 신학을 구심으로 하되 철학과 사상 등 인간의 학문적 성과를 원심으로 하는 교육이 폭넓게 이루어졌다. 그 결과 신학적인 해석에 철학적 사상과 학문적 이론이 동원되기도 하고 신관 정립에 인간의 학문적 업적이 적극적으로 개입하기도 했는데, 이것은 한편으로 중세 르네상스를 맞이하기 위한 여명이었고 다른 한편으로 근대를 여는 르네상스에 길을 내어주기 위한 황혼이기도 했다.

중세 초, 중반의 유럽 도시들은 고대 도시 기반의 기독교 교구를 중심으로 발달했기 때문에 고대 그리스·로마의 도시 전통을 유지하고 있었다.[159] 당시 중세 기독교 교육기관에서 운영했던 학교에도 고대 도시학교의

---

158 수도원과 수도원 부속학교, 궁정 학교의 교육 및 발전에 관해서는 김동구, 『중세 대학의 설립과 발전』 (서울: 문음사, 2003), 11쪽 이하 참조; 프레더릭 코플스톤, 『중세철학사: 아우구스티누스에서 스코투스까지』, 박영도 옮김 (서울: 서광사, 1988), 151-153쪽 참조.

159 E. Ennen, "Stadt und Schule in ihrem wechselseitigen Verhältnis vornehmlich im Mittelalter," in *Gesammelte Abhandlungen zum europäischen Städtewesen und zur rheinischen Geschichte*, hrsg. von G. Droege, K. Fehn, D. Horoldt, F. Irsigler und W. Janssen (Bonn: Röhrscheid, 1977), pp. 160ff(이하 Ennen b로 표기함).

잔재가 많이 남아있었다.[160] 하지만 중세 중기 후반과 중세 후기로 넘어가면서 유럽의 도시와 교육기관은 여러 가지 사건과 상황을 반영해 나름대로의 변신을 꾀했다. 8세기 제국 중심의 수도회 개혁 운동을 시작으로 10세기, 11세기 이후까지 수도원 개혁 운동이 전개되는 동안 유럽 중세의 사회경제적·종교적·정치적 지반은 심하게 흔들렸고 그에 상응하여 교육의 패러다임 역시 전환되었다. 도시의 발달과 상공업에 종사하는 시민계급의 출현, 시민계층에 속하는 일반 시민의 교육에 대한 열의 등이 도화선이 되어 교육 기회 확대 및 교육시설 확충을 위한 방안이 적극적으로 모색되었다.

중세 후기 시민교육을 담당한 학교는 수도원 학교에서 발전했는데, 수도원 학교를 비롯한 기독교 교육기관이 설립한 학교가 도시에서 세운 학교보다 그 역사가 훨씬 길다는 점[161]이 그 근거로 작용한다. 하지만 수도원 학교의 교육내용이 시민들의 요구를 충족시킬 수 없었고, 시민 교육의 목표가 수도원 교육의 목표와 근본적으로 달랐기 때문에 도시민을 위한 학교를 별도로 설립할 수밖에 없었다.[162] 도시민 학교가 세워지기 전에는 시민들이 수도원 학교에서 라틴어 교육을 받았고, 이후 도시민 학교에서는 모국어 읽기와 쓰기, 산수 등 실생활에 필요한 교육을 받을 수 있었다. 그리고 시민들이 실용적인 교육을 받으려고 수도원 학교를 떠나면서

---

160 김병용, "독일 중세 도시민 교육의 전개과정과 사회변화," 『역사교육논집』 58 (2016): 314쪽.

161 Ennen b, *op. cit.*, p. 154.

162 김병용, 앞의 논문, 314쪽 참조. 중세 중후기 상업 중심의 도시에서는 도시 운영에 필요한 각 분야 전문가, 즉 상공업, 사법과 행정, 회계와 무역 전문가 등을 양성할 수 있는 교육기관이 필요했는데, 수도원에서는 이러한 교육을 하지 않았기 때문에 도시민을 대상으로 하는 도시민 학교가 설립될 수밖에 없었다.

기독교 교육기관의 교육 독점 양상이 완화되었다.[163]

12세기부터 유럽에서는 고등교육기관인 대학이 출현했는데, 특히 이 시기에 대학들이 생길 수 있었던 것은 이 시기 특유의 경제적, 사회적, 지적인 분위기 때문이었다.[164] 도시가 발달하게 되면 도시 간 무역과 교류가 활발해지고, 부를 축적한 시민계급은 새로운 사회 계층을 형성하면서 교육열을 불태우게 된다. 독일을 중심으로 초등교육에서 중등교육에 해당하는 도시민 교육 제도가 정비되고 해당 교육기관이 생겨났다면, 이탈리아와 프랑스, 영국에서는 고등교육기관인 대학이 생겨났다.[165] 이런 맥락에서 12세기부터 생긴 유럽의 대학은 과거 융성했던 그리스·로마의 고등교육기관과는 별개로 중세 후기가 낳은 시대적 산물, 즉 중세의 독특한 교육기관이었다.[166] 최초의 대학임을 자처하는 이탈리아 볼로냐 대학[167]이나 12세기 훨씬 이전에 설립되었다고 주장하는 파리, 옥스퍼드 대학 등이 대학 설립 연

---

163 F. Rörig, "Groβhandel und Groβhändler in Lübeck des 14. Jahrhundeerts," in *Wirtschaftskräfte im Mittelalter*, hrsg. von P. Kaebein, 2. Aufl. (Graz: Böhlau, 1971), p. 218; K. Wriedt, "Schulen und bürgerliches Bildungswesen in Norddeutschland im Spätmittelalter", in *Schule und Universität: Bildungsverhältnisse in norddeutschen Städten des Spätmittelalters; gesammelte Aufsätze* (Leiden: Brill Academic Pub, 2005), pp. 1-26. 기독교 학교와 도시민 학교의 관계 및 상호 작용과 관련하여 Wriedt는 중세 후기 점점 더 힘이 커진 상인과 시민이 기독교 학교와 복지 시설 등에서 행정적인 실무를 담당하면서 세력을 키워 교회의 특권을 조금씩 차지하게 됨으로써 기독교 학교가 도시민 학교로 전환되었다고 주장한다.

164 H. Rashdall, *The Universities of Europe in the Middle Ages* (Oxford: Clarendon Press, 1895), p. 142.

165 박병철, "대학의 중세유럽 기원론에 대한 고찰," 『인지인문학』 37 (2023): 61쪽 참조. 오늘날 우리가 말하는 대학교가 이들 대학으로부터 유래되었다고 보는 것이 일반적이다.

166 C. H. Haskins, *The Renaissance of the Twelfth* Century (Cambridge: Harvard University Press, 1957), pp. 369-372; A. B. Cobban, *The Medieval Universities: Their Development and Organization* (London: Methuen & Co. Ltd., 1975), p. 21.

167 J. Axtell, *Wisdom's Workshop: The Rise of the Modern University* (Princeton: Princeton University Press, 2016), p. 3; 박병철, 앞의 논문, 62쪽 참조. 볼로냐 대학의 설립 연도 1088년에 대한 증빙자료는 없지만 1888년 개교 800주년 기념행사를 함으로써 그때를 기준으로 볼로냐 대학의 역사가 800년이 되었다.

도를 9세기까지 소급 적용하여 중세 대학의 뿌리를 고대 그리스·로마에서 찾아 그 정통성을 확보하려고 했다. 하지만 그러한 주장은 근거도 명분도 없는, 명백히 날조된 것으로 판명이 났다.[168] 고대 그리스·로마나 당시 비잔틴 제국 내지는 이슬람 제국 어디에서도 12세기 중세 유럽의 유니버시티 university와 같은 대학 형태가 존재하지 않았기 때문에[169] 대학의 유럽 발생설이 일반적이고 보편적인 견해로 받아들여진다.[170] 이렇게 11세기 말부터 이탈리아에서는 살레르느와 대학과 볼로냐 대학, 프랑스에서는 파리 대학, 그리고 영국에서는 옥스퍼드 대학과 케임브리지 대학 같은 고등교육기관이 생겼고 이들 대학이 이후 설립되는 세계 대학의 효시가 되었다. 이와 같은 중세 유럽의 대학에서는 종교교육뿐만 아니라 자유교육 내지는 교양교육, 신학, 법학, 의학 등과 같은 전문교육이 체계적, 심층적, 종합적으로 이루어졌다. 당시 대학은 학부 과정과 전공 과정으로 구분되었다. 학부 과정에서는 문법·논리학·수사학·산수·기하학·음악·천문학 중심의 교양과목 liberal arts을 배웠고, 전공 과정에서는 신학은 물론 법학과 의학, 철학을 심도 있게 배울 수 있었다.

주지하는바 이슬람에서 일찌감치 소개되고 번역된 아리스토텔레스의 저서들이 12, 13세기 유럽으로 역수입되면서 이 시기 유럽에서는 신학의 시녀로 전락했던 각종 학문이 여기저기서 꽃피기 시작했다. 그 결과 신학에 철학이 가미되고, 무조건적 신앙에 의심하고 탐구하는 철학적 사변이 더해

---

168 박병철, 위의 논문, 62쪽.

169 Haskins, *op. cit.*, p. 1.

170 H. Rashdall, *The Univerities of Europe in the Middle Ages*, vol. 1 (Oxford: Oxford University Press, 1895), Preface; 김영희, "대학의 유형별 기원에 관한 고찰," 『법사학연구』 36 (2007): 216쪽; 김중기, "중세 대학의 기원에 관한 고찰," 『역사와사회』 25 (2000): 222쪽; 이석우, "中世大學의 起源과 成立," 『경희사학』 13 (1986): 251쪽.

지면서 피라미드식 중세 학문의 위계가 흔들리기 시작했다. 상공업에 종사하는 시민계층의 발달로 일반 시민들의 지적 호기심이 점점 커지고, 교육열 또한 높아지면서 사회경제적인 지반 역시 심하게 흔들렸다. 당시 상인들이 그들의 권익을 보호하기 위해 조합인 길드를 만들었다면 기숙사 학교인 콜레키움collegium[171]에서 공부하던 선생과 학생들은 일종의 연합체union를 만들었다. 그리고 나중에 이것이 대학이 되고 바로 여기에서 대학의 명칭이 시작되었다. 물론 대학 발생 초기부터 대학이 '보편적인 학문을 탐구하는 곳'은 아니었다.[172] 초기 대학은 '각 지역에서 모여든 학생들을 받아들이는 곳', 배우는 학생들과 가르치는 교수들로 구성된 또 다른 형태의 조합, 즉 교수 학생 연합체였다.[173] 그러다가 학문적 관심이 비슷하고 뜻이 맞는 사람끼리 모여 연구 집단을 형성하였고, 그 집단의 규모가 확대되고 집단이 조직화되면서 거대한 지식인 동료 커뮤니티가 만들어졌는데, 이로써 중세 유럽 대학 설립이 본격화되었다.

이렇게 생겨난 중세 대학은 국가로부터 여러 가치 혜택을 받았다. 대학은 병역과 세금을 면제받고, 독립적인 법정을 열 수 있으며, 자체적으로 학위를 수여할 수 있는 권한을 가진다. 또한 대학의 자치권이 보장되고, 교사와 학생의 신분과 자유가 보장된다.[174] 만약에 대학의 권리가 침해되면 대학은 동맹 휴학으로 맞설 수 있었다.[175] 이러한 대학의 출현으로 본당

---

171 당시 학생들은 선생님을 찾아다니고 따라다녔기 때문에 교사와 학생이 함께 기숙하면서 공부를 하는 경우가 많았는데, 이러한 기숙사 학교를 콜레키움(collegium)이라고 불렀다. 그리고 생활하면서 공부하는 이러한 콜레키움이 한 도시 안에 여러 군데 있었다.

172 김중기, "중세 대학의 기원에 관한 고찰," 『역사와 사회』 25 (2000): 215쪽.

173 Haskins, *op. cit.,* p. 9.

174 박승찬, 앞의 논문, 21쪽 이하 참조.

175 박승찬, 위의 논문, 25쪽 이하 참조.

학교의 중심 과목인 성서나 신학은 물론 세속학문도 크게 발전했다. 당시 대부분 대학은 기독교 신앙과 프랑스의 자유 정신을 바탕으로 전문적인 직업인을 양성하는 데 주력했다. 이런 맥락에서 중세 대학은 고전 문화를 계승하고 기독교 정신을 함양하며 자유 정신을 전파함으로써 근대 문예부흥의 선구적 역할을 하게 되었다.

3. 수도원의 재정과 건축

1) 수도원의 재정과 운영

(1) 수도원 재정과 운영의 원칙

수도원 운동 초기에는 독거 수도사들이 실종된 초기 기독교 정신을 되찾기 위해 세속 사회와 철저하게 거리두기를 하면서 사막과 동굴에서 수년 동안 은둔 수도를 했다. 그런데 수도사들이 아무리 금욕적인 생활을 하더라도 아사하지 않으려면 외부로부터 최소한의 음식을 공급받을 수밖에 없었다. 독거 수도사 중심으로 추종자들이 모여들면서 수도원이라는 공동체가 형성되자 수도원에서는 최소한의 육체노동으로 자급자족했고, 수도원 운영은 외부로부터의 재정 지원에 의존했다. 초기 수도원 운영에는 수입 대비 지출의 규모가 그렇게 크지 않았는데, 그도 그럴 것이 수도원에서의 삶 자체가 금욕주의를 표방했고, 일용할 양식을 위한 최소한의 금액이 필요했으며, 그것조차 자급자족이 원칙이었다.

「배네딕도 규칙서」를 지침으로 삼는 수도원의 재원과 관련하여 「배네딕도 규칙서」 66장이 그 근거를 제공한다:

> 6 수도원에는 가능한 한 필요한 모든 것, 즉 우물, 물레방아, 밭이나 여러 가지 직업상들의 일들이 수도원 내부에서 이루어지도록 배치되어야 하며,
> 7 그래서 수도승들이 밖에 돌아다닐 필요가 없게 할 것이니, 이는 그들의 영혼에 전혀 이득이 되지 않기 때문이다.

「배네딕도 규칙서」 66장 6절에서는 '우물, 물레방아, 밭'과 같은 '여러 가지 작업장들의 일'이 '수도원 내부에서 이루어지도록 배치'해야 한다고 규정하고 7절에서는 그 이유를 밝힌다. 결국은 수도승들의 '영혼에 전혀 이득이 되지 않기 때문에' '수도승들이 밖에 돌아다닐 필요가 없게' 하기 위함이었다. 그리고 이것은 수도원 운동 초기 동, 서방의 수도승들이 사막이나 동굴에서 오랫동안 독거 수도를 한 것과 일맥상통하고 수도원이 발달하기 전까지 수도원이 추구하고 지향한 자급자족의 수도원 일상과 겹친다. 이런 맥락에서 수도원 재정은 초기 수도원 운동의 정신에 따라 현실과 타협하거나 세속에 물들지 않고 보다 철저하고 근본적으로 수도원의 자급자족을 기반으로 한다. 말하자면 밭을 경작하여 곡식을 확보하고 수력으로 물레방아를 돌려 곡식을 빻기도 하는 등, 수도원 안에서 몸이나 손으로 하는 육체노동으로 수도원 생활에 필요한 최소한의 재정을 확보한다.

(2) 수도원 재정의 팽창

수도원 재정과 운영이 사회적인 이슈로 떠오른 것은 수도원의 발전과 세속화 문제와 직결된다. 수도원에 잉여재산이 생기고 수도원이 부를 축적했다는 것은 수도원 스스로 벽을 허물고 세속 사회로 나아갔다는 것과 수도원의 사회적인 역할과 기능이 다양해지고 적극적으로 변모했다는 것을 의미한다. '청빈'과 '순종'과 '순명'이 수도원주의의 모토였다. 수도원 운동 초창기에 동방과 서방을 막론하고 수도원 운동에 앞장선 수도사들은 자신의 소유물을 하나도 남김없이 가난한 사람들에게 나누어주었다. 수도사가 사유재산을 소유하는 것이 엄격하게 금지되었고, 수도원 공동체도 최소한의 공유재산만 가질 수 있었다. 따라서 수도원의 재산이 늘어나고 수도사의 씀씀이가 커졌다는 것은 한편으로 수도원이 그만큼 발전을 했다는 것을 의미하지만, 다른 한편으로 수도원이 그만큼 타락했다는 것을 보여준다.

무소유를 모토로 금욕주의를 실천하고 '황금 보기를 돌 같이' 하던 수도원이 배금주의를 청산하고 물질적인 요구와 육체적인 욕망을 좇게 되면 수도원은 발전과 타락이라는 양날의 검을 휘두르게 되고, 그 결과 칼끝은 수도원 내부로 향해 수도사들을 겨누게 된다. 지극히 단순하고 소박한 신앙공동체로 출발한 수도원이 세속 사회에서 병들고 찌든 영혼을 구제하고 속죄하는 종교적인 공간으로 기능하게 되자 수도원 밖으로부터 토지 기증과 현물 봉헌, 금전 후원이 이어졌다. 결국 수도원 재정은 세속인의 영혼을 구제하고 속죄해주는 대가로 받는 '봉헌과 기증'에 상당 부분 의존하게 되었고, 그만큼 수도원과 세속 사회의 거리가 가까워졌다.

'서양 중세의 전성기'에 해당하는 12, 13세기에는 십자군 전쟁의 양면성, 즉 파괴와 창조 내지는 침략과 개방의 매커니즘이 작동하게 된다. 그 결과 중세 유럽이 사회적으로 안정기에 접어들고, 경제적으로 성장기를 맞이하게 된다. 그리고 이에 상응하여 세속 사회 또는 교회와 긴밀한 관계를 맺고 있던 수도원의 재정 규모도 상당히 커지게 되었다. 그리고 수도원 재원의 팽창으로 이를 현실적으로 수용할 수 있는 새로운 운영방식과 수도사들의 적극적인 역할이 요구되었다. 특히 수도원과 세속 권력과의 긴밀한 네트워크는 유럽 중세 사회를 구성하는 가장 전략적이고 현실적인 장치였으며 당시 그리스도교 세계관을 지속시키는 원동력이었다.

(3) 수도원의 재정과 운영 사례

수도원 운동 초기에는 수도원이 신앙적으로도, 경제적으로도 로마 가톨릭교회로부터 독립하는 것이 관건이었다. 그리고 그때는 수도원 생활에서 자급자족이 원칙이었기 때문에 수도원 재정을 확보하거나 확대하기 위한 노력이 크게 필요하지 않았다. 하지만 수도원과 세속 사회의 거리가 좁혀지면서 수도원의 사회적 기능과 수도사의 세속적 역할이 다양해지고 커지게 되자 수도원과 교회의 공생이 불가피했고 심지어는 서로의 이해관계에 따라 전략적인 결탁이 필요한 경우도 있었다. 수도원 개혁의 시기와 맞물려 그래고리우스 7세Gregorius PP. VII, 1015-1085의 교회 개혁이 단행되면서[176] 교회는 어느 정도 경제적으로 투명성을 확보할 수 있었다.

수도원과 교회 개혁 시기에 두 기관의 거리가 현실적으로 좁혀지면서 교회와 수도원은 재정적으로 상생의 전략을 수립하고 공생의 방안을 모색한다. 신도가 봉헌하는 헌금 내지는 기증하는 토지가 특히 11, 12세기 프랑스 동북부 클뤼니 수도원의 재원이 되었다.[177] 자급자족을 원칙으로 하는 다른 수도원과 마찬가지로 클뤼니 수도원의 재원도 초창기에는 수도원 안에서 이루어지는 토지 경작과 가축 사육에 기반을 두고 있었다.[178] 하

---

176 구자섭, “성직자 독신의 제도적 확립과 서임권 분쟁,” 『서양사연구』 49 (2013): 175-218쪽; 이영재, 『유럽 중세교회의 향연 1. 11세기 교황 그레고리우스 7세의 개혁을 중심으로』 (서울: 혜안, 2020); 정준철, “전통과 혁신: 교황 그레고리우스 7세 개혁의 양면성,” 『서양중세사연구』 23 (2009): 31-58쪽.

177 이정민, “11-13세기 프랑스 수도원의 재원과 운영에 관한 고찰,” 『서양중세사연구』 34 (2014): 32-33쪽 참조(이하 이정민b로 표기함). 이정민은 최근 철광업이 발달한 노르망디(Normandie)와 프랑스 동북부의 수도원에 관한 연구가 국내뿐만 아니라 프랑스에서도 새롭게 주목을 받고 있다고 언급하는데, 사실상 철광업의 발달은 사회 전반에 걸쳐 생산과 소비, 수요와 공급 체계에 획기적인 변화를 초래했다. 그리고 이러한 변화에 편승하여 그 지역 수도원의 재정과 운영 체계는 획기적인 전환점을 마련했다; 이정민, “11·12세기 프랑스 수도원의 재원과 운영에 관한 고찰 - 루아르강 주변과 노르망디와 프랑스 동북부의 수도원을 중심으로 -,” 『한국중세사연구』 35 (2013): 69-98쪽 참조(이하 이정민a로 표기함).

178 이정민 a, 위의 논문, 73쪽. 이정민은 수도원 재원과 운영을 이해하는 데 실마리를 제공하는 토지대장에 따르면 대부분 수도원의 재원이 경작지와 각종 관습부과조(慣習賦課租), 그리고 부역으로 구성된다고 언급한다.

지만 10세기 이후 수도원이 발달하고 수도원의 몸집이 점점 커지면서 클뤼니 수도원의 재정 확보와 재정 규모에 변화가 생긴다. 신도의 십일조나 봉헌물이 수도원으로 유입되었고 교회와 신도로부터 희사 받은 토지 매매나 임대로 수도원의 수입을 늘렸다.[179] 또한 이 시기에 클뤼니 수도원에서는 자체 생산되는 포도주와 곡물류를 상품화해서 판매하여 부수적인 수입을 올리기도 했다.[180] 이렇게 수도원 내부에서 창출되는 수입과 수도원 외부로부터 유입되는 수입이 합쳐져서 클뤼니 수도원의 재정 규모가 결정되었는데, 수도원 내부보다 외부로부터 더 큰 자금이 조달되었다. 교회나 귀족, 정치인들이 각자의 이해관계에 따라 수도원에 토지를 기부하거나 동산, 현물 등을 갖다 바치면 그 대가로 수도원이 속죄와 구원의 명목으로 세속 사회의 일에 개입하는 방식으로 교회와 수도원이 상생했다. 그리고 클뤼니 수도원의 재정 운영 방식은 중앙집권적이라기보다 수도원 의식주 담당자, 숙박접대인, 집사 등, 각 업무 분담 전문 관리인들이 수도원 재정을 분산해서 운영했다.[181]

클뤼니 수도회가 수도원 발전과 타락에 직면하여 먼저 개혁의 선봉에 섰지만 클뤼니 수도원 자체가 부를 축적하고 몸집이 비대해지면서 개혁의 대상이 되었다. 이에 수도원 운동 초기 정신으로 돌아갈 것을 모토로 삼는 시토회의 보다 철저하고 엄격한 개혁이 단행되었다. 수도원 외부로부터의 재정적인 지원을 차단하고 종교적·정치적 목적의 봉헌과 기부를 거부했기 때문에 시토회는 한편으로는 재정의 규모가 제한적이었지만 또 다른

179 이정민a, 위의 논문, 69쪽.
180 이정민b, 앞의 논문, 34쪽.
181 이정은b, 위의 논문, 35쪽.

한편으로는 재정의 독립성과 자율성을 확보했다. 12, 13세기에는 시토회의 재정과 운영에 큰 변화가 생긴다. 생산력을 강화하고 생산 증대를 촉진하는 제철 기술의 발달이 그 계기가 되었다. 유럽 중부, 특히 프랑스 동북부 지역은 울창한 숲으로 덮여 있고 숲속에 품질이 좋은 각종 광물이 매장되어 있었다. 숲을 둘러싸고, 광물을 제련하고 제품을 만들어 소비할 수 있는 부르고뉴Bourgogne와 샹파뉴Champagne 같은 도시들이 있어서 이 시기, 이 지역 시토회를 중심으로 제철 기술 및 산업이 발달할 수 있었다.[182]

시토회 수도승들이 직접 숲속으로 들어가서 광물을 캐고, 광물의 종류와 특징을 분석하고 조사했으며, 대장간을 임대하여 철제품을 꾸준히 만들기도 했다.[183] 그 결과 시토회를 구심으로 제철 기술과 산업이 발달할 수 있었고, 그것이 결국에는 시토회 재원의 기반이 되어 시토 수도회가 클뤼니 수도회보다 더 도전적·혁신적으로 부를 창출하고 축적할 수 있었다. 특히 이 시기에 석탄에서 수력으로 동력이 바뀌어 대부분의 수도원에 있던 물레방아가 제철 기술과 산업에 적극적으로 활용되었다. 수력을 이용한 물레방아 사용을 선호했던 대부분의 수도원과 마찬가지로 시토 수도회 소속 수도원에서도 수력 동력의 물레방아에 지속적인 관심을 가지고 있었다. 다만 곡식을 빻을 때나 축사에서 물레방아를 주로 사용했던 다른 수도원들과 달리 시토 수도원에서는 물레방아를 제철의 동력으로 사용함으로써 수입을 극대화할 수 있었다. 이제 시토 수도회는 광산과 대장간을 임대하는 대신 사들일 수 있을 정도가 되었다. 근본적인 수도원 개혁을 지향하며 출발한 시토회 역시 제철 기술과 산업으로 재정을 확보하고 더 많

182 이정민b, 위의 논문, 45쪽.
183 이정민b, 위의 논문, 46쪽.

은 재원을 충당하기 위해 기증과 봉헌을 수용하면서[184] 개혁 초기 시토 수도회의 각오와 의지는 약화되었다.

2) 수도원의 건축학적 구조

(1) 수도원 건축 일반

수도원의 건축학적 구조는 수도원의 역사와 수도원의 생활, 그리고 수도원의 변화를 반영한다. 수도원 운동이 최초로 일어났을 당시 깊은 동굴과 광활한 사막, 허허한 벌판이 은둔 독거 수도사의 수도 공간이었기 때문에 수도원은 수도사 외에는 그 누구에게도 출입이 허락되지 않은 공간이었다. 그러다가 베네딕도와 같은 영향력 있는 수도사 주변으로 추종자들이 모이고 공동체로서의 수도원이 생기면서 수도원에는 '관조하는 삶'과 '행동하는 삶', 즉 '기도'와 '일'을 위한 공간이 분리되어 공존하게 되었는데, 이러한 양상은 건축학적인 구조에서도 그대로 반영된다.[185] 예를 들면 수도원 공간 중에 집회실, 객실, 응접실, 성당 등은 수도사와 특정 방문객에게만 출입이 허락되고, 수도원 문지기나 귀족들의 시종, 하인들 구역은 따로 마련되어 있으며, 수도사의 임무에 따라 침실과 식당이 구

---

184 이정민b, 위의 논문, 48-49쪽. 1194년부터 1257년 사이에 330여 개의 부동산을 구입했는데, 그 중에는 기증받은 것도 있었다. 샹파뉴에서도 광산과 대장간의 기증과 개발이 증가하는 현상을 보였다.

185 김솔빔, 신동윤, "수도원 건축에서 영적 공간과 생활공간의 공존방식의 변용에 관한 연구-수도원 건축에서 의미적으로 대립된 공간들의 물리적 해석 사례 연구," 『Journal of the Korean Housing Association』 30, 2 (2019): 44쪽. 필자는 수도원을 수도원 공간의 의미에 따라 영적 영역, 공동 생활공간, 개인 생활공간, 중정, 회랑으로 나눈다.

분되기도 한다.[186] 수도원이 발달하면서 수도원의 규모가 커지고 종교적·정서적·경제적으로 수도원과 세속 사회와의 거리가 좁혀지면서 일반인들도 수도원 출입이 비교적 자유로워졌다. 순례자나 방문객을 위한 숙박시설과 편의 시설, 그리고 귀족 자제를 대상으로 특별교육을 하는 교육시설까지 수도원 설계도면에 포함되었다.

수도원의 건축학적 구조는 수도원 소속 수도회의 정체성이나 지향성에 따라서도 달라진다. 수도원이 발전하면서 세속화되기 시작하고 세속화가 가속되면서 수도원이 타락하자 수도원에 대한 자성의 목소리가 커지고 수도원 개혁 운동의 필요성이 강력하게 대두되었다. 그래서 제국 주도의 수도원 개혁에 이어 클뤼니 수도회가 수도원 개혁에 불을 붙였다. 클뤼니 수도회의 재정 규모가 커지고 운영이 방만해지면서 수도원 개혁이라는 본래 목적을 달성하지 못했다. 베네딕도 수도회를 계승한 성 갈렌 수도원이나 클뤼니 수도원이 전성의 가도를 달리던 당시의 건축 설계도면을 보면, 수도원의 특징상 영적 공간과 육체노동 공간이 분리되어 있고, 수도사가 아닌 일반인이 수도원이 아닌 세속 사회에서 살아갈 때 필요한 거의 모든 것이 수도원에 갖추어져 있음을 알 수 있다. 클뤼니 수도회의 개혁이 실패하면서 시토 수도회는 수도원을 다시 봉쇄하는데, 봉쇄의 이유는 외부인의 출입을 금하고 수도사가 세속 사회로 나가는 것을 원천적으로 막기 위함이었다. 그리고 봉쇄 수도원에서는 수도사들이 수도원 생활의 원칙을 더 철저하고 엄격하게 지켜야 했고, 그것이 시토회 수도원의 건축학적 구조에 반영된다.

---

186 김솔빔·신동윤, 위의 논문, 43쪽 참조.

수도원을 일컬어 '천국의 예루살렘을 지상에 구현해 놓은 공간'이라고 하는데, 수도원의 이러한 건축학적 성격은 유럽 중세까지 이어진다. 물론 동방과 서방에서 초기 수도원 운동이 일어났을 때부터 유럽 중세가 끝날 때까지를 기준으로 볼 때, 수도원의 정신과 생활, 수도원의 대 사회적 역할은 베네딕도 시대와 클뤼니와 시토 수도회 개혁기, 도미니코와 프란체스코 개혁기에 따라 각각 다르다. 수도원이 단순한 종교시설이 아니라 각종 문화와 예술이 다양한 형태로 집약된 종합적인 문화 공간이자 미몽의 현실을 계몽하는 정신적 중심지였기 때문이다.[187] 수도원에는 성당을 중심으로 기숙사, 주방, 게스트하우스, 축사, 농장, 학교 등 여러 시설이 갖추어져 있다. 이런 맥락에서 수도원은 일종의 축소판 도시로서 중세 유럽의 신학적·철학적 연구와 교육, 예술과 문화, 기술과 의술 활동의 구심점이고 중세 유럽 기독교 문명의 산실이었다.

(2) 성 갈렌 수도원 설계도면

카롤링거 왕조 시대에 세워진 성 갈렌 수도원은 베네딕도 수도회를 계승한 대표적인 수도원으로 완벽하고 위대한 수도원의 전형이다. 성 갈렌 수도원은 8세기부터 천 년 이상 수도원으로 건재하다가 19세기 초에 세속으로 환원되었고 1983년 세계문화유산으로 등재되었다. 성 갈렌 수도원에는 세상에서 가장 오래된 도서관이 있고 그 도서관에는 세계 최고最古의 장서를 포함해서 세계 최초의 것으로 알려진 양피지에 그린 건축 설계도면과 귀중한 고古 필사본들이 소장되어 있다. 아래 도면[188]에서 주입구17번는

187 임석재, 『서양건축사 3』 (서울: 북하우스, 2006), 150-153쪽.
188 김정신, "성 베네딕도회 덕원 수도원의 배치와 건축 양식 추적," 『교회사연구』 46 (2015): 120쪽.

좌측 상단에 있다. 수도원으로 들어오는 입구 좌측은 귀족 손님의 시종들 숙소1번이고, 오른쪽은 하인들 구역21번이며, 같은 구역에 양과 돼지, 염소, 암말, 암소 우리22-26번가 있다. 안내소18번에서 안내를 받고 성가대석19번을 지나 수도원 성당20번으로 들어오면 성당에 딸린 도서관13번과 제의실32번을 볼 수 있다. 성당 좌측으로는 관리실2번이 있고, 귀족 손님 숙소3번, 학교4번, 수도원장 사무실5번, 수도원 사무실6번이 나란히 있다. 의료 관련 시설은 병실7번과 의사 숙소와 약방8번, 병원15번이 있고, 학교 관련 시설로는 교장실12번과 기초학교36번, 기숙사31번 등이 있으며, 그 밖에 육체노동을 위한 각종 시설과 술집39번, 목욕탕45번, 묘지46번, 예술 공방51번 등이 두루 갖추어져 있다.

성 갈렌 수도원의 설계도면을 보면, 구조적으로 베네딕도 수도회가 외부인, 특히 수도원에 토지를 기부하거나 헌금을 내는 귀족 손님에게 개방적이고 그들을 위한 숙소뿐만 아니라 심지어 그들과 동행하는 시종들의 숙소도 갖추고 있다는 사실을 알 수 있다. 리셉션 홀과 기숙사는 수도사 후보생을 위한 공간으로도 활용된다. 수도원 생활과 수도원 교육의 궁극적인 목표가 사제 양성이므로 자질을 갖춘 후보생을 선발하고 수용하여 사제로 길러내기 위한 공간이 필요하다. 그리고 이들과 귀족 자제를 대상으로 언어교육이나 종교교육을 할 수 있는 기초학교 역시 수도원이 갖추어야 할 시설이다. 그 밖에 곡물을 보관하는 공간과 가축의 우리와 닭장, 식료품과 포도주 저장실, 기름 가마, 양조장, 빵집, 방앗간, 예술 공방 등 수도원의 재원 창출과 관련 있는 공간들도 즐비해 있다.

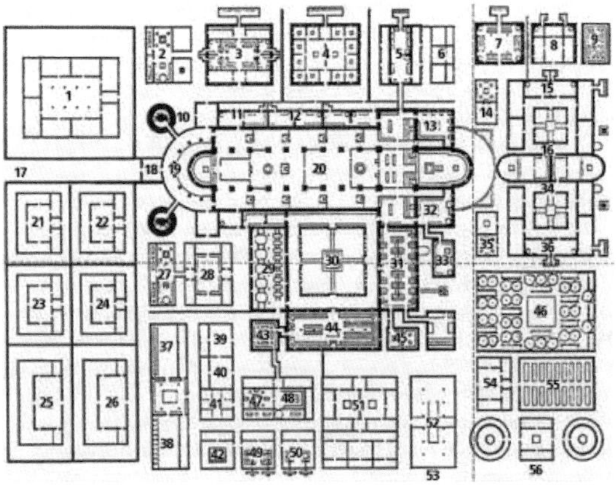

1 귀족 손님의 시중들 숙소
2 사무실(관리실)
3 귀족 손님 숙소
4 학교
5 수도원장 사무실
6 사무실
7 병실
8 의사 숙소와 약방
9 허브가든
10 종탑
11 문지기방
12 교장실
13 도서실
14 주방과 욕실
15 병원
16 회랑
17 주 입구
18 안내
19 성가대석
20 수도원 성당(바실리카)
21 하인들 구역
22 양 우리
23 돼지 우리
24 염소 우리
25 암말 우리
26 암소 우리
27 부엌
28 리셉션 홀
29 식료품, 포도주 저장실
30 회랑(cloister)
31 기숙사
32 제의실
33 호스트 빵집
34 회랑
35 주방
36 기초학교
37 마구간
38 황소 우리
39 술집
40 목재터너
41 창고
42 기름가마
43 부엌
44 식당
45 욕탕
46 묘지
47 양조장
48 빵집
49 유봉실
50 방앗간
51 예술공방
52 타작마당
53 곡창
54 정원사
55 채소밭
56 닭장

(3) 일반적인 시토 수도회 건물 평면도

시토 수도회 건물은 베네딕도 수도회를 계승하는 다른 수도회보다 건축학적 구조가 상대적으로 단순하다. 그도 그럴 것이 시토 수도회는 폐쇄 공간으로서의 수도원을 표방하고, 수도원 내부 인력 및 노동력으로 수도원 생활에 필요한 제반 물품을 자급자족하며, 초기 기독교 정신을 회복하고 그때로 돌아가기 위해 가능한 한 최소한의 공간을 확보한다. 시토 수도회에서는 수도사가 수도원 바깥으로 나가는 것 자체를 엄격하게 금했는데, 그 이유는 클뤼니 수도회를 비롯한 수도원 개혁 운동이 본래의 취지를 망각하고 개혁 초반의 목표를 달성하지 못해 결국 실패하는 것을 타산지석으로 삼았기 때문이다. 결국 수도원 생활이 세속 사회의 삶과 관련되고 수도사가 세속 사에 깊이 개입하거나 관여하면 일시적으로 수도원이 발전할 수도 있지만 그에 못지않게 수도원이 타락할 수밖에 없다는 것을 건축학적 구조로 가시화했다.

베네딕도 수도회 소속 성 갈렌 수도원과 달리 시토 수도회 건물에는 외부인을 위한 공간이 없고 심지어 외부인을 차단하거나 외부인과의 접촉을 막는 7번 성당 봉쇄 구역 선이 있다. 시토 수도회의 건물 평면도[189]를 기준을 볼 때 시토 수도회 소속 수도자는 기도 수도자와 노동 수도자, 봉쇄 수도자로 구분되고 이들을 위한 공간이 각각 8번 기도 수도자석, 10번 기도 수도자 회랑 입구, 18번 봉쇄 수도자 침실, 25번 봉쇄 수도자 식당, 그리고 11번 노동 수도자 석, 12번 노동 수도자 성당 출입구, 29번 노동 수도자 담화실, 30번 노동 수도자 식당, 33번 노동 수도자 침실 등이 있다. 기도 수도자의 침실과 식당이 따로 없는 것으로 보아 시토 수도회 소속 수도자들이 기도와 노동을 일상으로 삼는다는 사실을 알 수 있다. 8세기 이후 수도원의 발달이 수도원의 세속화와 그에 따른 수도원의 타락을 야기해 수도원 개혁으로 이어졌지만 결국에는 수도원 개혁이 실패로 돌아간 것을 거울로 삼아 시토회 수도회는 금욕주의적인 절제를 수도회의 건축학적 구조에 반영한 것이다.

---

189 https://brunch.co.kr/@santolee/28 (검색일: 2023.10.10.)

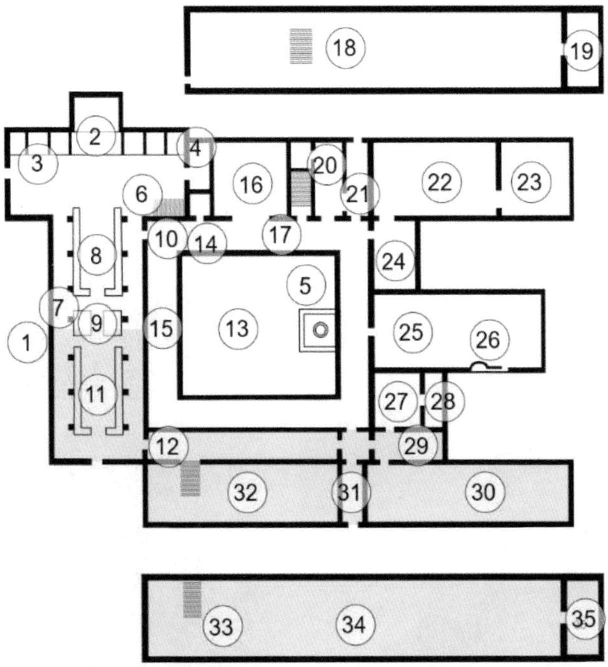

1. 성당 2. 제대와 소성당 3. 죽음의 문 (수도원 묘지로 나가는 문) 4. 제의실 5. 세면대 6. 성당으로 가는 계단 7. 성당 봉쇄 구역 선 8. 기도 수도자석 9. 환자석 10. 기도 수도자 회랑 입구 11. 노동 수도자석 12. 노동 수도자 성당 출입구 13. 정원 14. 고문서 보관실 15. 사각 회랑 16. 규칙소 17. 침실로 가는 계단 18. 봉쇄 수도자 침실 19. 공동 화장실 20. 담화실 21. 농장으로 가는 통로 22. 필사실, 도서실 23. 지원자 실 24. 벽난로의 방 25. 봉쇄 수도자 식당 26. 독서대 27. 부엌 28. 식료품실 29. 노동 수도사 담화실 30. 노동 수도사 식당 31. 통로 32. 창고 33. 계단 34. 노동 수도사 침실 35. 공동 화장실

3) 수도원 탐방

(1) 성 갈렌 수도원: 베네딕도 수도회

성 갈렌 수도원 외부와 내부[190]

성 갈렌 수도원[191]은 750년부터 887년까지 서유럽을 통치하면서 신성 로마 제국의 황제를 배출한 카롤링거 왕조 때 세운 수도원으로 베네딕도회 수도원의 전범典範이고, 그 규모가 상당히 크다. 규격화된 건축 원리를

---

190 https://whc.unesco.org/en/list/268/ (검색일: 2023.08.20.)

191 성 갈렌 수도원에서 성 갈렌은 독일어로 장크트 갈렌(Sankt Gallen)이고 프랑스어로 생갈(Saint-Gall)인데, 본 저서에서는 독일어 Sankt를 우리말로 '성(聖)'으로 번역하고 스위스 소재 도시 갈렌은 그대로 사용하여 '성 갈렌'으로 표기함.

바탕으로 지어진 성 갈렌 수도원은 수도원 건축 발전에 지대한 영향을 미친 것으로 유명하다. 수도원 안에는 풍부한 장서를 갖춘 세계 최고最古의 도서관이 있고 최초의 것으로 알려진 건축 설계도를 비롯하여 양피지에 적힌 소중한 필사본이 많이 소장되어 있다.

"스위스의 계몽가"[192]로 추앙을 받는 아일랜드의 수도사 갈루스라틴어: Gallus, 프랑스어: Gall, c. 550-646가 슈타이나흐 강가에서 은수자가 된 것은 612년의 일이고, 갈루스의 은거 생활로 명성이 자자해진 이곳에 성 오스마르St. Othmar, c. 689-c. 759 수도원장이 베네딕도회 수도원을 건설하고 학교를 설립한 것은 747년 무렵이었다.[193] 성 갈루스 사후 그의 무덤에서 수많은 기적이 일어났는데, 그 소문을 듣고 그의 은둔처를 찾는 방문객이 꾸준히 늘어났고 기도하러 오는 순례자도 점점 많아졌다. 그리고 이러한 행렬은 그가 죽은 후 거의 1세기에 걸쳐 꾸준히 이어졌다. 이후 갈루스가 기거했던 은둔처의 소유주가 오스마르 신부를 그곳으로 초대했는데, 그 신부가 바로 그곳을 기반으로 갈렌 수도원 공동체를 조직한 장본인이다. 8세기 중반부터 성 갈렌 수도원은 베네딕도 규칙서에 입각하여 수도생활을 모범적으로 수행하는 수도원으로 자리매김했다.

당시 유명했던 많은 수도사들이 성 갈렌 수도원에서 라틴어 성경을 필사하면서 금욕생활을 했다. 그리고 8세기 말엽까지만 해도 수도원이 중세의 유일한 교육기관이었기 때문에 성 갈렌 수도원이 학문과 지식의 중심지였고 귀족 자제들도 이곳에서 교육을 받았다. 그러다가 9세기에 접어들어 이 수도원을 중심으로 성 갈렌 도시가 중세 유럽의 학문과 예술의 중

192 M. Bauman, "St. Gallen: Meeting St. Gall and St. Otmar," *Road to Emmaus* 18, 3-4 (2017): p. 95.
193 M. Bauman, *ibid.,* p. 91.

심지로 번성했고 수도원장 고츠베르트Gotzbert, 816-837 재위 때 그 명성이 최고에 달했다. 그리고 818년 신성 로마 제국의 황제였던 경건왕 루트비히 1세가 제국의 교회와 수도원을 재정비하는 과정에서 성 갈렌 수도원을 황제권 아래에 두어서 수도원은 교황이 아닌 황제의 면책 특권을 누릴 수 있게 되었다. 그리고 프랑크 왕국의 루트비히 2세Ludovicus II Germanicus, 817-843 재위가 스스로 수도원장 선택권을 행사하여 교회로부터 완전히 독립했고, 성 갈렌 수도원 역시 자치권을 확보했다.

(2) 마울브론 수도원: 시토 수도회

베네딕도회를 표방한 클뤼니 수도원 개혁이 실패로 돌아가자 성 베네딕도 수도 규칙을 보다 엄격하게 준수하고 심지어 초기 수도원 운동 정신으로 되돌아가자는 움직임이 일었고, 그 전방위에 시토 수도회가 있었다. 마울브론 수도원Kloster Maulbronn은 독일 바덴-뷔르템베르크Baden-Württemberg 주 소재 마울브론 교외에 있는데, 수도원 건립 및 수도원 이름 관련 일화가 있다.

마울브론과 시(市)문장[194]

---

194 https://en.wikipedia.org/wiki/Maulbronn (검색일: 2023.08.23.) 독일어로 마울브론(Maulbronn)은 '마울(Maul, 동물의 입)'과 '브룬넨(Brunnen, 우물)'이 합쳐서 된 이름이다.

마울브론 수도원[195]

1138년에 바이에른의 귀족 한 사람이 에켄바이어Eckenweiher 숲에 있는 영지를 알사스 지방의 노이부르크 시토회 수도원에 기부했다. 그런데 그 땅이 수도원 건립에 적합하지 않아서 당시 슈파이어Supeyer의 주교가 잘자흐Salzach 계곡에 있는 좀 더 비옥한 땅을 시토회 수도회에 제공했다. 그리고 수도원장 디터Dieter를 중심으로 수도사 12명이 1127년 교황청의 보호와 지원을 받으면서 그 땅에 수도원을 짓기 시작하였다. 1178년 마울브론

195 https://heritage.unesco.or.kr/%EB%A7%88%EC%9A%B8%EB%B8%8C%EB%A1%A0-%EC%88%98%EB%8F%84%EC%9B%90-%EC%A7%80%EA%B5%AC/ (검색일: 2023.08.20.)

수도원 주主건물이 만들어졌고 1147년 수도원이 완공되어 독일 최초의 시토 수도회 소속 수도원이 탄생했다.[196] 마울브론 수도원은 로마네스크 양식에서 고딕 양식으로 넘어가는 과도기적 산물로 이후 유럽 중부와 북부에서 고딕 양식의 건축물이 발달하는데 기폭제 역할을 했다. 그리고 수도원 이름이 마울브론Maulbronn인 이유는 갈증 나는 당나귀의 입을 적셔준 일화에서 비롯되었다.

건축학적으로 볼 때, 이미 언급한바 마울브론 수도원은 로마네스크 양식과 고딕 양식의 과도기적인 건물로 이 시대에 지은 건축물 중에 보존 상태가 최상인 것 중에 하나로 평가받는다. 배수 시설을 정교하게 갖추었고 관개 수로와 저수지를 포함한 용수 관리 시스템이 특히 발달했다. 수도원 주 건물 외에 병원, 식당, 지하 저장고, 대강당, 현관, 남쪽 수도원, 강당, 공장, 기숙사, 도구 창고, 예배당 등 수도원 부속건물들이 속속 건설되었다. 수도원을 중심으로 동쪽과 북쪽 그리고 서쪽에는 방어시설과 화장실, 숙소 등이 있고, 수도원과 마을은 성벽으로 분리되었다. 이후 마울브론 수도원은 호엔슈타우펜 왕가 출신의 신성 로마 제국 황제 프리드리히 1세Friedrich I, 1152-1190 재위의 주도로 황제의 직접적인 보호를 받게 되었다.

(3) 아시시의 성 프란체스코 수도원과 대성당: 탁발 수도회

아시시 도심의 서쪽으로 '거룩한 수도원Sacro Convento'이라고 불리는 프

196 마서영, "중세수도원과 건축문화의 연구-베네딕트·시토·프란시스·도미니크 수도회를 중심으로 살펴본 수도원 영성," 협성대학교 신학석사학위논문 (2011): 49쪽 참조.

란체스코 수도원 건물[197]과 하부 교회당과 상부 교회당으로 이루어진 교회당 건물, 즉 바실리카 건축물이 우뚝 서 있다. 프란체스코 사후 2년도 채 지나지 않아 교황 그레고리우스 9세Gregorius PP. IX, 1170-1241는 프란체스코를 성인으로 시성하였고, 바로 다음날인 1228년 7월 17일, 당시 프란체스코 수도회 책임자였던 엘리아스Elias of Cortona, c. 1180-1253에게 프란체스코 수도원과 대성당의 건축을 명령하였다.[198] 하부 교회당은 로마네스크 양식으로, 상부 교회당은 고딕 양식으로 지어졌는데 하부 교회당이 먼저 완공되고 이어 상부 교회당과 수도원이 지어졌다. 지하에는 프란체스코의 유해가 봉안되어 있다.

성 프란체스코 대성당Basilica di San Francesco은 프란체스코가 설립한 작은 형제회의 모母교회로 로마 가톨릭 순례지 중 하나이다. 바실리카는 상부 교회당과 하부 교회당으로 구분되어 있는데, 특히 교회당 성당 내부는 치마부에와 지오토를 비롯한 이탈리아 프로토 르네상스기Proto-Renaissance, 1290-1400 미술가들의 프레스코화로 장식되어 있다. 이들의 작품은 중세 말의 미술 걸작이면서 동시에 초기 르네상스 미술Early Renaissance, 1400-1475로 이어져 전성기 르네상스High Renaissance, 1475-1525를 열기 때문에 프란체스코의 도시 아시시가 향후 이탈리아와 유럽 예술과 건축 발달의 산실이 된다.

---

197 박경수, "프란체스코 수도원, 영혼의 울림을 경험하는 곳," 『기독교사상』 747 (2021): 184쪽.
198 박경수, 위의 논문, 184쪽 참조.

아시시의 성 프란체스코 수도원과 대성당[199]

프란체스코 대성당[198]

프란체스코 대성당(하부 교회당 내부)[199]

프란체스코 대성당(상부 교회당)과 지오토의 프란체스코 성인 일대기 연작 프레스코 벽화[202]

---

199 https://whc.unesco.org/en/list/990/ (검색일: 2023.08.20.)
200 https://whc.unesco.org/en/list/990/gallery/ (검색일: 2023.08.20.)
201 http://ds.cathms.kr/xe/free/27280 (검색일: 2023.12.26.)
202 http://www.beopbo.com/news/articleView.html?idxno=200241 (검색일: 2023.12.26.)

프란체스코의 고향 아시시가 고대 로마와 중세 이탈리아 문화예술사나 건축사에서 두드러진 역할을 한 것은 별로 없다. 심지어 3세기부터 10세기 말까지 아시시에서의 건축 기록이나 건축물 관련 증거는 거의 없다. 하지만 아시시가 암흑시대 중세를 마감하고 중세 르네상스를 여는데 결정적인 역할을 한 이유는 프란체스코 수도회 개혁을 주도한 성 프란체스코가 이 도시에서 태어났기 때문이다. 게다가 이 도시는 고대부터 항상 종교와 관련이 있었는데, 고대의 종교의식과 의례 관련 절차나 순교자의 물속 처형, 약재 관련 제조법 등이 이 도시에서 비롯되었다. 게르만 민족의 대이동 이후 아시시의 인구가 크게 줄어들면서 내세 관련 기독교적 특징이 반영되어 도시가 재배치되었고, 특히 물을 내세와 연결하고 땅을 현세와 연결하여 도시를 재구성하는 것이 아시시의 도시계획이었다.

13세기 프란체스코가 프란체스코 수도회를 창설할 즈음, 아시시에도 개혁의 회오리바람이 일었다. 그때까지 수도원과 귀족의 전유물이었던 토지를 프란체스코 제3회 소속 일반 신도와 상인들도 소유할 수 있게 되었는데, 이것은 결국 중세 유럽의 근간이었던 봉건제도를 뿌리째 뒤흔드는 조치였다. 또한 사회와 경제의 구조적인 변화로 경작과 삼림 관리에도 획기적인 변화가 요구되었다. 이때부터 인간의 자연에 대한 개입이 '개발', '발견', '발명'이라는 이름으로 자행되었고, 아시시를 둘러싼 자연환경과 조건을 바꾸는 작업이 시작되었다. 계곡 가장자리에 성이 건립되었고, 산악 지역에서 목축을 할 수 있게 되었으며, 성곽과 새로운 주거지가 생겨났다. 이후 아시시 지역은 적극적으로 개발되어 다양한 교회가 세워졌고, 주교의 요새가 지어졌으며, 성벽 또한 더욱더 견고해지고 확장되었다.

아시시가 아시아와 유럽 예술사의 준거가 된 점, 프란체스코 수도회 중심의 예술과 종교 정신 교류가 전 세계의 예술과 건축술 발달에 크게 기여한 점, 아시시의 문화 경관, 종교 건축물, 교통 체계 및 전통적 토지 사용 등을 볼 때 움브리아 지방의 아시시가 로마 시대에서 중세를 거쳐 현대에 이르기까지 도시와 성소로서 정체성을 잘 유지해온 점 등을 이유로 들어 유네스코가 2000년 아시시의 성 프란체스코 성당과 프란체스코회 유적을 세계문화유산으로 등재했다.[203]

글을 맺으며

중세 기독교 문명과 기독교 교육의 중심에 수도원이 있고 수도원에서 이슬람 세계로부터 들어온 아리스토텔레스Aristotle, BC 384-BC 322 저작물 번역 작업이 이루어졌다는 것은 주지의 사실이다. 고대 그리스가 멸망하면서 아리스토텔레스를 비롯한 그리스 철학자들의 저서와 관련 자료들 상당 부분이 유실되었다. 하지만 다행스럽게도 이슬람 문명권에서 아리스토텔레스의 작품을 아랍어로 번역했고, 이슬람 세력이 유럽에 진출하는 과정[204]에서

---

203 https://whc.unesco.org/en/list/990/ (검색일: 2023.12.26.)

204 윤용수, "중세 지중해의 문명 교류와 이슬람," 『지중해지역연구』 19, 3 (2017): 73쪽 이하 참조. 윤용수는 중세 기독교 문명과 이슬람 문명이 7-8세기부터 지중해 이베리아 반도에서 만나 충돌하고 교류함으로써 중세 지중해 문명이 형성되었다고 본다. 아랍·이슬람 세력이 아라비아 반도에서 이베리아 반도로 진출하기 위해 교두보인 이집트 정복을 시작한 것이 639년이고, 지브롤터 해협을 건넌 것은 711년이다. 그리고 이베리아 반도 점령 사업에 종지부를 찍은 것은 732년이다. 서부 지중해 지역에서는 안달루시아 왕국의 코르도바와 그라나다가 당시 이슬람 문명의 거점이자 중심지였고 이 지역의 이슬람 문명이 유럽으로 전파되었다. 중부 지중해 지역의 시칠리아는 이슬람 세력이 이베리아 반도로 진출할 때 일종의 터미널 역할을 했기 때문에 시칠리아의 대부분 지역에 이슬람 문명의 잔재가 남아있다. 동부 지중해 지역의

그것이 역수입되어 수도원을 중심으로 라틴어로 재번역되었다.[205] 아리스토텔레스와 아리스토텔레스 주석가들 저작의 라틴어 번역본은 라틴 세계 학자들에게 풍부한 지적인 자료를 제공했다. 신학을 다루면서 신학으로부터 독립적이고 인간 이성의 성찰로 세계를 이해하려는 철학적 체계관은 스콜라주의에 깊은 감명을 주었다. 특히 아리스토텔레스, 이븐 시나Avicenna 아비첸나, 980-1037, 이븐 루시드Averroës 아베로에스, 1126-1198의 체계는 인간 이성의 스펙트럼을 확장하는 역할을 하였다.[206] 그런데 이슬람 문명권에서 아리스토텔레스를 이해하고 받아들이는 방식과 중세 유럽에서 아랍어로 번역된 아리스토텔레스를 라틴어로 번역하면서 이해하고 수용하는 방식에는 분명히 차이가 있었고 그 간극을 메우기란 절대 쉽지 않았다. 그래서 이슬람을 통해 그리스를 만나고 그리스의 철학적 사상을 중세 기독교가 받아들이는데 진통을 겪었다. 아리스토텔레스를 매개로 한 이슬람 방식의 신관神觀과

경우, 비잔틴 제국이 동쪽으로는 압바스 제국과 대치하고 있었고, 서쪽으로는 기독교 세계의 방파제 역할을 하고 있었기 때문에 아랍·이슬람 세력이 유럽으로 발을 쉽게 들일 수가 없었다. 하지만 십자군 전쟁으로 기독교 문명과 비잔틴 문명, 그리고 이슬람 문명의 만남과 충돌, 섞임 현상은 불가피했고, 십자군 전쟁이 끝난 후 십자군이 유럽으로 회군할 때, 이슬람 문명과 학문, 그리고 아랍어 등이 적극적으로 기독교 세계에 유입되었다.

205 리처드 루빈슈타인, 『아리스토텔레스의 아이들』, 유원기 역 (서울: 민음사, 2004), 117쪽. 아리스토텔레스의 사상을 이슬람 세계로 전달하는 과정에서 중요한 역할을 한 사람들은, 서방 기독교권에서 이단으로 정죄를 받은 학자들이었다. 네스토리우스파 학자는 로마 제국에서 내몰린 이후에 페르시아 지역에 정착했다. 이들은 선교적인 열정을 지닌 이들로 학문 증진과 학교 및 병원을 건립하는 등 적극적으로 활동하였다. 이들은 아라비아인들의 신망을 얻었고, 그들의 문화에 많은 영향을 주었으며, 철학과 학문 발전에 이바지하였다. 언어학으로 유명한 네스토리우스 학파 사람들은 자신들의 글은 물론이고 그리스 철학의 많은 부분을 이미 (시리아와 메소포타미아에서 통용되던 언어인) 시리아어로 번역하고 있었다. […] 이슬람 침략자들이 […] 네스토리우스 학파 사람들에게 그 유명한 지혜의 책들을 아랍어로 번역하는 것을 도와 달라고 요청했고, 학식이 뛰어난 그 '이단자들'은 기꺼이 그 요청을 받아들였다. 그와 비슷한 시기에 안티오크, 다마스쿠스, 그리고 알렉산드리아를 점령하고 있던 다른 아랍 세력들은 그 책을 그리스어에서 직접 시리아어, 이집트어, 또는 아랍어로 번역하는 작업을 하고 있었다.

206 라틴 학자들에게 지적인 자료를 제공한 이슬람 철학자들에 관해서는 정원래, "중세 스콜라 신학에 미친 이슬람 철학자들의 영향," 『한국개혁신학회』 73 (2022): 151-167쪽 참조.

신에 대한 해석, 그리고 신을 섬기는 방식은 중세 대학에서도 격렬한 논쟁거리였다.

고대 그리스 사상과 중세 기독교 사상은 패러다임 자체가 인간 중심과 신 중심으로 엄격하게 구분되고 아랍 세계로 전달된 아리스토텔레스 사상이 이슬람 문명의 옷으로 갈아입은 상태에서 유럽으로 역수입[207]되었기 때문에 12, 13세기에 아리스토텔레스의 철학사상이 중세 유럽 사회에 수용되는 과정은 순탄하지 않았다. 유럽 중세기에 이슬람 세계에서 아리스토텔레스를 번역하고 연구하고 주석을 단 이슬람 철학자들은 기본적으로 꾸란과 아리스토텔레스의 저서를 접목하고 절충하고 혼합하는 방식으로 아리스토텔레스를 받아들였다. 고대 아리스토텔레스의 철학은 신학과 별개이고 독립적이고, 세상의 근원과 만물의 기원을 밝히고 이해하는 방식도 중세 신학적 관점과는 근본적으로 다르며, 신의 계시나 영적 권능보다 인간의 정신적 활동과 이성적 작용을 전면에 내세운다. 게다가 이슬람 철학자들은 아리스토텔레스와 그의 철학 및 사상 체계와 관련된 풍부한 지적 자료를 중세 기독교 신학자들에게 제공함으로써 토마스 아퀴나스Thomas Aquinas, c.1224-1274를 비롯한 12, 13세기 중세 유럽 신학자들의 지적 욕구를 자극했다. 그리고 그 결과 중세 기독교 신학에서 고대 철학적 사상 체계를 받아들이는 계기가 마련되었다. 그렇게 물꼬가 트이면서 중세 르네상스가 기지개를 켜기 시작한다.

이제 유럽 역사에서 중세가 '암흑의 시대'로 규정되는 것에 대해 한편

---

207 에티엔 질송, 『중세철학사』, 김기찬 역 (서울: 현대지성사, 2013), 387쪽. "아리스토텔레스에 대한 아비첸나의 해석은 아비첸나의 철학이며, 아베로에스의 해석은 아베로에스의 철학이며, 토마스의 아리스토텔레스 해석은 토마스 아퀴나스의 철학이다."

으로는 그것을 인정하고, 다른 한편으로는 그것에 이의를 제기할 수 있게 되었다. 유럽 중세가 게르만 이민족에 의해 서로마 제국이 멸망한 시점에서 시작하고, 튀르크 이민족에 의해 동로마 제국이 무너진 시점에서 끝난다고 할 때,[208] 그 사이 1,000여 년 동안 유럽은 그야말로 용광로 그 자체였다. 그리고 그 용광로에는 고대의 유산과 중세의 잔재와 근대의 불씨가 함께 들어있었다. 고대 근동의 히브리 민족이 일구고 가꾼 헤브라이즘과 그리스 문명과 알렉산드로스 대왕이 동방원정에서 점령한 고대 근동 국가의 고유문화가 결합하여 만들어 낸 헬레니즘이 예수의 탄생을 계기로 고대 로마에서 만나 향후 유럽 문명을 떠받칠 두 기둥으로 솟아올랐다. 중세의 로마 기독교 문명과 동방 정교회 문명, 그리고 이슬람 문명이 중세 유럽이라는 용광로에서 뒤섞여 중세 유럽 문명의 얼개를 짰다. 그리고 고대의 철학과 중세의 신학, 그리고 이슬람 사상이 얽히고설키면서 부싯돌이 되어 용광로에 불을 지폈다. 화산이 폭발하면서 흘러내리는 용암 중에는 중세의 미래에 걸림돌이 되는 것도 있었고 중세의 앞날에 빛을 여는 것도 있었다.

유럽 중세가 야만적이고 중세 유럽인이 야만인이라는 혐의를 받은 적이 있다. 중세 암흑시대에 아라비아반도를 구심으로 하는 이슬람 세계에서는 학문과 예술의 꽃이 만개했다. 고대 그리스 문명을 실질적으로 계승한 로마 제국이 기독교를 공인하고 사실상 기독교를 국교로 선포한 후 최소한 서로마 제국이 멸망할 때까지 유럽에서는 로마 기독교 문명이 꽃을 피

208 권용근, 앞의 논문, 244-245쪽 참조. 권용근은 중세를 시대적으로 구분할 때 "완전히 일치된 의견을 갖고 있지" 않다고 언급하면서 중세의 기점과 종점을 서로마 제국의 멸망과 종교개혁 발발 시점으로 본다.

우기도 했고, 12세기 이후 정치사회적인 지각변동으로 중세가 르네상스기를 맞이한 적도 있다. 하지만 그 사이 십자군 전쟁과 페스트 등으로 중세 유럽 사회가 피폐해지고 초토화되었기 때문에, 이슬람 세계에서 볼 때 유럽 중세는 야만적이었고[209] 그들의 실제적인 삶 역시 부족하고 불편한 것 투성이었다.[210]

이런 맥락에서 문화와 자연, 교양과 미개, 세련됨과 야만스러움 등의 대립적인 이원성도 가치중립적이고, 등가적이며, 가역적이다. 역사의 발전 과정은 인간의 생로병사와 자연의 순환법칙과 궤를 같이한다. 고대 그리스와 로마의 흥망성쇠 과정도, 중세의 시작과 끝도, 근대의 가속화와 지체 또는 정체, 근대와 탈근대의 공존도 전부 같은 맥락에서 이해할 수 있다. 인류의 역사가 시작된 이래, 어떠한 영웅이 출몰하든, 어떠한 제국이 흥하고 망하든, 역사의 단절이나 휴지기는 없었다. 한 개인이 태어나 나이가 들고 병이 들어 죽을 때까지의 시간은 유한하나 생명 자체가 무한한 것과 같은 이치이다. 그리고 역사는 천편일률적이 아니다. 변화무쌍한 역사 속에서 걷잡을 수도, 예측할 수도 없는 변수가 늘 도사리고 있고, 그 변수에 따라 한 시대에 대한 평가도 바뀐다.

---

209 B. Lewis, *The Middle East* (London: Oxford University Press, 1993), p.180 참조. 이와 관련하여 아랍의 역사가이자 문학가인 알 마수디(Alī ibn al-Ḥusayn ibn 'Alī al-Mas'ūdī, c. 896-956)는 "북쪽에 […] 사는 사람들은 […] 성격이 거칠며, 세련되게 예의를 갖추지 못한다. 그들은 이해력이 부족하고, 언어 사용도 미숙하며, 종교적 믿음 역시 견고하지 못하다. 그들 중에 가장 북쪽에 살고 있는 사람들은 어리석고, 야만적이다."라고 말한다.

210 David E. Stannard, *American Holocaust: The Conquest of the New World* (London: Oxford University Press, 1992), p. 58. 실제로 중세 유럽인들은 가난했고 무지했으며 기아와 질병에 시달렸다. 중세에는 폭력이 난무하고 환경도 매우 불결했는데, 도시의 하천은 정비되지 않아 질병의 온상이 되곤 했다. 그들은 흙으로 만든 오두막집에서 살았고 목욕을 자주 하지 않았다.

제2부

이슬람 세계의 마드라사

조미경

Silk Ro

제2부
Chapter

이슬람 세계의 마드라사

1. 마드라사의 역사[01]

1) 마드라사 형성의 문명사적 배경

고대로부터 동서양을 잇는 중요한 교역로인 실크로드는 7세기경 아랍 지역에서 발원한 이슬람교의 초기 생성 과정에 직간접적으로 중대한 영향을 미쳤다. 이슬람교의 창시자인 무함마드Muhammad가 메카에서 신으로부터 첫 계시를 받을 당시 팔레스타인과 시리아 등지에서 상단商團을 이끄는 대상大商으로 활동했다는 사실이 그것을 뒷받침해 준다. 무함마드는

---

01 본 저서의 제2부 1장 '마드라사의 역사'와 결론 중 일부 내용은 한국슬라브유라시아학회에서 발간하는 『슬라브학보』 제38권 4호(2023년 12월 30일 발행)에 「이슬람 세계와 실크로드 도시 국가들의 지적 교류: 중앙아시아 마드라사의 형성과 변천과정을 중심으로」 라는 제목으로 게재한 논문을 수정, 보완한 것임.

무역을 통해 여러 나라의 신문물을 접하는 과정에서 교역 품목들과 함께 유입되는 새로운 정보와 지식, 사상에 주목했다. 그는 이슬람의 태동과 함께 시작된 꾸란Qur'ān 교육의 첫 교사로 활동하면서 '지식 추구는 모든 남녀 무슬림의 의무'라고 설파했고, 배우고자 하는 열망을 가지고 험한 오지를 찾아가는 것이야말로 신의 말씀을 따르는 삶이라고 가르쳤다. 예언자 무함마드가 헤지라 이후 메디나의 예언자 모스크 동쪽에 세운 '알 수파Al-Suffah'는 최초의 이슬람 교육기관으로 여겨진다.[02]

이슬람 문명이 100년이라는 비교적 짧은 기간 동안 아랍 주변 국가와 북부 아프리카, 남서부 유럽, 중앙아시아 등지로 퍼져나가 주류 문화로 정착할 수 있었던 데에는 다양한 문명사적 배경이 존재한다. 특히 실크로드를 통해 활발하게 이루어진 당대의 첨단 기술과 학술 교류 활동 등이 그것과 긴밀하게 연관되어 있다. 유럽 사회가 종교적 도그마에 빠져 암흑기를 보내던 중세에 이슬람 국가는 인류의 위대한 학문적 업적을 수집하고 연구하는 전문 학술기관과 지식을 전승할 교육기관인 마드라사Madrasa를 설립했다.

이슬람이 생겨난 7세기경에 시작된 꾸란 교육의 전통을 이은 마드라사는 11세기에서 15세기에 걸쳐 아랍 지역과 중앙아시아, 북부 아프리카, 아나톨리아반도, 이베리아 반도 등 광범위한 지역에서 교육과 학문의 중심지로서 최고의 전성기를 누렸고, 21세기인 오늘날까지도 이 지역을 포함하여 인도와 동남아시아 등에서 고등 교육기관으로 명맥을 이어오고 있다. 꾸란과 하디스Hadīth에 근거한 이슬람 신학과 법학을 주요 교과로 가르치

---

02 Nebi Bozkurt, "Medrese," *IA(Islam Ansiklopedisi)* (Istabul: Türkiye Diyanet Vakfı, 2003), p. 324.

는 신학법률학교로 시작한 이 교육기관은 이후 다양한 세속 학문을 함께 가르치면서 보편 교육의 토대를 마련하였다.

마드라사가 이슬람 사회에 깊이 뿌리 내려 수준 높은 교육체계를 갖추고 오랫동안 번성할 수 있었던 데에는 다양한 문명사적 형성 배경이 존재한다. 특히 실크로드에서 활발하게 이루어진 당대의 첨단 기술과 학술적 성과물의 교류가 마드라사의 번성과 긴밀하게 연관된다. 8세기경 실크로드 무역로를 통한 중국 제지술의 전파와 압바스 왕조 시기 지식과 학문의 집산지이자 새로운 지식 창조의 장이었던 '지혜의 집'이 이뤄낸 학술적 성취는 마드라사와 같은 새로운 형태의 교육기관 출현을 촉진했다.

(1) 중국 제지술의 이슬람 국가로의 전파

실크로드를 통해 한반도를 비롯한 아시아와 이슬람 국가에 전파된 중국의 종이 제작 기술은 다양한 분야에서 혁신적인 변화를 불러일으켰다. 특히 도서의 필사와 출판이 활발해지면서 학술연구소와 교육기관 등의 수가 빠르게 증가했다. 종이의 역사에서 고대 중국의 『후한서後漢書』에 105년경 채륜이라는 인물이 종이를 발명했다고 적힌 기록이 오랫동안 정설로 여겨졌지만, 최근 발굴 자료에 따르면 기원전 2세기경 전한前漢 시대에 이미 중국에서 방마탄지放馬灘紙라는 종이가 사용되었다. 중국의 제지술이 한반도에 처음 유입된 시기는 삼국 시대에 중국 불교가 전파되면서 불상과 불경이 들어온 4~5세기경으로 통상 알려져 왔다. 그러나 중국과학기술총서 『조지사

채륜지 R. Museum SAN

화造紙史話』에 근거하여 백제의 왕인박사가 『논어』와 『천자문』을 일본에 전수한 3세기경 말에 이미 한반도에서 종이가 제작되었다는 학설과 1960년대에 북한 사회과학원이 낙랑고분에서 발굴한 기원전 14년에 제작된 것으로 추정되는 종이 조각의 발견이 한반도 종이의 기원을 훨씬 더 이전 시기로 앞당기는 근거자료로 제시된다.[03] 그리고 고구려 승려 담징이 610년경에 일본에 불교를 포교하면서 맷돌, 채색彩色과 함께 종이를 전했다는 기록이 『일본서기日本書紀』에 남아 있어 7세기경에는 이미 동아시아 국가에 제지술이 알려진 것으로 보인다.[04]

이슬람 국가가 중국의 제지술을 도입한 결정적인 계기는 751년에 압바스 왕조가 중국 당나라 군대를 상대로 현재의 키르기스스탄 지역의 탈라스Talas 평원에서 벌인 전쟁이었다. 우마이야 왕조를 이은 압바스 왕조가 탈라스 평원 전투에서 대승을 거두고 포로로 잡힌 당나라 병사 중 제지기술자를 찾아내 종이를 제작하게 했다. 중국인 포로들은 아랍인들에게 아마와 대마로 종이 만드는 법을 가르쳤다. 제지술의 전수는 이후 중국과 지중해 교역로 사이에서 실크로드의 주요 거점 도시들을 확보하고 있던 이슬람 국가의 국제적 위상을 높여주었다. 그리고 아랍 제국의 통일과 세력 팽창을 촉진하는 결과를 가져왔다.[05]

당시 아랍 지역 외에 이슬람 세계에서 제지술이 가장 발달한 곳은 중앙아시아의 사마르칸트였다. 탈라스 인근 지역이었던 그곳에서 일명 '사마르칸트지'로 불리는 면지面紙가 개발되면서 종이를 대량으로 생산할 수 있

---

03 조형균, "한국 제지사 연구 서설," 『서지학보』 30 (2006): 266쪽.
04 정선영, "2장 한지의 역사," 『산림문화전집』 14 (2020): 56-62쪽.
05 니콜 하워드, 『책 문명과 지식의 진화사』, 송대범 옮김 (서울: 플래닛미디어, 2007), 38-39쪽.

게 되자 압바스 제국 영토 각지에 대규모 제지공장이 설립되었다. 사마르칸트를 중심으로 한 중앙아시아 지역에서 고도로 발달한 제지술과 경제적 기반의 확충은 몽골이 중앙아시아를 침략한 후 등장하는 몽골계 튀르크인 이슬람 세력이 문화를 발전시키는 중요한 토대가 되었다.

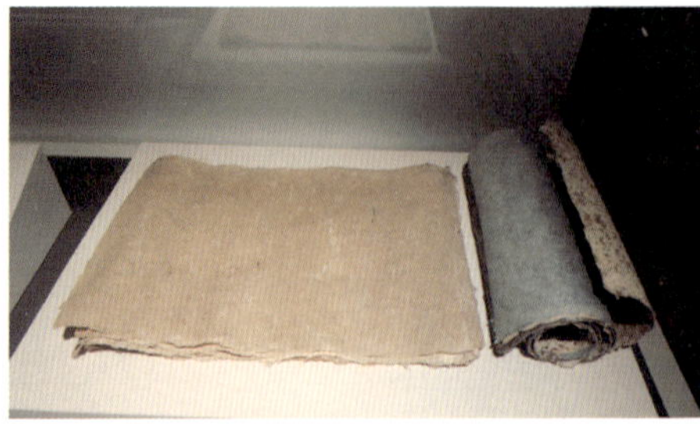
사마르칸트지 R. Museum SAN

제지술은 아랍 지역인 시리아와 예멘을 거쳐 스페인 도시 자티바까지 전파되었고, 그곳에서는 무겁고 광택이 나는 고급 종이를 전문적으로 생산하는 기술이 발전했다. 압바스 왕조 시기 수도였던 바그다드에 795년 최초로 제지공장이 설립되자 고급 문구용품을 파는 수백 개의 문방구점이 들어선 시장 수크 알와라킨Souq al-Waraqin이 형성되었다. 바그다드 최초의 제지소는 압바스 왕조의 비호를 받으며 최고의 권력과 재력을 누렸던 중앙아시아 출신 바르마키드 가문의 소유였다. 품질 좋은 바그다드 종이를 구하려고 비잔틴에서 온 상인들이 그 종이를 '바그다틱손bagdatixon'이라고 불렀다는 기록이 몇몇 그리스어 원전에 남아 있다.[06] 종이와 함께 잉크와 갈대 펜 등이 상인들의 문예 교역의 중요한 물품 목록에 포함되어, 서쪽으로는 북아프리카 해안으로 동쪽으로는 실크로드 교역로를 거쳐 중국과 인도로 팔려나갔다.

900년경에는 시리아의 다마스쿠스와 북아프리카의 모로코 페스, 이

---

06 조너선 라이언스, 『지혜의 집, 이슬람은 어떻게 유럽 문명을 바꾸었는가』, 김한영 옮김 (서울: 책과함께, 2013), 113쪽.

집트 카이로에서도 종이가 생산됐다. 연원이 알려진 세계 최고最古의 고등 교육기관으로서 여전히 학사 운영 중인 '자미아트 알 카라위인Jāmiat al-Qarawiyyin'이 859년 모로코 페스에 세워진 것은 제지술의 보급과 종이의 확산이 아프리카 대륙의 마드라사 건립과 무관하지 않음을 보여준다. 후기 우마이야 왕조가 다스렸던 알안달루스의 발렌시아와 톨레도에 제지공장이 세워진 것은 12세기 중엽 이후이다. 한편 유럽에서는 이탈리아가 1276년에 가장 먼저 종이를 생산했는데, 이는 8세기경에 종이를 제조한 이슬람 세계보다 거의 500여 년이나 뒤처진 것이었다. 이탈리아와 프랑스를 거쳐 독일과 영국에는 15세기에 제지술이 전파되었고, 16세기에 유럽 곳곳에 인쇄소가 생겨났다.

종이의 보급은 아랍 지역과 주변 국가 간에 사상과 지식의 빠르고 효율적인 교환을 가능하게 했고, 학술 연구와 필사본 제작, 저술 활동에 활력을 불어넣었다. 특히 이 시기부터 발전한 유서 깊은 서적 문화는 다양한 저서의 출판과 동서고금의 도서 번역 활성화를 촉진했을 뿐만 아니라, 도서관 건립과 학술원 등의 제반 시설 설립에도 실질적인 영향을 미쳤다. 다마스쿠스에 수도를 둔 우마이야 왕조는 그리스의 의학서와 과학서, 그리고 기독교 서적을 모아 최초의 아랍 도서관을 세웠고, 이집트 카이로의 파티마 왕조는 시아파 교리를 전파할 목적으로 방대한 서적을 수집하고 연구하기 위한 학술원을 후원했다. 이슬람 칼리프들은 개인 소장품인 수만 권의 책을 마드라사 건물에 딸린 도서관에 기증하기도 했다. 1227년 바그다드에 '알무스탄시리야 마드라사Al-Mustansiriya Madrasa'가 설립됐을 때 이 학교 도서관에 들어온 최초의 기증 도서 중에는 압바스 왕조의 칼리프가 기

증한 8만여 권의 개인 장서가 포함되어 있었다고 전해진다.[07]

(2) 세계의 교차로 바그다드에 설립된 '지혜의 집'

이슬람 세계에서 학문 발전과 문학작품의 대중적인 영향력을 높이는 데 이바지한 제지술과 종이의 대량 생산은 압바스 왕조가 수도를 다마스쿠스에서 바그다드로 옮긴 후 바그다드가 세계 최고 수준의 학문과 과학, 예술, 종교의 중심지로 부상하는 중요한 요인이었다. 2대 칼리프 알 만수르Al-Mansur, 재위 754~775의 주도로 건설된 도시 바그다드는 유클리드 기하학과 점성학에 근거해 원형의 성채를 정중앙에 두고 그 주변의 운하들을 그물망처럼 연결한 독특한 형태의 성곽도시였다. 이 도시의 성문 네 개는 각 문에서 뻗어나간 길의 종착지 이름을 따서 각각 서남문은 쿠파, 서북문은 다마스쿠스, 동남문은 바스라, 동북문은 호라산 문으로 불렸다. 바그다드는 이후 거의 500여 년 동안 명실상부한 '세계의 교차로'로서 실크로드를 통해 전 세계의 지적, 물적 자원을 받아들이고 전파하는 역할을 했다.

바그다드 서쪽은 메카와 아라비아반도, 지중해를 거쳐 그리스 아테네와 유럽으로 연결되고, 남쪽은 티그리스강을 따라 인도양과 동남아시아로 나가는 해상 실크로드로 이어진다. 동쪽으로는 페르시아와 중앙아시아 북동부의 호라산을 거쳐 중국으로 이어지는 육상 실크로드가 펼쳐져 있다. 이 길을 따라 전 세계 각지에서 사라질 뻔한 서적과 문서 자료들이 사방팔방으로 문호를 개방한 국제도시 바그다드로 모여들기 시작했다. 바

---

07 Johannes Pedersen, *The Arabic Book*, trans. Geoffrey French (Princeton, N. J.: Princeton University Press, 1984), p. 339.

그다드 사람들은 종이 보급이 확대되면서 페르시아와 그리스, 바빌론, 인도, 중국을 비롯한 아시아 지역에서 건너온 방대한 인류의 지적 유산을 마음껏 흡수할 수 있었다. 그 문서 중에는 아랍 세계와 고대 한반도의 긴밀한 교류를 보여주는 신라와 고려에 관한 기록도 포함되어 있었다.[08]

압바스 왕조가 수도를 우마이야 왕조의 비잔틴 제국의 수도였던 다마스쿠스에서 오리엔트 문명이 발생한 메소포타미아의 티그리스강과 유프라테스강 유역으로 옮긴 것은 이슬람 내부에 혁신적인 변화의 움직임을 불러왔다. 이슬람 세계가 기존의 아랍인 씨족과 종족 위주의 특정 혈연집단 중심의 종교에서 벗어나 인종과 민족을 초월한 범이슬람 제국의 초석을 다지게 된 것이다. 서로 다른 민족과 인종이 이슬람의 기치 아래 무슬림 공동체인 움마Ummah를 형성하고 도시를 중심으로 정주민으로 살아가게 된 것은 큰 변화의 시작이었다.[09]

이슬람 통치자들이 정복지 주민의 종교를 탄압하지 않고 '자카트Zakat'라는 인두세를 거두는 방식으로 기존의 토착 신앙을 인정해준 덕분에 기독교, 유대교, 조로아스터교, 마니교 신자들은 무슬림과 충돌 없이 평화롭게 공존할 수 있었다. 이슬람은 발생 초기부터 주변 지역에 깊이 뿌리내린 기존 토착 종교의 종교적 의례나 교리적인 측면에 영향을 강하게 받으면서 발전했다. 고대 조로아스터교의 종교의식에서 매일 행하는 하루 다섯 차례의 기도 의무를 차용했고, 유대교인들이 예루살렘을 향해 기도하는 키블라 전통에 착안하여 이슬람의 성지 메카의 신전 카바를 키블라로

---

08 이희수, 『인류본사 : 오리엔트-중동의 눈으로 본 1만 2,000년 인류사』 (서울: 휴머니스트출판그룹, 2022), 343쪽.
09 위의 책, 335-337쪽.

정해 그 방향으로 기도하는 의례를 도입했다.[10]

인류의 지성사와 문화교류사의 측면에서 볼 때, 이 시기는 고대부터 축적된 지식이 간문화간 상호작용을 거치며 발전을 거듭해 수준 높은 문명을 재창조한 역사적으로 괄목할 만한 성과를 이뤄낸 중요한 시기다. 우마이야 왕조 시기에 이슬람 세력은 주로 아랍 지역의 메카와 메디나에서 지리적으로 가까웠던 아나톨리아반도와 지중해, 그리스·로마, 헬레니즘 문명의 지적 문화유산을 다양하게 수용했다. 압바스 왕조는 무대를 메소포타미아 지역으로 옮겨 바빌론과 페르시아 제국 등 고대 오리엔트 도시들이 수천 년에 걸쳐 축적한 고도로 발전한 문명을 받아들였다.

특히 압바스 제국의 통치 체제와 종교 문화 전반에 가장 큰 영향을 미친 것은 페르시아 문명이었다. 새 왕조는 옛 페르시아 제국의 중앙집권적 통치 방식을 수용해 효율적인 행정 체계를 구축하고 정치적인 안정을 도모했다. 또한 바그다드를 지식과 과학의 중심지로 발전시키고자 노력했던 2대 칼리프 알 만수르는 페르시아의 천문학과 점성학, 과학, 의술 등의 학문적 전통을 중요한 지적 토대로 삼아 세계 각지에서 들어오는 막대한 양의 정보와 지식을 수집하고 연구하는 데 공을 들였다. 그 덕분에 바그다드는 지식과 배움을 갈망하는 이들이 앞다퉈 찾아오고 유능한 학자들이 모여드는 학문의 집산지로 명성을 떨치기 시작했다.

압바스 제국의 수도를 방문한 이들 중에는 천문학과 수학에 능통한 인도의 학자 사절단도 있었다. 칼리프의 초대로 771년 바그다드에 도착한 그들은 힌두어로 된 과학 문헌들을 가져왔고, 삼각함수 방정식과 일식

---

10 조너선 라이언스, 앞의 책, 147쪽.

과 월식을 예측하는 독창적인 방법을 소개해 아랍인의 지적 호기심을 자극했다. 선진 학문을 체계적으로 흡수하고자 칼리프는 페르시아어와 그리스어뿐만 아니라 힌두어와 산스크리트어 자료도 아랍어로 번역할 것을 학자들에게 명령했다. 이러한 노력은 향후 아랍의 수학 체계와 천문학 관련 학문이 크게 발전하는 데 중요한 밑거름이 되었다.[11]

압바스 왕조 통치자들이 보인 학문에 대한 열정은 경쟁국인 비잔티움까지 학자 사절단을 보내 그리스 서적의 사본을 구해오게 한 데서도 잘 드러난다. 이렇게 구한 귀한 필사본 중에는 플라톤과 아리스토텔레스의 철학서, 유클리드의 과학서, 히포크라테스의 의학서, 그리고 훗날 유럽에서 『알마게스트The Almagest』로 널리 알려진 프톨레마이오스의 천문학 저서인 『수학적 집대성Syntaxis Mathematica』이 포함되어 있었다. 비록 보수적인 이슬람 종교학자들이 배척하긴 했지만, 그리스 철학과 논리학, 수사학은 이슬람이 신학과 법학 체계를 형성하는데 적지 않은 영향을 미쳤다. 그리스의 과학 이론은 페르시아와 인도, 중국의 선진 기술과 융합하여 이슬람 과학 발전에 크게 기여했다.

바그다드 동쪽에 있는 중국에서 들어온 문물과 과학기술도 육상 실크로드를 비롯한 다양한 경로로 유입되어 이슬람 사회에 의미심장한 변화를 가져왔다. 중국은 세계 4대 발명품인 종이, 나침반, 화약, 인쇄술을 최초로 발명할 만큼 고대로부터 우수한 과학 문명의 산실이었다.[12] 이 중 제지술은 751년 탈라스 전쟁을 계기로 이슬람 세계에 전해졌다. 이후 중국에서도 이슬람 문화와 종교에 관한 이해가 싹트기 시작했는데, 고선지 장군

---

11 위의 책, 132-133쪽.
12 정인경, 『동서양을 넘나드는 보스포로스 과학사』 (파주: 다산북스, 2017), 100-102쪽.

휘하 장수였던 두환杜環이 탈라스 전투에서 포로로 붙잡혀 10년을 아랍에서 보내고 귀환한 후, 이슬람 세계의 풍습과 신앙체계에 관해 쓴 견문록 『경행기經行記』가 그 계기가 되었다.[13]

동서고금의 서적을 수집하는 데 관심을 기울인 이들은 이슬람 칼리프뿐만이 아니었다. 세계 각지에서 모여든 학자와 제후, 상인, 병사, 선원에 이르기까지 인종과 민족을 막론한 각계각층의 사람들이 열성적으로 도서 구하는 일에 앞장섰고, 이러한 움직임은 범이슬람 세계의 강력한 지적 운동으로 퍼져나갔다.[14] 이처럼 8~9세기에 학문의 꽃을 피운 이슬람 르네상스는 통치자와 지배계층의 막강한 지도력과 재정적 지원과 함께 고대로부터 전해진 인류의 지혜를 발굴하고 보전하고, 배워서 익히고자 했던 당대 사람들의 염원과 실질적인 노력이 보태져 계속해서 강력하게 추진될 수 있었다.

수집된 문헌과 사료, 번역서의 규모가 점점 방대해지자 이 자료들을 체계적으로 보관하고 연구할 수 있는 책 저장고와 연구기관 설립의 필요성이 대두되었다. 이슬람 통치자들은 고대 페르시아와 알렉산드리아의 도서관을 모델로 삼아 왕립도서관을 세워 책을 보관했다. 그런데 그마저도 포화 상태에 이르자 압바스 왕조 5대 칼리프 하룬 알 라시드Harun al-Rashid, 재위 786~809는 '바이트 알 히크마 Bayt al-Hikma', 즉 '지혜의 집'으로 불린 서적 저장과 번역을 담당하는 왕립 기록 보관소를 별도의 건물로 설립했다. 이후 '지혜의 집'은 7대 칼리프 알 마문Al-Mamun, 재위 813~833 시대에는 종합 번역센터와 전문 학술연구기관의 기능을 갖추고 이슬람 지식혁명을 견인하는 종합 아카데미로서 최고의 번영기를 누렸다.

---

13 이희수, 앞의 책, 344-345쪽.
14 벤 윌슨, 『메트로폴리스』, 박수철 옮김 (서울: 매경출판, 2021), 223-230쪽.

압바스 왕조의 군주들이 학문 연구와 교육 활동에 상당한 비용을 지불하며 학자들에게 물질적 후원을 한 데에는 정복지 주민들로부터 통치의 정당성을 인정받아 중앙집권적 정치체제의 기반을 탄탄히 다지고자 하는 현실적인 이유가 있었다. 그와 더불어 이 시기 칼리프와 재력가들은 새로운 세계에 대한 정보와 학문, 선진 기술, 예술에 관한 순수한 지적 호기심을 가지고 열성적으로 문헌자료를 수집했다. 그리고 무엇보다도 뛰어난 리더십에 학자적 면모와 통찰력까지 갖춘 출중한 통치자의 등장은 새로운 문명의 장을 열어젖히는 순간에 중요한 기폭제 역할을 했다.

압바스 왕조의 7대 칼리프였던 알 마문은 철학, 과학, 천문학 등 다방면의 학문에 조예가 깊고 탁월한 재능을 갖춘 바로 그러한 군주였다. 그는 학자들이 고대 그리스와 오리엔트 학문을 연구하고 수준 높은 학술적 성과를 낼 수 있도록 재정적 지원을 아끼지 않았다. 특히 천문학과 점성학에 각별한 관심을 가졌던 알 마문은 천체를 관측할 수 있는 천문대를 '지혜의 집'에 병설했다. 고대 군주들이 천체의 복잡한 운동을 주시했던 궁극적인 이유는 점성학적 예측의 신빙성을 높이고 별자리표의 변화가 예견하는 정교한 징후들을 미리 파악해 왕권을 굳건하게 지키고, 제국을 확장하고자 한 데 있다. 점성학자들은 그 예측을 뒷받침하기 위해 별자리를 측정하고 복잡한 수학적 계산 과정을 거쳐 천문표를 제작했으며, 행성이 보내는 광선을 연구했다. 알 마문은 점성학에 대한 호기심을 넘어 천문에 관한 관심을 체계적인 관측 실험 연구로까지 이어갔다. 그는 지구의 실제 원주를 알아내기 위해 세계 최초로 학자 원정대를 파견했다. 신드 이븐 알리Sind ibn Ali를 비롯한 당시의 천문학자들은 2년여에 걸친 실험 후 오늘날과 거의 유사한 지구 원주값을 도출해냈다. 그 밖에도 태양의 위치, 세계 도시들의 지리적 좌표, 시간

과 날짜 측정값 등 중요한 과학적 사실을 발견했다.[15]

이슬람의 천문학과 수학은 실크로드를 통해 원나라 시기에 중국에 전해져 중국의 역법에도 영향을 미쳤다. 원나라 수시력授時曆은 이후 한반도로 건너가 고려의 역법을 발전시킨 데에도 일조했다. 압바스 왕조가 발전시킨 천문학 연구는 13세기 몽골 제국의 '마라게 천문대Maragheh Observatory' 건립과 15세기 티무르 왕조의 울루그베그 왕이 사마르칸트에 세운 '울루그베그 천문대Ulugh Beg Observatory'로 이어진다. 그리고 동시대 조선은 중국과 이슬람의 역법을 참고해 독자적 천문학 연구에 매진할 수 있었다. 이처럼 실크로드를 통한 학문의 교류는 학술적 연결고리를 형성하며 전 세계로 퍼져나갔다.

이슬람 통치자들이 학자 우대정책을 펼친 덕분에 압바스 제국 전역과 주변 국가에서 유능한 학자들이 바그다드로 몰려들었고, 이들이 '지혜의 집'을 중심으로 형성한 학문 네트워크는 이슬람 문화가 비약적으로 발전하는 데 결정적 역할을 했다. 세계 각지에서 모여든 학자를 매료시킨 것은 군주들이 제공하는 풍족한 재정 지원이나 각별한 대우뿐만이 아니었다. 학문 연구 분야를 이슬람 제국의 기본 통치이념인 이슬람학에만 국한하지 않았던 것이 주효했다. 고대 오리엔트 문명에서부터 페르시아와 아랍 문명, 그리스의 학문적 전통과 인도 학문 및 과학기술, 의학 등 전 인류의 정신적 문화유산을 총망라하는 거대한 번역 프로젝트와 학술 연구가 가능했던 점이 학자들을 사로잡았다.

중세 이슬람 국가의 통치자들이 학문 분야에서 자유로운 학술 활동

---

15 조너선 라이언스, 앞의 책, 127-131쪽.

을 보장하는 개방적인 태도를 일관되게 견지한 점은 인류의 학문 발전의 성과에 크게 기여한 것으로 평가된다. 바로 그러한 분위기에서 의사이자 철학자인 이븐 시나Ibn Sina와 천문학자 알 투시Nasir al-Din al-Tusi와 같은 위대한 과학자들이 대거 배출되었다. 그중 가장 주목할 만한 학자는 바로 천문학, 산술, 대수학에 정통했던 과학자 알 콰리즈미Muhammad ibn Mūsā al-Khwārizmī였다. 그는 현재의 우즈베키스탄 히바 지역인 옛 호라즘에서 780년에 태어난 천재 과학자로 페르시아의 조로아스터교 집안 출신이었다. '지혜의 집'에서 연구하던 그는 인도 학자 브라마굽타Brahmagupta가 7세기에 수학과 천문학에 관해 저술한 『싯단타Siddhānta』를 번역했다. 그리고 신드힌드Sindhind로 알려진 인도의 천문학 연구법을 기반으로 『지즈 알 신드힌드Zīj al-Sindhind』라는 아랍어 천문주기표를 만들었다. 그는 이슬람 세계에서는 처음으로 인도 수학을 다룬 『힌두 계산법에 따른 덧셈과 뺄셈의 서On the Calculation with Hindu Numerals』에서 9개의 숫자를 이용하는 인도식 계산법과 십진법의 기수 원리를 활용한 수 개념을 설명하고, 숫자 '0'을 이용해 아랍 숫자의 기본 체계를 만들어냈다. 이것이 바로 오늘날 전 세계인이 사용하는 아라비아 숫자의 원형이다. 게다가 『힌두 계산법에 따른 덧셈과 뺄셈의 서』의 라틴어 번역서 『Algoritmi de numero Indorum』에서 '알고리즘'이라는 용어가 생겨났다. 그의 저서 『복원과 차감의 서The Compendious Book on Calculation by Completion and Balancing』에서 대수학Algebra이라는 명칭이 유래되어 알 콰리즈미는 대수학의 창시자 혹은 '대수학의 아버지'로 불린다.

(3) 이슬람 교육기관 마드라사의 형성

종합 아카데미 '지혜의 집'의 학술적 성취는 초기 이슬람 학자들이 이슬람학 이론을 정립하는 과정에서 외래 학문의 수용 여부 문제를 두고 벌인 오랜 논쟁을 촉발하는 근거가 되었고, 이러한 점에서 마드라사 형성에 직간접적으로 큰 영향을 미쳤다. '지혜의 집'에서 진행된 번역 사업 중 가장 큰 비중을 차지한 것은 아리스토텔레스와 플라톤, 플로티노스 등의 고대 그리스 철학자들의 저서 번역이었다. 이것은 압바스 왕조 통치자들의 그리스 철학에 관한 관심을 잘 보여준다. 보수적인 이슬람 신학자는 외래 학문의 도입을 배척했지만, 일부 이슬람 학파 내부에서는 변화의 조짐이 생겨났다. 신생 종교인 이슬람교 신학자에게 아리스토텔레스의 변증법은 이미 토착화한 다른 종교 지도자들과 토론하고 논쟁할 때 논리적 사고의 틀을 제시해 주었기 때문이다. 아랍에 귀화한 기독교도, 유대교도, 조로아스터교도, 마니교도 등과 자주 종교 논쟁을 벌여야 했던 이슬람 신학자에게 아리스토텔레스의 『논제Topics』는 체계적인 논리와 수사론적 방법론으로 이슬람 율법을 조리 있게 설명하는 데 큰 도움을 주었다.[16] 플라톤의 저서는 플로티노스가 새롭게 정립한 신플라톤주의Neoplatonism의 형태로 무슬림 철학자들이 계승했다. 알 파라비Al-Fārābī와 이븐 시나 등의 이슬람 학자들은 플로티노스의 형이상학 체계를 동방 천체 이론으로 변형해 '이슬람식 신플라톤주의' 체계를 선보였다. 그것을 바탕으로 꾸란에서 언급된 유일신 알라와 그가 창조한 이 세계를 새로운 방식으로 재해석하려고 했다.[17]

칼리프 알 마문은 이슬람 교리를 철저하게 합리주의적 관점에서 해석하며 그리스 철학의 논리와 이슬람의 종교적 원리가 조화롭게 어우러지기를 바랐다. 그러나 그리스 철학을 응용하여 시도한 새로운 신학적 해석

---

16 위의 책, 125쪽.

17 김정명, "중세 이슬람 세계에서의 철학과 종교 간의 갈등: 이슬람 신플라톤 철학과 전통적 창조관 간의 충돌," 『大同哲學』 61 (2012): 34쪽.

은 곧 보수적인 이슬람 신학자들의 신랄한 비판에 직면했다.[18] 신학과 이성 학문 사이의 경계에서 발생한 미묘한 갈등과 이슬람교 원전의 해석 문제는 이후 자생적으로 형성된 이슬람 학파와 관련이 있다.

이슬람 신학자들은 종교적 법률을 해석하고 적용하기 위해 꾸란의 해석 원리를 정비해 종교법의 위상을 강화하고, 이를 후대에 전수할 수 있는 종교 학교 설립의 필요성을 절감했다. 이러한 이유로 9세기에 처음 등장하여 11세기에 어느 정도 체계를 갖춘 형태로 발전한 이슬람 교육기관이 바로 마드라사이다. 마드라사는 처음부터 조직적이고 체계적인 교육시스템을 갖춘 공적 교육기관이었던 것이 아니라 이슬람의 개별 종파나 특정 학파를 지지하는 개인 기부자의 요구로 생겨난 지극히 사적인 영역의 이슬람 신학 연구와 전파 장소였다.

훌륭한 학자로부터 가르침을 받고자 압바스 제국의 주요 도시들과 실크로드의 거점 도시들로 모여든 많은 학생이 이슬람학의 권위자인 스승을 중심으로 형성한 학술 네트워크도 마드라사가 발생하게 된 주요한 요인이었다. 이 때문에 여러 나라에서 찾아온 이들을 수용할 숙박시설의 수요도 증가했다. 이슬람 사회에서는 가난한 학생이나 배움을 찾아 타지에서 온 이들에게 숙식을 제공하기 위해 종교시설이나 가정집을 내어주던 관례가 있었다. 하지만 그마저도 감당이 안 될 정도로 학생 수가 많아지자 교육을 받으면서 숙식도 해결할 수 있는 공간의 필요성이 대두되었다. 그러한 이유로 마드라사에 기숙사를 병설하는 전통이 생겨났고, 이 전통은 오늘날의 대학 기숙사로 이어진다.

---

18 위의 논문.

다양한 문명사적 배경을 바탕으로 이슬람 세계에서 교육기관의 전형이 된 마드라사는 무슬림의 정체성을 형성하고 종교적 신념을 후대에 전수하는 데 크게 기여했다. 더불어 인류가 지난 수천 년 동안 쌓아온 지적 유산을 이슬람 문화에 접목해 독창적으로 재해석하려는 부단한 노력이 여기서 시도되었다. 마드라사는 실크로드 교역지 주요 도시들의 도심 한가운데에 있었기 때문에 전 세계 각지에서 찾아오는 학자와 학생, 상인, 여행자, 순례자 등 수많은 이들이 전하는 최신의 정보와 사상, 지식의 집산지 역할을 할 수 있었다.

2) 마드라사의 기원과 이슬람 학파

마드라사Madrasa는 '배우다, 연구하다'라는 뜻의 셈족어 동사 '다라사darasa'와 '행하는 장소'를 뜻하는 명사 '마팔maf'alah'이 결합하여 배우는 장소, 즉 교육이 행해지는 장소를 의미한다. 아랍권에서는 주로 마드라사Madrasa, Madrasah로 불리고, 중앙아시아와 오스만 튀르크 국가에서는 메드레세Medrese 혹은 메드레세시Medresesi, 스페인에서는 마드라자Madraza 등으로 불린다. 마드라사는 19세기 이전까지는 이슬람 신학과 법학을 중심으로 다양한 분야의 세속 학문을 교육하는 이슬람 신학법률학교였다. 그리고 서구 교육이 유입된 19세기 이후부터는 초·중등교육을 담당하는 이슬람 국가 교육기관으로 자리 잡았다. 마드라사는 현재까지도 일부 이슬람 국가에서 중등교육 과정이나 단과대학college 형태의 고등 교육기관으로 명맥을 이어오고 있다.

이슬람 종교를 가르치는 최초의 교육기관으로서 마드라사의 기원은 예언자 무함마드의 시대로 거슬러 올라간다. 무함마드가 메카의 사파 언덕 부근 '자이드 이븐 아르깜Zayd ibn Arqam'의 집에서 직접 추종자들을 가르친 것이 그 시작이었다. 이후 그는 메디나로 옮겨가 현재 '예언자 모스크' 동쪽 부근에 '알 수파Al-Suffah'를 짓고 제자들을 가르쳤다. 메디나에서 꾸란을 교육한 곳을 '다르 알 꾸라dar al-Qurra'라고 불렀다는 기록이 남아 있다.[19] 알 수파를 비롯한 이와 같은 교육공간들이 바로 이슬람 교육기관의 원형이며, 초기 형태의 이슬람 마드라사로 인정된다.

메디나의 알 수파에서 수학한 이들 중에는 아랍권 외에 다른 문화권에서 온 외국인들도 있었다. 조로아스터교도인 살만 알 파르시Salmān al-Fārsī는 알 수파에서 무함마드로부터 직접 가르침을 받고 페르시아인으로서는 최초로 이슬람으로 개종한 인물이다. 그는 아랍어와 히브리 문학, 토라에도 정통했다. 개종 후 그는 꾸란에 대한 풍부한 지식을 바탕으로 경전 일부를 페르시아어로 옮겼고, 그의 번역은 꾸란을 외국어로 옮긴 최초의 사례가 되었다. 아비시니아 혈통의 빌랄 이븐 라바Bilāl b. Rabāh와 하디스에 정통한 예멘 출신 학자 아부 후라이라Abū Hurayrah도 무함마드의 제자로 활약했다. 이 같은 비아랍인 무슬림들이 이슬람 교리를 주변 지역으로 전파했다.[20]

예언자 무함마드 생존 당시에 알 수파에서 수학한 이들 중 상당수가 우마르 칼리프Umar ibn al-Khaṭṭāb, 재위 634~644 시기에도 학문과 교육, 정치 분야 등에서 활약한 것으로 보아, 이 교육기관 덕분에 이미 7세기에는 범이

19 B. Muhammad Huzai Ali, *Tahricu'd-delalati's sem'iyye* (Cairo: Darü'l-Garbi'l-Islami, 1980), p. 80.

20 M. Q. Butt, M. S. Khalid, "The Role of Madrasa Education in Inter-Cultural and Cross-Cultural Exchange," *Bulletin of Education and Research* 39, 1 (2017): pp. 61-63.

슬람 세계에서 종교공동체로서의 이슬람이 그 정체성을 갖추고 있었다는 것을 짐작할 수 있다. 그런 점에서 알 수파는 중세에 체계를 갖춘 마드라사 탄생의 중요한 토대가 되었다.

마드라사의 출현은 초기 이슬람 공동체 내부에서 일어난 심각한 내분과 그로 인한 종교 분파의 발생과 직접적인 관련이 있다. 이슬람 공동체는 632년 지도자 무함마드 타계 후 부족 협의제 방식인 '슈라Shura'의 결정에 따라 예언자의 동료 아부 바크르Abū Bakr, 우마르Umar I, 우스만Uthmān, 무함마드의 사촌이자 사위인 알리Alī를 후계자로 추대하고 칼리프 칭호를 부여했다. 그러나 이들이 통치한 '정통 칼리프 시대'는 3대 칼리프 우스만과 4대 칼리프 알리가 암살되는 비극적인 사건이 벌어지면서 30여 년 만에 막을 내린다. 그 여파로 단일 공동체였던 무슬림 사회에서 칼리프의 정통성 문제를 둘러싸고 격렬한 논쟁이 벌어졌고, 그 결과 순니파Sunni와 시아파Shia로 양분되어 서로 대립하는 상황이 초래되었다. 순니파는 네 명의 칼리프를 모두 정통 칼리프로 인정해 대다수 무슬림의 지지를 얻었다. 그와 달리 시아파는 무함마드의 혈족만이 칼리프가 될 자격이 있으므로 알리가 유일한 정통 칼리프라는 입장을 견지했다.

이 두 분파는 꾸란과 하디스의 해석에서도 현격한 견해 차이를 보이며 종교 논쟁을 벌였고, 모스크도 별도로 운영하면서 경쟁 관계를 유지했다. 역설적으로 그들 사이에 형성된 날카로운 견제와 경쟁 분위기가 학문과 교육 분야에서는 새로운 학파와 학교의 설립을 촉진하는 결과를 낳았다. 또한 신학 연구와 경전 해석에 필요한 다양한 이론을 연구하고, 토론 문화를 확산시키는 데에도 기여했다.

이슬람 법학자들은 마드라사를 근거지로 아랍어로 학파를 뜻하는 '마드하브Madhhab'를 형성했다. 이들은 이슬람 종교 경전, 신학, 법학에 정통한 학자인 '울라마Ulama'라는 새로운 계층으로 이슬람 종교계, 정계, 학계에서 막강한 권력을 행사했다. 울라마라는 호칭은 '배운 자'를 뜻하는 '알림ālim'의 복수형에서 유래한다. 학파를 중심으로 결집한 울라마의 수가 증가하면서 이슬람법과 이슬람 신학 연구가 활발해졌고, 학문적 경쟁 관계에서 이들이 내놓은 연구 성과는 이슬람의 학문 발전뿐 아니라, 마드라사 교육의 질적인 변화를 불러왔다. 이 같은 지적 토양을 바탕으로 이슬람을 넘어 동서양 학문 발전에 크게 기여할 우수한 학자들이 양성될 수 있었다.

두 분파 중 먼저 새로운 형식의 종파 공동체를 형성한 것은 시아파였다. 시아파는 바그다드의 '십이 이맘파Twelver Shī ism' 공동체를 중심으로 결집하면서, 자체적으로 하디스와 이슬람법, 신학 교리를 정립했다. 무함마드 알 쿨라이니Muhammad ibn Ya'qub al-Kulayni가 집대성한 시아파 이슬람 신학의 핵심은 신플라톤주의와 영지주의의 관점에서 이맘Imām의 개념을 재해석한 것이다. 그는 이맘을 알라의 현현이자 보편적인 지성을 뜻하는 '알 아클Al-'aql'이라 칭하고, 신과 인간의 영혼을 재결합시키는 영적 존재로 여겼다. 시아파는 교리 신조를 명문화하고 종교 의례를 정비해 압바스 왕조로부터 정식 종파로 승인받으면서 두각을 드러냈다.[21]

시아 법학파는 그리스 철학 이론을 적극적으로 활용해 종교 이론을 발전시켰다. 반면에 순니파는 이슬람 종교학과 외래 학문의 접목을 꺼리는 보수 성향이 강했다. 시아파를 지지한 파티마 왕조가 10세기경 이집트 카이로에 설립한 '알 아즈하르 대학Jāmiat al-Azhar'은 당시 이미 수준 높은 교

21 아이라 라피두스, 『이슬람 세계사 I』, 신연성 옮김 (서울: 이산, 2008), 250-251쪽.

육 프로그램을 포함한 교육체계를 갖추고 있었다. 시아파의 학술적 성공에 맞서 순니파는 셀주크 튀르크 왕조 시기인 11세기에 모스크와 마드라사 건립에 힘썼다. 이는 두 종파 간 학문적 경쟁이 상호 발전의 토대가 되었음을 방증한다.

순니파에서는 개별 학자의 이론을 추종하는 동아리 형태의 법학파와 신학파가 학계를 주도했다. 울라마 수의 증가는 꾸란과 하디스의 법리적 해석에 다양한 견해를 가져왔고, 결과적으로 각 견해를 대표하는 특정 법학파가 형성되었다. 순니파의 4대 법학파는 각 학파 창시자의 이름에 따라 각각 하나피파Ḥanafi, 말리키파Māliki, 샤피이파Shāfi'i, 한발리파Ḥanbali로 불렸다.[22] 법학파 학자들은 법률 행정기관에서 이슬람 재판관Qādi 업무나 율법을 연구하고 제정하는 일을 맡았다. 무으타질라파Mu'tajilah와 아샤리파Asy'ariyah는 순니 신학파로서 이슬람 종교운동을 이끌었다.

모든 법학파는 제1법원인 꾸란과 제2법원인 무함마드의 언행록 하디스에 근거를 두고 법리를 해석했다. 그러나 두 법원에서 답을 찾을 수 없는 문제에 어떤 법규나 일반 원칙을 적용할 것인지가 주요 쟁점으로 떠올랐다. 공동체의 법적 권위자들 간 합의인 이즈마아Ijmā'와 이성에 근거를 둔

---

22 하나피 학파(Ḥanafi)는 압바스 왕조 초기에 쿠파에서 태어난 아부 하니파(Abū Hanīfa Nu'man b. Thābit, 699~767)가 이라크에 세운 학파로, 순니파의 첫 법학파이다. 아부 하니파는 이성과 자유의지를 강조한 이슬람 법학자였다. 말리키 학파(Māliki)는 메디나에서 태어난 이맘 말리크 이븐 아나스(Mālik b. Anas, 714~795)에 의해 세워진 두 번째 법학파이다. 말리크는 하디스 수집의 대가였고, 메디나의 '살아 있는 전통'과 '모범적 관행'에 관한 지식의 권위자였다. 샤피이 학파(Shāfi'i)는 팔레스타인 가자 출신인 무함마드 이븐 이드리스 앗 샤피이(Muammad b. Idris as-Shāfi'i, 767~820)에 의해 세워진 학파이다. 이맘 말리크의 제자였던 앗 샤피이는 하나피 학파의 법학체계에도 통달한 인물이었다. 한발리 학파(Ḥanbalī)는 네 번째 정통 순니 법학파로, 바그다드 출신인 아흐마드 빈 한발(Ahmad b. Hanbal, 780~855)에 의해 세워졌다. 한발은 광범위한 지역을 여행하며 하디스를 수집하고 전승한 학자였다. 손주영, "이슬람법과 법학파의 형성에 관한 연구," 『한국이슬람학회논총』 15, 1 (2005): 66-73쪽.

유추인 끼야스Qiyas를 허용할 것인가를 두고 학파들은 서로 견해를 달리했다. 하나피파는 샤리아의 법원인 꾸란과 하디스 이외에 이즈마아와 이성에 기반을 둔 끼야스를 허용해 자유로운 법리 해석이 가능하도록 했다. 특히 이 학파는 끼야스를 가장 많이 적용한 학파로 알려져 있는데, 꾸란에 명시되어 있지 않은 경우에는 개인의 견해인 라이Ra'y로 이성적 판단에 의존하여 법적 결정에 도달했다. 말리키파는 꾸란과 하디스, 그리고 이즈마아를 법리 해석의 원칙으로 삼았다. 그런데 하나피파의 이즈마아와는 달리, 말리키파는 무함마드와 그의 제자 가운데 초기 메디나의 무슬림 공동체에 속했던 이들의 이즈마아만을 인정했다. 이 때문에 '메디나 학파'로도 불린 이 학파는 법체계를 세울 때 하디스를 매우 중요시했다. 샤피이파의 경우, 법리를 해석하는 4가지 원칙을 꾸란과 하디스, 이즈마아, 끼야스로 정했다. 그런데 이들은 끼야스를 꾸란이나 하디스에 의해 해결될 수 없는 경우에만 매우 제한적으로 허용하였다. 가장 보수적인 성향의 한발리파는 엄격히 꾸란과 하디스에만 입각하여 샤리아를 도출하는 것을 원칙으로 삼고, 나머지는 모두 배척했다.[23]

순니 이슬람 신학파인 무으타질라파는 압바스 제국의 칼리프 알 마문의 지지를 받으며 활동한 학파이다. 그들은 그리스 철학을 이슬람 신학과 융합하여 독자적이고 정교한 신학 체계를 완성해내 이슬람 신학의 중요한 가치를 밝힌 것으로 평가받는다. 그러나 무으타질라파는 대중을 상대로 종파 운동을 전개하던 한발리파의 거센 저항에 직면하고, 정치적인 이유로 박해까지 받으면서 점차 쇠퇴했다. 이후 아샤리파가 무으타질라파의 신학적

---

23 위의 논문, 63-73쪽.

교리를 보완하고 자유로운 판단을 중시하는 자유의지론과 독자적인 우주론을 정립한 새로운 신학 이론을 정립하면서 교세를 확장해 나갔다.

학파 간에 학술적 논쟁과 의견 교류가 활발해지면서 이슬람 초기 법률이 종합적인 체계를 갖춰가기 시작했고, 그 과정에서 법률을 전문적으로 가르치는 교육기관의 필요성이 대두되었다. 학파 출신 학자의 명성이 널리 알려지자 추종자와 학생들이 각 학파의 수장이나 유명한 학자들이 있는 곳으로 몰려들었다. 한 스승 아래에 여러 명의 학생이 수학하는 공부 모임이 만들어지고, 그런 형태의 사적이고 비공식적인 학습 동아리들이 도시마다 수십 개씩 생겨났다. 초기에 모스크나 개인의 집에서 하던 강의는 학생 수가 점차 늘어나 다양한 방식으로 조직화되면서 마드라사 형태의 교육시설이 생겨났다.

이슬람 세계에서는 시아파, 순니파와 함께 수피즘Sufism이 이슬람을 대표하는 3대 종파이다. 수피즘은 이미 8세기에 수피 공동체를 만들고 10세기경에 이슬람 교리에 신비주의적 의식을 접목한 신앙체계를 갖추었다. 수피즘은 후대 칼리프들이 사치와 세속적 관심에 빠져 있는 세태와 시아파와 순니파의 지나치게 경직된 율법 중심주의에 반기를 들고 일어난 일종의 신앙 운동이다. 수피들은 그리스 철학과 과학 등의 이성 학문을 거부하고 신과의 직접적인 교감에 집중했다. 그들의 사상은 이슬람 발생 이전 주변 지역에 퍼져있던 토착 종교의 신비주의적 접신술이나 의례를 이슬람 교리에 접목해서 무슬림뿐만 아니라 타 종교인까지도 거부감 없이 받아들일 수 있었다.[24] 순례를 수행으로 여기는 수피들이 세계 곳곳을 돌아다니며 포교 활동을 펼쳐 이슬람은 아랍과 그 주변 지역을 넘어 아프리카와

---

24 김중순, 이희수 외, 『수피즘: 실크로드를 읽는 문화코드』 (서울: 소통, 2016), 3-4쪽.

인도, 멀리 동남아시아의 섬나라까지 퍼져나갔다. 그리고 도시 엘리트뿐만 아니라 시골의 평범한 서민도 그들의 교리를 접할 수 있었다.

수피는 이슬람 경전이나 율법 공부가 아닌 일상생활에서 신을 직접 체험하기 위해 실천적 수행을 하는 이들이다. 수피 신참은 종교 교리와 수행법을 스승으로부터 직접 전수했다. 시아파 신도에게 신과 인간을 연결하는 영적 존재가 '이맘'이라면, 수피에게 신의 축복을 전해주는 이는 '셰이크Sheikh'로 불리는 수피 집단의 수장이자 스승이었다.[25] 수피에게 스승과 제자의 정신적 계보는 매우 중요했기 때문에 그들은 위대한 스승의 이름을 따 수피 교단인 '타리까Tariqa'를 만들었다. 수피는 이슬람 세계의 주요 도시 곳곳에 수피 숙소인 '칸까Khanqah' 혹은 '하니카Hanikah'를 세우고 그곳을 예배와 교육, 포교의 근거지로 삼았다.

수피 춤을 추는 수피들

25 아이라 라피두스, 앞의 책, 257쪽.

수피는 이슬람 성인들의 성묘를 참배하거나 순례의 방식으로 교육과 수행을 겸했다. 정규 교과목 목록이나 일정한 교육 장소가 필요하지 않았던 특수성 때문에 중세 시대의 수피공동체가 세운 학교나 구체적인 교육 내용에 대한 기록은 거의 남아 있지 않다. 칸까가 교육 장소 역할을 하긴 했지만, 정식 교육과정이나 학사 운영 체계가 잡혀 있는 교육기관은 아니었기 때문에 마드라사와 같은 기능은 하지 못했다. 하지만 그들의 지식 전수 방식이 이슬람 종교 교육의 전형을 그대로 따르고 있다는 점에서 마드라사 교육과의 연관성을 찾아볼 수 있다. 그리고 무엇보다도 수피즘의 놀라운 전파 능력으로 이슬람이 세계 곳곳으로 빠르게 확산했고, 이슬람 학문도 그 도시들에서 함께 번성했다.

마드라사는 이슬람 학교라는 보편적인 의미로 쓰일 때는 세 개 분파에서 모두 공통으로 사용하지만, '마드라사'라는 명칭의 기원은 순니파와 관련이 깊다. 순니파는 이단으로 여겼던 시아파 세력의 팽창을 견제하려고 마드라사를 건립했다.[26] 마드라사로 명명한 최초의 교육기관과 독립적이고 체계화된 마드라사의 기원에 대한 학자들의 견해는 다양하다. 이븐 카시르Ibn Kathir는 10~11세기 부아히브 왕조 시기 바그다드에 건립된 '다르 알 일름Dar al-'im'을 최초의 마드라사로 간주한다.[27] 독자적인 마드라사의 출현 시기를 중동학자 버나드 루이스Bernard Lewis는 11세기경으로 본다.[28] 러시아 동양 학자 오스트로모프Н.П. Остроумов는 최초의 마드라사가 바그다드, 카이로, 다마스쿠스 등 아랍 제국의 중심 도시에 생겨났다고 주장한다.[29] 그

---

26 전완경, 『이슬람 예술』 (파주: ㈜살림출판사, 2014), 52쪽.

27 Ibn Kathir, *Bidaya wa-al-Nihaya, XI* (Berut: Dar al-Kutub al-Ilmiya, 1987), p. 333.

28 Bernard Lewis, *The Middle East* (London: Oxford University Press, 1993), p. 190.

29 Н.П. Остроумов, *Исламоведение: Введение в курс исломоведения* (Ташкент: Издани

러나 이란 학자 사파Z. Safa는 이들의 주장을 반박하면서, 위 도시에 있는 대부분의 마드라사는 11세기에 설립된 바그다드의 '마드라사 니자미야' 이후에 생겨났기 때문에 초기 마드라사로 보기 힘들다고 말한다.[30]

이견이 있긴 하지만, 마드라사로 불리는 최초의 교육기관의 발상지가 지금의 중앙아시아 지역인 호라산Khorasan과 트란스옥시아나Transoxiana 지역이라는 데에 동의하는 학자가 많다. 호라산은 현재 이란 북동부와 아프가니스탄 서부, 투르크메니스탄 대부분을 포함하는 지역이고, 트란스옥시아나는 아무다리야 강과 시르다리야 강 사이에 있는 우즈베키스탄, 타지키스탄, 카자흐스탄 등 중앙아시아 5개국에 걸쳐 있는 지역이다.[31] 스위스 학자 아담 메츠A. Metz에 따르면, 호라산 지역의 니샤푸르Nishapur가 마드라사 최초의 발상지다.[32] 한편, 바르톨드W. Barthold는 10~11세기경 가즈니 왕조의 술탄 마흐무드Mahmud, 재위 999~1030 통치 시기에 트란스옥시아나 지역인 발흐Balkh, 메르브Merv, 부하라Bukhara 등지에 처음으로 마드라사가 생겨났다고 주장한다.

우즈베키스탄의 부하라

바르톨드는 이 지역에 최초의 마드라사가 생겨날 수 있었던 것은 불교 승려들의 집회소인 비하라Vihara 건물이 부하라에 상당

e туркестанских ведомостей, 1914), pp. 123-126.

30 Z. Safa, *Hamāseh-sarāyi dar Irān* (Tehran: Amir Kanir, 1966), p. 232.

31 트란스옥시아나(Transoxiana)는 라틴어로 옥수스 강 너머의 지역을 뜻하며, 아랍어로는 ما وراء النهر,(Mawaraannahr), 러시아어로는 Мавераннахр로 불린다.

32 А. Мец, *Мусульманский Ренессанс*, перевод Д. Е. Бертельса (М.: Наука, 1973), p. 155.

수 남아 있었기 때문이라고 보았다. 비하라는 쿠샨 왕조 시기에 불교 승려가 머물며 수행하고 교육을 받던 곳으로, 부하라라는 도시명은 바로 이 불교 수도원 명칭에서 유래했다.[33] 기존 토착 종교가 만들어 놓은 교육시설과 주변 환경이 새로운 종교 교육기관의 정착에 용이했을 것으로 추정된다. 그리고 트란스옥시아나 지역 최초의 이슬람 사원은 712년 부하라에 지어졌고, 이 사원이 들어선 장소는 조로아스터교 불의 사원이 있었던 모흐 시장 자리였다.[34] 이러한 점으로 미뤄 볼 때, 부하라의 마드라사는 조로아스터교와 불교, 이슬람 등의 다양한 종교적, 문화적 요인과 각 종교 교육기관의 특성을 받아들여 자기화하는 과정을 거치면서 발전했을 가능성이 있다.

'마드라사 니자미야'가 설립된 11세기 이전에 이미 동부 이슬람 호라산 지역에 순니파 계통의 마드라사가 30개 이상 있었고, 11세기 초에는 책 보관소를 갖춘 수많은 마드라사가 니샤푸르, 메르브, 가즈니 등에 있었다는 사실도 이 지역이 마드라사의 발상지라는 주장을 뒷받침한다.[35] 이미 갖춰진 교육시설, 지식을 탐구하려는 학구적 분위기, 그리고 영적 세계를 지향하는 정신적, 문화적 요소들이 마드라사가 정착하는 데 좋은 기반이 되었을 것이다. 이러한 마드라사의 형성 과정은 어떻게 서로 다른 문화적 요소들이 결합하여 교육적 전통과 학문적 토대의 장이 만들어지는지를 잘 보여준다.

---

33 V.V. Barthold, *Orta Asya Türk Tarihi hakklnda Dersler* (Istanbul: Evkaf Matbaasi, 1927), p. 52.

34 M. Наршахи, *История Бухары* (Ташкент: Типо-лит. торг. д. "Ф. и Г. бр. Каменские", 1897), c. 118.

35 Nebi Bozkurt, *Op. cit.*, 325; Абу-л-Фазл Байхаки, *История Масуда (1030~1041)*, перевод А. К. Арендса (M.: Наука, 1969), c. 290.

3) 마드라사의 발전과 전파 과정

마드라사의 발전과 전파 과정은 이슬람교가 주변 지역으로 퍼져 나가며 변화를 거듭한 역사적 상황과 거의 궤를 같이한다. 이슬람 세력은 7세기에서 15세기 중엽까지 정복 전쟁으로 중동 지역과 중앙아시아, 북부 아프리카, 남동부 유럽 등 광범위한 지역을 차지하고 통치하면서 이슬람교를 확산시켰다. 일부 예외적인 상황을 제외하고 이슬람 통치자 대부분은 정복 지역 주민들에게 개종을 강요하지 않는 대신 인두세 명목의 세금납부를 요구하고 정복민을 평등하게 대우하려고 노력했다. 이 같은 관용 정책 덕분에 이민족의 자발적인 개종이 늘어났고, 그로 인해 이슬람화가 빠르게 진행되었다. 그 밖에도 교역 과정에서 활발해진 문물 교류, 이슬람 포교 활동에서 타 지역민과의 정서적 교류의 증가, 이슬람의 수준 높은 학문과 교육체계가 타지역에 미친 교육적 영향 등이 이 지역의 급속한 이슬람화의 중요한 요인으로 작용했다.

이슬람의 전파에 따른 마드라사의 변천 과정을 알아보기 위해 시기와 지역을 고려하여 다음과 같이 다섯 가지 범주로 구분하여 살펴보고자 한다. 첫 번째는 아랍 왕조 통치 시기, 두 번째는 이란 왕조 통치 시기, 세 번째는 몽골 왕조 집권기, 네 번째는 오스만 튀르크 제국 집권기, 다섯 번째는 아시아 국가로의 전파 시기이다.

(1) 아랍 왕조 통치 시기

이 시기는 9세기에서 15세기 후반까지 아랍 왕조가 이슬람 세계를 통치한 시기이다. 이 시기에 이슬람 아랍 왕조는 예언자 무함마드 사후 사산조 페르시아를 정복하고, 아라비아반도를 넘어 북아프리카를 점령한 후 유럽의 이베리아 반도까지 진출한다. 동쪽으로는 중앙아시아 서부, 인더스강 동부 유역과 중국 서부 지역까지 정복에 나선다. 이 시기에 광범위한 영토 확장과 정치적 세력 강화로 이슬람 세력이 세계 무대에 존재감을 강렬하게 드러낸다. 그러나 압바스 왕조는 1055년 바그다드를 침공한 셀주크 튀르크족의 보호를 받으며 그들과 공존하다가 13세기 중반 몽골의 침략으로 망한다. 셀주크 튀르크 술탄국은 11세기 후반에 유럽 기독교인과 십자군 전쟁을 치르고, 14세기 초 몽골의 공격으로 수명을 다했다. 유럽 지역의 후우마이야 왕조가 15세기 말에 스페인 왕국에 점령됨으로써 아랍 왕조 시대는 완전히 막을 내린다.

이 시기에 초기 형태의 이슬람 교육기관이 생겨나고 교육체제를 갖추면서 발전했다. 9세기경에 최초의 이슬람 교육기관이 시아파 계통의 이드리스 왕조가 통치한 북아프리카의 모로코 페스에 들어섰다. 859년에 설립된 '자미아트 알 카라위인Jāmiat al-Qarawiyyin'은 이슬람 최초이면서 세계 최초의 대학으로 알려졌다. 아랍어 '자미아jāmia'는 '포괄적인'이라는 뜻으로 대학을 뜻하는 단어인 'university'가 가진 보편적인 교육의 의미를 담고 있지만, 알 카라위인 대학의 규모는 오늘날의 종합대학이 아닌 단과대학 정도였다. 이 대학의 설립자는 거상 무함마드 알 피흐리의 딸 파티마 알 피흐리Fatima al-Fihri였다. 그녀는 카이로안Qairawan에서 페스로 이주해 온 튀니지인으로 부친에게 물려받은 재산을 모스크와 교육시설 건립에 헌납했다. 그녀는 무슬림 여성도 남성과 함께 마드라사에서 교육을 받을 수 있도록 힘쓴 것으로 알려져 있다. 이 대학은 설립 초기에는 꾸란과 이슬람 율법만을 가르쳤지만, 이후 자연과학을 포함한 다른 과목도 교과에 포함했다.[36] 알 카라위인 대학은 세계 각지의 무슬림 학자와 학생뿐 아니라 일부 유럽인들도 이곳에 매료될 만큼 수준 높은 교육과 다양한 교과목을 제공했다. 이 대학은 현재도 여전히 학사 운영 중이다.[37]

10세기 후반 이스마일리 시아파 계통의 파티마 왕조 시기 카이로에 세워진 '자미아트 알 아즈하르Jāmiat al-Azhar'도 이 시기를 대표하는 이슬람 교육기관이다. 972년에 파티마 왕조의 사령관이었던 자우르 알 시킬리Jawhar al-Siqilli가 그의 스승 알 무이즈를 위해 알 아즈하르 사원과 함께 이 대학을 지었다. 파티마 왕조가 이집트를 정복했을 당시 그곳 주민 대다수는 순니파 무슬림이었지만, 이 대학에서는 시아파 법학을 가르쳤다.[38] 988년에 이 대학에는 37명의 교수가 있었고, 대학은 유능한 인재를 배출할 수 있는 체계적이고 수준 높은 교육과정을 운영했다. 학생들에게는 기숙사를 제공하여 편의를 도모하였다. 알 아즈하르 대학의 선도적인 교육시스템은 이후 유럽 대학의 형성과 발전에까지 영향을 미쳤고, 현재까지도 학문적 전통이 이어지고 있다.[39]

11세기에 접어들면서 마드라사는 모스크에서 독립하여 별도의 건물로 건립되고 독자적으로 운영되었다. 시아파 학술기관의 빠른 확산에 자극받은 순니파는 이 시기에 동부 이슬람 호라산 지역에 마드라사를 세우기 시작했다. 카라한조의 이브라힘 탐가츠Ibrahim Tamghach, 재위 1038~1068 칸은 이 무렵 사마르칸트에 마드라사를 세웠다. 11세기 중반에 셀주크 튀르

---

36 M. Q. Butt, M. S. Khalid, *Ibid.*, pp. 69-70.
37 http://uaq.ma/index.php/contact-universite-alquaraouiyine-fes-maroc (검색일: 2023.9.15.)
38 M. Q. Butt, M. S. Khalid, *Op. cit.*, pp. 70-71.
39 http://www.azhar.edu.eg (검색일: 2023.9.15.)

크 왕조는 순니파 계통인 샤피이파의 이슬람 법학 전통을 따르는 마드라사를 설립했다. 이것이 바로 1065년에 바그다드에 처음 설립된 이슬람 최초의 공립 교육기관인 '마드라사 니자미야Madrasah Nizamiyyah'이다. 이 마드라사는 아나톨리아반도에 진출한 튀르크계 이슬람 국가인 셀주크 왕국의 재상 니잠 알 물크Ahmad ibn Nizam al-Mulk가 건설했다. 마드라사 니자미야는 이슬람의 저명한 신학 철학자 무함마드 알 가잘리Muhammad al-Tusi al-Ghazali를 학장으로 초빙하여 체계적인 교육시스템을 갖춘 이슬람 보편 교육과정의 전형이 되었다. 재상 니잠 알 물크는 압바스 제국이 지배한 페르시아와 시리아, 이라크의 여러 도시에 같은 이름의 마드라사를 설립하고 순니 4대 법학파 중 샤피이파의 교리에 따라 학생들을 교육했다. 이것은 마드라사 교육을 통해 순니파 무슬림을 통합하고 시아파의 위협으로부터 제국을 보호하면서 셀주크 왕조에서 추진하는 개혁 정책의 기반을 다지는 정치적인 포석이기도 했다. 이 마드라사가 배출한 울라마와 법학자, 교사 중에는 알 가잘리를 비롯하여 이맘 알 하라마인Imam al-Haramayn, 알 주웨이니Al-Juwayni, 무함마드 알 타바리Al b. Muhammad al-Tabari, 셰이크 사디Shaykh Sa'di 등 뛰어난 인물들이 많았다.[40]

12~13세기 사이 마드라사는 이슬람 세계의 서쪽 지역으로 빠르게 퍼져 나갔다. 실크로드 주요 교역 도시인 이집트의 카이로에 75개, 시리아의 다마스쿠스에 51개, 알레포에는 44개의 마드라사가 설립되었다. 그리고 스페인의 이슬람 지역인 세비아, 그라나다, 발렌시아, 카디즈 등 남부 유럽에도 마드라사가 세워졌다. 특히 코르도바 시내에만 해도 800여 개의 이

---

40 Murtaza Mutahhari, *The Theory of Knowledge: An Islamic Perspective*, trans. Mansoor Limba (London: ICAS Press, 2011, pp. 50-72.; M. Q. Butt, M. S. Khalid, Ibid., p. 71.

슬람 교육기관이 운영되었다고 한다. 또한 스페인의 톨레도가 학문의 중심지로 부상하면서 번역소와 함께 많은 학교가 세워졌다.[41]

아랍의 압바스 제국을 대표하는 마드라사로는 13세기에 설립된 '알 무스탄시리야 마드라사Al-Mustansiriya Madrasa'를 꼽을 수 있다. 이 마드라사는 이슬람 교육의 새로운 지평을 연 곳으로 알려져 있다. 1227년에 칼리프 무함마드 알 무스탄시르Muhammad I al-Mustansir, 재위 1249~1277의 이름을 따 지은 이 마드라사는 순니 사상을 연구하고 전파하는 중심지 역할을 했다. 이곳에서는 기존의 마드라사가 한 학파의 이론 위주로 교육했던 것과는 달리 이슬람 4대 법학파의 이론을 모두 가르쳤다. 이 마드라사에서는 꾸란과 하디스 등의 주요 이슬람 교과목 외에 의학, 수학, 문학, 문법, 철학 등 다양한 이성 학문도 가르쳤다. 특히 마드라사 내부에 의과대학과 병원 건물이 함께 지어져 도시의 메디컬 센터 역할도 했다. 이처럼 다양한 학문을 접할 수 있는 이 대학의 등장은 단과대학college의 성격이 강했던 마드라사가 종합대학university으로 성장하는 결정적 계기가 되었다.[42] 알 무스탄시리야 마드라사는 칼리프들이 기증한 도서 8만여 권을 포함하여, 총 40만여 권의 장서를 소장한 것으로도 유명하다. 이 마드라사는 무스탄시리야 대학의 일부로 그 명맥을 현재까지 유지해 오고 있다.[43]

14세기에는 사하라 이남 서아프리카의 이슬람 왕국이었던 말리 왕국에 마드라사가 건설되었다. 말리 왕국의 수도 팀북투에 세워진 '상코레 마드라사Sankore Madrasa'는 수준 높은 교육 프로그램과 함께 도서 100만 권

---

41 Hakki Dursun Yildiz, *Buyuk Islam Tarihi*. vol. 4 (Istanbul, 1988), p. 479.

42 고재용, 서범종, "이슬람 전기 고등교육기관 마드라사의 형성에 관한 연구," 『한국교육학연구』 23, 2 (2017): 125쪽.

43 https://www.uomustansiriyah.edu.iq (검색일: 2023.9.21.)

이상을 소장한 세계 최대 규모의 도서관을 갖춘 대학으로, 아프리카 최고의 학문의 전당으로 발전했다. 상코레 대학은 말리 왕국의 뒤를 이은 송가이 왕조 시기에 세워진 마드라사와 더불어 이슬람 학문뿐만 아니라 다양한 일반 학문을 아프리카 전역으로 전파하는 중요한 학술기관이었다.[44]

(2) 이란 왕조 통치 시기

이 시기는 9~10세기 이란의 사만 왕조와 16세기에서 18세기 사파비 왕조가 집권한 시기로, 이란이 이슬람으로 개종한 후 세력을 확장하는 시기이다. 이란은 651년에 사산조 페르시아가 멸망한 후 9~10세기에 이슬람으로 개종한 사만 왕조가 호라산 지역에서 일어나 다시 정권을 잡았지만 카라한 왕조에 침략당해 세력이 약해진다. 그 후 셀주크 튀르크 왕조와 티무르 제국의 지배를 받고, 1500년대에 사파비 왕조가 집권하면서 이란인의 정체성을 부활시키고 옛 페르시아의 영예를 되찾았다. 압바스 1세 집권기인 1598년에 수도였던 북부 도시 타브리즈에서 이스파한으로 수도를 옮긴 후 최전성기를 누리고, 이후 이스파한은 동서 실크로드의 중심도시로 거듭나며 세계 최대 규모의 국제도시로 성장한다. 사파비 왕조는 17세기에 오스만 제국의 침

이스파한 이맘 광장의 샤 모스크

44 이희수, 앞의 책, 500-506쪽.

략으로 쇠퇴하기 시작해 18세기 초에 순니파 이슬람교도의 반란과 아프간인의 침략, 러시아와의 전쟁 등으로 혼란을 겪다가 1736년에 망했다.

이란에는 사만 왕조 시기 이후 호라산 지역의 니샤푸르를 중심으로 11세기경에 마드라사가 건설되었다. 그중 가장 오래된 마드라사는 1027년에 사망한 학자 알 이스파라얀을 기리기 위해 지은 것으로 알려져 있다.[45] 그 밖에도 가즈니 왕조의 사북테긴이 설립한 '바이하키에 마드라사'와 셀주크 튀르크 왕조 시기에 술탄 말릭샤Malik-Shah I, 재위 1072~1092가 지은 '말릭샤 마드라사Maliksah Madrasa'와 술탄 무하마드 타파르Muhammad Tapar, 재위 1105-1118의 이름을 딴 마드라사 등이 있다.[46] 그리고 셀주크 왕조의 재상 니잠 알 물크가 니샤푸르와 이스파한에 '니자미예 마드라사Nizamiye medresesi'를 세워 이란 지역에 순니파 교리를 확산하려고 노력했다. 15세기 마드라사 건축에서 주목할 만한 것은 이란의 쉬라즈 출신 건축가 카밤 알딘 쉬라즈Qavam al-Din Shirazi의 활약이다. 그는 정교하고 화려한 장식을 특징으로 하는 이란과 중앙아시아 마드라사 건축의 새로운 전형을 제시했다. 그가 설계한 헤라트의 마드라사와 하르기르드 마드라사, 기야티야 마드라사 등은 마드라사 건축의 가장 뛰어난 본보기이다.[47]

1501년에 개창한 이란의 사파비 왕조는 순니파에 맞서 시아파 종주국의 기틀을 마련하고 시아파 전통을 교육 내용에 적용하려고 이스파한과 타브리즈 등에 100여 개 이상의 마드라사를 건립했다. 이 시기 이스파한의

---

45 A. Мец, Мусульманский Ренессанс, перевод Д. Е. Бертельса (М.: Наука, 1973), p. 155.

46 https://islamdusunceatlasi.org/mekanlar/isfahan/31 (검색일: 2023.10.5.)

47 Бозоргниа Делавар Рашид. *История развития научных и образовательных учреждений Мавераннахра и Хорасана (с древности до середины XVIII в.)* (Душанбе: Институт истории, археологии и этнографии им. А. Дониша, 2016), pp. 97-101.

대표적인 마드라사로는 몰라 압둘라흐 마드라사Molla Abdullah Madrasa,[48] 카데부주르그 마드라사Cadde-i Büzürg Madrasa, 호자 말릭 무스텝피 마드라사Hodja Malik Mustevfi Madrasa 등이 있다.[49] 이란은 울라마 중에서 최고의 덕망과 학식을 갖춘 성직자로 선출된 몰라바쉬에게 마드라사를 관장하게 했다. '샤 모스크 마드라사Masjed-e Sah Madrasa'는 이란 건축 최고의 걸작품 중 하나로 꼽히는 이스파한 이맘 광장의 샤 모스크가 1638년에 완공될 당시 함께 건축되었다. 사파비 왕조의 마지막 왕이었던 술탄 후세인이 1705~1707년에 이스파한에 건설한 '술탄 마드라사Madrasa-ye Soltani'는 이란 고전 건축의 마지막 걸작으로 불리는 중요한 기념물이다.

이스파한 샤 모스크 마드라사

48 https://commons.wikimedia.org/wiki/Category:Molla_Abdollah_Madrasa (검색일: 2023.9.23.)
49 https://islamdusunceatlasi.org/mekanlar/isfahan/31 (검색일: 2023.10.5.)

(3) 몽골 왕조 집권기

이 시기는 13세기에서 16세기에 걸쳐 몽골 제국이 이슬람 세계를 지배한 시기이다. 13세기 칭기즈칸이 이끈 몽골 군대는 이슬람 도시들을 무자비하게 파괴하고 약탈해 압바스 제국과 중앙아시아 최대 강국이었던 호라즘 왕조를 멸망시켰다. 그 후 칭기즈칸은 일한국을 세워 유라시아와 중국을 제패하고 유럽에 진출한다. 14세기에는 몽골 제국을 계승한 티무르 제국이 문화적으로는 페르시아를, 종교적으로는 이슬람을 표방한 독특한 통치 체제를 갖추고 중앙아시아 트란스옥시아나 지역을 지배한다. 티무르는 서쪽으로 아랍, 이란, 아나톨리아, 비잔티움을, 남쪽으로는 인도의 델리 술탄국을 정복한다. 티무르 제국은 16세기 초 우즈베크 왕조 샤이바니드에 정복당해 멸망했고, 일부 남은 세력이 16세기 초에 인도 북부에 무굴 제국을 세웠다. 티무르와 그의 후손들은 문화와 과학을 부흥해 중앙아시아에 이슬람의 르네상스 시대를 연 것으로 평가된다.

13세기에 일한 제국의 가잔칸Ghazan, 재위 1295~1304이 이란에 '가자니예 쿨리예'를 건립하고 순니파의 하나피파와 샤피이파의 이론을 가르치는 마드라사를 별도로 건축했다. 울라마 루크나딘 알 후세이니Ruknadin al-Husseini가 이란의 도시 야즈드에 세운 '루크니야 마드라사Al-Rukniyah Madrasa'는 당대 최고 수준의 교육기관으로 발전했다.[50]

14세기에 중앙아시아와 이란 지역을 점령한 티무르 왕조는 유구한 마드라사 교육 전통을 지닌 호라산 지방의 마드라사를 복원하고 재건축했다. 15세기에는 유수프 기크와자 바하두르Yūsuf Khwājah Bahādur가 마샤드에

---

50 Nebi Bozkurt, *Op. cit.*, p. 325.

'듀다르 마드라사Du Dar Madrasa'를 건립했고, 티무르의 아들 이브라힘 샤흐 루Ibrahim Shah Rukh, 재위 1405~1447는 헤라트와 이란의 쉬라즈에 마드라사를 세웠다.

사마르칸트의 울루그베그 마드라사

15세기 이후 울루그베그 왕Ulugh Beg, 재위 1447~1449의 통치 시기에 사마르칸트와 부하라, 히바 등에 마드라사가 건립되었다. 이 시기에 사마르칸트의 레기스탄 광장에 티무르 왕조 최초의 왕립 마드라사가 건립되었다. 티무르 대제의 손자 울루그베그 왕의 지시에 따라 1420년에 완공한 '울루그베그 마드라사Ulugh Beg madrasa'는 독특하고 화려한 외관으로 당시 건축 예술의 정수를 보여준다. 압바스 왕조의 칼리프 알 마문처럼 울루그베그 왕도 학자적 자질을 갖춘 통치자로 천문학과 수학에 조예가 깊었다. 그는 사마르칸트를 학문의 도시로 만들기 위해 이슬람 세계 각지에서 뛰어난 학자 100여 명을 초빙해 학술위원회를 만들고 학문을 장려했다. 이 학자들이 이후에 '사마르칸트 학파'를 형성해 중앙아시아에서 학문의 르네상스 시대를 열었다. '울루그베그 마드라사'의 교과목에는 이슬람 법학과 종교 외에도 천문학과 수학 등 과학 과목이 정규교과에 포함되어 있었다. 울루그베그 왕은 1428년에는 천문대를 짓고 세계 과학사에 큰 획을 그은 천문학 연구업적을 남겼다.

16세기에 설립된 '미르 아랍 마드라사Mir-i-Arab Madrasa'는 고대 도시 부하라 중심부에 있는 포이 칼란Poi Kalan의 세 개의 앙상블 중 하나이다. 이 마드라사는 티무르 제국을 무너뜨린 우즈베크 샤이바니드 왕조 통치자 우바이둘라Ubayd Allāh, 재위 1533~1539 칸이 1536년에 완공한 건축물이다. 미르 아랍 마드라사는 왕조 초기 칸국의 정신적 지도자였던 예멘 출신 셰이크 압둘라 알 야마니Abdullah al-Yamani를 기리기 위해 세워졌다. 이 마드라사는 이슬람 세계에서 순니파와 시아파의 종파 싸움의 어두운 한 단면을 잘 보여준다. 순니파 신앙을 따랐던 칸은 시아파 '이교도'를 몰아내려고 페르시아인 시아파 신도가 살던 호라산 지역에서 전쟁을 일으켰다. 그 전투에서 승리해 포로로 잡은 3000여 명의 페르시아인을 노예로 팔아 마련한 자금

부하라의 미르 아랍 마드라사

으로 마드라사의 건축비를 충당했다. 이 마드라사는 소련 점령 시기 우즈베키스탄에서 학사 운영이 허용된 유일한 마드라사였다. 그리고 현재까지도 이 마드라사 건물은 고등학교로 사용되고 있어 교육기관의 기능을 이어가고 있다.[51]

(4) 오스만 튀르크 제국 집권기

이 시기는 14세기에서 20세기 초반까지 거의 600년 이상 오스만 튀르크 제국이 아나톨리아반도를 통치한 시기이다. 오스만 튀르크 왕국은 14세기 초 실크로드 거점 도시 부르사를 첫 수도로 정하고 세력을 키웠다. 15세기 중반 비잔티움 제국을 점령한 후 오스만 제국을 세우고 이슬람 세계를 재통일했다. 콘스탄티노플에서 이스탄불로 이름을 바꿔 수도를 옮긴 후 동서양의 교차로에서 문명 간 교류의 세계적 중심지로 부상했다. 그 후 발칸반도를 점령하고 유럽을 위협했지만, 18세기 이후부터 서구 유럽의 발전을 따라가지 못해 쇠퇴하다가 20세기 초에 제국이 해체되었다.

오스만 제국의 마드라사 교육은 현대 교육의 전형이 되었다. 오스만 제국의 2대 술탄 오르한 가지Orhan Gazi, 재위 1324~1362는 1326년에 부르사를 정복한 후 그리스 정교 수도원을 개조해서 '오르한 가지 마드라사Orhan Gazi Madrasa'로 활용했다. 그 후 이 도시에 21개의 마드라사가 더 생겨났다. 1331년 이즈니크에 오스만 제국 최초의 '마드라사 오르하니예Madrasa Orhaniye'가 세워졌다. 이 마드라사의 교육시스템은 셀주크 튀르크의 '니자미야 마드라사'의 체계를 그대로 계승했고, 다우드 알카이사리, 타즈 알딘

---

51 https://www.orientalarchitecture.com/sid/1322/uzbekistan/bukhara/mir-i-arab-madrasa (검색일: 2023.9.23.)

알 쿠르디와 같은 유명한 신학자들이 이곳에서 교편을 잡았다. 술탄 오르한은 새 마드라사를 설립하면서 페르시아와 이집트, 투르키스탄 등 이슬람 세계 각지에서 명성이 알려진 학자들을 초청했다. 그들에게 배운 오스만인들은 스승의 고국으로 여행을 떠나 새로운 문화를 체험하며 국제적인 활동을 펼쳤다. 그 당시 마드라사는 다양한 공동체와 인종 간의 지식과 전통을 교환하는 지적 교류의 장이었다.[52]

튀르키예의 에디르네 마드라사. Pixabey

발칸반도 에디르네로 수도를 옮긴 1361년 이후에도 오스만 제국의 술탄은 마드라사 건축 사업을 이어갔다. 15세기 콘스탄티노플 정복 시기 이전에 이미 전국에 84개의 마드라사가 세워졌다.

15세기 메흐메드 2세Mehmed II, 재위 1453~1481는 이스탄불에 자신의 이름을

52 M. Q. Butt, M. S. Khalid, *Op. cit.*, pp. 71-72.

기념할 대형 모스크 단지인 퀼리예를 건설하면서 여덟 개의 마드라사를 함께 지었다. 1471년에 완공된 '산이 세만니예 마드라사San i semaniye Madrasa'의 명칭은 아랍어로 '여덟 개의 안뜰'이라는 뜻으로, 여덟 개의 마드라사를 비유적으로 표현한 것이다. 이 마드라사는 오스만 제국의 마드라사 중 규모가 가장 컸고, 독특하고 훌륭한 커리큘럼을 갖춘 고등 교육기관이자 연구기관으로 국가로부터 막대한 재정 지원을 받으며 운영되었다. 이 마드라사에서는 이슬람 법학과 종교학 외에 철학과 과학을 비롯한 이성 학문과 전승 과학 과목을 두루 가르쳤다. 산이 세만니예 마드라사는 이후에 지어진 모든 오스만 제국의 마드라사를 평가하는 기준이 되었다.

이스탄불의 쉴레이마니예 모스크

이스탄불 대학교

16세기에 술탄 쉴레이만Süleyman, 재위 1520~1566이 이스탄불의 세 번째 언덕 위에 건설한 쉴레이마니예 모스크 단지에는 네 개의 마드라사가 있었다. '쉴레이마니에 퀼리예 마드라사Süleymaniye külliye Madrasa'는 오스만 제국의 대표적인 마드라사로 손꼽힌다. 쉴레이마니예 마드라사는 의과대학과 병원, 다룰하디도 갖추고 있었다. 이 마드라사는 산이 세만 마드라사를 능가하는 뛰어난 교육 프로그램과 교수진을 확보해 오스만 제국 시기 최고 수준의 교육기관으로 성장했다. 이 마드라사는 교육과정을 여덟 곳의 산이 세만니예 마드라사와 연계해서 상급반과 하급반으로 나눠 운영했다. 마드라사의 커리큘럼은 종교 과목 외에 아랍어와 문학, 역사, 논리학, 천문학, 기하학 과목 등을 포함했다. 슐레이마니예 마드라사는 튀르키예의 최고의 명문 대학으로 손꼽히는 이스탄불 대학의 모체가 된 마드라사이다. 한편 이 시기에 아랍 지역은 마드라사를 중심으로 학문 연구와 교육이 활발하게 이루어졌다. 순니파의 법학파가 골고루 분포되어 있던 시리아 다마스쿠스는 이 학파를 추종하는 사람들이 모여드는 국제 교역 도시로 발전했다.

(5) 이슬람이 아시아 국가로 전파된 시기

8세기부터 시작해 20세기에 이르기까지 1,200년이 넘는 오랜 시간 동안 이슬람 세력은 아시아 국가들과 다양한 방식으로 접촉했다. 이 지역에서 이슬람의 전파는 일부 정복 전쟁을 제외하면 대부분 육상과 해상 실크로드를 통한 무역 교류와 수도승, 특히 수피의 선교 활동의 결과였다. 중

중국 시안 청진대사(西安淸眞大寺)

국의 경우, 아랍 제국과 당나라가 맞붙은 8세기경의 탈라스 전투가 계기가 되어 두 나라 사이에 육상 실크로드를 통한 무역이 활발해졌다. 특히 중국 서북부 지역에 거주하던 위구르족이 이슬람화하면서 신장 지역은 무슬림 문화가 주류를 이루었다. 중국의 수도 장안에는 회족을 중심으로 회회교回回教라는 이름으로 이슬람교가 퍼져나갔고, 중국식 이슬람 사원인 청진사가 세워졌다.

중국에는 16세기 무렵 무슬림과 회족이 이슬람학을 배우는 경당이라는 종교 교육기관이 있었다. 명나라 시대 회족 출신의 호등주胡登州가 경당 교육을 처음 시작한 이후 그의 제자들이 그 계보를 이었다.[53] 20세기 중반에 들어서는 이슬람 경전을 연구하고 배우는 경학원이 생겨났다. 1955년 베이징에 중국이슬람교경학원中國伊斯蘭教經學院이 문을 열었고, 그 후 30년이 지난 1980년대에 신장 위구르 자치구 우루무치에 세워진 신장이슬람교경학원新疆伊斯蘭教經學院을 포함해 중국 전역에 약 9개 정도의 이슬람 경학원이 개교했다.[54] 그런데 이에 앞서 20세기 초에 이미 중국 정부의 정식허가를 받고 이슬람 대학이 개교한 기록이 있다. 1908년 중국 베이징에 세워진 '하미디예 대학Hamidiye University'이 바로 그것이다. 이슬람 대학을 중국에 건립하는 것은 당시 오스만 제국 칼리프 술탄 압둘 하미드 2세Abdülhamid II, 재위 1876~1909의 오랜 숙원사업이었다. 4천만 중국 무슬림의 이슬람 교육에서 구심체 역할을 목표로 세워진 이 대학의 설립은 이슬람 근대사에 중요한 한 획을 그은 사건으로 기록되었다.[55]

---

53 https://baike.baidu.com/item/%E8%83%A1%E7%99%BB%E6%B4%B2 (검색일: 2023.10.5.)

54 박노종, "중국의 종교교육과 종교학교," 『중국학』 61 (2017): 33-34쪽.

55 http://www.muslimpopulation.com/asia/China/A%20century-old%20Ottoman%20

남아시아에 있는 인도는 이슬람 세계와 상당히 복잡한 갈등 관계로 얽혀 있다. 인도 북부 델리 지역은 13세기 맘루크 왕조 시기부터 16세기 티무르 제국이 무굴 제국을 세울 때까지 끊임없는 외세의 침략으로 점차 이슬람화되었다. 그러나 대부분의 인도인은 힌두교 신앙의 뿌리가 깊어 이슬람으로 개종하지 않았다. 인도에서 두 종교 집단은 상호 관용과 적대감이 뒤섞인 복잡하고 불안한 관계를 현재까지 유지하고 있다. 이러한 정치적 상황에도 불구하고 지금까지 인도에 거의 10만여 개의 마드라사가 있었다는 것은 이슬람 교육기관이 인도 사회에 미친 영향이 적지 않았음을 보여준다. 이는 국민 대다수가 이슬람 신도인 파키스탄에 있는 마드라사가 4만여 개인 것과 비교하면 압도적으로 많은 수이다.[56]

인도 마드라사의 역사는 13세기 델리 술탄국의 2대 맘루크 왕 일투미쉬Shams ud-Din Iltutmish, 재위 1211~1236가 델리에 세운 '나시리야 대학Nasiriya College'과 물탄에 세운 '알 피로자 마드라사Al-Firoza Madrasa'에서 시작한다. 16세기 무굴 제국의 술탄 자헤루딘 바바르Zaheeruddin Babar, 재위 1526~1530는 여러 도시에 대학과 마드라사를 설립해 교육 분야에 큰 공헌을 남겼다. 18세기 인도는 마드라사의 교과 프로그램을 전면 개편하게 되는데, 이때부터 유명한 이슬람 철학자 물라 니자무딘Mulla Nizamuddiin이 통합한 교과과정인 '다르시 이 니자미Dars-i-Nizami'를 대부분의 마드라사가 공식적으로 채택해서 사용하게 되었다.[57] 이 교과과정에는 종교 과목 외에 철학, 문법, 법학, 이성과학 과목이 포함되었다. 무슬림이 영국의 인도 점령에 저항한 1857년 이

---

legacy%20in%20China.php (검색일: 2023.10.5.)

56 K. Mohammed Basheer, "An introduction to madrasa education system in India," *Scholarly Research Journal for Humanity Sciences & English Language* 1, 6 (2014): p. 952

57 K. Mohammed Basheer, *Op. cit.*, pp. 954-956.

후에는 이슬람 세력이 급격히 약화되었다. 그 때문에 1866년부터 마드라사 '다룰 울룸 데오반드Darul Uloom Deoband'를 중심으로 이슬람 교육 부흥운동이 일어났고, 인도 곳곳에 마드라사가 세워지고 수준 높은 교육이 제공되었다.[58]

동남아시아에는 이슬람 세계와 오래전부터 우호적인 관계를 유지한 국가가 많다. 인도네시아 섬과 말레이시아, 방글라데시, 필리핀 등의 국민 중 상당수가 무슬림이다. 특히 그중에서 인도네시아는 현재 세계에서 가장 규모가 큰 무슬림 국가이다. 14세기 후반 혹은 그 이전에 이미 이슬람의 영향을 받은 것으로 알려진 이 나라들은 주로 무슬림 상인과 수피 수도승에 의해 이슬람을 접하게 되었다. 상인들은 해안 도시를 중심으로 지배 엘리트층을 포섭했고, 수피는 내륙으로 들어가 각 마을에 학교를 세워 서민 계층과 접촉하면서 포교했다. 현재 인도네시아에는 36,500여 개, 방글라데시에는 37,000여 개의 마드라사가 존재한다.[59]

인도네시아에는 15세기 초 이슬람 울라마였던 말릭 이브라힘Malik Ibrahim이 자바섬에 세운 '쁘산뜨렌pesantren' 혹은 '뽄독pondok' 이라는 최초의 이슬람 학교가 있었다. 현재도 이슬람 종교 교육을 하는 쁘산뜨렌은 유치원부터 대학까지의 전 과정을 아우른다. 인도네시아 문교부에서는 각 과정을 구분하여 공식적으로 꾸란 유치원, 초중등 기초과정은 '마드라사 디니야 울라Madrasah Diniyah Ula', '마드라사 디니야 우스타Madrasah Diniyah Wustha', 고등학교 과정은 쁘산뜨렌 무알야, 대학 과정은 마하드 알리 등으로 부른다.[60]

---

58 Rafiq Ahmad Lone and Azad Ahmad Andrabi, "Understanding Madrasa System of Education: A Systematic Review," *Special Education* 1, 43 (2022): p. 9178.

59 K. Mohammed Basheer, *Op. cit*.

60 강영순, "인도네시아 전통 이슬람 교육기관에 관한 연구: 뽄독 쁘산뜨렌을 중심으로," 『아시아

말레이시아에서도 인도네시아와 같은 이슬람 교육기관인 뽄독에서 오래전부터 아랍어를 교육했다. 이 교육기관은 17세기 파사이 왕국 시기에 시작된 것으로 알려져 있다.[61] 오두막 기숙학교였던 뽄독에서 이슬람 설교자와 종교학자를 양성한 것으로 보아 뽄독은 마드라사와 거의 같은 역할을 한 것으로 추정된다.[62]

말레이시아 코타키나발루의 블루모스크

연구』 13, 1 (2010): 32-33쪽.

61 A. B. Shafie, "Towards the Improvement and Development of Cottage Education Systems in Malaysia," *Jurnal Pendidikan Islam* 2, 1 (1984): pp. 24-44.

62 정규영, "말레이시아의 아랍어 교육에 관한 연구: 이슬람의 영향을 중심으로," 『국제문화연구』 13, 1 (2020): 146-148쪽.

2. 마드라사의 교육

1) 이슬람 교육의 이념과 목표

지난 수 세기 동안 세계의 모든 종교는 종교적 신념을 계승하고 지식을 전수하는 교육의 역할을 특별히 중요하게 생각했다. 7세기경 아라비아 반도의 메카에서 탄생한 이슬람교 역시 예외는 아니다. 특히 이슬람교에서는 가브리엘 천사가 예언자 무함마드에게 알라의 계시를 전한 순간을 신성한 지식의 전수 과정으로 여긴다. 610년부터 거의 20년간 이어진 계시의 말씀을 무함마드가 모두 기억해 암송으로 전하다가 그의 사후 문자로 기록한 것이 이슬람 경전 꾸란이다. 모두 114장 6,200여 절로 구성된 꾸란의 첫 계시의 말씀은 '읽어라'로 시작한다. '꾸란Qur'ān'이라는 명칭도 '읽다'라는 아랍어 단어인 'qura'a'에서 유래되었다. 이처럼 꾸란의 첫 계시는 문해 교육의 성격을 띠며, 이슬람 세계에서 꾸란은 문자 교육을 위한 가장 중요한 교재이자 교육 내용이 되었다.[63]

꾸란에서는 신을 가르치는 존재로, 인간을 그로부터 배우는 자로 규정한다. "읽으라 주님은 가장 은혜로운 분으로 연필로 쓰는 것을 가르쳐 주셨으며 인간이 알지 못하는 것도 가르쳐 주셨노라"(『성 꾸란』, 96:3~5)[64] 신과 인간 사이에 사제지간의 관계가 맺어지고, 신의 계시는 인

---

63 서범종, "이슬람 교육의 이해를 위한 기초 연구," 『한국교육학연구』 19, 2 (2013): 177-178쪽.
64 『성 꾸란』, 파하드 국왕 꾸란 출판청
https://d1.islamhouse.com/data/ko/ih_books/single/ko_translation_of_the_Meanings_of_the_noble_quran_in_the_korean_Language.pdf (검색일: 2023.9.15.)

간이 마땅히 마음에 새기고 따라야 하는 신성하고 존엄한 지식으로 부각한다. 기독교와 이슬람교의 경전인 구약성경의 『창세기』에서도 아담에게 사물의 이름을 가르치는 스승이 바로 하느님이고 아담은 그의 인류 최초의 제자가 된다. 이처럼 이슬람은 처음 생겨나는 순간부터 배우고 가르치는 교육 행위에 숭고한 의미를 두었다. 특히 무슬림은 신이 내린 지상명령의 결정체라고 할 수 있는 꾸란을 배우고 익히며, 타인에게 전파하는 것을 삶의 가장 중요한 의무로 여긴다.[65]

『성 꾸란』, Museum SAN

(1) 종교적 신념의 계승과 교육 방식

이슬람 교육의 목표는 유일신인 알라를 경배하고 예언자 무함마드를

65 김종도, "이슬람 교육관과 쿠탑(Kuttāb)에 관한 연구," 『한국중동학회논총』 35, 2 (2014): 43-45쪽.

따르며, 꾸란과 하디스가 전하는 지식을 배워 선한 삶을 지향하는 인간을 양성하는 데 있다. 움마 공동체에서 건전하고 선한 삶을 살아가며 육체적, 정신적으로 성숙한 무슬림이 되기 위해서 반드시 수반해야 하는 것이 교육이다. 그래서 무함마드는 하디스에서 '지식 추구는 모든 남녀 무슬림의 의무이다.'라는 문구로 배움의 중요성을 강조한다.

지식이나 앎을 뜻하는 일므'ilm는 꾸란에서 750회나 언급될 정도로 비중이 높은 단어로, 이것은 신적 존재에게 내재하는 본질적 능력이고, 인간은 노력으로 갖추어야 할 능력이다.

> "어떤 지식에 인식되어버린 자들은 우리는 그것을 믿나이다 모든 것은 우리의 주님으로부터 왔나이다 라고 말하나 지식을 가진 자 외에는 아무도 그 의미를 이해할 수 없노라"(『성 꾸란』, 3:7)
> "일러가로되 아는 자와 모르는 자가 같을 수 있느뇨 실로 이해하는 자들은 교훈을 받아들이니라"(『성 꾸란』, 39:9)

인간에게 지식은 신을 이해하고 선과 악을 판별해 샤리아Sharī'ah의 길을 따라 살아가는 데 필수 불가결한 요소이다. 또한 세속의 삶을 지혜롭게 살아가기 위해 인간은 스스로 지식을 구하는 데 힘써야 한다. 이슬람 역사에서 무슬림의 지식에 대한 열정과 탐구 정신은 종교의 울타리를 넘어 낯선 문명 세계를 향해 문호를 활짝 열어젖히는 개방적 태도로 나타났다. 이것은 신생 종교였던 이슬람이 빠르게 확산하면서 선진문명의 지적 유산을 흡수해 독창적인 방식으로 발전해 나가는 데에 중요한 원동력으로 작용했다.

지식이 담고 있는 내용만큼이나 중요한 것이 지식을 전달하는 방식, 즉 교육방법론이다. 이슬람 사회에서 마드라사가 등장하기 전까지 대부분의 종교 교육은 모스크에서 '할라까Halaqah' 방식으로 이루어졌다. 둥근 원을 뜻하는 할라까 혹은 할까Halqah는 유목민족인 아랍 부족이 텐트에서 부족장을 중심으로 둥글게 모여 앉아 부족 회의 등 중요한 사안을 거론한 모임에서 유래한 명칭이다. 오늘날의 서클이나 동아리의 원형이라고 할 수 있는 할라까는 이후 이슬람의 전통적인 교육 방식으로 자리 잡았다.[66] 학생들은 이슬람 모스크나 마드라사의 공부방에서 의자에 앉은 스승을 중심으로 둥글게 둘러앉아 수업을 들었다. 자리 배치에서 스승과 가까운 자리에 앉은 제자들은 그중 가장 학식이 높은 이들이다. 이후 서양에서 학과장을 'chair'라고 부른 것도 할라까 수업에서 교사가 앉은 자리에서 유래한 것이다.[67]

수업에서 학생들은 교사의 강의를 필기하고 기록한 내용을 함께 암송하며 지식을 전수한다. 학생의 질문에 스승이 답변하는 방식으로 수업이 진행되기도 하고, 토의나 토론의 방식으로 자유롭게 주제에 대한 의견을 나누기도 한다. 스승과 학생들 간의 지적인 교류만큼이나 영적인 소통도 매우 중요했다. 스승은 종교적 덕목을 몸소 실천하는 모범을 보여 사제지간에 신뢰를 쌓고 친밀한 관계를 형성하려고 노력했다. 제자가 스승의 딸과 결혼해서 가족이 되는 경우도 드물지 않았다.

할라까 강의는 누구나 와서 들을 수 있어서 대중을 상대로 한 교육 프로그램의 일환으로 활용되었다. 카이로 모스크와 알 아즈하르 모스크의 할라까 교육은 천 년이 넘는 오랜 전통을 가지고 있다. 오늘날에도 이

66 김종도, 박현도, "근대 이전 마드라사(Madrasa) 연구," 『아랍어와 아랍문학』 21, 2 (2017): 109쪽.

67 이희수, 앞의 논문, 123쪽.

곳에서는 누구나 샤리아, 하디스, 타프시르꾸란 주석 등 기초 신학 과목을 가르치는 셰이크 학자의 강의에 참석할 수 있다.[68]

무슬림은 꾸란을 평생에 걸쳐 공부하는 것을 매우 중요하게 여긴다. 이슬람 교육에서 경전을 익히는 가장 전형적인 방식은 구전 전승을 통한 암기와 암송이다. 이것은 이슬람 문명이 막 시작된 7세기 초에 무함마드를 포함한 대다수 초기 무슬림이 문자를 습득하지 못한 상태에서 꾸란을 암송으로 전한 데서 비롯되었다. 이후 3대 칼리프 우스만 통치 시기Uthmān, 재위 644~656에 와서 꾸란의 내용이 명문화되어 그 필사본이 제국의 주요 도시들로 전파되었지만, 구전 전승은 변함없이 가장 효율적인 전달 방법이었다. 당시 아랍인 대다수가 문맹이었고, 경전을 필사하는 데 필요한 종이와 필기도구를 구하기 힘들었던 것도 주요 원인이었다. 암송을 통한 꾸란의 구전 전승은 이슬람에서 가장 전형적인 교육 방식으로 자리를 잡았다.[69]

할라까 수업에서 학생들은 스승이 들려주는 꾸란 구절을 듣고 여러 차례 따라서 암송하면서 머릿속으로 암기했다. 이렇게 꾸란을 배우는 방법을 아랍어로 '타흐피즈 알 꾸란taḥfī al-Qur'ān'이라 하는데, '타흐피즈Taḥfī'는 '보존, 보호, 기억'이라는 뜻이다. 즉 단순히 암기하는 것이 아닌 '꾸란을 주입'하는 것으로 해석할 수 있다. 학생들은 일반적으로 혼자서 꾸란을 읽으며 외우는 것이 아니라, 스승이 읊어준 구절을 듣고 기억해 다른

68 M.H. Смагулов, K.H. Смагулов, "Классические образовательные практики ислама на примере Центральной Азии: традиции и современность," *Мусульманский мир* 4 (2016): c. 23-30.

69 고재용, 서범종, 앞의 논문, 116쪽.

학생들과 함께 그룹으로 속도를 맞추어 암송한다.[70]

암기식 학습법은 동서양을 막론하고 대부분의 문화권에서 고대로부터 전해진 전통적인 교육 방식이다. 그런데 이슬람은 이 방식에 좀 더 근원적이고 종교적인 의미를 부여함으로써 다른 종교와 차별화한다. 그것은 이 방식이 무함마드가 천사 가브리엘로부터 신의 계시를 전해 받고 그것을 암기해 주변인들에게 암송으로 전달해준 것과 같은 방식이라는 점과 연관이 있다. 그리고 꾸란이 다른 종교 경전과는 달리 예언자 무함마드가 전한 신의 계시를 문자로 옮긴 이후로 단 한 구절도 바뀐 적이 없기에 원형 그대로 후속 세대에게 구전 전승하는 것에 큰 의미를 두는 이유와도 관련이 있다.

예언자 사후 그의 자리를 대신한 이들이 그의 제자와 이맘, 울라마, 셰이크와 같은 선생들이고, 그들을 스승 삼아 배운 학생들도 이후 같은 방식으로 그들의 지식을 후속세대에게 전했다. 이처럼 스승과 제자, 교사와 학생과 같이 구전 전승에 따른 수직적 지식 전수자의 계보를 따라 올라가다 보면 무슬림 개개인은 모두 예언자 무함마드와 연결된다. 이러한 인식은 이후 수피 집단에서 수장을 영혼의 치유자이자 하느님의 축복을 전하는 고귀한 존재로 받들고, 사제 간에 절대적인 복종 관계를 유지하는 '실실라Silsilah' 전통의 바탕이 된다. 실실라는 수피가 스승으로부터 여러 대를 거슬러 올라가 무함마드까지 이어지는 영적 축복의 연쇄를 일컫는 말이다.

이 때문에 수피뿐만 아니라 모든 무슬림 문하생은 어느 스승 밑에서

---

70 A.A. Sabki, G. Hardaker, "The madrasah concept of Islamic pedagogy." *Educational Review 65*, 3 (2013): pp. 343-347.

수학했는지를 매우 중요하게 생각했다. 그래서 어느 마드라사 출신인지보다 어느 스승의 문하생인지가 관건이었고, 스승이 학업을 마친 제자에게 써 준 '이자자Ijāzah'라는 증명서는 졸업증서와 같은 효력을 발휘했다. 학생 중에는 훌륭한 스승을 찾아 마드라사를 계속 옮겨 다니는 이들도 있었다.

연구자 사브키Sabki와 하다커Hardaker는 종교 경전을 암기와 암송 방식으로 습득하는 과정에서 청각적 암기 과정을 통한 지식의 내면화가 가능해지고, 경전을 '단순한 기계적 지식'이 아닌 '영원한 진리와 지혜'로 체득할 수 있는 긍정적인 교육적 효과를 강조한다.[71] 그러나 암기에 의존하는 교육 방식은 학습자로부터 비판적 사고와 창의적 해석을 시도할 기회를 빼앗는다. 그로 인해 기존의 낡은 지식만 답습하다가 새로운 시대의 정보 흐름을 따라가지 못해 학습자의 지적 성장이 답보 상태에 머물 수도 있다. 이러한 문제는 이미 오래전부터 이슬람 교육계를 비롯하여 여러 문화권에서 꾸준히 제기되어 온 고질적인 교육의 난제이기도 하다.

(2) 이슬람 초등 교육기관 쿠탑

8세기에 접어들어 이슬람 문화권에서는 아동이 기초적인 종교 교육과 초급 수준의 문해력을 습득할 수 있는 '쿠탑Kuttab' 혹은 '막탭Makttab'이라는 교육기관이 생겨났다. 정확한 기원은 알 수 없지만, 쿠탑은 마드라사 출현 이전에 아랍 지역과 그 주변 국가들에 이미 존재했던 것으로 여겨진다. 이슬람 이전에 쿠탑은 아동에게 주로 읽고 쓰는 법을 가르치는 곳이었지만, 이슬람이 생긴 이후에는 꾸란을 비롯한 종교 과목을 중심으로 읽

---

71 Ibid., pp. 347-348.

기, 쓰기, 셈하기 등을 가르치는 초등학교로 변모했다.

쿠탑 초등학생. Pixabey

정복 사업을 펼치던 이슬람 왕조의 통치자들은 정복지 주민들을 통치하고 이슬람화하기 위해 쿠탑에서 피정복민의 자녀가 아랍어로 읽고 쓰는 법을 배우도록 허용했다. 그러나 쿠탑은 처음부터 국가가 주도적으로 앞장서서 설립한 학교는 아니었다. 이슬람 초기에 개별 모스크에 딸린 부속기관이었거나 개인이 와끄프waqf를 후원하며 운영한 자율적인 학교라는 점에서 우리나라 조선 시대 서당 형태의 교육기관과 매우 유사하다.[72]

쿠탑은 우마이야 칼리프 왕조Umayyad Caliphate, 661~750 시대에 퍼져나가기 시작해 압바스 칼리프 왕조 시대인 8세기 중반에 이미 모든 이슬람 제국에 보편화된 것으로 추정한다.[73] 마드라사가 설립되고 교육체제를 갖춰가는 과정에 하급학교인 쿠탑도 여러 측면에서 상급학교에 직접적인 영향을 미쳤다. 그리고 쿠탑 과정을 마친 학생들에게 마드라사에 진학할 수 있는 자격이 주어졌다. 이런 점에서 둘 사이에 연계성을 찾을 수 있기에 마드라사의 교과과정을 들여다보기 전에 쿠탑에 대해 알아볼 필요가 있다.

쿠탑에 입학할 수 있는 아동의 나이는 5세에서 10세 사이로 큰 세한

---

72 김종도, 앞의 논문, 54-55쪽.

73 김종도, 박현도, 앞의 논문, 111-112쪽; J. M. Landau, "Kuttāb." *Encyclopaedia of Islam* 5 (1986): pp. 567-570.

은 없었으나 보통 7세에 학교에 다니기 시작해 14세 정도에 졸업하는 것이 일반적이었다. 아동이 선善을 구별할 줄 아는 능력인 '타미즈Tamyīz'를 갖추는 나이인 7세 전후가 꾸란 교육을 시작하기에 가장 적기라고 보았기 때문이다.[74] 아동은 계급이나 인종의 구분 없이 무상 교육을 받으며 평등한 교육의 기회를 누렸고, 고아들에게는 장학금이 지급되었다. 이 당시에는 주로 남자아이에게 교육의 기회가 주어졌고, 여자아이는 낮은 반에서 제한적으로 배우는 것이 허용되었다.[75]

쿠탑의 교육 내용은 아동이 이슬람 종교 지식의 기초를 닦아 움마 공동체에서 '선한 인간'으로 살아갈 수 있도록 하는 이슬람 교육의 이념과 목표에 맞춰져 있었다. 이를 위해 채택된 교육 방식은 꾸란을 반복해서 암송하여 완벽하게 암기하도록 만드는 것이다. 초등 과정에서 이루어지는 꾸란을 주입하는 암기 방식을 '돌에 새기기' 과정이라고 부른다. 이는 모든 인간은 태어날 때부터 하느님을 향한 본성인 '피트라Fiṭrah'를 가지고 있고, 이것을 잊지 않기 위해서 꾸란을 돌에 새기듯이 암기해야 한다는 의미를 담고 있다. 무슬림은 아동이 성장하면서 수많은 악의 유혹을 받게 되더라도 이렇게 습득된 지식이 영적 힘으로 작용하여 역경을 이겨내게 해준다고 믿었다.[76] 쿠탑은 무슬림 공동체에서 자라는 어린이들의 일체감을 고양하고 사회성을 기르는 데에도 중요한 역할을 했다.

아동 교육을 위한 쿠탑의 교과는 꾸란과 하디스 등의 이슬람 종교 경전 과목과 아랍어로 읽기와 쓰기, 산수, 페르시아 시, 서예 등의 과목으

74 고재영, 『이슬람 전기 초등교육에 관한 연구』, 학위논문(박사) (충북대학교 일반대학원, 2019), 59-60쪽.
75 김종도, 앞의 논문, 48-51쪽.
76 고재영, 앞의 책, 61-62쪽.

로 이루어졌다. 학생들에게는 특정 과목을 선택할 수 있는 선택권이 주어지기도 했다. 아동을 가르치는 초등 교사는 '무알림Mu'allim' 혹은 '무카팁Mukhatib'으로 불렸다. 이들 대부분은 외국인 출신으로 인생의 경륜이 쌓인 중년의 나이에 교사로 활동한 것으로 추정된다. 절대적 권한을 가지고 있었던 교사들은 학생들을 칭찬보다는 체벌 위주로 엄격하게 훈육했다. 당시 신분이 낮은 초등 교사의 대우는 그리 좋은 편은 아니어서, 무보수로 근무하는 교사는 생계를 위해 구두 장인이나 자물쇠공 등 다른 직업을 병행하면서 학생들을 가르쳐야 했다.[77] 쿠탑의 학생들은 하루에 3~4시간 수업을 했다. 쿠탑에서 학업을 마친 학생들은 졸업증서에 해당하는 이자자 증명서를 받았고, 그중 소수의 우수한 학생은 상급학교인 마드라사에 진학했다.

2) 마드라사의 생활

예언자 무함마드가 이슬람을 창시하고 '알 수파'에서 꾸란을 가르친 이후로 모스크는 꾸준히 이슬람 교리를 가르치는 장소가 되어왔다. 무슬림에게 모스크는 경건한 기도와 예배로 알라를 섬기는 공간일 뿐만 아니라 신이 예언자를 통해 제시한 샤리아, 즉 이슬람 율법에 따라 올바르게 살아가는 법을 배우는 장소이다. 모스크에서 학자들은 꾸란과 하디스에 근거를 둔 샤리아를 연구하면서 토론과 논쟁을 벌였고, 일반 무슬림을 위

77 김종도, 앞의 논문, 48-54쪽.

한 종교 강의도 열었다. 때로 모스크는 이슬람 사회에서 재판의 중심지 역할도 했다.

막디시G. Makdisi에 따르면, 마드라사가 모스크에서 독립해 개별적인 독립기관으로 설립되는 과정은 다음과 같은 단계를 밟았다. 1단계는 모스크에 딸린 학교인 마스지드masjid로 불리던 시기이다. 이슬람의 모스크는 초창기에 꾸란 교육을 시행한 최초의 교육기관이었다. 마스지드는 교사가 모스크에서 기도한 후 그 자리에서 제자들을 가르친다는 의미를 담고 있다. 2단계는 타지에서 온 학생들이 모스크 인근의 숙박업소인 칸khan이나 개인 집을 기숙 시설로 이용하면서 마스지드 수업을 듣던 시기이다. 그 규모가 커지자 마스지드-칸 복합체가 발달하게 된다. 3단계는 기숙사가 딸린 별도의 건물을 지어 독립적인 교육전용 장소에서 마드라사 교육이 이루어진 시기이다.[78]

11세기경에 마드라사가 모스크에서 분리되어 독립하게 된 배경에는 이슬람법을 전문적으로 연구하고 교육할 수 있는 별도의 전문기관 설립의 필요성이 강하게 대두되기 시작한 사회문화적 요인이 있다. 이슬람 법률을 해석하는 여러 학파의 등장도 법률 학교의 설립을 촉진했다. 이렇게 마드라사는 이슬람법을 전문으로 연구하고 후학을 양성하는 기관, 즉 이슬람 로스쿨로 첫 시작을 알렸다. 마드라사를 졸업한 학생 중 일부는 울라마 양성 과정을 거쳐 법관Qāḍī이나 법률학자가 되었다.

마드라사는 학교인 동시에 이슬람 포교와 정치 활동의 중심지였다. 학생들은 교과과정 중 종교 지도자 과정을 통과하면 졸업 후 하피즈나

---

78 George Makdisi, *The Rise of Colleges: Institutions of Learning in Islam and the West* (Edinburgh: Edinburgh University Press, 1981), pp. 21-38.

울라마가 될 수 있었다. 그리고 마드라사에서 후학을 양성하는 교사가 되거나 국가 공무직에 종사할 수도 있었다. 이슬람 제국의 왕좌는 압바스 왕조가 패망한 후, 튀르크족과 몽골족에게 넘어갔다. 새 왕조의 통치자들은 피정복민인 무슬림의 민심과 신뢰를 얻기 위해 스스로 이슬람으로 개종하는 경우가 많았다. 그리고 종교 지도자인 울라마와 마드라사에서 잘 교육받은 훌륭한 인재들이 정치에 기용됐고, 이들은 통치 체제를 안정화하는 데 크게 기여했다. 통치자들은 이슬람법 연구와 교육을 적극적으로 후원함으로써 이들의 지지를 끌어냈다.

마드라사 학생들. Pixabey

마드라사도 쿠탑처럼 이슬람의 평등 정신에 따라 신분이나 인종, 민족 구분 없이 누구에게나 입학을 허용하였는데, 입학생의 대부분은 쿠탑 과정을 마치고 상급학교에 진학하는 학생이었다. 마드라사 건물에는 강의실, 연구소, 도서관, 그리고 교사와 학생 기숙사가 모두 갖춰져 있었다. 특히 기숙사에서 생활하는 것은 쿠탑과 크게 달라진 점이었다. 마드라사 학생들은 학기 중에 기숙사에서 동기들과 함께 생활하며 수학했고, 공동생활을 위한 규율을 엄격하게 준수하면서 각자가 맡은 일에 책임지는 법을 배웠다.

마드라사에서 수학한 학생들의 학교생활의 면면을 알아보기 위해서는 그들의 일과를 살펴볼 필요가 있을 것이다. 그래서 현재까지 마드라사 교육을 실시하고 있는 인도 북부 지역의 마드라사 '다룰 울룸 데오반드Darul Uloom Deoband'의 사례를 소개해 보고자 한다.[79] 무슬림이 올리는 하루 다섯 번의 기도는 학생들에게도 중요한 삶의 패턴이었다. 학생들의 하루는 일출 기도인 '파즈르Fajr'로 시작한다. 해 뜨기 전 5~6시경에 일어나 몸을 정결하게 씻고 기도와 수행을 한다. 아침 식사가 끝나고 2시간 후에 첫 수업을 알리는 종이 울리면 학생들은 강의실로 향한다. 교육 프로그램은 정오 기도 시간을 중심으로 오전과 오후로 나뉜다. 오전 수업에는 주로 중요한 종교 과목이 배정된다. 교수는 약간 높은 단상 앞 의자에 앉아 경전 텍스트 해석이나 법학 이론을 강의한다. 둥글게 교수 주위를 둘러싼 학생들은 카펫이 깔린 바닥에 앉아 작은 개별 책상 위에 놓인 노트에 강의 내용을 필기한다. 보통 규모의 마드라사는 약 10~15개 정도의 교실이 있고, 한 교실에 5~22명가량의 학생이 수업을 듣는다.

오전 수업이 끝나면 점심 식사가 시작된다. 식사는 아랍어로 "신의 이

---

79 이하 내용은 'Ebrahim Mossa, *What is a Madrasa?* (North Carolina: University of North Carolina Press, 2015), pp. 44-59'의 내용을 바탕으로 작성하였다. 저자는 인도 북부에 위치한 마드라사 '다룰 울룸 데오반드(Darul Uloom Deoband)'에 1975년에 입학하여 6년간 수학하면서 경험했던 것을 바탕으로 이 책을 저술했다. 중세 마드라사에서 수학한 학생들의 삶이 이 책의 내용과 정확하게 일치하지는 않겠지만, 마드라사 학생들의 삶을 상세하게 엿볼 수 있는 좋은 자료이므로 소개하고자 한다.

름과 신의 축복으로"라는 기도문으로 시작하고 감사의 기도로 끝난다. 학생들은 식사 후 낮잠을 자거나 휴식을 취한다. 오후 12시~오후 1시경에 정오 기도인 '주흐르Zuhr' 예배를 드린다. 기도가 끝나면 바로 오후 수업이 재개된다. 오후 3시 무렵에 시작되는 오후 기도 '아스르Asr' 전에 당일의 공식적인 수업을 마친다. 학생들은 강의실을 나가 산책을 하거나 운동을 하며 오후 시간을 밖에서 보낸다. 그러다가 일몰 기도인 '마그립Maghrib'이 시작되기 전 5시가 가까워지면 기숙사로 돌아와야 한다. 여름에는 해가 늦게 지기 때문에 저녁 식사를 보통 일몰 기도 전에 하고, 겨울에는 기도 후에 한다. 해 질 녘은 예부터 아랍을 비롯한 중동 지방에서는 하루가 시작되는 시간으로 여겨졌다.

저녁 6~7시 이후에 시작하는 밤 기도 '이샤Isha'를 마칠 무렵이 되면 마드라사에서는 새로운 일상이 시작된다. 학생들이 학생 자치 활동으로 삼삼오오 모여 스터디 그룹 활동을 하기 때문이다. 공부 모임에는 리더 학

히바의 무함마드 아민 칸 마드라사 내부

생이 반드시 한 명씩 있어서 그가 모임을 이끈다. 학생들은 최근 수업에서 다룬 내용을 복습하거나, 다음 수업에서 읽어야 할 자료를 같이 예습한다. 모임에서는 종종 열띤 토론이 벌어져 경전 해석에 대한 서로의 생각을 자유롭게 표출하는 논쟁이 오가기도 한다.

공부 모임이 끝나면 학생들은 쉬거나 잠자리에 들기 전까지 공부한다. 학생들이 거주하는 기숙사 방 배정은 마드라사의 재정 상황에 따라 편차가 제법 컸다. 한 방에 학생 2명이 간이침대가 놓인 안락한 방에서 지내는 경우도 드물게 있었지만, 큰 홀 하나에 수십 명의 학생이 침대도 없이 매트리스를 깔고 생활하는 곳도 많았다. 한 방에 4~6명 정도 기거하는 공간 정도가 그나마 양호한 편이었다.

마드라사에는 학생 자치 조직에서 선출한 학생장이 있어서 학생들 사이에서 사건이나 문제가 생기면 나서서 해결한다. 학생장은 학생과 스승 간의 소통 창구일 뿐만 아니라 스승을 대신해 학생을 지도하기도 한다. 학생들은 주말이 시작되는 목요일 저녁에는 심포지엄을 열어 시를 낭송하고 노래도 부르며 함께 즐겁게 보낸다.

금요일에는 정오에 열리는 금요 예배에 참석한다. 이날은 공식적인 휴일이어서 가족을 방문하는 학생도 있긴 하지만, 대부분 집이 멀어서 가는 경우는 드물다. 대신 방학 때나 라마단 기간에는 학생과 교직원 모두 가족과 함께 지내기 위해 고향으로 돌아가는데, 필요한 여행 경비는 마드라사 급여로 보조한다.[80] 집안 형편이 어려운 학생들은 용돈을 벌기 위해 3개월간의 하계방학 동안에 스승이 추천해 준 고향이나 지방의 모스크에서

80 *Ibid.*

이맘직 등의 종교 지도자 역할을 수행하기도 한다.[81]

이슬람에서는 중세 시대에 이미 여성의 마드라사 입학이 허용되었다. 수업은 남학생이 있는 공간과는 떨어진 여성만을 위한 별도의 마드라사 건물에서 이루어졌다. 자미아트 알 카라위인을 설립한 파티마 알 피흐리를 비롯한 상당수의 여성 독지가는 마드라사 건립을 후원하면서 교육에 깊은 관심을 보여 주었다. 12~13세기 아유브 왕조 시대에 생겨난 160개의 모스크와 마드라사 중 26개가 여성 후원자들의 기부로 건립되었다. 여성의 적극적인 사회 참여가 12세기에 여성도 자유롭게 공부할 수 있는 권리를 부여한 동기가 되었다. 이슬람 여성학자도 15세기 이후부터 두각을 드러냈는데, 그 수가 거의 8천여 명에 달하는 것으로 알려져 있다. 그러나 여성의 사회활동을 비판적인 시각으로 바라보는 사람은 그 당시에도 많았다.[82]

3) 마드라사의 교과과정

이슬람 교육기관의 발생 초기인 10세기경 압바스 왕조가 다스린 아랍 지역의 마드라사는 교과과정을 대부분 이슬람 법학과 신학 중심으로 구성했다. 이슬람 학파들이 철학과 논리학 등의 외래 학문과 이성 학문의 도입을 강하게 반대했기 때문이다. 이슬람 교육의 역사에서 결정적인 전환점이 된 것은 마드라사의 제도화 과정이 시작된 11세기경의 셀주크 시대이

---

81 이희수, 앞의 논문, 116쪽.
82 위의 논문, 117-119쪽.

다. 술탄 알프 아르슬란Muhammed Alp Arslan, 1063~1072 통치 시기인 1066년에 부유한 재상인 니잠 알 물크가 바그다드에 '마드라사 니자미야'를 세우고 교육체계를 선도적으로 정비하면서 학문 분야에 근본적인 변화가 일어났다.[83] 당시 셀주크 튀르크 왕조는 순니파 학파 중 샤피이파의 강령에 따라 교육하는 것을 지침으로 삼았다. 특히 이 마드라사 출신인 알 가잘리가 그리스 철학 이론과 논리학을 이슬람 학문에 접목하려고 시도하는 과정에서 외래 학문을 소개했다. 이것은 그리스 철학 방법론을 대거 이슬람학에 도입하는 결정적인 계기가 된다. 알 가잘리는 후대에 종교 이론과 일반 교과목의 조화로운 통합을 성공적으로 이뤄낸 학자로 평가받는다.[84]

14세기 이후에는 문법과 수사학 등을 정규교과로 삼아 아랍어 문법과 수사학이 발전하는 토대를 마련한다. 이 때문에 11~14세기는 이슬람 철학과 아랍어 문학의 황금기로 불린다. 이성 학문을 마드라사 교과에 앞서 도입한 곳은 이란 지역의 마드라사였다. 이란 지역에서는 이미 10세기 경부터 종교과목과 함께 철학, 천문학, 수학 등을 가르쳤던 것으로 추정된다.[85] 그러한 시도를 배경으로 11세기에 이란으로 건너온 이븐 시나는 의학 분야에서 놀라운 학술적 업적을 거두며 이성적 학문이 신학과 상호 합치할 가능성을 확실히 보여주었다.[86]

이러한 자연과학의 연구 성과는 14세기에 중앙아시아 지역에 등장한 티무르 왕조의 마드라사 교육 내용에도 직접적인 영향을 미쳤다. 15세기

---

83 Mehmet Dağ, Hıfzırrahman Öymen, *İslam Eğitim Tarihi*. Ankara: Milli Eğitim Basımevi, 1974, p. 122.
84 이희수, 앞의 논문, 120쪽.
85 김종도, 박현도, 앞의 논문, 114쪽.
86 이희수, 앞의 논문.

에 사마르칸트의 울루그베그 마드라사에서는 천문학을 가르쳤고, 괄목할 만한 천문 관측 실험 결과를 얻어냈다. 이러한 학문적 성과는 실크로드를 따라 동아시아의 조선에까지 와닿을 정도로 커다란 파급 효과를 불러일으켰다.

셀주크 시대를 거쳐 티무르 왕조 시대에 형식과 내용, 조직 면에서 높은 수준에 도달한 마드라사는 15세기에 이슬람 지역을 점령한 오스만 시대에 들어와 제국의 정규 교육기관으로 자리 잡는다.[87] 오스만 튀르크 왕조는 교육제도를 정비하면서 세속 학문의 범위를 더 확대하여 도입하였다. 시문학이나 정치학, 생활 예법, 캘리그래피 등 기존에 거의 다루지 않았던 새로운 학문이나 실생활에 필요한 교과들을 추가하면서 보편 교육으로 나아갈 수 있는 탄탄한 기반을 다졌다.

오스만 튀르크 제국 최초의 마드라사는 1331년 이즈니크에 2대 술탄 오르한 가지가 세운 '마드라사 오르하니예Madrasa Orhaniye'이다. 그 후 오스만제국의 국가 공식 교육기관으로 지정된 마드라사는 술탄 메흐메드 2세가 자신의 이름으로 명명한 모스크 단지 퀼리예의 일부로 건설한 '산이 세만니예 마드라사Sahn i semanıye Madrasa'이다.[88] 이 시기에 마드라사 교육시스템은 체계화되고 세분화되었다. 그 당시 이스탄불에 설립된 마드라사들은 다음과 같은 단계별 교육과정을 시행했다. 쿠탑을 마치고 마드라사 진학을 희망하는 학생은 입학 전에 논리학, 수사학 외에 몇 개의 선수과목을 이수해야 했다. 입학한 후에도 예비 과정에서 3~4개월간 5~6과목을 수강

---

87 Pilatin, Übeydullah. *Güneydoğu Anadolu Bölgesinde Faaliyet Gösteren Geleneksel Eğitim Kurum-ları* (Elazığ: Fırat Üniversitesi SBE, Yüksek Lisans Tezi, 2010), p. 17.

88 Remzi Kılıç, "Osmanlı Devleti'nde Medreseler," *Türk Kültürü 39*, 456 (2001): p. 210.

했다. 그 후 본격적으로 정규과정에 들어간 학생은 4~5년간 정규 교과목을 모두 이수해야 과정을 마칠 수 있었다. 이렇게 거의 5~6년 정도 소요되는 이 교육과정은 현대의 중등 교육과정에 해당하는 것으로 여겨진다.[89]

정규과정을 마친 학생에게는 '산이 세만니예 마드라사'에 진학할 자격이 주어지고, 이곳에서 1년간의 과정을 밟는데 이 시기부터가 대학 학사과정의 시작이다. 이 마드라사에서는 신학, 하디스, 타프시르, 이슬람 율법 등의 종교 과목 외에 논리, 수사학, 철학 등 다양한 학문을 가르쳤다. 특히 이 마드라사 교육 프로그램에서 철학 과목은 중요했다.[90] 세만니예 과정을 통과한 우수한 학생은 술탄이 건립한 최고 등급의 마드라사인 '파디샤 마드라사'에 진학할 수 있었다. 학생들이 이곳을 졸업하고 25~30세 전후에 사회 진출을 한 것으로 보아 파디샤에서의 수학 기간은 최소 4년 정도로 추정된다. 학습 능력의 개인차에 따라 교육 연한은 달라졌다. 학업을 성실히 마친 학생에게는 증명서가 발급된다. 그러나 과정 중 과목 이수에 실패하거나 성적이 낮은 학생은 퇴학 처분을 받기도 했다. 장학금 혜택을 받고도 5년 넘게 졸업을 못 하는 경우도 퇴학될 수 있었다.[91]

이처럼 오스만 제국 시기에 이슬람 세계에서는 학생의 학습 수행 능력에 따른 교육과정이 단계별로 잘 정립되어 있었다. 그리고 마드라사 교육 시스템이 현대의 중등 교육과정과 대학 교육에 준하는 고등 교육과정을 모두 통합한 것이라는 점도 알 수 있다.

앞에서 언급하였듯이 마드라사는 이슬람 법률학교라는 특수한 목적

---

89 이희수, 앞의 논문, 109-100쪽.

90 Nafi Atuf, *Türkiye Maarif Tarihi -Bir deneme-*. Ankara: Mualim Ahmet Halit Kitaphanesi, 1930, p. 17.

91 이희수, 앞의 논문, 109-114쪽.

으로 건립되었기 때문에 설립 초기에는 이슬람 법학과 신학 과목 중심으로 운영되었다. 이 때문에 외국 학문이나 세속 학문을 등한시하는 경향이 있었다. 이로 인해 외국 학문이 점차 밀려나 12세기에는 외국 학문 연구기관이나 학교가 대부분 문을 닫는 사태가 빚어졌다.[92] 그 후 시대적 요구에 따라 철학과 논리학, 수사학, 과학 등의 이성 학문이 교육과정에 포함되었다. 실질적으로 생활에 필요한 지식과 기술을 배울 수 있는 세속 학문의 과목들도 점점 더 많이 교과목으로 유입되면서 마드라사는 이슬람 신학법률학교에서 조금씩 일반 공교육기관으로 변모해 갔다. 이 때문에 마드라사 교육의 발전 과정을 살펴보고자 할 때는 무슬림 학자들이 이슬람 법학과 종교학을 타 학문 분야인 인문학과 이성 학문, 예술학, 그리고 그 밖의 세속 학문과 얼마나 조화롭게 융합해내려고 노력했는지의 관점에서 바라볼 필요가 있다.

마드라사에서 교육 내용에 포함된 교과목의 종류는 시대별, 지역별, 마드라사별로 매우 다양하다. 그것을 종교 과목과 외래 학문, 이성 학문을 포함하는 세속 과목으로 나눠서 살펴보고자 한다.

먼저 종교 교육을 위한 주요 교과목과 관련 과목은 다음과 같다:

① 꾸란: 제1법원
② 하디스: 제2법원
③ 이슬람 법학 : 샤리아
④ 이슬람 신학 : 꾸란 암송, 타프시르 등
⑤ 아랍어 : 문법, 어학, 작문, 음운론, 통사론 등

92 김종도, 박현도, 앞의 논문, 114쪽.

⑥ 이슬람 역사
⑦ 이슬람 캘리그래피
⑧ 기타 과목: 예배 시간 계산법 등

이슬람 학문에서 종교 교육을 위한 모든 교과목은 꾸란과 직간접적으로 긴밀하게 연관된다. 이슬람 법학의 제1법원인 꾸란에 이어, 제2법원인 하디스도 핵심 교과에 속한다. 그리고 관련 과목으로 이슬람 법학에는 샤리아이슬람 율법, 이슬람 신학에는 꾸란 암송과 독송, 타프시르꾸란 내용 해석 등이 있고, 그 밖에 예배 시간 계산법과 이슬람 캘리그래피 등도 있다. 아랍어도 꾸란 교육에 매우 중요한 과목이었다. 아랍어로 계시한 신성한 경전인 꾸란은 다른 언어로의 번역이 금지되었기 때문에 피정복민들이 마드라사를 찾는 가장 중요한 이유 중 하나가 아랍어 학습이었다. 이와 관련된 과목으로는 아랍어 문법, 어학, 작문, 음운론, 통사론 등이 있다.

다음은 외래 학문과 이성 학문을 포함한 세속 학문을 구성하는 교과목이다:

① 철학
② 인문 3학: 문법, 논리학, 수사학
③ 이성 과학: 수학, 천문학, 의학, 화학, 지리학 등
④ 문학: 아랍 문학, 페르시아 시, 튀르크 문학
⑤ 역사
⑥ 예술
⑦ 기타 과목: 승마술, 체력단련, 직업 교육 등

그리스·로마 철학 이론에서 도입된 철학과 소위 인문 3학으로 불리는 문법, 논리학, 수사학은 외래 학문으로 분류된다. 이성 학문 과목 중에

서는 주로 수학, 천문학, 의학, 화학, 지리학 등이 채택되었고, 이 중 천문학은 모스크 예배 시간을 계산하는 데에도 활용되었다. 문학은 초기에 아랍 문학과 페르시아 시, 튀르크 문학 등을 아주 드물게 다루기도 했지만, 대체로 후기에 접어들어 본격적으로 교과목으로 채택되었다. 그 밖에 기타 과목으로는 승마술과 체력단련, 직업에 필요한 지식 등 학생의 요구와 시대적 상황을 반영하여 필요한 과목을 추가했다.

마드라사의 교수진은 이슬람 법학 교수 무다리스Mudarris와 그 외 모든 분야를 담당한 교수인 셰이크Sheikh, 그리고 교사 무이드mu'id로 구성되었다. 오스만 제국 시기에는 셰이크 중 가장 권위 있는 '셰이크 알 이슬람Sheikh al-Islam'이 무다리스로 추대된 것으로 보아, 무다리스는 지금의 학장에 해당하는 업무를 맡은 교수로 보인다.[93] 마드라사에는 새로 임명된 교수가 특별한 예복을 입고 대중과 공직자들 앞에서 취임 강연을 하는 전통이 있었다.[94]

마드라사의 핵심 교과인 이슬람학은 교육목표에 따라 두 가지 교과과정으로 나눠진다. 하나는 하피즈 양성 과정인 히프즈 코스Hifz Courses이고, 다른 하나는 이슬람 법학자를 양성하기 위한 울라마 코스Ulama Courses이다. 히프즈 코스는 꾸란을 완벽하게 기억하고 암송하는 하피즈를 양성하는 것을 교육목표로 한다. 히프즈 코스를 통과한 학생은 꾸란 전문 낭독자로 모스크에서 근무하는 종교 지도자가 될 수 있다. 이슬람 법학자 양성 코스인 울라마 교과과정에는 타프시르, 샤리아, 하디스, 아랍어, 논리

---

93 https://istanbultarihi.ist/652-traditional-education-in-istanbul-and-the-istanbul-ulama (검색일: 2023.10.5.)

94 George Makdisi, *Op. cit.*, pp. 153-155.

학, 이슬람 역사 등의 과목이 있다. 울라마 과정은 최소 12년이 걸리는 과정이다.[95]

마드라사에서 시작된 학문적 전통은 동서양의 많은 교육기관에 다양한 형태로 전해졌고 현재까지도 그 전통이 이어지고 있다. 이슬람의 교육제도는 서구 유럽 교육기관의 교과과정과 형태, 운영조직 체계에 직접적인 모델이 되었다. 서구 유럽에서 교회나 수도원의 부속기관으로 칼리지를 설립하는 전통도 마드라사와 매우 유사하다. 유럽의 유서 깊은 대학인 이탈리아의 볼로냐 대학1088, 영국의 옥스퍼드 대학1096, 파리 대학1200 등이 그 경우에 속한다.[96] 학생들이 기숙사에서 공동체 생활을 하면서 수학하는 전통은 이제 세계 어디에서나 쉽게 찾아볼 수 있는 모습이다. 그 밖에도 졸업식 때 입는 학위가운, 총장의 취임연설, 공부 모임 등도 이슬람 마드라사 전통에서 비롯된 것이다.

---

95 이희수, 앞의 논문, 115쪽.
96 위의 논문, 124-125쪽.

3. 마드라사의 운영과 건축

1) 마드라사의 운영과 재정

모스크 부속기관이었던 마드라사는 11세기경에 점차 모스크에서 분리되어 기숙사가 딸린 독립 건물로 설립된다. 독자적인 운영체제를 갖춘 마드라사의 출현이 가능했던 것은 기부 재단인 와끄프의 재정 지원 덕분이었다. 마드라사의 경제적 자립을 촉진한 와끄프 제도Waqf system는 꾸란과 하디스의 가르침에 따라 개인이나 집단이 공익을 목적으로 재산을 사회에 환원하는 이슬람 특유의 재산기부제도이다. 와끄프waqf는 '정지하다', '멈추게 하다'라는 뜻의 아랍어 동사 '와까파waqafa'에서 파생된 단어로, 개인과 단체로부터 기부받은 재산의 소유권을 정지시켜 신에게 영구적으로 귀속한다는 의미를 담고 있다.[97] 이 제도는 8~9세기경 아랍 지역에서 등장해 11세기경에 전 이슬람 세계로 확대되었다.

와끄프에 기탁하는 재원은 '선행善行을 위한 것이어야 한다'는 원칙에 따라 수익금은 이슬람 사원과 마드라사, 병원, 고아원, 빈민 구제소 등을 세우고 운영하는 데 주로 사용되었다. 그리고 쿠탑이나 마드라사에서 수학하는 학생들의 장학금과 식비 등을 지급하는 교육적 목적으로 활용되었다. 와끄프 설정 대상은 '와끄프는 영원해야 한다'는 원칙에 기초해 대부분 토지와 건물 등의 부동산이었다. 공공재로 사용할 수 있는 시설인

97 송영은, "이슬람 세계를 묶어주는 공공의 네트워크-와끄프(waqf)," 『월간 공공정책』 121 (2015): 81-82쪽.

우물, 다리, 분수, 과실수 등도 와끄프에 포함되었다. 마드라사 중정에 있는 우물은 학생과 마을 주민이 공동으로 사용한 와끄프 시설 중 하나였다.

부하라의 나지르 지반 베기 마드라사

와끄프 설립에는 이슬람 통치자를 비롯한 재상, 부유한 상인, 지역 유력인사 등이 주도적으로 참여했다. 특정 단체나 마을 공동체가 와끄프를 결성하고 운영하기도 했다. 모스크나 마드라사 설립 시 기증자가 자신의 이름을 남길 수 있고 사회 공헌자로서 위상이 높아지는 점이 와끄프에 재산을 기부하는 데 동기부여가 되었다. 마드라사 중 통치자의 이름으로 지어진 사례로는 카이로의 '술탄 하산 마드라사', 이스탄불의 '슐레이마니예 마드라사', 사마르칸트의 '울루그베그 마드라사' 등이 있다. 바그다드의 '마드라사 니자미야'나 부하라의 '나지르 지반 베기 마드라사'의 명칭은 설립자인 부유한 재상의 이름에서 유래한 것이다. 마드라사 설립을 위해 기부한 여성 후원자도 상당히 많았지만, 그들의 이름을 딴 마드라사는 찾아보기 힘들다.

샤리아에 근거를 둔 이슬람의 가치와 지식 습득이 중요함을 강조한 무함마드의 가르침을 실현하기 위해 조직된 와끄프 재단은 시간이 지나면서 점차 종합 복지단체로 발전했다. 그 덕분에 이슬람 사회는 교육 분야에서 평등한 배움의 기회를 제공하여 계층 간의 장벽을 허물고 인종과 민족 간의 다양성을 포용하는 등의 꽤 의미 있는 성과를 이뤄냈다. 가난하고 소외된 계층 출신 자제들이 와끄프의 재정 지원에 힘입어 쿠탑에서 무상으로 초등교육을 받을 수 있었고, 일부 학생은 마드라사에 진학하여 장학금을 받으며 학업을 이어갈 수 있었다. 와끄프의 재정이 확충되면서 일반 무슬림 학생에게만 실시되던 무상 교육이 점차 이슬람 정복지의 비무슬림 학생과 피정복민에게도 적용되어 이슬람식 삶의 방식과 아랍어 교육을 주변 국가들로 확산하는 계기가 되었다. 꾸란의 계시에 따라 정복한 지역의 주민들에게 이슬람교로의 개종을 강요하지 않았음에도 불구하고 쿠탑과 마드라사에서 교육받은 이들 중에는 자발적으로 개종하는 이들이 늘어났다. 이것이 이슬람 통치 계급과 정복지 주민들 간에 생겨날 수 있는 갈등과 분쟁을 줄이는 데 크게 일조했다.

재단 운영자들은 마드라사에서 근무할 교수와 학자들의 임용에도 관여했다. 명성이 높은 학자들이 포진한 마드라사에 인재들이 모여들었기 때문에 실력 있는 교수진과 이슬람법에 해박한 법학자를 초빙하는 일로 마드라사들 사이에 경쟁이 벌어졌다. 학자들은 급료를 받고 일하게 되면서 경제적인 안정을 이루었다. 와끄프의 지원에 힘입어 세계적인 학자의 반열에 오른 이슬람 학자 중 대표적인 인물이 11세기에 활약한 철학자 무함마드 알 가잘리Muhamad Al Ghazali이다. 그는 중세 유럽에서 그리스 철학과 이슬람 법학, 신학에 정통한 위대한 철학자 알 가젤로 널리 알려졌다. 어린 나이에 아버지를 잃고 고아로 자란 그는 호라산 지역 니샤푸르의 '마드라사 니자미야'에 입학해 수학하면서 처음 학문에 발을 들였다. 그 후 33세의 젊은 나이로 이곳의 법학 교수로 임용되고, 몇 년 후에는 학문적 명성이 널리 알려지면서 학장으로 추대되었다. 그는 마드라사 니자미야를 학문적 공론장으로 만들어 당대 학문의 수준을 비약적으로 끌어올린 인물로 평가받는다.

와끄프 발생 초기에는 주로 설립자가 맡았던 관재인의 임무를 셀주크 튀르크 왕조 시기부터 마드라사 학자 중 학문적으로 명망이 높은 이를 선출하여 맡기는 관례가 생겨났다. '무타왈리Mutawalli'로 불린 이 관재인은 기증자의 재산을 관리하고 와끄프의 목적이나 형태를 변경할 수 있었다. 교수에게 월급을 지급하고, 장학금과 학생 복지 시설 확충 등 학생들의 편의를 도모하기 위해 공금을 지출하는 업무도 관재인의 권한이었다. 이처럼 학문적 권위와 경제적 권한까지 가진 무타왈리는 마드라사 운영에 큰 영향력을 행사했다.

마드라사의 법학 교수를 와끄프의 관재인으로 처음 지정한 사람은 셀주크 왕조 시대의 재상 니잠 알 물크였다. 그는 재산의 상당 부분을 마드라사에 헌납해 이슬람 주요 도시 곳곳에 '마드라사 니자미야'를 세웠다. 그는 그곳을 중심으로 교육에 일대 혁신을 불러일으켜 마드라사를 이슬람 세계의 정규 교육기관으로 정립시킨 인물이다. 역사적으로 보면 개인의 사리사욕 때문에 와끄프 제도를 악용한 사례가 적지 않다. 전 재산을 장자에게 온전히 대물림하려고 이 제도를 이용하는 경우가 가장 전형적이었다. 하지만 니잠 알 물크 자신뿐만 아니라 그의 아들들도 재산을 마드라사에 헌납해 대를 이어 학문의 발전에 크게 기여했다.

와끄프의 수익금으로 마드라사를 경영한 사례는 1202년 셀주크 시대

코냐의 '알툰 아바 마드라사Altun Aba Madrasa'의 경우에서 자세히 살펴볼 수 있다. 이 마드라사는 루크네딘 슐레이만 샤Rükneddin Süleyman, 재위 1196~1204 통치시기에 총사령관이었던 셈세딘 알툰 아바Şemseddin Altun Aba에 의해 설립되었다. 이 마드라사 와끄프는 코냐 주변 농지를 보유하면서, 직접 건립한 상가건물과 희사받은 건물에 딸린 약 50여 개의 상가를 운영해 벌어들인 수익금으로 학교 재정을 충당했다. 그렇게 모은 마드라사 운영자금 중 교직원의 연봉으로 교수에게는 800디나르, 교사는 240디나르, 이맘은 200디나르, 무아진은 100디나르, 행정 담당자는 60디나르 정도를 책정하여 지급했다. 학생들에게는 장학금과 용돈을 지급했는데, 1등급 학생은 15디나르, 2등급 학생은 10디나르, 3등급 학생은 5디나르 정도를 받았다. 그 외에도 도서 구입에 연간 100디나르 정도를 지출했다.[98]

알툰 아바 마드라사의 와끄프는 안정적인 수익이 있어서 재정 상황이 꽤 좋은 편에 속한다. 이 사례를 보면 교원 중 특히 교수의 대우가 상당히 좋았다는 것을 알 수 있다. 상대적으로 종교 업무 종사자나 행정요원의 봉급은 약소해서 생계를 유지하기 위해 겸직했을 것으로 추정된다. 학생에게 지급하는 장학금도 마드라사에서 수학하는 전체 학생 수를 고려해 보았을 때 적지 않은 금액이었을 것이다.

이 사례는 마드라사 하나를 운영하는 데 얼마나 많은 사람이 직간접적으로 서로에게 도움을 주고받는지를 잘 보여준다. 마드라사를 와끄프로 설정해 재산을 기증한 이로부터 시작해, 자산을 운용하고 관리하는 관재인, 와끄프 상점을 임대해서 수익을 창출하는 상인, 와끄프가 운영하는

---

98 Osman Turan, *Selcuklular Tarihi ve Turk-Islam Medeniyeti*, (Istanbul, 1980). 이희수, 앞의 논문, 113쪽 재인용.

상점에서 물건을 구매하는 주민, 마드라사의 교수진과 학생, 종교 지도자, 행정 직원, 그리고 그들의 가족 모두가 와끄프 공동체로 묶여 서로의 삶에 도움을 주며 영향을 미친다. 이는 또한 꾸란이 가르친 희사를 통한 나눔의 실천이 와끄프를 통해 얼마나 효율적으로 잘 작동할 수 있는지를 보여주는 좋은 예라고 할 수 있다.

이렇게 와끄프는 광대한 이슬람 세계의 인적, 물적 자원을 효율적으로 연결한 공공의 네트워크로서, 이슬람 세력이 천 년 이상 실크로드의 주요 거점을 장악하고 강력하고 안정적으로 세력을 키울 수 있었던 중요한 기반이 되었다.[99] 그리고 그 영향력은 이슬람 세계를 넘어 유럽으로 전파되어 이탈리아 르네상스 시대 예술의 거장들을 발굴하고 양성한 메디치 가문의 후원 문화로 이어진다. 그리고 북유럽으로 전파되어 영국의 초기 신탁제도와 대학제도의 정립에도 큰 영향을 주었다.

2) 마드라사의 사회적 역할

마드라사는 실크로드 국가 중 이슬람 세계에 속하는 나라들의 교육과 학문의 중심지로서 오랫동안 중요한 역할을 했다. 마드라사는 이슬람 세계에서 후학 양성을 위한 교육의 장이자, 뛰어난 지성인의 학술 활동의 장으로써 인류의 문명과 학문 발전을 주도하고 그 도약의 정점에 이를 수 있는 원동력을 제공했다. 그러나 마드라사는 보편 교육이나 일반 학문을

---

99 송영은, 앞의 논문, 85쪽.

연구하기보다는 이슬람이라는 새로운 종교의 정체성을 확립하고 교세를 확장하려는 포교 활동 전초기지의 역할에 더 충실했다. 그로 인해 마드라사 생성 초기의 교육 내용이나 학술 연구 대상은 대부분 이슬람 법학과 신학에 집중되었다.

마드라사는 정복 전쟁으로 이슬람 세계의 영토를 넓혀나가던 아랍 통치자들이 정복지의 주민들을 포섭하는 과정에서 권력의 정당성을 확보하고, 교육으로 그들을 이슬람화하는 데 아주 유용한 수단이 되어주었다. 이것은 이슬람 국가를 침략한 이민족 군주에게도 똑같이 적용되었다. 이슬람을 침략한 이민족 군주와 이슬람 피정복민을 연결하는 교량 역할은 종교학자 울라마의 몫이었다. 이슬람으로 개종한 정복자들은 이슬람 신앙의 보호자를 자처하면서 법학자와 이슬람법 교육을 적극적으로 후원했고, 덕분에 종교엘리트 계층의 신임을 받았다. 그러한 측면에서 보면 셀주크 튀르크 시대의 '마드라사 니자미야'는 다분히 정치적 의도로 탄생했다고 할 수 있다.[100] 이처럼 마드라사는 광범위한 이슬람 제국을 통치하는 데 필요한 유능한 인재를 확보하고, 여러 민족과 인종을 통일된 제국의 통치이념에 따라서 다스리며 통치 체제를 강화하는 정치·문화적 기구였다.[101]

종교적 영역과 세속적 삶의 영역이 분리되지 않는 이슬람 사회는 모스크와 더불어 마드라사에도 다양하고 복합적인 기능을 부여했다. 마드라사는 교육기관의 기능뿐만 아니라 사회 담론을 이끌어내고 무슬림 사회가 지향하는 가치를 옹호하는 공동체의 여론 형성에도 직접 관여했으

100 김종도, 박현도, 앞의 논문, 116쪽.
101 이희수, 앞의 논문, 111쪽.

며, 이 때문에 마드라사 간의 경쟁이 정치 권력화하는 경향도 생겨났다.[102] 그 밖에도 마드라사는 각종 분쟁이나 법적 문제를 판결하는 재판소가 되기도 하고, 무슬림 공동체의 중대한 사안을 논의하는 토론의 장으로도 활용되었다.

마드라사는 와끄프 재단의 기금을 활용해 다양한 방면에서 사회복지기구의 역할도 했다. 이는 꾸란에서 가르친 타인을 위한 희사와 나눔을 실천하는 행동의 일환이었다.

> "실로 자선금은 가난한 자와 불쌍한 자와 거기에 종사하는 자와 그들의 마음이 위안을 받을 자와 노예와 채무인 자와 하나님의 길에 있는 자와 그리고 여행자들을 위한 것이니 이는 하나님으로부터의 명령이라 하나님은 아심과 지혜로 충만하시니라" (『성 꾸란』, 9:60)

마드라사 건물을 지을 때 숙식 공간을 함께 지은 것은 가난한 학생들이 이곳에서 기숙하면서 학업을 이어나가도록 하는 배려였다. 또한 학생들은 스스로 가난한 이들에게 음식을 대접하고 사회적 약자를 돌보며 종교적 가르침을 몸소 실천하면서 움마 공동체의 든든한 일원으로 성장했다.

성지 순례자들에게도 마드라사 기숙사는 자유롭게 묵어갈 수 있는 숙소였다. 1100년경에 아부 바크르 알 투르투시Abu Bakr al-Turtushi라는 인물은 메카를 방문한 후 바그다드에 가서 '마드라사 니자미야' 기숙사에 머무르는 기회를 얻었다. 그곳에서 돌아온 그는 몇 년 후 알렉산드리아에

---

102 이희수, 앞의 논문, 99쪽.

있던 자신의 집을 개조해 대학을 세웠다. 무슬림 여행가 이븐 바투타Ibn Battuta도 1326년에 지중해의 성지 도시를 여행하면서 마드라사에 머물렀다는 기록을 남겼다.[103]

라마단을 끝내고 마드라사 마당에서 잔치하는 히바 주민들

실크로드 교역에서 요충지였던 도시에 세워진 마드라사가 불러일으킨 시너지 효과에도 주목해 볼 필요가 있다. 이슬람 세계의 마드라사는 도시나 마을에서 동떨어진 유럽의 수도원이나 동양의 사찰과는 달리 도시 중심지 서민들의 삶의 터전 한가운데에 다른 종교시설이나 편의시설과 나란히 세워졌다. 마드라사 맞은편에는 수피의 휴식처인 하나카와 내상들이 머무는 카라반 사라이가 있고, 그 주변엔 시장과 목욕탕, 관공서 건물이 들어서 있다. 이처럼 마드라사는 서민과 함께 호흡하는 생생한 삶의 현

---

103 Gary Leiser, "Notes on the Madrasa in Medieval Islamic Society," *The Muslim World* 76, (1986): pp. 4-5.

장이면서, 동시에 타지에서 온 사람과 자유롭게 소통하고 새로운 정보를 얻고 토론을 펼칠 수 있는 정보의 집산지였다. 이 때문에 연구자 이희수는 "이런 구도 속에서 마드라사는 단순한 교육기관일 뿐만 아니라, 시민들이 찾는 휴식 공간, 멀리서 온 여행자들이 새로운 지식을 얻어가는 데이터베이스 공간 역할을 했다."[104]라고 주장한다.

세계 방방곡곡의 최신 정보나 유용한 지식을 교역 물품과 함께 실어 나른 이들은 실크로드 교역의 주역인 대상과 상인들이었다. 대부분 대상은 카라반 사라이에 투숙했지만, 일부 상인들은 마드라사 기숙사에 머물렀다. 학생과 순례자 외에 상인에게도 기숙사가 개방되었기 때문이다. 이집트의 주요 상업 항구도시인 알렉산드리아, 푸스타트, 꾸스 등에 있는 마드라사는 상인들에게 숙박시설과 비즈니스 기회를 제공했고, 상인들은 그곳에서 신학 강의를 듣거나, 교역 과정에서 발생한 법적 문제의 자문을 구할 수도 있었다.[105] 이런 편의를 제공받은 상인 중에는 스스로 수피 상인이 되어 이슬람 교리를 다른 지역에 전파하는 데 일조한 이들도 있었다.

3) 마드라사의 건축

마드라사 건축에 쓰이는 모든 요소에는 이슬람이 추구하는 신앙적 세계관이 곳곳에 숨어 있다. 그래서 마드라사 건축의 특징을 알아보기 전에 먼저 이슬람 모스크 건축에 반영된 이슬람 예술과 건축의 기본 원리와 모

---

104 이희수, 앞의 논문, 97쪽.
105 Gary Leiser, *Op. cit.*

티브들이 가지는 의미에 대해 알아볼 필요가 있다.

초기 이슬람 사회의 주류였던 아랍 민족은 대대로 유목민족의 혈통이어서 정주민이 이룬 수준 높은 예술문화를 가지지 못했다. 이슬람교가 창시된 후 발전한 이슬람 예술은 대부분 페르시아와 그리스·로마, 인도, 중국 등 외래 문화 요소에 이슬람적 요소를 가미해 독창적 형태로 발전시킨 것이다.[106] 그리고 그 이슬람적 요소의 근간이 바로 꾸란의 메시지이다.

전통적인 이슬람 모스크 건축의 필수 요소는 예언자 무함마드가 처음 가브리엘 천사를 만나 알라의 계시인 꾸란의 내용을 전수한 장소인 동굴과 연관이 있다. 이슬람 전통 건축물에서는 종유석 형태의 장식을 많이 볼 수 있는데, 무카르나스Muqarnas로 불리는 이 장식이 동굴을 형상화한 것이다. 여기에 덧붙여 건축물 어딘가에 꾸란의 구절을 캘리그라피로 아름답게 장식함으로써 경전이 전하는 메시지의 미적 효과를 높이는 것이 모스크 건축의 중요한 특징이다. 이처럼 이슬람이라는 종교가 최초로 생겨난 그 순간을 재현하는 것이 이슬람 건축의 기본이다. 이는 이슬람 신도들이 성전을 찾는 매 순간이 신이 최초로 계시를 내린 그 순간으로의 회귀라는 근원적 의미를 담고 있다.

이슬람 건축에 가장 흔히 사용되는 세 가지 패턴은 기하학 패턴과 아라베스크 문양으로 이루어진 자연 패턴, 그리고 캘리그래피로 연출되는 문자 패턴이다. 이 중 가장 다채롭고 화려하면서도 신비로운 문양을 만들어내는 것이 기하학 패턴이다. 이 패턴은 기본적으로 삼각형, 사각형, 원 등 각각 상징적인 의미가 있는 세 가지 도형의 다양한 변주로 수많은 형

---

106 전완경, 앞의 책, 4쪽.

상을 만든다. 삼각형은 인간의 의식, 사각형은 물질 또는 땅, 원은 영원성을 상징한다.[107] 무한히 반복되는 패턴에서 정신적 요소와 물질적 요소가 뒤섞이면서 아름다운 질서가 만들어진다. 무슬림은 다양한 기하학 패턴과 도형의 상징성을 페르시아에서 차용했는데, 특히 그들의 예술은 조로아스터교의 상징체계에서 큰 영향을 받았다.

이슬람 건축물에서 자연 소재를 사용하는 아라베스크 문양은 주로 식물 모양에서 도안을 가져온다. 자연은 신이 창조한 최고의 창조물이고 모든 생명체가 태어나고 소멸하는 근원적 공간이기에 신성한 의미가 있다. 자연 요소 중 식물은 자연의 순수성을 대표하는 생명체이다. 그러나 이슬람 예술은 자연에 존재하지 않는 것을 예술의 기초로 삼아야 하는 원칙을 고수했기 때문에 식물도 그 상태 그대로 표현하지 않았다. 대신 자연에서 관찰한 식물의 형태에 사고와 관념과 상상력을 덧입혀 재창조한 형상인 아라베스크 문양을 사용했다.[108] 그리고 동물과 인간의 형상은 이슬람 예술 작품에서 철저히 배제되었다. 이는 우상숭배를 금기시하는 이슬람의 종교적 규율에 따른 것이다. 유일신 사상을 가진 이슬람은 인류 역사에서 동물이나 자연물을 신으로 섬긴 토템 신앙이나 특정 인간을 신격화해 온갖 왜곡된 사상을 만든 인류의 지난 역사적 과오를 되풀이하지 않으려고 했다. 하지만 후기로 갈수록 서서히 이러한 원칙이 무너지고 이슬람 건축 예술에도 기존에 사용하지 않았던 모티브들이 등장해 새로운 시대적 요구를 반영했다.

---

107 심복기, 유재득, "이슬람 건축 장식의 특징에 관한 연구," 『대한건축학회논문집』 29, 12 (2013): 189-190쪽.

108 전완경, 앞의 책, 7쪽.

마드라사 캘리그라피 패턴 장식

기하학 패턴과 자연 패턴이 주변 문화권의 장식 예술의 영향을 강하게 받은 것이라면, 아랍인만의 독창적인 예술 분야는 캘리그래피 예술, 즉 아랍 문자를 활용한 서예였다. 무슬림은 아랍어의 디자인적 요소와 예술적 기능을 최대한 살려 서예를 고도의 조형예술의 경지로 발전시켰다. 마드라사 건물 외벽에도 캘리그래피적 요소를 활용하여 꾸란의 구절들을 적어 놓은 것을 쉽게 찾아볼 수 있다.

마드라사 건축물의 구조는 역사적 변천 과정을 거치면서 다양한 형태로 발전했다. 그 과정에서 이완이 2개, 3개, 4개로 이루어진 마느라사가 생겨났다. 이완iwan은 직사각형의 평면에 둥근 아치형으로 벽을 안으로 뚫은 모양의 건축양식을 뜻한다. 입구 현관과 이슬람식 첨탑인 미나렛minaret을 세운 마드라사도 있다. 초기 형태의 마드라사 중 3개의 이완을 가진 예로는 압바스 칼리프 알 무스탄시르Al-Mustansir II, 재위 1261가 바그다드에 세운 '알 무스탄시리야 마드라사'가 있다.[109] 후기에 건축된 대부분의 마드라사 건물은 직사각형 혹은 정사각형 모양의 네 채의 건물이 안뜰을 감싸안고 있는 구조이다. 각 건물의 입구는 4개의 열린 이완으로 연결된다. 네 채의 건물에는 각각 학생들의 기숙사 방인 후즈라hujra와 강의실, 예배실, 도서관, 부엌, 욕실 등이 배치되어 있다. 건물의 규모는 기숙사 방의 개수에 따라 달라지는데, 충분한 숙식 공간을 확보하려고 보통 2~3층 높이로 지었다. 직사각형 모서리 부분의 공간은 주로 강의실로 사용된다. 그리고 안뜰의 중앙에는 학생들과 마을 사람들이 함께 이용하는 우물이 있고, 그 주변으로 과실수가 심겨 있기도 한다.

건물에서 가장 중요한 곳은 단연 건물 정문 현관의 높은 직사각형 모양의 피쉬탁pishtaq이다. 현관은 피쉬탁의 중간을 아치형으로 뚫어놓은 열린 이완으로, 정면에서 바라보면 마치 커다란 책의 중간을 둥글게 깊이 파놓은 모양을 하고 있다. 성전의 입구인 모스크 정문 현관은 화려한 종유석 모양으로 장식하고 모자이크로 다채롭게 채색한 데 반해, 마드라사의 현관은 훨씬 더 단순하면서도 명징하다. 그래서 지성과 지혜의 공간으로 들어가는 문 앞에서 흐트러진 몸과 마음을 바로잡게 하는 엄숙함이 느껴진다. 이 마드라사가 현관문을 들어서는 사람을 어떤 지식의 세계로 데려갈지는 피쉬탁 벽면에 새겨진 기하학 문양, 아라베스크 무늬가 알려주는 상징적인 의미와 아랍어 캘리그래피로 정교하고도 아름답게 적어놓은 꾸란의 한 구절이 미리 알려주기도 한다.

---

109 이희숙, 『이슬람 건축의 동양과 서양』 (파주: 이담북스, 2016), 54-55쪽.

사마르칸트 울루그베그 마드라사 피쉬탁

우즈베키스탄 사마르칸트의 레기스탄 광장에는 '울루그베그 마드라사'와 '쉐르도르 마드라사Sher-Dor Madrasa', '틸랴고리 마드라사Tilya-Kori Madrasa'가 멋진 앙상블을 이루며 도시의 경관을 아름답게 장식하고 있다. 이 세 채의 마드라사는 2001년에 유네스코 세계문화유산 목록에 등재되었다. 이 중 '울루그베그 마드라사'의 현관 피쉬탁에는 천체를 상징하는 푸른색 별이 기하학 문양으로 그려져 있고, 이어지는 벽면에는 우주를 상징하는 육각형의 별 속에 꽃이 그려져 있다. 이것은 천문학자이자 수학자였던 울루그베그 왕의 학문적 위용을 상징적으로 보여주는 장식 문양이다. 또 다른 우즈베키스탄의 도시 부하라에도 1417년에 건립된 동명이 마드라사가 있다. 이 마드라사의 현관 출입문 위에는 아랍어 캘리그래피로 '지식 추구는 모든 무슬림 남녀의 의무이다.'라는 하디스의 구절이 적혀 있다. 이 마드라사의 정문 현관 양옆 날개 부분에는 교사와 학생이 거주하는 기숙사 방인 후즈라가 있다. 방은 비밀스럽고 어두침침한 은둔의 장소가 아니라 주변에서 일어나는 일을 금방 알아챌 수 있을 정도로 일상의 공간과 가까운 곳에 있어 훨씬 개방적이고 소통이 자유로운 곳이다. 학생들은 이곳에서 주변 세계를 관찰하고, 무슬림 공동체의 삶을 주시하며 때론 사건의 목격자가 되기도 하고, 때론 역사적 현장의 주인공이 되기도 했다.

오스만 튀르크 제국 시기와 이란의 사파비 왕조 시기의 마드라사는 큰 모스크 콤플렉스 안에 부속건물로 세워졌다. 오스만 제국은 이러한 콤플렉스를 '쿨리예kulliye'라고 칭했다. 이스탄불에 건설된 '메흐메드 파티 쿨리예'는 모스크와 병원, 숙박시설, 시장, 목욕탕을 갖추고, 마드라사에는 1000명의 학생을 수용할 수 있는 기숙사가 있었다. 이집트 카이로에도 맘루크 왕조 시기에 세워진 마드라사 중 하나가 '술탄 하산 콤플렉스'에 포함되어 있었다. 이 마드라사에 있는 4개의 이완은 순니파 4개 학파의 스승을 상징하고, 이완으로 연결된 4개 건물은 안마당을 중심으로 서로 인접해 있다. 건물 옆에 세워진 2개의 미나렛 중 하나는 높이가 84m로 카이로에서 가장 높은 건축물이다.[110]

셀주크 왕조가 지은 마드라사 중에서도 독특한 형태를 간혹 발견할 수 있다. 아나톨리아 셀주크는 그레이트 셀주크의 마드라사 건축을 계승하여 안마당을 둘러싼 4개의 이완 위에 크고 둥근 돔을 올렸다. 단독 이완은 뒷벽 중간에 세우고 각 편에 하나의 돔을 지었다. 이러한 형태의 마드라사 중 현재 남아 있는 것으로 코냐의 '카라타이 마드라사'와 '인즈 미나레리 마드라사'가 있다.

---

110 이희숙, 위의 책.

사마르칸트 레기스탄 광장의 마드라사들

글을 맺으며

마드라사가 전 인류의 문명사에서 가장 크게 기여한 점은 바로 교육과 학문 분야의 발전에 미친 지대한 영향일 것이다. 이슬람 교육의 커리큘럼이나 형태, 운영조직, 공동기숙학교의 전통, 종교 건축물과 교육기관이 서로 밀접하게 연관된 점 등이 주변 국가의 교육 체제에 영향을 준 것도 물론 중요하다. 그러나 더 근원적이고 혁신적인 영향은 유럽이 신학에 매몰되어 이성을 억압하던 암흑의 중세에서 헤어나지 못하고 있을 때, 신과 인간의 세계를 통찰하는 완전히 새로운 인식 체계를 이슬람이 더할 나위

없이 명쾌하게 제시했다는 점이다.[111] 이러한 인식의 변화로 인해 종교와 학문은 서로 융합하여 발전해 나갈 수 있었다.

지난 수 세기에 걸쳐 마드라사가 전 세계 교육과 학문 발전에 기여한 바가 이렇게 지대한 데도 불구하고, 최근 한 세기도 채 안 되는 기간 동안 중동지역과 아프가니스탄 등의 일부 폭력적인 극단주의 이슬람 보수단체에 의해 마드라사가 테러리스트 양성소로 활용되면서 그 명성에 심각한 오점을 남겼다. 2001년 9.11 테러 이후, 미국과 서구유럽 언론과 주요 인사들이 마드라사를 테러리스트를 키우는 폭력의 산실로 지목하면서 부정적인 이미지가 고착되었다. 그러나 중동지역과 서구유럽, 미국 사이의 오랜 분쟁의 역사가 그들 사이의 영토와 경제적 이권 다툼, 정치적 패권을 둘러싼 복잡한 경쟁과 이해관계가 얽혀 있는 점을 고려해 볼 때, 이슬람을 적대시하는 서구유럽과 미국의 일부 보수 언론이 이슬람 테러조직 탈레반이 운영하는 일부 극수소의 마드라사를 부각시켜 공격하면서 전체 이슬람 교육기관을 함께 폄하하는 데에는 분명 문제가 있어 보인다.

마드라사에 대한 이러한 잘못된 인식을 바로 잡는 것에서 더 나아가, 실크로드를 통해 교육과 학문 분야에서 인류의 지적 진화를 견인하고 풍부한 인적 교류를 가능하게 했던 전 세계의 중요한 교육기관 중 하나로서 마드라사를 다각도로 조명하는 연구가 앞으로 더 추진되어야 할 것이다.

이슬람에서 발전한 자연과학 분야 중에서 특히 동아시아의 조선에까지 전파되어 우리나라 과학 발전사에 의미심장한 발자취를 남긴 학문이 바로 천문학이다. 고대로부터 전해져 내려온 천문학의 연구 성과는 고대

---

111 이희수, 앞의 논문, 121쪽.

바빌로니아와 고대 이집트, 페르시아, 인도, 그리스·로마 등을 거쳐 9세기 초 칼리프 알 마문 시대에 '지혜의 집'과 그 부근에 건립한 천문대의 도서관으로 모였다. 그리고 거기에 압바스 왕조의 천문학자들이 관측한 기록과 알 콰리즈미의 천문표가 더해져 옛 페르시아의 북서부 도시 마라가의 천문대로 전해졌고, 그곳에서 나시르 알딘 알 투시의 연구로 획기적인 발전의 전기를 맞게 된다. 한때 일한국의 수도이기도 했던 마라가에는 1259년 마라가 천문대 복합 단지에 마드라사와 도서 40만 권을 보유한 도서관이 있었다.[112] 그로부터 150년이 지난 후, 그곳에서 멀지 않은 옛 페르시아의 도시 술타니야에서 태어난 티무르 대제의 손자 울루그베그 왕은 마라가 천문학자들의 연구를 계승했다. 그가 사마르칸트에 세운 울루그베그 마드라사에서는 천문학 교과가 정식 수업 교과과정에 포함되어 있었다. 1428년 사마르칸트 부근에 건립한 천문대에서 관측한 연구 결과는 『울루그베그의 천문표』라는 이름으로 세상에 알려져, 중국을 거쳐 조선에까지 전파되었다.

당시 세종대왕을 중심으로 천문학 연구가 활발히 진행되던 조선에 이슬람 천문학에 관한 명성은 이미 널리 알려져 있었던 것으로 보인다. 당시 조선에서 편찬된 대부분의 천문도서가 중국이나 중국을 거쳐 들어온 제3세계의 지식정보에 기반을 두었다면, 『칠정산외편七政算外篇』은 회회역법回回曆法이라고 부른 이슬람 천문학을 토대로 세종대왕 때 편찬되었기 때문이다.

이렇게 파급력이 큰 학술적 영향이 우리나라에 진파되는 과정에서 이슬람의 마드라사는 매우 중요한 학문적 토대가 되어준 기관이었음은 확

112 A. Мехтиев, "Архитектура медресе в Азербайджане," *International Academy Journal Web of Scholar* 1, 31 (2019): 26.

실하다. 그래서 마드라사와 유사한 역할을 한 우리나라의 교육 학술기관에 관해 연구하고, 실크로드 선상에서 천문학을 비롯한 여러 학문이 전파되는 과정을 앞으로의 연구 과제로 삼아 살펴볼 필요가 있다.

이슬람의 학문이 우리나라로 전파되는 과정에서 중국의 역할도 매우 컸다. 그리고 실크로드에서 활발한 무역과 인적 교류를 통해 이슬람 세력의 영향을 가장 많이 받은 동아시아 국가 중 하나가 바로 중국이기도 하다. 중동과 중앙아시아에서 마드라사가 전성기를 누렸던 15세기경에 중국에서는 이미 중국 무슬림이 이슬람학을 배우고 성직자를 양성하는 경당이라는 교육기관이 존재했다. 이러한 중국의 경당 연구는 마드라사 연구의 지평을 넓혀가는 중요한 과제가 될 것이다.

제3부

중국의 경당

권상우

Silk Ro

제3부
Chapter

중국의 경당

1. 경당교육의 역사

1) 경당교육의 등장 배경

이슬람의 성인인 무함마드는 지식을 구하기 위해서는 아랍에서 멀리 떨어져 있는 중국이라도 가야 한다고 말한 적이 있다. 무함마드는 아랍에서 멀리 떨어져 있는 중국을 세계의 맨 끝에 있는 국가로 여겼다. 그리고 무함마드 이후 이슬람 국가는 중국과 우정을 도모하기 위해 사신을 동쪽으로 파견했다. 이슬람이 중국에 처음 들어온 시기가 언제인지에 관해서는 의견이 분분하지만, 당나라 고종高宗 영휘永徽 2년651년이라는 설을 통설로 받아들이고 있다.[01]

---

01 『舊唐書』, 198卷, "大食傳', "永徽二年始遣使朝贡。其姓大食氏 , 名瞰密莫末腻。自云有国已三十四年。历三主矣。"

『구당서舊唐書』에 따르면, 고종 영휘 2년부터 정원貞元 14년798년까지 148년 동안 아랍 지역 이슬람 국가가 중국에 사신을 파견한 것만 39차례 이상이다. 이슬람 칼리프가 당나라 조정에 사신을 파견해서 화친을 요청한 이래로 무슬림 상인들은 육로로는 '실크로드Silk road, 비단길'를 따라서 이란, 중앙아시아를 거쳐 중국 서북 지역으로 들어왔고, 해상에서는 '스파이스 로드Spice road, 향신로 길'를 따라 인도양, 믈라카해협, 동남아 지역을 경유해서 중국 동남부 해안 도시로 들어왔다. 서북부 지역에 들어온 무슬림은 장안長安을 거점으로 중국 내륙으로 진출하였고, 동남부 해안 도시로 들어온 무슬림은 광주廣州, 천주泉州, 양주揚州 등지에서 아랍과 이란에서 가져온 보석, 향신료, 약재 등의 물품으로 상업 활동을 하였다.

8세기 초 아랍 제국이 동진하면서 아랍, 페르시아, 중앙아시아 지역의 무슬림 상인, 선교자, 기술자들이 중국에 들어올 수 있는 유리한 환경이 조성되었다. 당시 중동 지역에서 들어온 무슬림은 일을 마치면 대부분 고국으로 돌아갔지만, 일부 무슬림은 중국에 남았다. 당 왕조는 그들에게 개방적인 다문화정책을 시행하였다. 외국인 무슬림이 중국 현지 여성과 결혼하고 주택과 농토를 구매할 수 있도록 허가했다. 당 왕조가 이 정책을 시행한 후 중국에 정착한 서역인 수가 증가했다. 중국사 자료에 따르면, 당시 당나라 수도였던 장안長安에는 서역에서 들어온 무슬림이 대략 4,000여 명 이상 살고 있었고, 이들을 '번객蕃客'이라고 불렀다. 이들 번객 중에는 중국에 정착해서 5세대까지 이어져 내려온 가문도 있었는데, 이들을 '오대번객五代蕃客'이라고 불렀다.

당나라에는 외국인이 거주하는 번방蕃坊이라는 자치 구역이 있었다. 이 번방은 중국 최대 국제무역도시인 광주廣州에 처음으로 설치되었고, 그 지역에 '회성사懷聖寺'라는 중국이슬람 사원인 청진사가 건립되기도 하였다.

그 후에 광주, 천주泉州 등 해안 도시와 항주杭州와 양주楊州 같은 내륙 도시에도 번방이 설치되었다. 이희수 교수는 이 무렵에 중국 해안에 위치한 강소성江蘇省 초주楚州, 양주楊州, 명주明州 일대에 신라방新羅坊이 있었고, 그곳에 거주하던 신라인이 아랍 무슬림과 교류했을 것으로 추정하였다.[02] 중국 해안 무역도시인 초주楚州 지역 신라인은 무역, 선박 제작과 수리 등을 생업으로 하면서 살았는데, 그들의 조선 기술과 항해 능력은 당시 세계 최고 수준이었다. 그들이 먼 곳에서 온 무슬림 상인들의 선박을 제작해 주거나 수리해 주면서 교류했을 가능성도 배제할 수 없다.

광주(廣州)의 회성사(懷聖寺)

무슬림은 번방 내부에 청진사를 건립하고 이슬람 풍습과 종교 교리에 따라서 생활하였다. 그런데 번방에서 갈등과 분쟁이 자주 발생하자 무슬림은 당 조정에 자치 구역에서 발생한 문제를 해결할 수 있는 관리를 파견해 달라고 요청하였다. 그러나 당 조정에서는 관리를 파견하지 않고 번방 내부에서 덕망이 높고 재능이 있으며 종교에 정통한 무슬림 장로Shaykh를 추천하도록 하였다. 번방에서 추천된 장로는 중국 황제의 비준을 받아 관리로 임명되었다. 그들은 중국 관리들과 동일한 대우를 받았으며 중국

02 이희수, 『이슬람과 한국문화』 (파주: 청아출판사, 2013), 50쪽.

관리 복장을 착용했다. 이들을 당대에는 '도번장都蕃長'이라고 하고, 송대에는 '번장蕃長'이라고 불렀다.

송대 『평주가담萍州可談』이라는 지방지地方誌에는 도반장의 역할에 관한 기록이 있다.[03] 번방은 이슬람의 전통에 따라서 정치와 종교가 일치된 공동체였기 때문에 도번장은 번방의 행정 지도자와 종교 지도자를 겸했다. 도번장은 번방의 행정 집무실인 번장사蕃長司에서 번상蕃商 간의 갈등을 해결하고, 해외 무슬림 상인들에게 중국에 와서 상업 활동을 하도록 권장하였다. 그리고 번방에 거주하는 외국인이 범죄를 저지를 경우에는 당 조정에 보고한 후에 조치하였다.[04] 징역형 이상의 중죄를 범한 외국인은 중국 지방 정부에서 처벌하도록 하고, 징역형 이하의 경범죄인 경우 번방에서 도번장이 꾸란과 이슬람 법률에 따라서 처벌하였다. 그리고 도번장은 번방의 술탄으로서 자치구 무슬림에게 꾸란을 가르치고 예배를 주도하였는데, 당나라 조정에서는 간섭하지 않았다.

송대에는 육로 실크로드가 막혀서 해로로 무슬림 상인들이 중국에 들어왔다. 남송은 무역업이 주요 수입원이었기 때문에 해외무역을 적극적으로 권장하였고, 그 결과 당대唐代보다 더 많은 무슬림이 중국의 동남 지역 도시인 광주廣州, 천주泉州, 양주揚州 등으로 들어왔다. 당시 광주 지역은 아랍인과 페르시아인뿐만 아니라 동남아 상인도 대거 유입되면서 국제무역 도시로 성장하였다. 그들은 광주 지역을 거점으로 상업 활동에 종사하면

---

03 朱彧, 李伟国 点校,『平州可談』(北京: 中華書局, 2007). 이 책의 저자는 송대 지리학자로 알려져 있다. 이 책에서 저자는 보고 들은 바를 기술하고 있는데, 북송 당쟁의 발생 경위, 동서 교역, 광주(廣州) 지역의 번방 그리고 중국에 들어온 무슬림의 상황을 기록하고 있다. 특히 송대 동서 교역과 중국이슬람사에 관한 중요한 자료로 알려져 있다.

04 邱樹森 , "唐宋蕃坊與治外法權,"『寧夏社會科學』5 (2001): p.35

서 아라비아 향로나 유리 등을 중국에 가져와서 판매하고 종이, 도자기, 차 등을 구매해서 돌아갔다. 송나라도 이슬람 지역 자치구인 '번방番坊'을 설치하고, 무슬림 상인들이 상업과 종교 활동을 할 수 있도록 행정업무를 처리해 주었다. 무슬림 상인들은 이 번방에 교당敎堂, 후에는 '청진사'라고 개칭을 세우고 이슬람 종교 활동을 하였다.

원나라가 들어서면서 무슬림은 중국에 안정적으로 정착할 수 있었다. 원나라의 통치자들은 율법, 제정, 조세 분야에서 무슬림의 탁월한 능력을 인정해 그들을 관료로 등용하였다. 원나라는 외래 종교에 대한 관용 정책에 따라 무슬림들의 종교 행위와 관습도 인정하였다. 무슬림은 자치 구역 내에서 외부의 간섭 없이 이슬람법과 관습에 따라 관리하고 모스크를 세우기도 하였다. 그리고 할례, 단식, 돼지고기 금기, 도축 등 무슬림의 종교적 규범도 원나라의 제재를 받지 않았다. 그리고 몽골어나 중국어 사용을 강요받지 않아서 아랍어나 페르시아어를 자유롭게 사용하였다. 덕분에 무슬림들은 천문학, 대수학, 물리학, 의학 등의 이슬람 학문을 중국에 소개하여 중국의 학문적 지식 발전에도 기여하였다.

회족(回族)

원元 왕조가 들어서면서 무슬림은 중국 전역으로 퍼져 나갔고, 이슬람으로 개종하는 한족도 늘어났다. 이슬람 세계에서 온 무슬림들과 한족이 결합하여 형성한 새로운 공동체를 '회족回族'이라고 불렀다. 중국에서 회족은 혈연으로만 형성된 소수민족과는 달리 이슬람 문화를 공유하는 소수민족이었다. 하지만 원대에는 이슬람을 수용한 한족이 여전히 소수에 불과해서, 중국에 정착한 외국인 무슬림과 그 자손을 중심으로 이슬람이 확산되었다.

명나라 초에 회족은 원대에서 누렸던 특권적 지위를 상실하였다. 원은 남인과 한인을 견제하기 위해서 색목인 무슬림을 대거 등용하였지만, 명나라는 원의 이러한 차별적인 민족 정책을 비판하면서 무슬림과의 관계를 새롭게 정립하였다. 명나라 한족은 '인자해야 할 때에는 인자하게, 엄해야 할 때에는 엄하게'라는 정책에 따라서 무슬림에게 개방적인 정책을 시행하면서도 다른 한편으로는 이슬람 문화에 제한을 가하였다. 이를 위해서 명나라는 무슬림에게 의복胡服, 언어胡語, 성胡姓의 사용을 엄격히 금지하였다. 중국무슬림에게 명나라의 이슬람 한화정책은 중국 내 이슬람 세력을 더욱 확장할 기회가 되었다는 점에서는 긍정적이었다. 명나라의 '소수민족은 같은 민족과는 결혼하지 못한다'는 한화정책에 따라 무슬림 남성이 한족 여성과 통혼하면 그 한족 여성도 반드시 이슬람을 믿어야 했기 때문에 무슬림 인구가 증가하였다. 하지만 명나라의 한화정책은 중국 무슬림에게 긍정적인 측면만 있었던 것은 아니다. 회족은 자신들의 언어 대신 한어를 사용하면서 이슬람 지식에서 멀어지고 신앙심이 약해지는 등 부정적인 측면도 있었다.

중국 무슬림은 명나라가 소수민족 한어 사용 정책을 시행하자 자신들의 모국어를 버리고 한어를 사용하였다. 당송시기에 중국에 들어온 무슬림인 번객과 원대에 들어온 무슬림 대부분은 아랍어, 페르시아어, 튀르크어를 사용했다. 그러나 이들이 중국 각지로 흩어져 타민족과 교류하기 위해서는 중국의 공통어인 한어를 사용해야 했다. 무슬림은 명나라의 한화 동화 정책으로 모국어를 잊어버려 아랍어나 페르시아어로 기록된 이슬람 경전을 읽고도 그 문장의 뜻을 이해하지 못했다. 그래서 이슬람 종교학자인 호등주는 당시 이슬람 상황을 '경전이 부족하고 학자가 적어 번역이 불분명하고 다시 해석할 수 없는 위기'에 이르게 되었다고 하였는데, 이슬람 지식이 부족하였기에 회족 가정에서의 종교 교육도 더 이상 시행할 수 없었다. 이런 언어적인 문제로 인해서 이슬람 종교 문화는 쇠퇴하였다. 그래서 중국 무슬림은 꾸란의 내용도 이해할 수 없는 지경에 이르게 되었고, 종교 생활에서도 간단한 생활 금기만 지키는 정도로 신앙심이 약해졌다.

중국 각지에 흩어진 회족 무슬림들은 명나라의 한화 정책으로 신앙적 위기에 봉착했다. 그들이 이 위기를 극복하지 못한다면 이슬람 또한 경교景教나 조로아스터교처럼 중국 문화에 잠식되어 사라져 버릴 수 있다는 위기감을 느꼈다. 실제로 일부 무슬림은 과거시험을 통과해 관료로 진출하면서 무슬림이라는 사실조차 숨기면서 돼지고기를 먹는 등 이슬람의 금기 사항을 지키지 않았고, 이런 모습을 한족은 비난하고 조롱했다.[05] 이렇게 이슬람 공동체가 해체되는 상황에서 무슬림은 이슬람의 회복과 자신들의 정체성 확립을 중요한 시대적 과제로 여겼다. 그리고 이를 위해서 무슬림 지식인들이 가장 시급하게 해결해야 할 문제가 바로 종교 교육이었다.

중국 무슬림은 이슬람을 부흥시키기 위해서 체계적인 이슬람 종교 교육을 통해 많은 종교 지도자를 양성하고자 했다. 일찍이 당·송대에는 무슬림 번객蕃客이 많지 않았기 때문에 종교직 종사자에 대한 수요가 적었다. 그리고 원대에도 서역에서 들어온 무슬림들은 여전히 경전을 외우면서 예배를 드릴 수 있었고 이슬람 교의도 이해할 수 있었다. 게다가 그 시기에 중국과 중동 지역의 교통이 원활하고 무역이 활발해지자 회교도들의 정치

05 金義久, 『蘇非主義在中國』, (中國: 社會科學文獻出版社, 2015), p.235

적 역할이 커져 높은 지위를 얻었다. 이 때문에 아랍과 중앙아시아 등지의 무슬림 교사들이 중국으로 들어와서 이슬람을 전파하기가 수월하였다. 그러나 명나라 중후반에 해금정책海禁政策이 시행되었고, 육로 교통도 막히면서 중앙아시아 등지의 무슬림 교사들이 중국에 들어올 수 없었을 뿐만 아니라 아랍 지역 이슬람 국가에서 공부하고 돌아온 회족 무슬림도 차츰 줄어들었다. 그래서 중국이슬람 내부에서 종교 종사자들을 양성해서 외국에서 들어오는 종교 지도자를 대신할 필요가 있었는데, 이를 위해서 경당교육을 실시하였다.

2) 경당교육의 연원

(1) 경당교육의 등장

명대 후기에 중국이슬람 종교 지도자를 양성하기 위해서 경당교육이 시행되었다. 이 경당교육을 창시한 사람이 바로 명대의 유명한 회족 출신 경사인 호등주胡登州, 1522-1597년이다. 그는 중국 명나라 가정嘉靖 만력萬曆 연간 서역과 중국 내륙의 경계 지역에 위치한 산시성陝西省 함양咸陽 위성渭城오늘날에는 '南市'라고 칭함 회족자치구에서 태어났다. 이 지역은 농지가 비옥해서 농산물이 풍부하였고 동서 무역의

호등주(胡登州)의 묘비

중심지라는 지리적 조건을 지니고 있었기 때문에 일찍이 경제가 발전하였다. 호등주도 이 지역에서 상업 활동을 하면서 구축한 경제적 기반 위에서 이슬람을 부흥시키고 회족 공동체의 정체성을 확립하기 위해서 이슬람 종교 지도자를 양성하고자 경당교육을 실시하였다. 호등주의 생가에 세워둔 비석에는 그에 관해서 다음과 같이 기록되어 있다.

> 스승(師祖)의 휘는 등주(登洲)이고, 자는 명보(明普)이며, 본관은 위빈(渭濱)이다. 어릴 때 유학을 익히고, 자라서는 마을 고씨 성을 지닌 스승 문하에서 이슬람을 배웠다. 그 대략을 깨닫고 경문의 의미와 하늘과 사람의 성명(性命)의 이치를 분명하게 이해하였다. 결국에는 바른 도(正道)를 밝히는 것을 자신의 사명으로 삼고, 사방에서 배우려고 온 학생들에게 일체 경비를 제공하면서 즐겁게 가르쳤다.[06]

호등주의 字는 明普이며, 어릴 때 유학 경전을 공부한 적이 있고, 성장한 후에는 같은 마을의 경사에게서 이슬람을 공부하였기 때문에 유학과 이슬람에 대한 기본적인 소양을 지니고 있었다. 그는 또한 메카 성지를 순례하고 이슬람 국가를 여행하면서 모스크, 마드라사 등 교육현장을 견학한 후 귀국해 이슬람 경전의 의미, 하늘알라과 사람의 성명性命의 도리를 확연히 깨닫고서 정도正道를 밝히는 것을 자신의 사명으로 삼았다. 그래서 그는 집에 학관을 세워서 제자들을 모집하고 학생에게 숙식을 지원하면서 이슬람 경전을 가르쳤다. 당시 회족 부모들은 가정교육만으로는 자녀들에게 이슬람문화를 체계적으로 전수하고자 노력하였지만, 그들의 힘만

---

06 陝西咸陽, 建修胡太師祖佳城記 碑, 見余振貴.雷曉靜主編 <中國回族金屬錄>, (寧夏: 寧夏人民出版社, 2001), pp 512-513.

으로는 부족이었다. 따라서 호등주의 경당교육에 열렬한 지지를 보내면서 자녀들을 적극적으로 경당에 보내어 공부시켰다. 경당교육 모델은 회족의 가정교육 모델과 비교해 볼 때 교육의 질이 훨씬 높았고, 그로 인해 교육을 받는 사람의 수도 증가하였다. 호등주는 자신의 집에서 100여 명의 제자를 가르쳤고, 그 후 규모가 계속 확대되면서 더 이상 집에서 감당할 수 없을 정도였다. 그의 재전再傳 제자인 난주마蘭州馬는 학생들의 학습 편의를 고려하여 교육장소를 자택에서 청진사로 옮겼다.

'경당經堂'이라는 용어는 호등주가 처음 사용한 것은 아니다. 경당교육은 비록 호등주가 처음 시행한 건 맞지만 '경당'이라는 용어를 처음 사용한 사람은 청나라 초기 이슬람학자인 유지劉智이다. 유지는 『천방전례天方典禮』 예언例言에서 경당은 이전의 사원 경사들이 표현하거나 이맘이 포교할 때 사용하는 경당과는 다르다고 하면서, 호등주가 창시한 이슬람 고등교육 장소를 '경당'으로 불렀다.

경당은 원래 청진사 내 부속 건물로 경전을 보관하는 장소를 뜻한다. 경서를 보관해 둔 이곳이 이맘이나 경사 등이 와서 경전을 읽고 공부하던 곳이기 때문에 이곳을 자연스럽게 '경당'이라고 불렀다. 이는 유교 서원이 처음에는 도서관 기능만 하다가 고등교육 기관이 된 것과 유사하다. 그래서 유지는 이슬람 경전을 보관하던 경당에서 이슬람의 교리를 토론하고 강의했기 때문에 장소명을 따서 '경당교육'이라고 불렀던 것이다.

그러나 경당교육에 대한 유지의 해석이 반드시 맞는 것은 아니다. 유지와 같이 경당에서 고등교육을 했다고 해서 경당교육이라고 칭한다면, 경당 교육 이전에 가택에서 교육을 한 것은 경당교육이 될 수 없다. 실제로 호등주는 그의 집에서 학생들을 가르쳤고, 호등주 제자들 또한 그들의 가택에서 학생들을 가르쳤다. 교육장소를 가택에서 경당으로 옮긴 것은 앞에서도 언급한 바와 같이 호등주의 4대 제자 난주마가 학생을 가르칠 때이다. 그래서 경당교육의 의미를 단지 장소명을 빌려서 표현하는 것은 적당하지 않고, 오히려 교육 내용과 형식에서 찾아야 한다.

호등주가 개창한 경당교육은 당시의 이슬람의 가정교육과는 달랐다. 이슬람이 중국에 들어온 후에는 별도의 교육기관 없이 가정에서 구두로 경전을 전하는 종교 교육을 하였을 뿐이다. 그러나 이런 가정교육만으로는 당시의 신앙 위기를 극복할 수 없었다. 그래서 호등주를 비롯한 경당교육 종사자들은 학습 분위기를 조성하기 위해서 학습장소를 청진사로 옮기고 아랍어, 페르시아어를 가르치고 이슬람 경전을 강의하는 등 종교교육을 위한 교과체제, 교과내용, 교육방법, 평가방식, 졸업 조건 등을 제도화하였다는 점에서 경당교육의 특징을 찾아야 한다.

호등주는 경당교육에서 연구와 아랍어 고전 강의에 중점을 두었고, 교수법에서는 이슬람 신학교의학에 기반하면서도 전문성을 지닌 엄밀한 학습 태도를 중시하면서 경당교육의 체계적이고 정규적인 교육제도로 정착시키고자 노력하였다. 그의 제자들은 스승의 경당교육 제도를 한층 더 보완해 불과 100년도 채 되지 않아 경당교육을 중국 회족 무슬림들의 교육제도로 정착시켜 종교 인재를 대거 양성할 수 있었다. 그리고 경당에서 양성된 경사들이 새로운 경사들을 배양하였을 뿐만 아니라 일반 무슬림들에게도 정기적으로 설교하면서 모범을 보이고 이슬람이 규정한 생활방식에 따라 생활하도록 인도하였다. 이들에게서 이슬람에 관한 지식을 배운 무슬림들은 귀가하여 가족들에게 이슬람을 전수하였다. 호등주를 비롯한 이슬람 경학자들은 경당교육을 통해서 무슬림들의 신앙 위기를 극복하고 회족 정체성을 정립하고자 했다.

(2) 경당교육의 연원

경당교육은 '중국의 마드라사madrasah'라고 불릴 정도로 전통 이슬람 교육기관에 연원을 두고 있다. 마드라사는 이슬람 공동체에 필요한 법관, 이맘, 설교자를 양성할 목적으로 설립되었다. 중국의 경당교육도 이슬람 종교 지도자 양성을 목적으로 시행되었으며, 교육 목표, 교육 내용, 교과과정 등은 이슬람 교육과 크게 다르지 않다. 하지만 이슬람이 중국에서 생존하고 발전하기 위해서는 주동적이든 또는 피동적이던 한문화의 일반 교육을 수용해야 했다. 그래서 경당교육의 연원은 아랍의 이슬람 교육 전통과 유학의 사숙교육 전통에서 살펴볼 필요가 있다.

아랍 이슬람의 종교 교육 연원

중국이슬람의 경당교육은 전통 이슬람의 종교 교육에 연원을 두고 있다. 이슬람 사회에서 교육 장소는 주로 모스크나 마드라사이지만, 이슬람 초기 교육 장소는 사택이나 천막이었다. 무함마드는 알 아르깜의 집과 자신의 집을 추종자들에게 이슬람 지식을 전수하는 장소로 삼았다. 경당교육도 초기에는 경사들의 자택을 교육장소로 삼았다. 하지만 학생 수가 증가하면서 교육 장소를 청진사로 옮겼는데, 이는 이슬람 국가의 모스크 교육사원 교육과도 유사하다. 그래서 중국 무슬림은 경당교육을 '사원모스크교육'이라고도 한다. 모스크가 연령과 신분에 관계없이 누구나 받을 수 있었던 이슬람 최초의 고등 교육 기관이었다면, 경당도 무슬림이라면 누구나 이슬람 종교 지식을 체계적으로 학습할 수 있던 이슬람 고등 교육 기관이었다.

경당교육이 종교 지도자를 배양하고자 한 것은 아랍의 이슬람 교육기관인 마드라사madrasah와 직접적인 관련이 있다. 호등주를 비롯한 일부 중국 이슬람 지도자들은 아랍 지역 이슬람 국가를 순례한 후에 마드라사를 방문한 적이 있다. 그들은 그곳에서 이슬람 종교 교육을 견학하고 귀국 후에 아랍 국가의 이슬람 종교 교육을 실시하고자 노력했을 것이다. 이슬람 국가에서 마드라사 이전에 종교 교육기관이 있었지만 이슬람의 종교지식인을 체계적으로 양성한 교육기관은 바로 마드라사이다. 마드라사에서는 수준 높은 교육으로 이슬람 공동체가 필요로 하는 법관, 이맘, 설교자를 양성하고자 했다. 이런 점은 중국이슬람의 경당교육에서도 찾아볼 수 있다. 중국이슬람 사회에서는 경당교육을 시행하기 이전에 가정과 번학蕃學을 중심으로 종교 교육이 이루어졌지만 중국이슬람 역사에서 정규 교육과정을 갖추고 이슬람 전문지도자를 양성한 최초의 고등교육기관은 경당이다.

부하라의 압둘아지즈 칸 마드라사 정면

경당교육은 압바스 제국 시기에 설립되어 운영된 '지혜의 집'과도 관련이 있다. 이슬람 국가에서 지혜의 집은 이슬람 문명을 전수한 도서관이었고, 이슬람 학자들이 연구하고 강의하고, 그리스-로마나 페르시아 등 주변 선진 문명국에서 저술된 서적들을 수집해서 아랍어로 번역하면서 이슬람 신학을 더욱 발전시킨 곳이다. 중국의 경당 또한 교육 기능 이외에 여러 기능이 있었다. 경당이 교육 장소로 사용되기 전에는 경전 보관소였고, 종교 지도자나 학생들이 경전을 읽고 토론하던 세미나 장소이기도 하였다. 그 덕에 경당에서 경사나 이맘 등 종교학자와 종교 지도자가 배출되었다. 그리고 무슬림 대중과 한족에게 이슬람을 알리기 위해 아랍어와 페르시아어 경전을 한자로 번역하고 유교적인 언어로 해석하는 등 경당은 중국에서 이슬람을 정착시키고 발전시키는데 지대한 공헌을 하였다.

경당교육의 재정적인 지원 또한 아랍의 마드라사와 유사하다. 이슬람 세계에서는 먼 곳에서 온 가난한 학생들에게 무료로 음식과 숙소 등의 편의시설을 제공해 적극적으로 인재를 양성하려는 미덕이 있었고, 이는 이후 마드라사 건립에도 영향을 미쳤다. 마드라사는 와끄프waqf 재단이 지원한 재정으로 설립한 교육기관이다. 와끄프는 왕가나 재상, 부유한 상인들이 기부한 재산, 토지, 부동산 등을 임대해서 얻는 영구적 수입과 통치자들의 보조금으로 무슬림의 교육, 의료 등을 지원하였다.[07] 이는 중국의 경당교육에서도 마찬가지였다. 중국 경당의 경우, 경생이 학비를 내는 때도 있었지만 대부분은 스승이나 청진사 부근에 사는 무슬림들이 자금을 모아 기부하면, 그 금액으로 수입을 창출해서 경생의 생활비를 지원하고 교사들에게 보수를 지급했다. 이에 관해서는 3장 경당교육의 재정에서 상세하게 논하도록 하겠다.

중국 전통 사숙 교육 연원

경당교육에서는 이슬람의 교의를 전수하기 위해서 중국 전통의 사숙 교육 방식을 수용하였다. 중국무슬림 학자들 대부분이 어릴 때부터 사숙 교육을 받았다. 그들이 중국문화에 적응하고 관료가 되기 위해서는 당시에 주류 문화였던 유학을 가정과 사숙에서 배웠다. 그래서 호등주 등 무슬림 학자들은 자연스럽게 유학의 사숙교육을 수용해서 이슬람 교육을

---

07 이희수, “이슬람 전통 교육기관 마드라사의 사회적 역할과 역사적 변,” 『중동문제연구』13, 4 (2014): 119-120쪽.

실행하였다. 경당교육에서 유학의 사숙교육을 받아들이게 된 것은 일시적이고 우연적인 일이 아니라 이슬람이 중국에 들어온 후에 전파되는 과정에서 생겨난 필연적인 교육 현상이었다.

중국 전통 사숙 장면

호등주가 경당 교육을 시작할 무렵에 중국에서는 서원교육이 성행하였다. 서원은 북송北宋에서 시작해서 남송南宋에서 발전하였다. 남송시대 주자朱子는 성리학의 이념을 내건 백록동 서원白鹿洞書院을 건립해서 후진을 양성하였다. 그리고 남송이 멸망하고 원元나라가 들어서면서 서원 교육이 오히려 남송 때보다 더 넓게 확장되었다. 남송 때에는 서원이 주로 강남 지역에 집중되었지만 원나라가 북경에 수도를 정하면서 서원도 북쪽 지역으로 확장하였다. 이때 설립된 서원 중에는 태극서원太極書院과 설재서원雪齋書院이 유명하다. 이들 서원은 원나라에 성리학을 보급하고 발전시키는 데 크게 기여하였다. 하지만 원나라가 주자학을 관방철학으로 삼으면서 서원은 과거 시험을 준비하기 위한 교육 기관으로 전락하게 되었고, 이 때문에 성리학이 추구하는 위기지학의 이념을 실현하지 못하였다.

원나라는 무슬림에게도 과거 시험을 통해서 관료로 진출할 수 있도록 하였다. 원나라는 몽골인과 색목인, 남인, 한인 등에게 각기 다른 시험 기준을 적용하기도 하였는데, 향시와 회시에서는 몽골인과 색목인에게는 공통시험을 두 과목만 보게 하고, 남인南人과 한인漢人은 세 과목을 보게 하였다. 그리고 전시에서는 4개 민족 모두에게 책론 시험을 보게 하였는데, 남인과 한인은 1000자 이상을 적어야 했지만 몽골과 색목인은 500자 이

상만 쓰도록 규정하였다. 몽골인과 색목인 수험생이 한인과 남인과 같은 조건으로 시험을 쳐서 시험에 합격한 경우에는 한인과 남인보다 더 높은 관직을 맡겼다. 색목인에 속하는 무슬림은 원나라에 관리로 나아갈 수 있는 기회가 많았기 때문에 과거 시험을 보기 위해서 유학을 공부하는 무슬림이 많았다.

경당교육의 창시자인 호등주 또한 중국 전통 사숙에서 유학을 공부한 적이 있다. 명·청대에는 무슬림이 세운 유가적 전통 사숙 학교가 적지 않았다. 당시 회족 자제들은 물론 한인이 세운 서당 학교에서 공부할 수도 있었지만 대부분 무슬림 자제들은 회족이 세운 서당에서 한문과 유학을 공부하였다. 이들 학교는 회족 민간 기부로 조직되거나 청진사의 지원을 받아 설립되었다. 당시 서당에서는 계몽 교육을 하였는데 가난한 집안의 자제들을 모집해 『천자문千字文』, 『사서四書』, 『오경五經』 등 유가 경전을 가르치고 이슬람 상식을 가르쳤다. 이런 서당은 청진사에 부설돼 있어 종교적인 성격을 지니면서도 유학의 소양 교육 성격을 지녔다. 중국무슬림이 유가적 사숙 교육 기관에 수학한 경험이 이슬람 경당 교육을 형성하게 된 배경이 되었다.

사숙은 유학의 대표적인 사립 교육기관이다. 공자 또한 배움을 청하는 학생에게는 신분의 높고 낮음의 구분 없이 학문에 뜻을 두었다면 가르쳤는데, 이런 교육 방식 또한 사숙의 일종이다. 사숙에 입학할 나이는 제한이 없었으며, 대략 13세에서 20세 전후의 학생이면 누구나 사숙에서 공부할 수 있었다. 입학시험은 없었고, 과정은 계몽반과 경전반이 있었다. 계몽반에서는 아이들에게 글자를 가르치고, 경전반에서는 성인들에게 사서, 오경 등 유학 경전을 가르쳤다. 교사는 학생들의 재능에 따라 개인별 지도를 하였고, 학생들에게 경전을 암기하게 하고 암기를 마치면 의미를 설명해 주었다.

사숙은 공식적인 교육 기관이 아닌 비공식적인 교육 기관이었다. 수업료는 학생들이 스승에게 성의를 표하는 수준이었다. 스승과 제자 관계에서는 인격적인 교류가 이루어졌고, 사숙 교육에서 스승은 단순히 지식을 전달하는 직업인에 그치지 않고 제자와 친밀한 관계에서 삶의 모범이 되었다. 일부 학생들은 스승의 집에서 함께 살거나 스승의 딸과 혼인하여 스승과 가족이 되기도 했다.

중국무슬림은 유가의 사숙 교육방식을 수용해서 이슬람 지도자를 양성하고자 하였고, 이러한 경향은 경당교육 이전에 있었던 회자방回子房에서도 찾아볼 수 있다. 원대에는 페르시아와 중앙아시아에서 다쉬만達失蠻, Dānish-mand이라고 불리는 해박한 지식을 갖춘 이슬람 종교 교사가 포교 활동을 위해서 중국에 들어왔다. 그들은 각 지역에 흩어져 살면서 자택에 회자방을 설치하고 아랍어, 페르시아어 그리고 이슬람 종교 지식을 가르쳤다. 다쉬만이 유교의 영향을 받아서인지 혹은 중국적 상황에 맞춰 이슬람 지식을 전달하기 위해 고안한 교육 방식인지는 알 수 없지만, 회자방은 유학의 사숙 교육의 형태를 지니고 있었다. 당시 이슬람 가정의 아이들은 부모에게서 구두로 이슬람의 기본 지식을 배우고 꾸란을 암송하기도 하였지만 이슬람에 관한 전문 지식은 배울 수가 없었다. 그래서 이슬람의 교리나 외국어 공부가 더 필요할 경우에는 회자방에서 서역 교사들에게서 배웠다. 그러나 명청 시기에 해금으로 인해서 이러한 이슬람 교사가 중국에 들어올 수 없게 되면서 종교 교사가 부족하였다.

명청시기에 이러한 문제를 해결하고자 호등주는 집에 학관學館를 설치해서 학생을 가르쳤다. 학관은 바로 원대의 다쉬만이 세운 회자방이나 중국무슬림이 세운 서당과 유사한 형태의 교육 기관이다. 경당과 회자방의 교육 방식에 어떠한 차이가 있는지는 분명하지 않지만, 아마 사숙과 같은 방식으로 가르쳤을 것이다. 이후 경당교육이 자택이 아니라 청진사 부속 건물에서 시행되었지만 사숙의 형태가 변하지는 않았다.

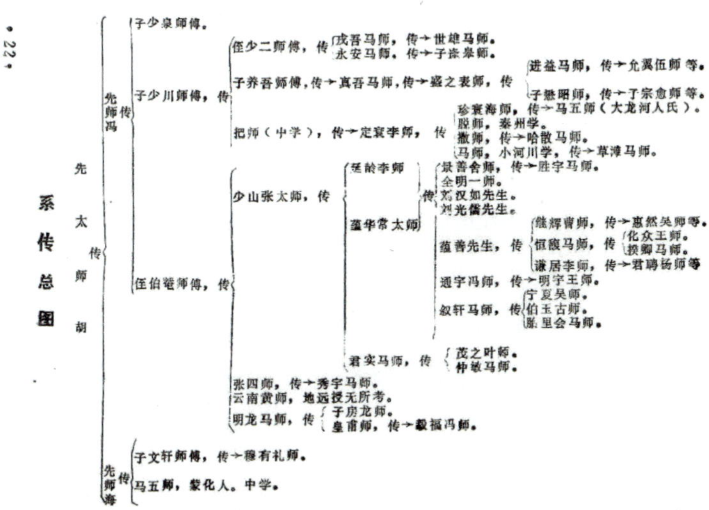

경학계전총도(經學系傳總圖)

호등주와 그의 제자들이 자택에서 경당교육을 시행했을 때 스승과 제자, 교사와 무슬림 대중은 부모와 자식과 같은 관계였다. 스승을 부모와 같은 존재로 보는 중국 전통 교육방식에 따라 스승과 제사, 종교인과 무슬림 대중의 관계를 부모와 자식의 관계로 규정하여 친밀한 관계를 유지하였다. 사제 간에 느끼는 감정은 마치 가정교육에서 아버지와 자녀 간에 느끼는 감정과 유사하였다. 경당교육의 교과목은 꾸란, 하디스, 수피 저작 등이었지만 그 학습 방법은 오히려 유학의 사숙이나 서원에서 가르치는 방식과 같았다.

송대 이후 서원이 성행하게 된 것은 성리학의 등장과 밀접한 관련이 있다. 성리학은 치인治人보다는 수기修己를 중시하는 학문이다. 이러한 학문적 특징은 유학의 정통성과 맞닿아 있다. 유가儒家에서는 이를 '도통론道統論'으로 설명한다. 이는 유가 사상과 학문이 천하의 정통이라는 주장과 함께 유학의 정통을 누가 계승했느냐에 대한 논의다. 맹자孟子도 이를 언급한 바 있지만, 당唐의 한유韓愈가 도통론을 「원도原道」라는 글에서 본격적으로 다루었다. 그 후에 북송北宋의 정이程頤와 남송南宋의 주희朱熹 등으로 이어지면서 이 논의는 더욱 활발히 전개되었다. 유가의 서원은 바로 이러한 도통을 전수하는 공간이고, 유학의 정통성을 계승하고 발전시킨 유학자들을 제향하는 곳이었다.

유학자들이 서원을 중심으로 도통론을 확립하고자 한 것과 같이 중국 무슬림 학자들도 경당교육의 사승관계를 계보학으로 정리하였다.[08] 조찬은 『경학계전보』에서 경당교육의 창시자인 호등주에서 본인에 이르기까지 거의 200년 동안의 전승 계보를 사승 관계를 중심으로 기록하였다. 이 책은 내용이 상세하고 풍부하며 경당교육의 발전 맥락과 중국 회교의 역사적 상황을 전체적으로 잘 보여준다.

『경학계전보』는 먼저 각 인물의 계보를 소개하고, 그 다음에는 인물과 관련된 기사를 수록하고 있다. 뒤에서 논하겠지만 경당교육은 호등주가 섬서陝西에서 창시한 섬서파陝西派를 기점으로 산동파山東派, 운남파雲南派, 금릉파金陵派 등 다양한 학파로 전개되었다. 이 학파들은 호등주에 연원을 두고 전개된 학파들로 큰 스승을 중심으로 동일 지역에서 사승 관계로 이

---

08 趙燦(淸), 楊永昌, 馬繼祖 標注, 『經學系傳譜』, 青海: 青海人民出版社, 1989

루어진 이슬람 학자들의 공동체이기도 하다. 조찬은 『경학계전보』에서 섬서파와 산동파의 계보를 소개하면서 섬서파는 호등주에서 시작해서 풍이馮二-풍소천馮少川-풍백암馮伯菴-풍양오馮養吾-장소산張少山-마명룡馬鳴龍 등으로 전승되었다고 설명한다. 경당의 계보는 큰 스승을 중심으로 전개되는데, 스승은 제자 중에 뛰어난 수행자에게 의발衣鉢을 물려주었다. 스승의 의발을 받은 경사를 무슬림 대중들은 '빠빠巴巴, 학식 있고 유능한 선생님'라고 부르면서 존경하는 마음으로 친근하게 대했다.

호등주는 이슬람교 전통의 마드라사 교육 형식을 중국 전통의 서당 교육과 완벽하게 결부시켜 경당교육을 시행하면서 당시 필요한 종교지도자를 양성하였다. 그들은 자신이 거주하는 지역 무슬림들의 종교 지도자가 되어 예배를 드리고, 그들에게 정기적으로 '알 와즈卧尔兹, al-Wa'z 연설'를 하고, 실천으로 모범을 보여 이슬람식 생활방식을 따르도록 했다. 그래서 경당교육은 무슬림의 이슬람 신앙을 확고히 하고, 회족 사회의 발전을 촉진하는 데 크게 기여하였다.

3) 경당교육의 전개와 분파

경당교육은 호등주호등州가 섬서陜西에서 창시한 이후 섬서陜西 허닌河南, 산동山東, 금릉金陵, 안휘安徽, 운남雲南, 광수廣州 등지로 퍼져나가면서 교육제도의 부족한 점을 개선하고 각 지역의 문화적 특성을 흡수하는 과정에서 다양한 교육 내용과 방식을 갖춘 학파들이 등장하였다. 초기 학파로는 호등주, 마양오馬養吾, 장소산張小山 등을 중심으로 하는 섬서파陜西派와 호등주의 4전 제자인 상지미常志美, 이연령李延齡, 사기령舍起靈 등을 대표로 하는 산동파山東派 그리고 마덕신馬德信, 마련원馬聯元 등을 대표로 하는 운남파雲南派 등이 있었다. 그 외에도 서북 지역의 하주河州를 중심으로 하는 하주파河州派, 신장新疆에서는 신장파新疆派가 등장하였다. 그리고 규모는 적었지만 금릉金陵을 중심으로 금릉파金陵派가 있었다. 이 학파 중에 대표적인 학파로는 섬사파, 산동파, 운남파를 꼽을 수 있다.

(1) 섬서파(陝西派)

호등주胡登洲가 섬서 지역을 중심으로 활동하였기 때문에 지역명을 따서 '섬서파陝西派'라고 부른다. 섬서파는 호등주에서 시작해서 풍이馮二와 해씨海氏, 난주마蘭州馬를 거친 후 주노예周老爷 때 크게 발전하여 경당교육의 기틀을 닦았다. 서북西北, 하남河南, 안휘安徽, 강남江南 등지에서 활동한 이들도 이 학파에 속했다. 섬서파는 이슬람 경전을 한자로 번역하는 과정에서 점차 학파로 발전하였고, 섬서 지역에서 시작해서 산동山東, 운남雲南, 강소江蘇, 호북湖北, 영하寧夏 등 중국 전 지역으로 전파되었다. 이 학파의 특징은 다음과 같다.

첫째로는 호등주가 이 지역에서 경당교육을 실시한 후로 이 지역을 기점으로 중국 전 지역에 이슬람 종교 교육이 널리 퍼져나갔다는 것이다. 둘째는 섬서파가 아랍어 경전을 전문적으로 다루었고 교의학敎義學을 중시했다는 점이다. 이 학파의 경사들은 교의학을 강의할 때 교의학 지식만을 가르치고 그 외 다른 내용에 대해서는 언급하지 않았다. 셋째는 아랍어와 인주학認主學, 이슬람 신학을 주요 교과로 다루면서 전문성과 엄밀성을 중시했다는 점이다. 그래서 이맘은 주 전공과목만 강의할 수 있었다. 예를 들면, 인주학신학을 전문적으로 공부한 경사는 인주학만 가르치고 다른 과목은 강의할 수 없었다. 경생이 다른 경전을 공부하려면 다른 경사를 찾아가서 배워야 했다. 섬서파의 대표적인 경사로는 호등주를 포함해 그의 제자인 풍이馮二와 해씨海氏가 유명하다.

호등주의 제자와 재전제자들이 저명한 경사와 학자들을 많이 배출하였기 때문에 중국이슬람 사회에서는 호등주를 경당교육의 '사조師祖', '태사太師', '대현大賢'이라 부른다. 호등주가 경당교육을 창시하였다면, 그의 제자와 재전 제자들은 경당교육을 더욱 발전시켰다. 그의 제자 중에 풍이馮二와 해동양海東陽은 스승 호등주의 경당교육을 계승하였다. 그런데 섬서파에는 이전부터 내려오는 문파門派 간에 갈등이 있었는데, 바로 해문海門과 풍문馮門 사이에서 벌어진 논쟁으로, 『경학계전보』에 이에 대한 기록이 남아 있다. 호등주로부터 의발을 받은 이가 풍이와 해씨 중 누구인가에 대한 논쟁이 벌어졌다. 해문에서는 『경학계전보』의 "우리 이슬람의 도道는 호씨胡氏에서 해씨海氏로 귀결되었다."라는 기록에 근거해서 자신들이 적통임을 강조한다. 그러나 풍문에서는 해씨는 후학이 없었기 때문에 그 도통이 단절되었고, 풍씨의 후학들이 호등주의 도통을 계승하였다고 하면서, 호등주의 계보는 자신들이 적통이라고 주장한다.

해씨의 이름은 해동양海東陽이고, 호는 문헌文軒이다. 회족 공동체에서는 그를 '해선사파파海先師爸爸'라고 부른다. 본관은 함서咸西성 함양咸陽이며, 그의 부친 해태사海師와 함께 호등주의 문하에서 수학해 그의 직계 제자가 되었다. 아버지와 아들 모두가 호등주의 제자인 셈이다. 경당교육이 흥기하면서 호등주의 제자들은 여러 지역으로 흩어져서 강의하였다. 해선사海先師의 행적은 강희康熙 43년1704년에 위주韦州에 세운 '청태교학술성공비기清太教學術聖公碑記'에 적혀 있다. 그 비석의 기록에 따르면, 해동양과 해사를 비롯한 그 당시의 저명한 경사들은 영하寧夏 남부의 반성半城, 지금의 동심현 일대를 거쳐 위주韦州로 가서 경당교육을 시행하면서 초기 경당교육의 한 축을 이루었다. 『경학계전보』에 따르면 해씨가 위주에 있을 때 문하에 많은 제자가 있었는데, 그중 난주마蘭州馬가 두각을 드러냈고, 난주마 후손인 주노예朱老爷: 주씨 어르신에 이르러서 크게 발전하였다고 적고 있다.

풍이馮二는 스승 호등주처럼 자택에 학생을 모집하여 가르쳤으며, '노이파파老二巴巴'로 불리며 추앙받았다. 그의 아들 셋, 조카 셋이 모두 그에게서 배웠다. 그래서 그들은 모두 호등주의 재전제자가 된다. 아들 풍소천馮少泉, 풍소천馮少川, 동생 馮少泉과 한국어 음은 같지만 한자는 다름, 그리고 조카 풍백암冯伯庵은 그의 여러 제자 중에서 가장 뛰어난 학생이었으며, 경당교육의 보급과 발전에도 크게 기여하였다. 풍백암은 아랍어로 잡학雜學을 저술하였고, 그의 제자로는 장소산張少山 등이 유명하다. 풍이 선생의 장남 풍소천馮少川은 아랍어로 쓴 문답체 교의를 저술했다. 그는 일찍이 허난성 카이펑開封에서 경생을 가르치면서 많은 제자를 양성하였다. 풍이馮二 선생의 둘째 아들 풍소천馮少泉은 '소천파파小泉巴巴'로 불렸으며, 그의 아들 풍양오馮養吾도 유명한 경사로 북경北京, 남경南京 등지에서 경생을 가르쳤다.

풍이 제자 중에는 장소산이 유명하다. 그는 섬서陜西성 임동臨憧 출신으로 풍백암冯伯庵을 따라 공부한 호등주의 3대 제자였다. 그는 풍씨의 경학을 전승한 중요한 인물로 남경南京, 서안西安 등지에서 가르쳤다. 그가 남경에서 교편을 잡았을 때 산동파의 이연령李延齡과 장중張中, 마군실馬君實 등 저명한 경사를 양성했다.

(2) 산동파(山東派)

산동파는 청대 초기淸初 이슬람의 저명한 경사이자 경당교육가인 상지미常志美, 1610-1670, 이연령李延齡이 창시한 경학 학파로, 이들은 산동성 제녕濟寧에서 활동하였다. 상지미는 중앙아시아 사마르칸트에서 중국에 들어온 무슬림의 후손이며, 호등주의 4대 제자로 알려져 있다. 그는 9세 때 숙부를 따라 중국 섬서 지역에 살다가 산동 제녕으로 옮겨와서, 그 지역의 상씨常氏 성을 가진 여성과 결혼하여 아내의 성을 따랐다. 상지미는 섬서 지역 유명한 경사인 마진오馬眞吾와 장소산張少山 문하에서 경학을 공부하였다. 공부를 마친 후에는 산동으로 옮겨와 청진사 동대사東大寺와 서대사西大寺에서 강학하였다.

산동파는 청대 초기 섬서파에서 첫 번째로 분화된 학파이다. 그래서인지 산동파는 개혁의 이미지가 뚜렷하다. 상지미는 당시의 이맘이 예배를 드릴 때, 1열 가운데에 서는 연반제連班制를 1열 앞에 따로 서는 독반제獨班制로 바꾸고, 삼장교제三掌教制, 즉 이맘Imam, 伊碼目, 카티브Khatib, 海推布, 무아즈딘Muadhdhin, 穆安津의 세습제를 폐지하고 현명하고 유능한 인재를 선발해 종교 지도자로 임명하는 선현임능제選賢任能制로 바꾸어야 한다고 주장했다. 그의 이런 개혁안은 보수파들의 반대에 부딪혀서 그 당시에는 받아들여지지 않았다. 하지만 이후에 그를 추종하는 무슬림 신도들의 도움으로 연반제를 독반제로 바꿀 수 있었다. 하지만 선현임능제도는 받아들여지지 않는다. 그래서 그는 청진서대사淸眞書大寺 앞에 '삼장교 세습을 영원히 금지하라'라고 적힌 비석을 세워서 현명하고 유능한 인재를 뽑겠다는 결의를 표명했다. 이 비석을 세운 이후에 북경과 제남濟南 등지 모스크에서 장교 세습제도가 폐지되었다. 그의 개혁 의지는 중국이슬람 발전에 크게 기여하였다.

산동파는 아랍어, 페르시아어, 이슬람 교법학과 교의학을 주요 교과로 개론적인 내용에서 심오한 내용까지 두루 강의하였다. 상지미가 저술한 페르시아 어법서인 『해와이·미낙합길海瓦伊·米诺哈吉』은 경당교육의 전통 교재로 사용되었다. 상지미와 그 제자들의 노력으로 점차 산동파만의 차별성을 높일 수 있었다. 상지미와 함께 '산동의 두 명의 상씨'로 알려진 상걸常杰은 사온선舍緼善의 재전제자로, 페르시아 교학에서 크게 두각을 드러내며 산동파 학풍 조성에 기여했다.

산동(山東) 청진서대사(淸眞書大寺)

상지미는 종교인 양성 교육과 일반 무슬림 대중을 위한 경당교육을 동시에 시행했다. 그는 이슬람 경학을 발전시켜 이슬람 신앙과 윤리를 제시하였고, 회족의 단결과 사회 화합에 중대한 공헌을 하였다. 상지미는 말년에 『식인대략識人大略』을 지어 비석에 새겨 두었다. 그 비석에는 사업의 목적을 신앙 교육으로 무슬림 공동체를 통합하고, 사회 질서를 유지하며 민족 단결과 사회 화목을 도모하는 데 있다고 적었다. 그리고 상지미는 경당교육이 정착되던 시기에 무슬림 여성들의 교육을 위해서도 노력하였다. 상지미의 여성교육에 관해서는 다음 장에서 상세하게 다루고자 한다.

산동파의 경당교육은 상지미 학문이 전승되면서 융성하였는데, 이 학파는 사온선舍蘊善, 마백량馬伯良, 마군실馬君實, 상걸常杰, 조찬趙燦 등 유명한 이슬람 경사를 배출하였다. 그리고 산동파는 제녕을 중심으로 중국 북쪽의 산동山東, 하북河北, 북경北京, 천진天津, 내몽고內蒙古, 동북東北 등에도 영향을 미쳤다. 이 학파의 저서로는 상지미의 『해와의·미낙합길海瓦依·米诺哈吉』, 사기령舍起靈이 번역한 『성미록醒迷錄』, 조찬趙璨이 정리한 『경당계전보經堂系傳譜』, 마백량馬伯亮이 저술한 『교관미논教款微論』, 오준계가 번역한 『수진몽인수진몽인』, 『귀진요도歸眞要道』 등이 있다.

(3) 운남파(雲南派)

운남파는 운남의 저명한 경사經師이자 경당교육자인 마덕신馬德新과 마련원馬聯元이 창설한 학파이다. 마덕신은 어려서부터 부친에게서 아랍어와 페르시아어로 이슬람 경전을 배웠고, 40세에는 섬서陝西 지역으로 가서 경당교육의 창시자인 호등주의 4대 제자인 주량준周良駿 대이맘 문하에서 이슬람 경전을 공부하였다. 학업을 마치고 운남 지역으로 돌아와서 종교 지도자로 활동하였고, 청진사에서 이슬람 교리와 교의를 가르치면서 종교적 업무까지 맡았다.

마덕신은 운남에서 교육과 종교 활동을 하면서 중국에서는 참된 진리를 얻기 어렵다고 생각해 메카로 종교 순례를 떠났다.[09] 그는 미얀마, 인도 캘커타와 예멘, 메카를 순례하고, 그 후에는 카이로의 알 아즈하르 내학에서 일정 기간 공부하기도 하였다. 이스탄불에서는 술탄을 만나기도 하였으며, 아랍의 여러 국가, 리비아와 서양의 명승지를 방문해 자료를 수집하

---

09 馬德新, 『大化總歸』 馬開科序

고 고명한 이슬람 학자를 찾아가 가르침을 청하기도 했다. 1847년 아랍에서 귀국할 때 서양의 천문역법을 연구하기 위해 1년간 싱가포르에 머물면서 태양을 관찰하기도 하고, 이 지역 무슬림 갑부 상인이 소장한 이슬람 경전이 많다는 이야기를 듣고 그를 찾아가 교류하면서 자료를 열람하기도 했다. 1849년 여름 운남성에 돌아와서 학교를 세워 후학을 가르쳤는데, 무슬림들이 사방에서 몰려와 가르침을 청하였다. 이때부터 운남파 경당교육이 시작되었다.

마덕신은 이슬람에 관한 수많은 교재와 교과서를 집필하였다. 아랍어로 저술한 책으로는 『천방역원天方歷源』, 『이륵벽춘추尔勒壁春秋』가 있고, 그 외에도 이슬람 교재, 아랍어사법, 아랍 어법, 논리학 등이 있다. 한문 저서로는 『유명석의幽明釋義』, 『신원육잠信源六箴』, 『혹세잠醒世箴』, 『회귀요어會歸要語』 등이 있다.

운남파에서 활동한 또 다른 학자로는 마덕신의 제자 마연원馬聯元이 있다. 그도 메카를 순례하고 터키, 이라크 등 여러 나라를 방문하고 귀국한 후에 제자들에게 중국어와 아랍어를 함께 가르쳤다. 그는 30년 넘게 경당교육에 종사하면서 2,000여 명의 경생을 가르쳤고, 이들 경생들은 학업을 마친 후에 대부분 운남雲南, 귀주貴州, 사천四川 등지의 청진사에서 경사로 활동하였다. 마연원은 장기간 교육에 종사하면서 교재와 교수법을 개혁해 무슬림 학습에 적합한 교재를 편찬했다. 운남파가 흥기한 이후 경생들은 아랍어 문법, 아랍어 수사학, 꾸란 주석, 이슬람법, 이슬람 신학 등의 과목을 필수 과목으로 이수해야 했고, 나머지 경전은 혼자서 학습해야 했다. 이 학파의 특징은 아랍어와 페르시아어 경전을 동시에 교육했다는 데 있다. 운남파의 경사들은 수많은 저서와 번역을 남겼기 때문에 경당 교육사에서도 매우 중요한 위치를 차지한다.

경당교육에는 위에서 소개한 3대 학파 이외에도 금릉파金陵派가 있다. 금릉파金陵派는 남경南京을 중심으로 활동한 학파이다. 금릉파는 호등주가 제창한 전통에 연원을 두고 있으면서도 인도 경사 아세격阿世格이 전수한 인도 계통의 수피즘 전통을 결합하였다. 그리고 경당교육에 사용된 교재를 한문으로 번역한 것도 이 학파의 특징이다. 남경南京출신인 무슬림 학자, 특히 왕대여王岱與와 같은 한학파는 한문과 유학에 대한 조예가 깊었고, 경당 교육의 체계적인 학습과 남경의 문화 환경의 영향으로 인해 이슬람의 기본 지식과 교의를 유가 사상으로 번역하고 해석하였다. 남경학파가 이슬람 경전을 한문으로 번역한 것은 경당교육 발전에 크게 기여하였다.

위에서 논한 바와 같이 중국에서 경당교육은 명말청초明末清初에 시작해서 청나라 말기에 이르기까지 중국의 여러 지역에서 사승관계를 중심으로 전개되었고, 중국 무슬림을 위한 일반적인 종교 교육제도로 정착해 회족 무슬림 학자들을 대거 배출한 성과를 거두었다. 조찬의 『경학계전보』 서문에는 "지금까지 백여 년 동안 학업을 이어온 사람이 적지 않아 다행이다. 우리 청나라에 이슬람교를 담당한 학자와 인재가 마치 별처럼 많았다."라고 쓰여 있다. 실제로 경당교육이 성행하면서 이슬람 학자가 부족한 상황이 반전되기 시작했고, 경전 번역의 문제점이 해결되었으며, 확신할 수 없는 지식을 가르쳐야 하는 고민이 다소 줄어들었고, '경문 부족'의 어려움도 점차 해소되었다. 경당교육은 중국 무슬림들이 이슬람 문화를 전파하고 민족 결속력을 유지하는 중요한 통로가 되었다. 명말 청초의 저명한 학자 고염무顧炎武는 "회회回回는 그 풍습을 지키면서도 끝내 변하지 않았다."[10]라고 하였다. 중국 무슬림들이 우여곡절을 겪으면서도 중국 토양에 뿌리를 내릴 수 있었던 것은 호등주가 경당교육을 창시한 이래 수많은 종교 지도자를 양성하였기 때문일 것이다.

10 顧炎武,『天下君國利病書)』

2. 경당의 교육

1) 교육의 이념과 목적

(1) 교육의 이념: 바른 도(正道)를 밝힘

명말청초 중국이슬람은 알라의 진리를 깨닫고 일반 무슬림에게 종교 지식을 전달할 수 있는 종교 지도자가 부족했을 뿐만 아니라 일반 무슬림 또한 일상 생활에서 간단한 생활 금기도 지키지 않는 등 신앙 위기에 처하게 되었다. 당시 중국이슬람 공동체가 직면한 위기를 조찬은 『경학계전보』에서 "우리 이슬람교가 당나라 때 중국에 들어와서 명나라에 이르게 되었다. 이슬람 경전이 이 나라에 유입되긴 했지만, 그 학문을 전할 수가 없고 그 의미를 파악하기도 어렵다. 그러므로 여러 세대를 지났지만 교리에 정통한 사람이 없어 대부분 미혹의 길에 빠져서 깊은 꿈에 취해 깨어나지 못하고 있는 것과 같다."[11]라고 하면서, 당시 이슬람 사회가 직면한 문제를 진솔하게 표현하고 있다. 그래서 호등주는 중국이슬람이 미혹에서 벗어나 바른 도正道로 나아가도록 하는 것을 자신의 사명으로 삼았다.

조찬이 말한 '도道'는 원래 중국 전통 철학의 핵심 용어이다. 중국 전통 철학에서 도는 일반적으로는 방법, 수단, 도리, 규율 등의 의미뿐만 아니라 세계의 궁극적인 실재라는 의미로도 사용된다. 그러나 호등주는 도는 그 자체로서 최고의 개념이 될 수는 없고 반드시 알라를 전제로 한 후

---

11 趙燦, 앞의 책, p.1

에만 성립할 수 있는 개념으로 이해하면서, 도를 '알라의 도'로 해석한다. 즉 도는 알라에서 나온 천리天理의 당연한 법칙, 또는 알라가 세계를 창조하기 이전의 원형으로 해석했다. 호등주를 비롯한 중국이슬람 학자들은 이 도道 개념에 수식어 정正을 붙여 '바른 도'라고 표현했는데, 이는 신앙주의적 관점에서 다른 종교나 이슬람 내부의 이단적인 성향을 지닌 교파를 배척하고 이슬람의 진리를 옹호하려는 의도를 함축하고 있다.

이슬람의 등장은 자힐리아 시대의 다신 숭배를 배척하고 유일신 알라에 순종하도록 한 것에서 시작된다. 알라는 인류에게 자신의 존재와 진리를 가르쳐주고자 예언자들을 보냈지만, 인류는 그의 가르침을 원형대로 보존하지 못하고 그것을 왜곡시켰다. 그래서 알라는 무함마드를 마지막 사자로 파견하여 인류의 이러한 잘못을 바로잡도록 하였다. 무함마드가 이슬람을 개창한 것은 인류에 의해 왜곡된 도를 바로잡으려고 한 것이지 알라의 도를 창조하려고 한 것은 아니다. 호등주가 경당교육을 시작한 것도 무함마드와 크게 다르지 않다.

호등주는 당시에 성행하던 이단 종교들 사이에서 이슬람의 정통성을 밝히고자 했다. 경당교육이 등장할 무렵 중국이슬람은 교내외적으로 어려움에 직면해 있었다. 교외적으로는 명의 한화정책으로 이슬람의 정체성을 유지할 수 없었고, 한족들로부터 비난과 조롱을 받았다. 그리고 교내적으로는 이단 종파가 성행하였다. 앞에서 언급한 바와 같이 중국이슬람계에는 이슬람의 교리가 분명하지 않은 상황에서 객관적인 교리보다는 주관성이 강한 수피즘이 유입되면서 다양한 민간 신앙이 성행하였다. 그래서 이슬람과 민간 신앙이 결합하면서 다양한 이슬람 종파가 등장했다. 그들은 각자 자신들이 이슬람 정통을 계승하고 있다고 주장했지만, 그들의 교리와 종교 의식이 과연 이슬람 진리에 부합하는지를 검증할 수도 없었다. 이

때 경당교육이 등장해서 이슬람 진리를 밝히고 이단 종파를 배척하였다.

조찬은 호등주를 알라가 중국에 파견해서 왜곡된 진리를 바로잡게 한 인물로 평가하였다. 그는 비록 호등주를 무함마드와 같은 알라가 파견한 마지막 사자라고는 표현하지는 않았지만 중국에서 왜곡된 진리를 바로잡은 완인完人으로 칭하였다. 완인은 수피즘에서 신과 합일한人主合一 무슬림을 말한다. 조찬이 경당교육 창시자인 호등주를 지나치게 높이 평가하긴 했지만 그가 중국에 이슬람 이단 종파가 성행하고 있는 상황에서 이슬람의 도를 밝혀서 이슬람이 중국에서 번영할 수 있는 토대를 마련한 것에는 의심의 여지가 없다.[12]

호등주를 비롯한 무슬림 학자들은 중국 전통 종교와 철학을 비판하면서 이슬람의 정당성을 밝히고자 했다. 그들은 유학에서 말한 천(天)은 땅(地)과 짝개념이기 때문에 그 자체로 존재할 수 없고, 성리학에서의 리(理) 또한 공허한 의리에 불과하다고 비판하면서, 천과 리는 우주의 근본적인 실재가 될 수 없다고 보았다. 그들은 천과 리 개념을 부정하기 보다는 천과 리의 한계를 지적하면서 알라의 존재를 밝히고자 한다. 유지는 천과 리 모두 알라의 계획으로 해석하기도 했다. 이외에도 불교는 정신 실체만을 강조하면서 유일신을 부정했고, 도교에 대해서는 노자를 천지의 주(主)로 여기는 것은 사람을 주재자로 간주하는 황당한 이야기라고 비판하면서, 알라의 도를 드러내고자 하였다.

호등주가 경당교육을 시행한 목적은 타종교뿐만이 아니라 이슬람 내부의 이단 종파에 대응하기 위한 것에서도 찾아볼 수 있다. 이는 마드라

12 趙燦, 앞의 책, p.3

사가 건립된 배경과도 유사하다. 마드라사는 순니파인 니잠 알물크Nizam al-Mulk가 순니파의 정통 신앙을 갖춘 인재를 양성해서 시아파에 대응할 목적으로 건립한 교육기관이다.[13] 경당에서도 이단 종파에 대응하기 위해서 경생에게 순니파의 교의, 교리, 교법을 가르치고,[14] 경사와 이맘은 무슬림 대중에게 가르치는 방식으로 이슬람의 진리를 드러내고 이단을 배척하고자 했다. 이런 과정을 통해서 중국이슬람은 미혹에서 벗어나 바른 길正道로 나아갈 수 있었다.

경당교육에서는 순니파만을 정통으로 규정하지는 않았다. 당시 중국뿐만 아니라 중앙아시아에서 성행하던 수피즘도 적극적으로 수용한다. 이는 아랍의 마드라사에서 순니파를 정통으로 여기면서도 수피즘을 수용한 것과 유사하다. 14세기부터 수피 셰이크Shaykh들이 마드라사에서 법학이나 하디스를 가르치기도 하였다. 중국에서도 경당교육 종사자들은 수피 선교사와 교류하였다. 조찬이 『경학계전보』에서 호등주를 하늘에서 내린 완인完人으로 표현하고 있는 것에서도 알 수 있듯이, 호등주도 수피즘의 영향을 받았다. 이는 경당에서 읽은 경전 중에 수피즘 관련 저작이 많다는 것을 통해서도 알 수 있다. 일부 종교 지도자들은 서역이나 인도에서 들어온 수피 전교사들에게서 정신지도와 교화를 받기도 하였으며, 경당의 경사 중에는 오전에는 경생에게 교법을 가르치고 오후에는 수피 종교의례를

---

13 金義久, 앞의 책, p.134

14 중국에서 이슬람 하나피파와 관련 있는 경전으로는 『위알야(伟嘎耶)』가 있다. 이 책은 14세기 중앙아시아 이슬람학자 부르하딘 샤리아트 만함드(Ubidllah b. Mas'ud ?~1346)가 교법의 명저 『해달야(海达耶)』에서 중요한 구절을 발췌해서 편집한 책으로 알려져 있는데, 이 『伟嘎耶』은 '따른다'라는 의미를 지닌 아랍어 Wiqāyah의 음역이다. 즉 이슬람 교법을 따른다는 의미이다. 『伟嘎耶』은 중국에 전해진 이래로 경학 교육에서 경학 교육과 교법 연구에서 중요한 저서이었을 뿐만 아니라 중국의 일반 무슬림들에게 가장 인기 있는 교법 저서이다.

하는 이들도 있었다. 경당교육에서는 경생들에게 수피즘을 통해서 순니 법학파의 한계를 보완하도록 가르쳤다. 그래서 경당교육에서도 알라의 뜻에 복종하는 법리적 해석과 이슬람 지도자가 갖추어야 할 소양 교육이 주를 이루면서도 종교 생활에서는 신비주의의 정신수련을 실천하기도 하였다.

그러나 경당교육에서 모든 수피즘을 인정한 것은 아니다. 수피즘은 교법 준수 여부에 따라서 준법적 수피즘과 비준법적 수피즘으로 구분한다. 준법적 수피즘에서는 교승敎乘, Sharia, 도승道乘, Tariqah, 진승眞乘, Haqiqan의 3단계 영적 과정을 강조한다. 하지만 일부 수피들은 종교적 실천 행위들이 신비적 직관이나 신과의 합일에 이르기 위한 영적 도정에서 자신들을 분리하기 때문에 3단계의 영적 과정에서 교승을 제외해야 한다고 주장하면서 메카로 신을 찾아가는 것보다도 자신 내면에서 신을 찾아야 한다고 말한다. 그래서 그들은 때로는 경을 외우거나 춤을 추는 등 시아파적인 경향을 보였는데, 이들을 비준법적 수피즘이라고 한다. 경당교육에서는 준법적 수피즘을 정도정통 이슬람로 간주하고, 비준법적 수피 교단을 '이단異端' 또는 '외도外道', '좌도左道'라고 부르면서 강력하게 비판하였다. 경당교육에서는 내세의 구원을 추구하기 보다는 도덕적 규범을 실천하면서 초월자인 알라를 체험하고자 하였다.

조찬은 중국에서 바른 도正道가 드러나지 않는다고 해서 이슬람의 진리가 없어지는 것은 아니라고 보았다. 『꾸란』에서 알라는 초월자이고 절대자로서 사람이 생각하고 말하는 모든 것 이상의 존재자이며, 어떤 경우에도 소멸되거나 생성되지 않는 영원한 진리라고 강조한다. 조찬은 당시 중국이슬람의 교세가 약해지거나 드러나지 않는 것은 알라의 의자가 아니라 인간의 마음신앙심이 왜곡되었기 때문이라고 지적한다. 인류가 알라의 말씀에 따르지 않았기 때문에 이슬람의 도가 끊어지고, 도가 끊어지면 인간이 타락하고, 인간이 타락하면 이단이 성행하게 된다고 보았다. 그래서 호등주는 이단이 성행한 것은 인간 신앙심의 문제이지 알라의 의지와는 아무런 관련이 없다고 주장하면서 왜곡된 도를 바로잡기 위해서는 유일신 알라의 존재를 밝히고 그의 말씀에 순종해야 한다고 강조한다.

위에서 살펴본 바와 같이, 경당교육은 종교지도자를 배양해서 이슬람의 진리를 밝히고 이단을 배척하고, 무슬림 대중들이 올바른 신앙심을 길러서 건전한 종교 활동을 할 수 있도록 인도할 목적으로 창시하였다.

(2) 교육 목적: 바른 가르침(正教)을 드러냄

명나라 말기 중국이슬람에서는 경전이 전해지지 않았을 뿐만 아니라 종교 지도자조차도 경전을 분명하게 알지 못하였다. 조찬은 『경학계전보』에서 "사람은 음식으로 굶주림을 해결할 수 있다는 것은 알면서도 배움으로 어리석음을 극복할 수 있다는 것은 모른다. 사람의 굶주림은 오히려 잘 해결하면서도 어리석음은 해결하지 못한다. 어리석으면 반드시 의심하게 되고, 의심하면 결국 미혹에 빠지게 된다."[15]라고 하면서, 신앙의 위기를 초래하게 된 근본적인 원인은 어리석음에 있다는 것을 지적하고, 어리석음에서 벗어나기 위해서는 이슬람의 지식을 습득하는 교육이 필요하다는 것을 강조한다.

『꾸란』 곳곳에는 어리석음에서 벗어날 수 있는 지식을 강조하는 구절이 산재해 있는데, 무함마드는 그의 추종자들에게 "학문을 탐구함에는 중국의 오지라도 가서 배워라. 학문을 탐구하기 위하여 집을 두고 길을 떠

15 趙燦, 앞의 책, p.3 "人皆知以食愈饑, 莫知以學愈愚, 人之饑猶可也 愚則必不可也. 只緣愚則必惑終至于迷耳."

나는 자는 하나님의 길을 가는 자이다."라고 할 정도로 지식을 찾아 여행을 떠나는 것을 알라에게로 다가가는 길이라고 강조하면서 지식을 장려하였다. 호등주도 중국무슬림의 신앙의 위기는 이슬람에 관한 지식이 부족하기 때문에 초래된 것으로 보았다.

무함마드가 강조한 지식의 근원은 알라의 도말씀에 있다. 알라가 인류의 시조인 아담에게 도를 전수하고, 아담이 알라를 대신해 그 도를 널리 알리고 규범을 세웠지만, 그 도가 왜곡되어 끊어지자 무함마드가 그 도를 천사를 통해 계시받아서 이슬람을 창시하였다. 그래서 알라의 도를 알지 못하면 신앙이 돈독하지 못하게 되고, 그 신앙이 돈독하지 못하면 그 도가 온전하지 못하게 된다. 그 도가 온전하지 못하면 알라에 복종하지 않는다. 그러나 알라의 도는 무형의 정신이기 때문에 반드시 무함마드의 가르침이 있어야만 밖으로 드러낼 수 있다. 그래서 경당교육 학자들은 '교敎'의 의미를 초월적인 존재를 신봉하는 종교적 의미보다는 오히려 교화敎化, 교도敎導, 교훈敎訓 등과 같은 교육적인 의미를 더욱 강조하였다.[16]

경당교육에서는 이슬람의 가르침교을 유학의 수신修身으로 설명한다. 무함마드의 가르침을 따르지 않는 원인을 인간의 사사로움에서 찾는다. 마덕신은 "우리 이슬람을 '청진淸眞'이라고 표현한다. '청淸'은 더러움에 오염되지 않는다는 의미이며, 근원이 있음을 아는 것을 중시여긴다. '진眞'이라는 것은 사사로움에 섞이지 않는다는 의미이며, 바름이 있음을 아는 것을 중시여긴다. 무슬림이 알라의 은혜를 받고 성인의 가르침을 따라서 한 말씀, 한 글자 모두 준수하면, 행하고 그치는 바가 반드시 바름으로 돌아

16 金義久, 앞의 책, p. 385

간다."[17]라고 하면서, 이슬람의 신앙을 마음의 문제로 해석하고, 수신을 통해서 신앙심을 강화해야 한다고 주장한다. 그런데 무슬림의 수신은 불교의 정좌나 도교의 수련과 같은 수행방식과는 달리 무함마드의 가르침에 따라 다섯 기둥과 같은 종교 의식을 거행하고 일상 생활을 바르게 살아 가는것에 있다.

경당교육 학자들에게 무함마드는 인류가 사사로운 욕심에서 벗어나서 알라의 뜻正道에 따라서 살도록 안내하는 교사이다. 실제로 무함마드는 알 아르깜의 집과 자신의 짐에서 추종자들에게 이슬람 지식을 전수하였다. 이를 이슬람 교육의 측면에서 보면, 알라의 진리가 교육 내용이 되고, 무함마드는 교사이고, 추종자들은 그의 학생이다.

마덕신은 교육자로서 무함마드의 역할을 해와 달에 비유해서 설명한다. "세상에 성현이 태어난 것은 마치 하늘이 해와 달을 밝히는 것과 같다. 해와 달이 없으면 세계는 밝지 않고, 성인이 없으면 천하가 우매하게 된다."[18]라고 하였다. 이슬람에서 무함마드는 알라의 계명을 인류에게 전달할 뿐만 아니라 민중이 알라의 가르침에 따라 살도록 인도한다. 그래서 이슬람 교육은 이슬람 소양을 갖춘 인재를 양성해서 민중을 무지한 상태에서 벗어나게 해 이슬람의 진리를 밝히고 인류 문명 사회를 건설하기 위한 토대이다.

경당교육에서는 기독교와 같이 인간과 신 사이에 영적인 어떠한 매개

---

17 馬德新, 『禮法捷近』, "吾教之名爲淸眞也. 夫淸者不染于濁, 貴乎知有源也. 眞者不雜于邪, 貴乎知有正也. 吾人受主之恩, 遵聖之教, 則一言一字, 必遵其源 所行所止, 必歸于正."

18 馬聯元, 『性命宗旨』, "世之生聖賢, 如天地麗日月, 無日月則世界不明, 無聖賢則天下愚昧"

체를 두지 않고 오히려 인간과 신의 직접적인 관계만을 중시한다. 그래서 기독교와 같이 인간과 신 사이에 영적 자질과 권위를 갖는 특별한 집단, 즉 사제집단은 없다. 이슬람을 믿는 사람은 모두 평등하기에 이슬람에서는 다른 사람보다 자신이 신에게 더 가까이 있다고 말할 수 있는 사람은 없다. 이는 무함마드도 마찬가지이다. 그는 생전에 자신뿐만 아니라 알라 이외의 그 어떤 것도 숭배하지 말 것을 당부했다. 이슬람의 교의敎義에서 보면, 무함마드는 일반 무슬림과 같은 인간일 뿐이다. 하지만 그는 알라의 계시를 받고 인류를 바른 길로 안내하는 큰 스승이며, 인류가 본받아야 할 모범이다. 일반인은 무함마드에게서 알라에게 계시받은 내용을 듣는 학생이고, 그것을 들은 무슬림은 다른 사람에게 알라신의 말씀을 전하는 교사가 된다. 이런 방식으로 이슬람은 타인에게 전해지고 다음 세대에 전해지면서 이슬람의 신앙을 지속시키고자 한다.

중국이슬람 학자들도 경당교육을 통해 이슬람을 대를 이어 계속 전할 수 있을 것으로 보았다. 경생은 경당에서 학업을 마친 후에 서원이나 예배당에 초정되어 무슬림에게 이슬람 신앙의 기본 지식을 전달한다. 청진사에서는 일반 신도들의 종교의례와 일상생활을 지도하고, 교방敎坊에서는 일반 신도들의 종교 활동을 돕고 도덕적 행위를 독려했다. 경당교육을 받고 종교 지도자가 된 경생은 고향이나 다른 지역 청진사나 예배당에서 경생이나 종교인을 가르칠 수 있었다. 경당은 이슬람에 관한 지식을 중국 내 이슬람 세계에 전파하는 기점이자, 교사 양성의 중심지라는 점에 경당의 본질적 의미가 있다.

(3) 교육 내용: 의무(天道)와 도덕적 실천(人道)

경당교육 학자들은 중국에서 이슬람의 지속적 발전을 위해서 종교 지도자를 양성하고자 했다. 종교지도자들은 무슬림의 가르침을 학습하고 무슬림 대중들에게 전달해야 할 의무를 다해야 한다. 이슬람에서 구원에 이르는 길은 기독교인처럼 그리스도를 받아들이고 그를 믿는 데 있는 것이 아니라 샤리아법를 받아들이고 이에 복종하는 데 있다. 이러한 이슬람법에는 알라에게로 다가가게 하는 종교 교육과 사람과 사람, 사람과 사회의 관계에 관한 세속적인 규범과 제도로 구분된다. 경당교육 학자들은 전자인 종교 교육을 천도天道로, 후자인 세속적인 규범과 제도를 인도人道로 표현했다. 그러나 이 두 가지는 분리되지 않는다. 그래서 경당교육에서는 종교 교육과 세속윤리를 경생들에게 가르치고, 그러한 법을 일반 무슬림에게 전달하도록 하였다.

중국이슬람에서 천도天道는 알라와 인간과의 관계를 나타내는 종교적 의무義務로 이슬람에서 기본적인 공부인 오공五功, 다섯 가지 기둥을 표현한 용어이다. 오공은 신앙증언念, shahada, 예배禮, salat, 단식齋, samu, 희사科, zakat, 순례朝, hajj의 다섯 기둥이다. 중국 무슬림은 오공을 유학적인 용어로 해석하고 실천하였다. 오공이 이슬람 국가에서는 신앙을 표현하는 의식이라면, 중국에서는 수신으로 이해한다. 앞에서도 언급한 바와 같이 이슬람의 존립과 소멸은 신의 의지가 아니라 알라를 신앙하는지 그렇지 않는지에 따라 결정되며, 그 신앙심의 깊이는 사욕의 많고 적음에 의해 결정된다. 그래서 중국 무슬림 학자들은 마음을 깨끗하게 하면 저절로 알라의 뜻에 복종하게 된다고 보았다.

주지하였듯이 중국 경당교육에서는 신앙을 수신修身으로 해석한다. 다섯 기둥 중에서 알라가 유일신임을 믿고 무함마드가 마지막 사자임을 믿는다는 신앙고백은 자신을 성찰하는 의식으로 해석한다. 예배禮拜도 마찬가지이다. 예배는 알라를 찬미하고 유일하심과 전지전능하심을 깨닫고 경배드리기 위한 목적으로 시행한다. 하지만 경당교육에서는 꾸란의 "예배의 열쇠는 세정이다."라는 구절에 근거해서 과거의 죄를 깨끗하게 씻어 내는 의례로 해석한다. 라마단 기간에 단식하는 것은 타인, 특히 가난하고 배고픈 사람들과 자신이 본래 다르지 않다는 것을 깨닫는 의례이고, 자선은 널리 이웃을 이롭게 한다는 인仁를 실천하기 위한 의례로 해석한다. 그리고 메디나 순례를 형식적 조문으로 간주하면서, 메디나 순례보다 더욱 중요한 것은 무형의 참관參觀이라고 한다. 순례 장소는 멀고 가까울 수 있지만, 알라신은 가깝고 먼 것이 없고 특별한 장소에 있는 것이 아니라 시간과 공간을 초월해 존재한다.[19] 그래서 중국무슬림 학자들은 일상생활에서 알라를 체험하기 위해 노력해야 한다고 강조한다. 이같이 경당교육에서는 이슬람의 다섯 기둥, 즉 오공을 유가의 수신과 관련해서 가르쳤다.

경당교육에서는 인도人道에 관한 교육도 중시했다. 물론 아랍 이슬람에서도 그들은 국가에 충성하고 부모에게 효도하고 이웃을 사랑하는 등 세속윤리를 중시한다. 경당교육에서는 이러한 이슬람의 인륜 관계를 유가의 수신修身, 제가齊國, 치국治國, 평천하平天下를 수용해서 해석하는데, '정심正心, 수신修身, 애중愛衆, 위국衛國, 구세救世' 등 다섯 가지 세속적 덕목으로 설명한다. 이는 명청 시기 회족의 무슬림 학자들이 강조한 세속적인 도덕 규범인 오전五典에 해당한다. 그들은 이슬람의 세속적인 가치를 유학의 오륜과 다르지 않다고 하면서도 그 당위성은 알라의 명령에 둔다.

중국이슬람에서 오공과 오전은 모두 알라와 관련된다. 오공이 알라

---

19 劉智,『天方典禮』, 卷五 五功篇, 總綱, 念眞,"禮眞,齋戒 朝覲天闕也. 時念眞宰, 靜存動察, 心不妄馳也. 日禮五時, 謹之又謹, 滌之又滌也. 歲齋一月, 以制嗜欲之私, 歲捐課財, 以普利物之仁, 終身一覲天闕, 以實志誠向往之念"

에게로 다가가기 위한 수신이라면, 오전은 알라의 계시를 실천하는 행위다. 그리고 유가의 오륜(오전)은 이슬람의 오공을 통해서 실현될 수 있고, 이슬람의 오공은 유가 오륜의 실현 가능 조건으로 이해한다. 그들의 유교적 해석은 이슬람을 부정하기보다는 알라의 창조 과정과 세계를 좀 더 분명하게 설명하고, 알라에게 쉽게 다가갈 수 있는 이론적 근거로 제시해 준다. 이같이 그들은 유학의 세속적 가치를 부정하긴 보다는 적극적으로 수용하였다.

경당교육에서는 경생에게 종교지식과 교수법을 전수할 뿐만 아니라 그들의 도덕 품성과 생활 능력을 높이는 것을 더 중요시했다. 이에 관한 교육의 목표는 조찬의 『경학계전보』에 다음과 같이 요약되어 있다.

(1) 배움이 있어야 한다(有學): 끈기 있게 공부해야 하며, 학습한 것은 반드시 성취한 바가 있어야 한다.
(2) 전달할 수 있는 능력을 지녀야 한다.(有傳): 학습자에게 말과 행동으로 이슬람의 진리를 전수할 수 있는 교육사상과 교수법을 습득해야 한다.
(3) 도덕적 품성을 지녀야 한다(有德): 몸을 청결하게 하고 규범을 지킬 수 있는 도덕적 품성과 품행을 갖추어야 한다.
(4) 말과 글로 표현할 수 있어야 한다(有言): 학습자를 가르칠 수 있어야 할 뿐만이 아니라 문장으로써 제 생각을 표현할 수 있어야 한다.
(5) 순수한 믿음을 지녀야 한다(有守): 어려운 환경에서도 순수한 믿음을 지니고 종교 교육에 헌신할 수 있어야 하고, 두 세계(현세와 내세)의 행복을 추구하려는 정신을 지니고 있어야 한다.

중국 경당교육에서는 덕과 재능을 동시에 추구한다. 이슬람 문화에서 지향하는 이상적인 역할은 낮에는 전사, 밤에는 수행자이다. 즉 종교인으로서 종교지식뿐만 아니라 현실을 잘 다스릴 수 있는 능력을 지녀야 한다. 경당교육은 항상 덕을 중시하며 지식과 실천을 함께 추구하였다. 중국에서 경당교육은 종교 인재를 양성하고 이슬람 전통 교육사상을 발전시키는 데 중요한 역할을 하였다. 이러한 교육을 통해서 현실에서는 세속적 가치를 실현하고 경건한 신앙인으로서 삶을 통해서 현세의 행복과 내세의 구원을 추구할 수 있는 정신을 지닌 인재를 배양하고자 하였다.

(4) 외국어 표기와 교재 번역

이슬람이 처음 중국에 들어왔을 때 이슬람 공동체에서는 아랍어를 사용하였고, 페르시아어 경전이나 교재를 읽었다. 가정에서도 아랍어와 페르시아어로 쓰인 경전을 공부하였고, 아랍어와 페르시아어 경전을 읽을 수 있는 능력은 무슬림 신앙의 굳건함을 판단하는 기준이었다.

하지만 명대 중·후기 중국무슬림은 종교활동에서만 아랍어와 페르시아어를 사용하였고, 일상생활에서는 한어를 사용하였다. 아랍어와 페르시아어가 회족의 일상생활에서 점차 사라지자 일반 무슬림뿐만 아니라 종교지도자인 이맘까지도 꾸란을 '소리 내어 읽을 수는 있지만 그 의미를 이해할 수는 없다.'는 이야기가 유행하였다. 경당교육을 담당하는 학자들은 일반 무슬림들이 아랍어나 페르시아어 경전을 쉽게 읽을 수 있도록 새로운 언어를 만들어서 표기하거나 한문으로 번역하였다.

경당교육에서 사용된 언어는 아랍어, 경당어經堂語, 소경小經, 小儿錦이 있다. 그 중에 경당어는 경당교육에 사용된 전문 언어이다. 경당어라는 용어는 유지劉智가 '경당어기經堂語氣'라고 칭한 데서 유래하지만, 그 이전 호등주가 경당에서 학생들에게 이슬람 경전을 강의할 때부터 사용했다. 경당에서 학생들에게 이슬람 경전을 강의할 때 사용한 경당어는 단어와 문장 구조는 한어와 같지만, 아랍과 페르시아의 종교 단어와 혼합해서 만든 언어이다.

경당어(經堂語)

무슬림은 아랍어와 페르시아어로 작성한 경문을 '대경大經'이라고 부르고, 아랍어 문자로 중국어를 표기하는 병음문자를 '소경小經'이라고 불렀다. 경당교육 초기에 일반 무슬림은 아랍어와 페르시아어를 주로 사용하였고, 한문을 읽고 쓸 수 있는 사람은 매우 적었다. 그러나 회족 지식인이 중국어와 아랍어, 페르시아어를 구사할 수 있었던 덕분에 중국어를 알파벳으로 철자한 '소경小經' 문자가 확산되었다. 소경은 회족 선조들이 중국에 처음 들어올 때부터 사용되었지만, 경당교육이 시작되면서 공식적으로 사용되었다. 경당 수강생들은 배운 경문을 기억하고 익히기 위해 한자를 아라비아 알파벳으로 철자綴字하여 주석을 달고 필기하였다. 경당 학생뿐 아니라 경사와 이맘도 소경을 사용했는데, 한문을 쓸 줄 모르는 경사가 많아 아랍어로만 한문을 철자할 수 있었다. 경당교육에서는 병음문자와 같은 특수어를 이용해 아랍어와 페르시아어 경전을 읽었다. 이 언어들을 한자어로 음역하는 과정에서 만들어진 경당어나 소경은 청진사 내에서뿐만이 아니라 회족의 일상에서도 사용되었다.

경당에서는 교육과정에 필요한 한문 교재漢-Kitab를 개발하였다. 경당교육이 시작되기 전에 이미 회족 무슬림은 이슬람 경전을 한문으로 번역하려고 시도했지만 성공하지는 못했다. 경당교육이 시작되면서 한문 번역과 저작 활동도 활기를 띠었다. 중국 무슬림 학자들은 경당교육에서 아랍어와 페르시아를 배우고, 한어에 능숙해서 한어로 이슬람교 경전을 번역하고 저술하기 시작했다. 대표적인 학자로는 경당교육 출신인 왕대여王垈輿, 유지劉智 등이 있다. 그들이 한문으로 번역하고 저술한 책을 한 키탑漢-kitab이라고 한다. 한 키탑漢-kitab은 중국어를 뜻하는 한漢과 아랍어로 서적을 뜻하는 키탑kitab의 합성어로 '한문으로 된 이슬람 서적'을 뜻한다. 한 키탑은 중국 무슬림 가정에서 교재로 사용되었을 뿐만 아니라 한족 출신 유학자들이 이슬람 문화와 철학을 배우는 데에도 도움이 되었다.

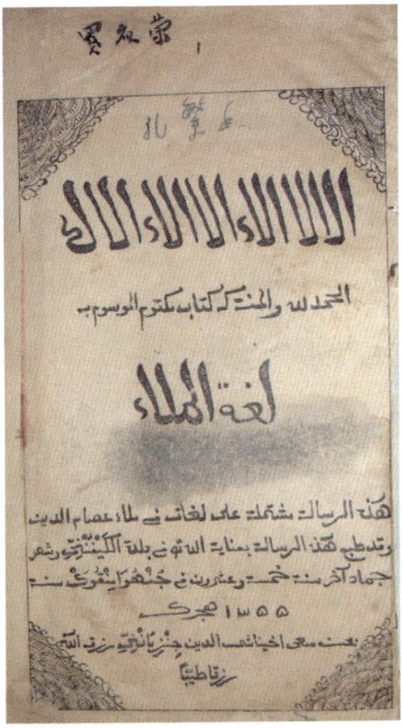

소경(小經)

한 키탑의 출판은 명나라 후기에 서구의 근대문화가 유입될 때까지 이어졌다. 백수의白壽彝는 『중국이슬람사中國伊斯蘭史』에서 중국이슬람 역사를 왕대여와 유지에 이르는 1단계와 유지부터 마덕신馬德新과 마련원馬聯元을 중심으로 하는 2단계로 구분했다. 1단계에서는 남경 중심의 종교철학과 종교사상에 관한 내용을 다루고, 2단계에서는 운남 중심의 종교철학, 종교사상, 천문역법과 지리, 그리고 꾸란을 번역하였다.[20]

1단계는 중국이슬람 학자들이 대략 1570년에서 1780년에 한문 번역과 저술 활동을 하던 시기이다. 이 단계에서는 무슬림 내부의 지도자를 양성할 목적으로 한문으로 이슬람 경전을 번역하였다. 그들이 번역한 경전

---

20 白壽彝, 『中國伊斯蘭史』, (北京, 中國社會科學出版社,1998), p.555

은 경당교육 교과서와 강의록으로 활용되었다. 이들의 번역서는 유학의 가치관과 세계관을 수용하면서도 이슬람교의 기본적 특징을 분명하게 드러내었다. 대표적인 학자로는 왕대여, 유지, 김천주金天柱 등이 있다.

2단계는 1780년에서 1940년에 한문 교재를 개발하고 저술 활동을 하던 단계이다. 이 단계에서는 마덕신馬德信이 메디나를 순례하고 돌아와 『사전요회四典要會』, 『대화총귀大化總歸』, 『천방정학天方正學』 등의 저서를 출판하고 이슬람 경전을 번역한 단계이다. 마덕신은 메카를 순례하면서 와하비즘 운동을 경험하고, 귀국 후에는 이슬람 세속화 과정에서 벗어나 이슬람의 순수한 신앙을 회복하고자 노력했다. 그래서 그는 꾸란과 순나에 근거를 두고 당시 중국이슬람의 왜곡된 의례 행위를 바로잡고, 1단계에서 번역된 이슬람 경전을 비판적으로 검토하였다. 이슬람 경전의 한역은 이슬람을 한족에게 쉽게 전달할 수는 있었지만, 이슬람의 정체성을 드러내지 못했을 뿐만이 아니라 때로는 왜곡시켰다. 그래서 이 시기 경당학자들은 이슬람의 원래 의미를 회복하고자 노력하였다. 그들은 이슬람의 정체성을 확립하기 위해서는 우선 꾸란을 중국어로 번역하고, 이슬람의 원래 의미를 밝힌 후에 그 의미를 유학 내부에서 찾고자 하였다. 그래서 그들은 먼저 진정한 회족眞回이 되어야만 진정한 유자眞儒가 될 수 있다고 주장했다. 그리고 이 무렵에는 서양 문화가 본격적으로 유입되면서 전통사상인 유가, 불가, 도가에는 우호적인 입장을 취하면서도 기독교에 대해서는 비판적이었다. 2단계의 대표적인 학자로는 마덕신, 마련원 등이 있다.

2) 교육방법

명대 후반에 경당교육이 회족 공동체를 중심으로 급속하게 발전하였다. 청대에 이르러 경당교육은 규모와 범위가 더욱 확대되었고, 교과과정, 교재, 학생경생 선발 방식 등이 체계를 갖추면서 제도화되었는데, 이는 청말 운남파雲南學派 마덕신馬德新, 마련원馬聯元 등의 공헌이 컸다. 그들은 경당교육을 소학小學, 중학中學, 대학大學으로 구분하면서 경당교육을 단계적이고 연속적인 교육과정으로 구성하였다. 그런데 이 세 과정 중에서 중학은 어린 시절에 경문을 배우지 못한 무슬림을 위해서 설립된 비정규 교육 과정이다. 그래서 중학은 일부 청진사에서만 개설되었다. 대학의 초급반을 중학으로 간주하기도 한다. 이렇게 구분하면, 소학에서는 계몽교육, 대학 초급반에서는 중학교육, 고급반에서는 대학교육을 담당한다. 경당교육은 두 과정 또는 세 과정으로 개설할 수 있지만, 엄격한 의미에서 경당교육은 대학교육만을 말한다.

청대 경당교육은 대부분 '소학'과 '대학' 두 과정만으로 개설하였다. '소학'과 '대학'이라는 명칭은 유학의 경전인 『소학(小學)』과 『대학(大學)』을 빌려서 붙인 이름이다. 유학에서 『소학小學』은 15세 이하의 아동이 읽어야 할 서적이고, 『대학大學』은 15세 이상 성인이 읽어야 할 서적이다. 『소학』은 일상생활에서의 행위와 규범을 가르치는 경전이라면, 『대학』은 도덕적 형이상학과 심성수양론에 관한 책이다. 경당교육에서 소학과 대학은 전통 이슬람에서의 쿠탑과 마드라사 교육과정에 해당한다. 정통 이슬람의 쿠탑 과정에서 경전을 암송하거나 이슬람의 기본 교리를 학습한 후에 마드라사에 입학해서는 이슬람에 관한 전문적인 지식을 교육받았다. 중동 지역에서 쿠탑과 마드라사가 서로 다른 공간에 위치하였다면, 중국에서는 소학과 대학을 같은 장소에 개설하였다. 소학은 교육 장소가 별도로 정해지지는 않았지만, 대부분은 청진사 내 또는 청진사 부근에서 개설되었다. 아래에서는 경당교육을 소학과 대학으로 나누어서 그 교육 과정을 설명하고자 한다.

(1) 소학(小學)

소학은 어린 아이들에게 경문과 종교 상식을 가르치기 위해서 설립한 학교이다. 중국이슬람에서는 소학을 '경학經學', '소학小學', 혹은 '경문소학經文小學'이라고 불렀다. 소학은 전통 이슬람의 쿠탑에 해당된다.[21] 소학에서는 보통 6-13세 사이의 아동을 모집해서 초급 아랍어와 종교 상식을 가르쳤다. 아이들은 아침저녁으로 모스크에 가서 학습해야 하는데, 구체적인 장소와 시간을 정하지 않고 비교적 자유롭게 학습하였다. 강당 안이나 대전大殿의 복도, 교사의 거처, 때로는 큰 나무 그늘 밑에서 배우기도 하였다. 소학에서는 남녀를 구별해서 가르쳤는데, 남학생은 청진사에서 공부하고, 여학생은 주로 개인 주택에서 학습하였다. 그리고 학습 시간은 종일 학습

---

21 "서범종은 쿠탑을 다음과 같이 설명하고 있다. 꾸란과 예배 등 기초적인 종교지식과 더불어 읽기, 쓰기, 수영, 등을 배웠다. 이런 초등 교육을 수행한 곳을 쿠탑(Kuttāb)이라고 불렀다. 상위기관인 마드라사에 진학하기 위한 준비 과정으로 아이들에게 무슬림이 지켜야 할 덕목을 가르쳤다. 이슬람 이전에 쿠탑은 아이들에게 읽고 쓰는 것을 주로 가르쳤다. 초등교육기관으로서 쿠탑은 이슬람이 출현한 이후로는 읽고 쓰는 것 이외에, 아이들과 새 개종자들이 진정한 무슬림이 되도록 이들을 가르치는 일을 담당하였다. 이는 쿠탑이 종교적 기능을 시작하였다고 볼 수 있다. 쿠탑은 마드라사가 출현하기 이전에 유일한 교육기관으로서 특정 계층만을 위하여 세워진 교육기관이 아니었으며 누구든지 원하면 배울 수 있는 대중적으로 열려있는 교육기관이었다. 그러나 많은 수의 학생들이 쿠탑에서 공부를 한 것이 아니라 소수의 학생들만 공부하였다. 쿠탑은 이슬람 초기부터 활발하게 발달하여 아랍세계는 물론 이슬람 정복지에서 널리 확대되었다. 이는 이슬람 초기에 피정복민을 이슬람화하는데 커다란 기여했을 것으로 보인다. 쿠탑은 아이들에게 평생 무슬림으로서 살아가야 할 덕목을 가르치고 장차 고등 교육기관인 마드라사에 갈 인재들을 위한 준비과정의 학교로서의 위상을 지녔다고 할 수 있다. 서당 형태의 쿠탑이 존재하였다." 서범종, "이슬람 교육의 이해를 위한 기초 연구,"『한국교육학연구』23, 2 (2013): 117-118쪽.

할 때도 있고 반나절 정도만 할 때도 있었다. 때로는 소학교 교사인 이맘 집에서 야간 학습을 하기도 했다. 이맘이 여러 상황을 고려해서 학습 시간을 정하였다.

농한기에는 장시간 수업을 하고 농번기에는 농사일을 도우며 수업을 하다 보니 농번기 수업 시간이 농한기 수업 시간보다 적었다. 개학 이맘이 소학교에서 어린아이들에게 경학을 가르쳤지만, 대부분은 청진사의 일반 이맘이나 경당의 고급반 경생인 대해리범초급 경당교육을 공부하는 학생은 '소해리범'이라고 칭함이 담당했다. 소학에는 자유롭게 입학하거나 자퇴할 수 있었다. 소학 과정에서는 학생들의 학력 수준이 달랐지만 학년이나 반을 구분하지 않고 다함께 학습했으며 학습 기한도 별도로 정해진 것은 없었다.

소학은 일반적으로 종교 기초 지식을 습득하는 것을 목표로 하는데, 대략 3·4년 정도 학습한다. 소학에서 수업은 아랍어 표음 자모의 맞춤법에 따라 읽는 것부터 배운다. 가르치는 방법이나 학교 체제는 사숙식이다. 교사가 먼저 책을 읽으면 학생들이 따라 읽고, 학생들이 읽으면 선생님이 바로 잡아 준다. 학생들이 이런 방법으로 반복하면 나중에는 경문을 혼자서 읽을 수 있다. 교사는 학생들에게 꾸란의 종교 계율을 매일 암송하도록 하고, 아랍 기도문을 가르친다.

학습 과목으로 아랍어 알파벳 발음과 병음 연습이 있다. 교사는 매번 학습 과정에서 발음과 병음 연습을 하도록 지도한다. 아랍어 알파벳을 학생들이 반복적으로 읽을 수 있도록 소, 양 또는 낙타의 어깻죽지 뼈나 종이 위에 붓으로 경전 구절, 종교 계율 등을 적어두고 적힌 내용을 반복해서 암기하면, 자연스럽게 경전을 읽을 수 있게 된다. 1980년대까지 일부 회족이 거주하는 외딴 농촌 지역에서 이 관행이 지속되었다. 게다가 회족 무슬림은 아랍어를 신성한 언어로 여겨 '경자經字'라고 불렀고, 일상생활에서 아랍어가 적힌 물건은 존경하는 마음으로 함부로 버리지 않았다. 경당 교육의 경생들은 경전 문자를 외운 뒤 소 견갑골에 묻은 알파벳 잉크를 혀로 핥기까지 했는데, 이는 어린이들이 아랍의 경전을 영원히 기억하기를 바라는 일종의 독실한 동경의 표현이었다.

두 번째 과정에서는 『개리매凱里邁』이라는 과목을 학습한다. 이 과정에서는 경생이 이슬람의 기본 종교 신조의 원문을 반복하여 읽으면, 경사가 그 내용을 입으로 번역해 주는 과정이다. 이 과정에서 다양한 병음법의 종합적인 적용과 학생의 종교 신조에 관한 기본 훈련을 할 수 있다.

세 번째 과정에서는 『해은亥听, Khatm al—Qur'an』을 공부한다. 『해은亥听』은 아랍어 음역이며, 『해은孩听』, 『해첩亥帖』으로 번역하기도 한다. 이것은 『꾸란』 선집을 통칭하는 용어로 경당교육 교사가 꾸란에서 일상 종교 생활에 필요한 내용을 발췌해서 편집한 책이다. 이 책에서 아동은 예배를 드리는 방법과 꾸란을 통째로 읽는 방법을 배우고, 교사는 학생들이 이 책을 능숙하게 암송할 수 있도록 가르친다.

네 번째 과정에서는 『개혁보凱赫甫』를 학습한다. 『개혁보』는 꾸란 18장, 110절로 구성된 책이다. 이 책은 나중에 이슬람 종교 활동에 참여하여 암송할 수 있도록 운율에 맞추어서 암송 연습을 하기 위해 제작되었다.

다섯 번째 과정에서는 『마첩乜帖』을 학습한다. '마첩'은 바람, 의도, 결심 등을 의미하는 이슬람 용어로, 이 책은 각종 축사나 기도사를 담고 있다. 초보적인 종교지식을 습득하기 위해 가볍게 읽어볼 만한 읽을거리로 '잡학雜學'이라고도 불렀다.

소학에서 학습하는 기간 중에 나이가 많은 학생은 예배, 봉재封齋 등에 참여할 수 있지만, 대외 종교행사에는 참여할 수 없다. 소학 과정을 수료한 후 자격을 갖춘 사람은 대학에 진학해서 학습할 수 있다.

(2) 대학(大學)

경당교육에서 대학은 '경문대학經文大學', '회문대학回文大學'이라고 불린다. 호등주와 그의 제자들이 경당교육을 시작했을 때에는 소학과 대학의 구분이 없었지만, 경당교육이 진행되면서 소학과 대학을 구분하였다. 소학은 어린 아이들에게 이슬람의 기초 지식을 가르치는 곳이고, 대학은 종교 지도자를 양성하기 위한 교육 기관으로 발전하였다. 대학에서는 교사阿訇를 특별히 초빙해서 경생들을 가르치고, 그 경생들이 졸업 후에 경사가 되면 경생을 가르친다. 대학에서는 그 지역 학생뿐만 아니라 타지 학생들도 수용하였는데, 학생들은 대학에서 편의시설을 제공받으면서 체계적인 종교지식을 습득할 수 있었다. 대학은 초급반과 고급반으로 나뉜다. 초급반에서는 대부분 13세에서 18세의 학생들이 학습하였는데, 정해진 기한은 없지만 대략 4년에서 6년 정도 공부한다. 고급반에서도 대략 4년에서 6년 정도 학습한다. 그래서 초급반과 고급반을 합하면 7, 8년 이상 대학에서 학습해야 한다.

무슬림 가정의 아동이 소학 과정을 수료한 후에 이슬람을 더 공부하고 싶으면, 모스크에서 이슬람 학식阿林을 지닌 이맘阿林을 찾아가서 제자되기를 청한다. 이 때 학생은 동과 의례를 치러야 한다. 이맘 앞에서 무릎을 꿇고 그의 손을 잡았을 때 이맘이 움직이지 않고 단정하게 앉아서 학생의 예를 받아들이면 사제관계가 형성된다. 만약 학생이 이맘의 손을 잡고 있을 때 이맘이 정중하게 사양하면, 이는 이맘이 그 학생을 받아드리지 않겠다는 표현이다. 경당의 학생 수는 적을 때는 단지 몇 명밖에 되지 않았지만, 많을 때는 20~30명 정도까지 되었다.

경생으로 선발되면 경당교육에 본격적으로 참여하게 되고, 경전을 읽고 습득하는 과정을 시작한다. 경당교육에서 스승을 '아홍阿訇'이라고 불렀고, 스승에게 인정받은 학생은 해리범海里凡 또는 경생經生이라고 불렀다. 중국 서북 지역에서는 대학에 진학한 학생을 '만랍滿拉'이라고 불렀다. 그들은 청진사에서 무료로 숙식하며 일상적인 종교의식에 참여함으로써 생활 보조금을 추가로 받기도 한다.

경생은 대학에서 온종일 학업에만 전념해야 한다. '대학' 단계의 학습 과목은 소학 단계와 유사한 과목도 있지만, 그 외에도 여러 과목을 학습한다. 대학에서는 아랍어 문법과 수사학을 먼저 공부한 뒤 법학, 교의, 꾸란과 그 주석, 하디스 등을 공부한다. 경당교육이 시작된 명나라 말기부터 서구의 선진 교육제도가 유입되기 시작한 청나라 말기까지 '대학' 단계의 학습 과목이 차츰 정해졌는데, 이를 '13본경本經'이라고 부른다. 경생은 경당에서 13본경을 모두 이수해야 졸업할 수 있다. 그렇다고 모든 경당에서 13본경을 가르칠 수 있는 것은 아니다. 규모가 작은 청진사에서는 경사가 많지 않아서 가르칠 수 없는 과목도 있었다. 이럴 경우 경생은 그 과목을 가르칠 수 있는 청진사로 전학가서 수강했다.

대학에서 교과 내용은 체계적으로 구성되어 있고, 꾸란, 하디스, 철학, 아랍어, 페르시아어, 형태론, 수사법, 천문과 지리 등을 학습해야 한다. 경생의 일과는 매일 관례대로 5시 예배에 참석하고, 파즈르 예배아침 예배가 끝난 후 강당에 가서 2~3시간 동안 강의를 듣는다. 때로는 아침 예배 후 강당이 어두우면 불을 켜고 강의를 듣기도 한다. 경생은 오전 강연이 끝나면 자신이 그날 들었던 수업을 다시 한번 복습한 후에 점심을 먹고 휴식을 취한다.

주흐르 예배정오 예배 후에도 계속 수업을 듣거나 경생이 경사에게 오전에 배운 내용을 낭송한다. 경생은 경사에게 질문하기도 하고, 2~3명씩 짝을 지어 토론하기도 한다. 학력이 뛰어난 경생 대표는 학력이 부진한 경생에게 당일 배운 내용을 가르쳐주기도 한다.

아스르 예배오후 예배가 끝난 후에야 자유롭게 휴식을 취할 수 있다. 마그립 예배일몰 예배와 이샤 예배밤 예배가 끝나면 그날 배운 내용을 낭송하고 다음 날 아침에 수강할 강연 내용을 예습한다.

경당교육에서는 중국의 서당 교수법에 따라서 경생들에게 경서를 외우도록 하였다. 경생이 경전을 외울 때 경사가 문장을 가르쳐 주면 글자를 200번 외우고, 그 글의 강독을 들은 후에 또 300번 반복해서 외운다. 그리고 학습한 경서 구절에 관련 전적을 인용하면서 주석을 달고 해석하도록 한다. 학습한 내용을 복습하고 질문하는 것 이외에도 시험을 엄격하게 치렀는데, 큰 시험과 작은 시험을 보았다. 경사가 어떤 특정 부분을 지정하면, 그 부분을 외우면서 그 뜻을 해석해야 한다. 이외에도 월간 시험이 있다. 시험 며칠 전에 시험 범위를 적어서 현판에 걸어두면, 경생들이 그것을 보고 공부해서 시험 날 강당에 모여 순서대로 준비된 쪽지를 임의로 뽑은 후에 그 쪽지에 적힌 경전을 암송하고 해석해야 한다. 시험 성적이 저조한 학생은 경사에게서 야단을 듣거나 처벌을 받았다.

중국이슬람에서도 경전을 암기하는 것은 매우 중요한 학습 방법이다. 이슬람에서는 이해 여부와는 상관없이 꾸란의 내용을 암송하도록 한다. 무함마드를 비롯한 초기 무슬림 대부분은 문맹이어서 꾸란을 읽고 이해할 수 없었기 때문에 부득이하게 암송이라는 방법에 의존할 수밖에 없었다. 때문에 무슬림이 꾸란을 외어서 낭송하는 것은 생활의 일부가 되었고, 꾸란 학습 과정에서 암송은 중요한 교육방법이 되었다.

경생들은 경당에서 공부하면서 명망 있는 학자를 찾아 멀리 떠날 수 있었다. 경생이 입학한 경당에서 경사에게 배운 후에 먼 곳에 있는 유명한 경사를 찾아가 공부를 더 하기도 하였다. 사례 하나를 소개하면, 청나라 초기에 청해青海 시닝西寧의 유명한 경사인 리딩위안은 유년기에 경당에서 경전을 배우다가 풍소천馬小泉의 제자가 하주河州에서 가르친다는 소식을 듣고 하주로 가서 가르침을 청했다. 그리고 경사가 다른 경당으로 옮기면 경생이 경사를 따라 다른 경당에서 공부하기도 했다. 때로는 경사는 자신이 가르치던 경생이 따라오는 것을 막기 위해서 경생을 조기에 졸업시키기도 하였다.

경생의 학습 기간은 분명하게 명시하지 않았다. 학습 기간이라도 능력이 부족하면 중간에 그만두고 다른 직업에 종사하는 학생도 있었다. 경당에서는 수강생이 전체 과정을 이수하면 날짜를 정해서 졸업식을 거행한다.

경생이 대학의 학습 과정을 마치면, 이맘의 학업 평가를 받고 교방敎坊 향로鄕老의 허락을 받으면 졸업을 한다. 이맘이 되면 각지의 모스크에 취직하거나 개교하여 제자를 가르칠 수 있었다. 경당교육은 정해진 학제가 없고 졸업생의 수준 차이도 있었다. 일부 이맘은 자신의 학식을 높이기 위해 이슬람 경전을 꾸준히 공부해서 교리를 깊이 연구하거나 외국에 나가 이슬람의 이국적인 분위기를 느끼며 종교적 시야를 넓히는 경우도 많았다. 예를 들어 청나라의 유명한 경사인 마덕신馬德新은 중동, 인도 등지를 여행하고, 이슬람의 성지인 메카를 순례하면서 이슬람 관련 자료를 수집해서 귀국한 후에 이슬람 경전을 번역하거나 관련 책을 저술하면서 운남 지역의 유명한 종교지도가 되어 중국이슬람 발전에도 크게 기여하였다.

(3) 여성교육

중국 경당교육에는 여성반도 있다. 앞에서 언급한 바 있는 산동파의 상지미는 신앙에 관한 기초 지식을 여성에게도 전수하고자 했다. 그가 경당교육에 종사할 무렵 중국 전통 사회에서는 남성만이 공부할 수 있었고, 여성은 교육받을 기회조차도 없었다. 하지만 제녕濟寧지역 민간 풍문에 따르면, 상지미는 부인에게 무슬림 여성을 위한 강의를 요청한 적이 있다고 한다. 그의 제자 마명고馬鳴皐도 '여학'을 개설해 달라는 여성 무슬림의 요청을 받고 여성반을 개설했다. 상지미와 마명고가 공맹의 고향인 제녕에서 여학을 개설하려고 하자 그 당시 한족 지배층이 반대하였다. 하지만 마명고는 이들의 반대를 무릅쓰고 '청진여학清眞女學'을 개설하였다. 이는 당시의 편견을 뛰어넘는 미래지향적이고 개방적인 발상이 아닐 수 없다.

중국이슬람 여성학교

산동파가 여학을 개설한 이후, 18세기 말과 19세기 초에 경당교육에서는 여성 이맘도 배출하였다. 여성 이맘을 양성하고 회족 부녀들의 이슬람 소양을 높이기 위해서 전국 회족 거주 지역에 여성 청진사를 설립하기도 하였다. 여성 청진사는 줄여서 간단하게 '여사女寺'라고 불렀다. 여사는 여성 무슬림을 위한 별도의 예배 장소였다. 남성은 여사에 허락을 받은 후에 들어갈 수는 있었지만, 대전大殿에는 들어갈 수 없었다. 여성 무슬림은 '소정'얼굴, 입과 코와 손, 발 등이나 '대정'온몸을 씻는 것을 한 후에 예배를 드릴 수 있었다. 여사의 관리자는 여성이 맡았는데, 이맘의 아내가 여사 관리자가 되기도 했다. 일반적으로 여사를 관리하는 여성을 '사모님師娘'이라고 불렀다.

이슬람 종교지식을 지닌 여성 경사는 여성 경생제자에게 이슬람 문화를 전수하였다.[22] 예를 들면, 청나라 때 여성전문 경당으로는 개봉여학開封女學

---

22 海存福, <回族家庭教育发微>, 『回族研究』, 2000年 第4期(总第40期), 55쪽.

이 유명했는데, 이 대학은 당시 이맘이 되고자 하는 무슬림 여성들이 가장 선호한 대학이었다. 여성 경생이 배우는 경전은 남성 경생의 경전과는 조금 달랐지만, 학습 방법, 학제, 졸업 제도는 크게 다르지 않았다. 이 같은 여성교육은 회족 교육뿐만 아니라 중국 교육사에도 큰 획을 긋는 일이었다.

3) 교재와 교과과정

경당교육에서 오랜 기간 이슬람 교육을 실시하면서 교재의 사용이 점차 정형화되었다. '대학' 단계에서는 경생들이 경당에서 지정한 교재를 정해진 절차에 따라서 학습했다. 경당교육에서 사용된 교재를 총칭하여 '13본경十三本經'이라고 불렀다. 경생들은 경전 한 권의 요지를 완전히 파악한 후에 다음 경전을 학습했다. 이렇게 한 편씩 공부하면서 모든 경전을 학습하였다.

(1) 경당의 교재

중국의 경당교육은 각 지역의 경제와 문화, 역사적인 상황에 따라 다르게 진행되었다. 교재는 주로 13본경을 사용했지만, 지역적 특성에 따라서 14경을 사용한 곳도 있었다. 그리고 외국어 강의에서는 아랍어와 페르시아어 비중이 학파에 따라 조금씩 달랐다. 13본경은 청나라 때 북경과 그 인근 지역의 경당교육에서 경사들이 사용하였다. 경전을 읽는 순서는 다음과 같다.

첫 번째 경전은 『연오본連五本: Asas al-Ulum, 기초지식을 의미함』이다. 『연오본』

은 중국 무슬림의 아랍어 문법서인 『산이부算尔夫』, 『맥아자麦阿孜』, 『조가니祖佳尼』, 『아와미노阿瓦米鲁』, 『미소파합米蘇巴哈』 다섯 권의 통칭으로 아랍어 기초 지식에 관한 책이다. 이 책은 한문으로 번역되어 '중아초혼中阿初婚'이라는 제목으로 출판되었다.

두 번째 경전은 『조오遭五. 미소파합米蘇巴哈』이다. '조오 미소파합'은 "등불에 기름을 부어서 더욱 빛나게 한다."는 뜻이다. 이 책은 중급 아랍어법 교재이다. 저자는 페르시아의 저명한 학자 아이브 파타흐 나스르딘, 무스툴레쯔艾布·法塔赫·纳司尔丁·穆斯图勒孜, 1143~1213年이다. 『연오본』 제5권인 '미수바하'에 대한 추가 주해를 통해 문장을 구성하는 조건, 문장의 주격, 목적격, 속격 및 형용구의 변화 법칙 등을 설명하고 있다.

세 번째 경전은 『만량满俩』이다. 아랍 어법의 이론 교재이며, 『사래합·잡비야舍莱哈·卡非耶』라고도 한다. 저자는 이슬람의 저명한 철학자이자 페르시아 시인으로 알려진 자미al—Jami , 1414~1492이다. 이 책은 이슬람 세계에서도 명작으로 꼽히는 아랍어 문법 이론서이며, 번역 과정에서 일부는 경당어로 표현하였다.

네 번째 경전은 『베냐니白亚尼』이다. '베냐니白亚尼'는 '해석'을 뜻하는데, 아랍어 수사학의 명작으로 알려져 있다. 이 책의 제목은 '간명수사학簡明修辭學'으로 번역하기도 한다. 저자는 중앙아시아 호라산 지역의 저명한 학자 사알드딘 알프타자니Saad al-Din al-aftazani ,1312-1389이다. 이 책은 총 3권으로 구성되어 있다. 1권에서는 아랍어 문법 규칙과 언어로 사상을 표현할 수 있는 가능성을 정리했다. 2권에서는 단어, 격 문제를 다루고 부정적인 수사 방법, 즉 다양한 수사의 언어 효과를 설명한다. 그리고 제3권은 꾸란과 같은 경전의 특정 단어의 의미를 교리학적으로 해석하고 언어와 의미 사이의 수식 관계를 설명한다.

다섯 번째 경전은 『객량목客倆目』인데, 아카드阿夏伊德라고도 부른다. 이 책은 이슬람 신론tawhīd에 관한 교재이다. '아카드'는 '변명'을 의미하는데, 오마엘 나이세피1068~1142가 쓴 책으로 이슬람 교리학의 명저로 알려져 있다. 이 책에 주석을 단 사람만 수십 명일 정도로 학문의 걸작으로 인정받고 있다. 이 책에서는 인식론, 우주론, 인간과 알라의 관계, 선악의 업보, 천국과 지옥의 상황, 천사와 성인 등을 다루고 있다.

여섯 번째 경전인 『사래합·위알업舍莱哈·伟戛業』은 하나피 학파의 교법 저서이다. 왕정재王静斋가 한역하였는데, 한역본의 제목은 『위알업伟戛業』이다.

일곱 번째 경전은 『해와의·미낙합길海瓦依·米诺哈吉』으로 책 제목은 페르시아 음역이다. 책 제목은 '구학지도求学之道, Minhāj al-Talab'라는 의미이며, 산동 제녕濟寧의 유명한 경사인 상지미가 저술한 페르시아어 문법 교과서이다. 이 책은 중국 경당교육뿐만 아니라 해외에서도 널리 알려졌다. 1980년 전후 이란 학자 세리아트페르시아어 사전의 저자 중 한 명가 이 책을 고증하였는데, 페르시아어의 문법적 현상을 모두 포함하고 있다고 평가했다.

여덟 번째 경전은 『호탁포虎托布』이다. 이는 아랍어 'Khutb'의 음역이며, '강연'이라는 의미이다. 이 책은 40단 성훈에 대한 페르시아어 주석이며, 종교적, 도덕적 수양을 집중적으로 다루고 있다. 이우천李虞宸 이맘이 이 책을 번역해서 『성유상해圣谕详解』라고 제목을 붙였다.

아홉 번째 경전은 『엘바이오艾尔白欧』인데, 페르시아어 경전이다. 하디스 40개 명구에 대한 주석이며 인생철학을 다루고 있는 책이다.

열 번째 경전은 『굴로스탕[古洛司湯, 아랍어 Kulistan의 음역]』이며, 페르시아어 문학 저서이다. 페르시아 문학의 거장인 사디薩迪, Sa'di , Moshlefoddin Mosaleh가 저술한 책이다. 그 내용은 시와 산문으로 격식에 구애받지 않으면서도 깔끔하고 자연스럽게 표현되어 있어 중국에서 널리 유행하였는데, 한역본은 왕정재王静斋의 『진경화원眞景花園』이 있다.

열한 번째 경전은 『미르사드[米尔薩德, Mirs·ād al'-Ibād]』이다. 이 책은 알 라즈艾布·伯克尔·阿卜杜拉·本·穆罕默德·本·萨哈瓦尔·拉齊, Abū Bakr Abudullah Ibn Muhammad Ibn Sāhāvar al-Rāzī가 집필한 페르시아어 경전이다. 수피즘의 정신 수양에 중점을 둔 경전으로, 오준계伍遵契가 이 책을 한문으로 번역해서 『귀진요도歸眞要道』라는 제목을 붙였다.

열두 번째 경전은 『애습아·래맥아특艾什阿·莱麦阿特』이다. 이 책은 자미Abd al-Rah·mān Jāmī, 1414~1492가 집필한 페르시아어 수피즘 이론서이다. 사기령舍起靈이 이 책을 번역해서 『소원밀결昭元密诀』이라고 제목을 붙였다.

열세 번째 경전은 『꾸란』으로 이슬람 기본 경전이다.

위의 책들은 경당교육에서 경생들이 읽어야 하는 13본경이다. 산동파에서는 13본경을 교재로 사용하였고, 섬서파에서는 14본경을 교재로 사용했다. 양자의 차이는 학파가 중시하는 언어가 아랍어인지 페르시아어인지에 있다. 섬서파는 13본경에서 일부 경전을 교체했다. 13본 경 중에 아랍어 교재인 『연오본連五本』, 『조오遭五』, 『만량满俩』, 『백아니白亞尼』, 『위알업伟戛業』, 『객량목客俩目』은 14본경과 같지만, 이 6종에 『자량래니者俩來尼』와 『알존戛尊』 두 권의 아랍 경전을 추가했다. 페르시아어 교재에서 보면, 13본경 교재 중에서 『호탁포虎托布』, 『애이백구艾尔白欧』, 『고낙사탕古洛司湯』, 『미이살덕米尔萨德』, 『소원밀결昭元密诀』 5종은 같다. 하지만 13본경 중에서 상지미가 지은 페르시아 문법서를 제외하고 꾸란의 페르시아어 주석서를 포함했다. 『자량래니者俩來尼』와 『알존戛尊』 두 아랍어 경전과 함께 주 교과목인 꾸란을 독본으로 삼았다. 그래서 13본경과 14본경의 구별 또한 아랍어를 중시하는지 페르시아어를 중시하는지에 있다. 산동파는 페르시아어 교재를 더 많이 사용했지만, 섬서파는 아랍어 교재를 더 많이 사용하였다. 그렇다고 섬서파가 페르시아어 교재를 사용하지 않았다거나 산동파가 아랍어 교재를 사용하지 않았다는 것은 아니다.

위의 경당교육에서 사용한 교과목과 마드라사에서 사용한 교재를 비교해 보면, 경당교육의 특징을 알 수 있다. 마드라사의 일반적인 교육과정은 아랍어, 타프시르꾸란 내용에 대한 해석, 샤리아이슬람 율법, 하디스예언자 무함마드의 언행, 논리학, 이슬람 역사 등으로 이루어져 있다.[23] 마드라사 교육에서는 꾸란을 이해하는 수단으로서 아랍어를 중시하였다. 그러나 경당교육에서는 아랍어 교재 이외에도 페르시아어 교재, 수피즘 관련 교재도 사용되었다. 그래서 경당교육에서는 순니파와 수피즘이 결합된 교육이 이루어졌으며 아랍어뿐만이 아니라 페르시아어도 중시하였다.

(2) 경당의 교육과정

중국 명대 말기에서 중화민국 초기 규모가 비교적 큰 경당에서는 교과과정을 정해 놓고 체계적으로 가르쳤다. 섬서파陝西派의 교과과정에서는 아랍 형태학, 어법학, 수사학, 논리학, 교법학, 리학, 신학 7과목을 가르쳤다. 그중에서 앞에 4과목은 언어 관련 과목이고, 뒤에 3과목은 종교 관련 과목이다. 앞에 4과목도 비록 언어 과정이긴 하지만 언어 학습의 목적이 꾸란을 이해하기 위한 것이기 때문에 이 두 영역을 합해서 '경주학經注學'이라고 부른다. 그리고 섬서파陝西派 교과과정에는 특이한 점이 있다. 아랍어 과정과 짝을 맞추기 위해서 각 과정에 상응하는 페르시아어 교재를 제작

---

23 이희수, "이슬람 전통 교육기관 마드라사의 사회적 역할과 역사적 변," 『중동문제연구』 13, 4 (2014): 115쪽.

해서 아랍어와 페르시아어 두 언어 중 어느 한쪽에 치우치지 않도록 경당 교육 과정을 체계적으로 구성하였다.

청대 말기 경당교육에서는 전체 과정을 언어와 종교, 혹은 언어와 신학 두 영역으로 구분하기도 하고, 언어, 교법, 종교 세 영역으로 구분하기도 했다. 그런 후 청대 말기 마덕신馬德新이 운남에서 경당교육을 실시하면서 교육제도를 더욱 체계화하기 위해 경당 교재 총서를 집필하였다. 마덕신은 처음에는 아랍어 단어, 아랍어 어법, 논리, 수사, 교법, 교의 등 6과목을 집필할 계획이었지만 네 번째 수사에 관한 교재를 개발할 무렵에 갑자기 청조清朝에 살해당하면서 교재 개발은 중단되었다. 하지만 그의 제자 마련원이 선생의 숙원 사업을 계승해서 수사학을 집필해 경당 교재 총서 4권을 완성하고, 그 총서 제목을 『베냐니, 만테시그白亞尼, 曼特西格』[24]라고 붙였다. 총서 5권과 6권도 집필을 완료했는지는 알 수 없다. 마련원은 마덕신의 뒤를 이어 청진사의 집교와 이맘을 겸하면서 운남 경당교육을 더욱 발전시켰다. 그는 청나라 말기 운남파의 교육 과정을 크게는 초급과 고급 두 단계로 나누고, 총 10과목으로 구성하였다. 초급은 4과목, 고급은 6과목으로 구성했다. 그리고 초급 4과목은 초급 아랍어 어법, 초급 아랍어 품사법, 이슬람 기본법전, 꾸란과 하디스 선독이고, 고급 6과목은 아래와 같다.

1. 아랍 고급어법 과정: 『어법대전(語法大全)』과 『만량(滿俩)』
2. 꾸란 과정: 『철납래니고란경주[(哲拉莱尼古兰经注), Tafsir al-

---

24 『베냐니, 만테시그(白亞尼, 曼特西格)』는 중국 회족 경당교육에서의 아랍어, 수사학, 전통 교재를 말한다. 아랍어로는 문법의 열쇠를 의미한다. 중앙아시아의 호라산 학자 색이돈정·탑부탑사니(塞尔顿丁·塔夫塔查尼:1321-1389)가 지었다.

Jalalayn]』

3. 아랍어 수사학: 아랍어 수사학의 명작인 『백아니(白亚尼)』

4. 교의학 과제: 『객량목(客俩目)』

5. 교전 과정: 『아이위알업(阿尔偉戛業)』

6 아랍어와 페르시아 전적과 시집: 아랍어 『알존고란경주(戛尊古蘭經注)』, 페르시아어의 『후새니고란경주(侯賽尼古蘭經注)』, 아랍어 시선(詩選)인 『天方詩經(天方詩經)』, 페르시아어 시집 『비이도사(費尔道斯)』

위의 운남파의 교재를 보면, 섬서파와 유사하지만, 초급과 고급 두 과정을 엄격하게 구분하고 있다는 점이 다르다. 두 과정 중에 고급 경당을 '대학'이라고 칭하는데, 이 대학 과정은 일반 경문대학보다도 수준이 높았다. 일반 경문대학에서는 『연오본』에서 시작하지만, 운남파에서는 『만량滿俩, 阿卜杜·拉赫曼·加米 Abdurahmon Jami』에서 시작한다.

경문교육에서 소학小學 과정은 대학만큼 엄격하지는 않았다. 교재는 초급 아랍어와 초급 종교지식 두 과목이었다. 아랍어 교육에서는 초급 아랍어 교재를 활용해서 아랍어의 자모 병음을 공부하는 등 아랍어 습득을 위한 기초 학습을 하였다. 종교 초급 지식 과목을 학습할 때에는 한문 번역문과 아랍어 원문을 함께 보면서 신앙고백과 알라 찬양을 숙독하거나 아랍어로 써진 이슬람 6대 신앙을 외우는 것에서 시작한다. 그런 후 기초 아랍어법 교재인 『혁청赫聽』과 『잡학雜學』을 학습한다. 『혁청赫聽』은 일반 무슬림을 위해 『꾸란』에서 좋은 구절을 뽑아 모은 선집인데, 29절 또는 18절로 구성되어 있다. 이런 유형의 책을 '쇄늑鎖勒' 아랍어 'sura'의 음역이라고 하거나 '편장篇章'이라고도 한다. 『혁청赫聽』은 중국적 〈꾸란〉으로 칭하기도 한다.

(3) 경전의 사경과 인쇄

경당교육으로 인해 경전의 수요가 증가하자 인쇄를 전문적으로 담당하는 인쇄 기관이 등장하였다. 경당교육이 시작할 초기 교육에서 필요한 학습용 경전은 주로 경생들이 경을 직접 필사해서 사용하였다. 경사들도 필요한 경전을 서로 빌려서 필사했다. 그래서 경당교육에서 '경문 사경經文寫經'은 경생들이 반드시 학습해야 할 필수 과목이었다. 경전을 베껴 쓰는 방법도 특이하다. 먼저 여러 겹의 종이를 붙여서 두꺼운 종이를 만들어 건조시키고, 그 다음 평평하게 한 후에 조약돌로 종이에 광택을 낸다. 광택이 나면 경전을 베껴 쓸 수 있는 종이, 즉 사경지가 만들어진다. 이 사경지 위에다가 특별히 제작한 대나무 붓을 사용하여 경문을 베껴서 제본하면 경전이 된다.

명말에서 청말까지 중국에는 사경 기술이 뛰어나서 제본한 경전의 질은 경전 원본과 별다른 차이가 없었다. 경을 필사하는 전통이 오랫동안 이어지면서 사경은 점차 예술로 발전하였다. 사경한 꾸란 30권을 청나라 황실에 보관할 정도로 예술적 가치가 있었다. '경經' 자에 금가루를 입히면 제작비가 많이 들긴 하였지만 예술품으로 손색이 없을 정도로 아름답다. 경당에서 이슬람 경서를 한문으로 번역할 무렵에는 경전을 판각해서 인쇄하는 경전 전문 인쇄소가 등상하였는데, 주로 시안西安, 쿤밍昆明, 광저우廣州, 난징南京 및 기타 지역에 있었다. 청나라 중기에 이르러 중국 무슬림들은 경전을 판각하여 출판하기 시작하였고, 최초의 아랍어 경전은 1862년 두문수杜文秀가 인쇄한 『꾸란』 판각으로 '보명진경寶命眞經'이라고 부른다.

청대 말기 광서光緒 21년1895년에 운남雲南의 유명한 경사인 마연원馬蓮元이 『보명진경』을 2차 판각할 것을 제안해서 곤명 난청 청진사에 '각경처刻經處'를 설립하고, 서예가 전가田家에게 이맘과 함께 집필하도록 하였다. 사천四川 조각공 32명을 고용해서 3년에 걸쳐 완성했다. 『보명진경』은 총 30권, 946개의 조각판, 3570페이지에 이른다. 인쇄와 표지 장식은 고전 공예로 소박하고 우아하며 고풍스럽다. 초판만 1,000부 이상 발행하였는데, 광동廣東, 상해上海, 남경南京, 북경北京, 서북 지역 및 태국과 미얀마에 거주하는 무슬림들까지도 『보명진경』을 구매해서 돌아갔다고 한다. 목조판 '보명진경'은 현재까지 쿤밍 난청 청진사에 손상 없이 온전한 상태로 보존되어 있다. 이 청진사에는 『보명진경』 목조판 외에 다른 130여 종의 경서 목조판이 보존되어 있으며, 그 중 70여 종은 보존 상태가 온전하다. 이는 당시 목조판 인쇄 기술이 상당했음을 보여준다.

보명진경(寶命眞經)

그 외에도 청나라 때 유명한 이슬람 경전 판각 기관으로는 사천성四川省 성도成都에 있는 보진당寶眞堂이 있다. 강희康熙 황제 때 성도成都는 사천四川과 남서부 지역 일대에서 경당교육이 가장 활발했던 지역이었다. 그중에 황성皇城 청진사가 가장 유명하다. 도광道光 연간에 산시陝西 지역의 한중漢中 회족 무슬림인 마대은馬大恩은 유지劉智의 저서를 비롯한 여러 한문 전적을 잇달아 간행했지만 아쉽게도 목판 경판은 화재로 소실되었다. 그러나 마대은의 제자 마품석馬品石은 스승의 유지를 받들어서 성도成都에서 한문 경전을 다시 간행했다. 이슬람 경전을 판각하면서 이슬람 종교 종사자와 경생들이 편하게 경전을 읽을 수 있었고, 회족 공동체에 이슬람 경전을 보급하면서 경당교육이 더욱 성행하게 되었다.

3. 경당의 운영과 건축

1) 경당의 재정과 학규

(1) 경당교육의 재정

경당교육은 회족 공동체의 경제적 지원으로 운영되었다. 무슬림이 중국에 처음 들어올 무렵에는 실크로드를 오가며 상업 활동을 하였지만, 중국에 정착한 후로는 농업에 종사하면서 상업, 축산업, 수공업을 겸업하였기 때문에 경제적으로 안정된 생활을 하였다. 그들은 안정적인 경제적 기반 위에서 종교 교육에 힘썼다.

호등주는 종교 교육에 지대한 관심을 지닌 사업가였다. 그는 후학 양성을 자신이 해야 할 사명으로 여겨 낮에는 생업에 종사하고 밤에는 경건한 종교인으로 살면서 사재를 털어 학생을 가르쳤는데, 학생 수가 적을 때는 사재만으로 충당할 수 있었지만, 학생 수가 증가하면서 사재만으로는 부족해서 경당교육을 운영하기 위한 교육 복지시스템이 필요했다. 그래서 호등주의 재전再傳제자인 난주마蘭州馬가 교육 장소를 그의 집에서 청진사 경당으로 옮겼고, 그 후에 교방敎坊에서 지원하였다.

교방은 당송 시대의 '번방蕃坊'에서 유래했지만 번방과는 다르다. 번방이 외국인 자치 구역이라면, 교방은 중국 소수 민족의 하나가 된 회족의 자치 조직이다. 교방은 원나라 때 형성되어 명청明清 시대에 발전하였다. 교장敎長이라고 불리는 아홍阿訇이 청진사 종교 사무를 총괄하고, 그 아래에 하급 직책 셋을 두었다. 이를 삼장교제三掌敎制 또는 '삼도제三道制'라고 하는데, '이맘Imam, 伊瑪目', '카티브Khatib, 海推布', '무아즈딘Muadhdhin, 穆安津'이 그것이다. '이맘'은 예배를 지도하고 이끄는 역할을 하는 성직자를 말하며, '카티브'는 주로 금요일 낮기도 시간 설교자이며, 두 번째 장교이다. '무아즈딘'은 기도 시간을 알리는 담당자로 세 번째 장교이다. 이 삼장교제는 14세기 중 오스만 튀르크 제국의 비교적 큰 모스크에서 실행된 적이 있다. 그런데 오스만 튀르크 제국의 삼장교제에서는 카티브를 이맘 위에 두었지만, 회족 종교 공동체에서는 이맘을 카티브 위에 두었다. 이들 대부분은 공모로 초빙되었기 때문에 일정 임기가 끝나면 교체되었고, 일부는 연임되었지만 큰 권한은 없었다. 이 삼장교제는 원나라와 명나라 때는 세습되다가 청나라 말기에 대부분 폐지되었다.

교방에는 청진사 행정업무를 관리하는 조직이 있었는데, 이들을 '사관회寺管会' 또는 '동사회[董事會, 오늘날 중국에서 법인 이사회를 '董事會'라고 칭함]' 또는 '이사회'라고 하는데, 그 이전에는 '학동學董', '향로鄉老라고 불렀다. 학동은 나이가 많고 부유한 무슬림 중에서 한 명 또는 여러 명이 담당했다. 그들은 교방의 종교 수입 및 지출 비용을 관리하고 다양한 활동을 조직하며 이맘을 채용하는 등 청진사에 관련된 업무를 총괄하였다.

교방 이사회에서는 토지를 교민에게 대여해주거나 전국 대도시에 대규모 상점을 개점해서 상당한 부를 축적하였다. 그렇게 얻은 수입 중에 일부를 경당교육에 지원하였다. 하지만 교방 이사회에는 경당교육 지원에 관한 명문화된 규정이 없어서 지원이 안정적으로 이루어지지는 않았다. 특히 청진사의 교방이 점차 교장의 사익만을 추구하는 단체로 전락한 이후에는 경당교육과 같은 교육사업에 자금을 배정하지 않았다. 조찬의 『경학계전보』를 보면, 경당교육 운용 비용을 청진사에서 부담한 사례도 있었지만, 호등주와 같이 개인 재산으로 운영하거나 청진사 무슬림 신도들이 직접 상업 활동을 하면서 얻은 수입을 경당교육 경비로 충당하였다. 이슬람에서는 자카트 의무와 개인적 희사가 구분되는데, 중국이슬람 사회에서는 신도들이 경당교육에 제공한 것이 개인적 후원인지 아니면 지즈야의 세금인지 분명하지가 않았다. 이렇게 경당 운영 경비와 경생들의 생활비는 종교 지도자들의 상업 활동에서 얻은 수입으로 충당한 것이 대부분이었지만, 일반 무슬림의 지원에도 크게 의존하였다.

산동 지역 일부 청진사에서는 경당 교육의 운영비용을 강제적으로 기부하도록 하는 제도가 있었다. 청진사에서 경당교육에 제공할 비용이나 음식을 무슬림 신도에게 할당해 준 적도 있었지만, 구체적인 규정이 있었던 것은 아니기 때문에 자신의 경제적 상황에 맞춰 지원했다. 청진사 측에서 반을 부담하고 학생이 반을 부담하는 때도 있었고, 학습자가 낮에 일하고 밤에 학습하면서 학비를 전면 부담하는 때도 있었다. 이같이 경당이 소속된 청진사의 경제 사정이나 교장이나 학동 등 청진사 위원들의 의지와 견해에 따라서 교육비는 달랐다.

(2) 경당교육 규정

경당교육은 교육 관련 규정에 따라 운영되었고, 지역과 경당 특성에 따라 달랐다. 아래에서 소개할 규정은 일부 경당에서 제정하고 실행한 규정이다.

〈경당교육의 교사 제도〉

교사의 초빙과 관리 규정에 보면, 교육자는 일반적으로 '교사아홍阿訇, Akhond'라 부르고, 간숙, 청해, 닝하 일대에서는 '개학아홍開學阿訇'으로 불렀다. 경생들은 그들을 '우스다더吾斯达德' 즉 사부师傅라고 부르기도 했다. 경당에 대학과 소학 모두 개설한 경우에는 아홍이 대학교사를 맡고 둘째 아홍부아홍이 소학교사를 맡았는데, 때로는 소학을 담당하는 소학아홍을 따로 두기도 했다. 청진사에 소학과 중학만을 개설할 경우에는 개학 아홍이 교사를 맡는다. 개학아홍은 일반적으로 초빙임용제를 통해 임명된다. 무슬림들은 이들을 반아홍搬阿訇이라고 부른다. 반아홍을 초빙할 때에는 동네 어른이나 책임자가 그들을 철저하게 살핀 후에 우수한 아홍을 선발했다. 규모가 중간 정도인 청진사에서는 그 청진사에서 경당교육을 이수한 해리범 중에 개학아홍을 선발하기도 했다. 해리범이 경당의 대학 과정을 졸업한 후에 규모가 작은 청진사에 임용되면, 그 서원의 개학아홍을 맡을 수도 있었다. 아홍은 스승의 학맥을 계승하면서 특정 과목의 전문가로 인정받기 위해 노력해야 한다. 예컨대 주소학, 이슬람 신학, 이슬람 법학, 아랍어나 페르시아 문자 등의 전문가가 되어야만 경생을 가르칠 수 있었다.

아홍의 학식學識은 스승이 누구이며 어떤 종교 서적을 학습했는지에 따라 결정한다. 학식이 높은 아홍은 무슬림 대중의 존경을 받는다. 그들의 명성이 높아지면 여러 교방에서 초빙하기 위해 경쟁하기도 하였다. 아홍들 대부분은 규모가 크고 경제력을 갖춘 큰 청진사에 초빙되기를 바란다. 청진사에서 학문과 인품이 뛰어난 아홍을 초빙하려면, 아홍이 근무하고 있는 청진사와 협상해서 동의를 얻어야 한다. 양측이 동의한 후에 초빙장을 작성하면, 이때부터 청진사는 본격적으로 그 아홍을 임명하기 위해 준비한다. 우선, 기일을 잡은 후에 초빙하는 청진사에서는 초빙자를 맞이할 준비를 하고, 이전 청진사에서는 떠나는 아홍을 배웅한다. 초빙된 자가 초빙한 청진사로 가는 도중에 이슬람 사원을 지나가면 그 지역 서원의 아홍이 나와서 차를 대접하기도 한다. 청진사에 초빙된 자가 도착하면, 아홍을 환영하면서 찬송사를 낭송한다. 경생 대표가 무릎을 꿇고 새로 부임한 아홍에게서 『꾸란』 경을 받으면 새로 초빙된 교사와 청진사 경생이 사생 관계를 맺게 된다. 만약 초빙된 교사가 이맘을 겸하게 될 경우에는 예배를 이끌면서 청진사 무슬림들에게 나쁜 점을 지적하고 개선하도록 훈계해야 한다. 마지막으로 식사를 하면서 초빙 의례를 마친다. 아홍의 임기는 일반적으로 2~3년이지만, 청진사마다 달랐다. 일반적으로 임기를 마치면 미련 없이 홀가분하게 떠나야 했다.

〈학생 선발 기준〉

경당의 경생이 되기 위해서는 유명인의 추천을 받고 개학이맘의 시험을 통과한 후에 청진사 관리위원회의 동의를 얻어야 한다. 일부 경당에서는 심사 기준을 정해 두었다. 조찬의 『경학계전보』에는 사온선舍蘊善이 경생을 선발하는 다섯 가지 원칙을 기록하고 있다.

> 첫째, 지원자 나이가 20대일 경우에는 먼저 지원자의 외모를 점검하고 언사가 예리한지 아니면 둔한지를 평가하고, 경구에 관해 질문하여 이슬람 경전 수준을 평가한다. 모두 기록해 두었다가 학생이 입학하면 그 학생의 상황과 수준에 맞게 가르친다.
>
> 둘째, 지원자 나이가 30대일 경우에는 경전을 늦게 가르친다. 지원자가 아침과 밤으로 게으른지 부지런한지를 관찰하고, 분발해서 열심히 공부하면 그때 경진을 가르쳐야 한다. 지원자가 게으르면, 추천서가 있더라도 완곡하게 입학을 거절한다.
>
> 셋째, 지원자 나이가 40대일 경우에 교육 시기를 조금 더 미룬다. 열심히 공부하고, 세속의 가치에 매몰되지 않고 학문을 숭상하고, 본성을 단련하고 도를 익히려고 노력하면, 그때 비로소 경을 가르친다. 그렇지 않으면 추천서가 있어도 입학을 허락하지 않는다.
>
> 넷째, 나이가 너무 어린 학자는 부형이 돌봐준다는 조건으로 입학시킨다.
>
> 다섯째, 우매하지만 성실한 자는 수용하지만, 지혜는 있되 교활한 자는 수

용하지 말아야 한다.

〈학생 학규〉

경당에는 일반적으로 경생이 지켜야 할 규정이 있지만, 그중 대부분은 성문화하지 않았다. 비록 성문화하지는 않았지만 청진사에서 시행한 규정을 보면, 비단 같은 값비싼 옷을 입으면 안 되고, 시끄럽게 노래를 부르거나 외출했다가 해가 진 후에 돌아오거나 외박을 해서도 안 된다. 이 같은 규정을 위반하는 경생은 퇴학 되기도 했다. 이외에도 경생은 교민들의 요청에 따라 결혼식과 장례를 돕기도 하고, 도살, 묘지 여행과 같은 여러 번잡한 일에 동원되었다.

2) 경당교육이 중국이슬람에 미친 영향

경당은 중국이슬람 종교 지도자를 양성하기 위한 교육기관이다. 그래서 경당교육은 이슬람 종교 지도자를 양성해서 중국이슬람의 정체성을 확립하는 데 큰 역할을 했다.

(1) 경당교육의 긍정적 측면

경당교육은 종교 지도자를 양성해서 무슬림의 신앙심을 기르고 도덕 수준을 향상시키는 데 기여하였다. 실제로 경당교육은 수많은 경사와 학자를 배출시켰다. 그리고 경사는 경생에게 이슬람 지식과 신앙을 전달했을 뿐만 아니라 금요일 예배에서는 무슬림 대중들에게 이슬람 문화와 교리를 가르쳤다. 그런 후에 무슬림 대중이 금요일 예배에서 배운 교리와 종교 의식을 귀가해서 가족들과 공유하며 형성된 종교의식은 무슬림의 행동 준칙으로 내재화되면서 그들의 도덕 수준을 향상시켰다. 이런 과정이 자손대대로 전해지면 이슬람은 중국에 정착하게 되었다.

둘째로 경당교육은 교장 직책을 연장하거나 자식에게 세습하는 악습을 없애고 덕망이 높고 지혜로운 종교 지도자를 선발해서 임용하는 데 기여하였다. 경당교육이 등장하기 이전 교방 제도는 종교제도이자 경제제도였다. 교방에 토지가 늘어나면서 장교掌教는 여러 교방을 장악하고 자신을 신격화하면서 그 절대적 권위를 바탕으로 각종 특권을 누렸고, 심지어 종교 지도자인 교주 직책도 세습하였다. 아버지가 물려준 지위를 세습해서 각종 특권을 누리던 아들 교주가 추후 지주로 변모하여 정권과 교권이 결탁한 봉건제도를 형성하였다. 교주가 여러 교방을 통제하면서, 각 교방의 경사를 교주에 예속시키고 자신의 통제를 받게 하였다. 교방 제도의 이런 관계성은 유교의 봉건 제도와 유사했다. 중국이슬람은 종교 철학이나 종교 관습과 관련해서 유교의 봉건적 위계질서를 답습하면서[25] 교주 대대로 이어져 내려온 교권 통치 제도를 형성하였다. 교방의 재산과 수행 장소인 도당이 점차 교주와 교주 가문의 사유재산이 되면서 교방 제도가 봉건 착취 제도로 전락했다.

앞 장에서 언급한 바와 같이, 산동파 상지미는 장교 세습에 반대하고 현인을 선발해서 임명해야 한다고 주장하다가 세습 장교인 아이동阿李東

---

25 중국 역사에서 보면, 유학과 유교는 구분된다. 유학은 공자와 맹자의 학문을 계승하는 학자들의 학문이라면 유교는 한대 이후 공자 사상을 정치이데올로기로 변용한 정치 체제이다. 유학은 인도주의적인 성향을 지니며 도덕을 중시한다. 하지만 유교는 혈연봉건주의, 가부장제도 등에 근거한 정치체제이다. 중국무슬림 학자들이 수용하고자 한 것은 유교보다는 유학에 가깝고, 교방 제도는 오히려 유교 정치 체제의 영향을 받은 제도이다.

등 수구파의 반대에 부딪혔다. 그는 1670년 청진 서대사에 "영원히 3장교 세습을 금한다"라는 문구를 적은 비를 세워서 당시 종교인들이 도덕보다는 권력과 부만을 중시하는 세태를 세태를 강하게 비판했고, 경학 인재를 양성하여 중국이슬람의 발전에 장애가 되는 악습을 없애고 현인을 선발해서 임명하겠다는 결의를 드러내기도 하였다.

실제로 상지미는 경당교육에서 학문과 덕망 있는 사람을 양성해서 청진사의 개학아홍으로 임명했다. 개학아홍은 원래는 청진사 경당의 경사에 불과했지만, 무슬림 대중의 지지를 받으면서 점차 교사의 직분을 넘어서 교방의 최고 지위에 올랐다. 이런 과정에서 점차 교방과 청진사 내에 새로운 교권 구조가 형성되었고, 삼도장교를 오히려 개학아홍 아래에 두었다. 개학아홍 아래에 이맘, 두 번째 이맘, 그리고 무아즈딘를 두는 새로운 삼도제가 형성되자 비로소 교주의 세습과 횡포를 막을 수 있었다.

그리고 경당교육은 유학자들의 이슬람에 대한 무지와 편견을 해소하는데 기여하였다. 명말 청초 당시 한족 출신 유학자들은 이슬람을 미개한 문화로 간주하면서 그들의 종교적 가치를 부정했다.

> 무슬림들이 중국에 거주하면서도 도처에서 그들 시험을 치고 사업을 운영하고 있습니다. 그들은 중국의 역법을 사용하지 않고 자신의 역법을 당당하게 사용하고 있습니다. 그들은 큰 달 작은 달을 구분하지 않고 윤달을 논하지 않으면서 360일을 1년으로 봅니다. 특정한 하루를 새해 첫날로 정하고서 무리를 지어 서로 축하하면서 새해를 맞습니다. 또한 평일에는 아침저녁으로 하얀 두건을 쓰고, 청진사(모스크)라는 이름의 사원을 세우고 예배를 보는데, 어떤 신을 숭배하는지 모르겠습니다. 그들은 정기적으로 특정한 달 (히즈라역 9월)에 단식을 거행합니다. 그들은 성군(聖君)의 백성이 된 이상, 통일된 달력을 따라야 하고 조정에서 정한 의관을 입어야 합니

다. 어찌 달력을 마음대로 기록하고, 하얀 두건을 쓰고, 제도를 어기고 이상한 옷을 입는 것을 용납할 수 있겠습니까? 그래서 회족에게 공식적인 달력을 사용하고, 의복을 입도록 하고, 모스크를 철폐하고 예배를 금지하도록 명령하시기 바랍니다. 혹시 끝내 믿고서 고치지 않고, 년과 달을 사사로이 기록하는 자는 이단으로 간주하여 여러 법률을 적용해 처벌해야 합니다. 흰 모자를 쓰는 자는 제도와 법률을 어긴 것과 같이 다루어야 합니다.[26]

위의 내용에서도 알 수 있듯이, 한족 유학자들은 무슬림들에게 그들의 종교를 버리도록 강요하였을 뿐만 아니라 모스크를 폐쇄하거나 파괴하라고 요구하였다. 그들은 회족 무슬림을 경멸하면서, '견犬'이라는 어근을 회족回族의 '회回'자 앞에 붙여 '견회犬回'라고 부르면서 무슬림을 야만인으로 취급하였다. 한족 유학자들이 지닌 이슬람에 대한 무지와 비난은 한족 유학자의 문화적 편견에 기인한 것이지만 이슬람 내부에서도 그 원인을 찾을 수 있다. 당시 회족 무슬림은 이슬람의 교의와 교리를 정확하게 알지 못하였을 뿐만 아니라 이슬람 경전을 번역하지 않았기 때문에 한족 유학자들이 이슬람의 풍습과 교리를 모르는 것은 너무나 당연하다. 그래서 무슬림 학자들은 이슬람 경전을 한문으로 번역하고 유학적 용어로 이슬람의 교리와 관습을 해석하였다. 특히 김천주는 『청진석의淸眞釋義』에서 한족의 이슬람을 향한 비난과 탄압에 맞서 한족의 이슬람에 대한 의혹과 편견에 대해서 조목조목 비판하며 이슬람 교리와 관습이 지닌 합리성을 밝히기도 하였다.

---

26 傅统先,『中国回教史』, (银川 : 宁夏人民出版社 , 2002), p.p 75-78 "回民居住内地 , 随处皆有考试营业 , 与居民无异 , 自宜凛遵历度。乃伊不分大小建 , 不论闰月 , 以三百六十天为一年。始记某日为岁首 , 群相庆贺 , 名曰拜年。又平日早晚戴白帽 , 设立礼拜、清真等寺名色 , 不知供奉何神。每立把斋明目。伊等既为圣世之民 , 应遵一统之正朔 , 服朝廷之衣冠。岂容私记岁月 , 混戴白帽 , 作此违制异服之事。请令回民遵奉正朔、服制 , 一应礼拜等寺 , 尽行禁革。倘怙终不悛 , 将私记年月者 , 照左道惑衆律治罪律治罪 ; 戴白帽者 , 以违制律定拟。如地方官容隐 , 督抚绚庇 , 亦一并照律议处."

경당교육은 무엇보다도 회족의 민족의식을 고취시키고 민족 단결을 촉진시켰다. 중국 무슬림은 명대의 소수민족 동화정책으로 어쩔 수 없이 한족의 성漢姓으로 바꾸고 한자를 쓰고 한복漢服을 입어야 했다. 명 조정의 동화정책은 회족을 한화시키고자 했지만 오히려 회족 무슬림의 민족적 기반을 더욱 돈독하게 한 결과를 초래하였다. 한족의 동화정책 이전에는 중국에 거주하는 여러 무슬림 민족들은 자신들의 모국어를 사용하였기 때문에 다른 민족과 단결할 수 없었다. 그러나 명나라가 한족 동화정책을 시행하면서 여러 무슬림 민족들이 중국어를 공통용어로 삼으면서 하나의 통일된 회족이 등장하게 되었다.

동시에 명나라의 혼인정책은 회족 인구를 전례 없이 증가시키는 결과를 초래하였다. 무슬림 남성이 한족 여성과 결혼해서 가정을 이루면 부권제가 지배하던 시대에는 여성도 이슬람으로 개종해서 이슬람의 방식에 따라 살면서 회족이 되기 때문에 회족 인구가 오히려 더욱 증가하게 되었다.

그리고 경당교육 출신의 종교 교사들이 전국 각지에 흩어져 서로 다른 사회경제적 지위에 있는 무슬림들에게 이슬람 지식과 신앙을 가르치면서 하나의 견고한 신앙 공동체로 결집했다. 그래서 중국인이 '천하가 회족일가一家가 되면서'라고 말한 것처럼 회족 무슬림은 자신들의 민족 집단의식을 갖게 되었다. 회족은 자신들의 신앙을 잃어버리지 않았고, 한족과는 구별되는 그들만의 민족성을 갖게 되었다. 중국 회족 사회에서 경당교육이 지금도 중시되는 이유는 회족 사람들이 이를 중요하게 여겼기 때문이다. 회족의 경당교육은 지금도 이슬람 경학원의 형식으로 여전히 계승되고 있다. 하지만 오늘날 교육의 관점에서 본다면 경당교육의 한계 또한 분명히 존재한다.

(2) 경당교육의 한계

경당교육이 중국에서 이슬람이 번영할 수 있도록 긍정적인 역할을 하기도 했지만 시대적 제약에서 완전히 벗어날 수는 없었다. 호등주가 가정 중심의 종교 교육을 청진사로 옮기면서 그 이전보다는 체계적인 교육시스템을 갖추긴 했지만, 여전히 명문화된 교육목표, 일정한 학제와 승급제도가 없는 등 체계성이나 엄격성은 부족했다. 그리고 경당교육에서 스승이 도통衣鉢을 제자들에게 전수하는 방식은 폐쇄적이다. 경전 하나에만 정통하고 다른 경전에는 통하지 않거나, 암송은 할 수 있지만 강의는 할 수 없었다.

경당교육은 중국이슬람을 정립하는 데 기여하였지만 더는 이슬람을 신앙하지 않는 무슬림이 등장하였을 뿐만 아니라 이슬람의 본래 정신을 왜곡했다는 비판을 받기도 하였다. 경당교육 종사자들은 어릴 때는 유학을 공부하고 자란 후에는 이슬람 경전을 공부하면서 유학과 이슬람 두 영역에 관한 소양을 지니고 있었다. 하지만 그들 중에는 과거시험에 합격하여 관료로 진출하면서 이슬람을 버리거나 신앙심이 약해져 한화漢化된 무슬림도 있었다. 그래서 당시에 "2품 관직에 오르면 이슬람을 배반한다. 독서를 많이 하면 이슬람에서 멀어진다."라는 말이 유행하였다.

경당교육 출신 종교인들이 이슬람 경전을 번역하면서 회족 무슬림이 이슬람 경전을 쉽게 이해할 수 있었다는 긍정적인 측면도 있지만, 무슬림 내부에서 한문 번역에 대한 반발도 적지 않았다. 실제로 정통 이슬람 교리에서는 알라의 계시를 기록하고 있는 꾸란이 아랍어로 기록되어 있어서 아랍어 경전을 절대시하면서 아랍어 이외의 언어로 번역하는 것을 금지한다. 그래서 일부 중국무슬림 학자들은 한자어로 번역된 불경을 언급하면서 "불경이 중국에서 번역되면서 그 원의를 잃어버렸듯이, 이슬람 경전을 번역해서 이슬람의 원래 의미를 왜곡했다."라고 비판하기도 하였다. 실제로 신장 위구르 무슬림은 회족 무슬림의 이슬람 경전을 이슬람 경전으로 인정하지 않았다.

3) 중국이슬람 건축과 경당

중동 지역의 마드라사가 모스크에서 독립해 별도의 장소에 있다면, 경당은 중국의 청진사 예배당 정면 행랑의 북측에 위치한 경전을 보관하는 장소였기 때문에 별도의 건물은 없다. 그래서 여기서는 '중국 모스크'라고 불리는 청진사 건축을 소개하고자 한다. 중국의 청진사 변천사를 보면, 이슬람의 중국화 과정을 확인할 수 있다. 당唐, 송宋, 원元 시대에는 주로 아랍식 모스크 건축 양식이 주를 이루었다면, 명청明清 이후의 청진사는 전체적인 배치, 건축 형태, 건축 장식, 정원 조경 등에서 중국적 특색을 드러내면서 중국 특유의 이슬람 사원 건축 형태가 완성되었다. 그래서 중국의 이슬람 사원은 중국 전통적 양식과 이슬람적 특징을 모두 지니고 있다.

(1) 중국 전통 건축 양식

중국이슬람 사원의 공간 구도는 대칭적으로 배치되어 있다. 중국이슬람 사원은 대부분 중국 전통의 사합원四合院 구조를 모방한다. 한 축을 따라서 여러 사합원이 질서 있고 규칙적으로 배치되어 완전한 공간 서열을 형성한다. 마당마다 고유한 기능과 예술적 특색이 있다. 마당의 점진적인 구도는 청진사를 심오하고 존엄하게 보이도록 하고, 건물의 질서정연함은 모스크의 엄숙함과 풍부함을 돋보이게 한다. 이는 유교적 질서 관념을 표현하고 있다. 이런 질서정연한 건물 배치는 중국 전통 건축 예술의 이미지를 잘 보여준다. 대표적인 건축물로는 시안西安 화각항化覺巷 청진사를 들 수 있다. 이 사원은 동서로 좁고 긴 직사각형이다. 사원 전체가 4개의 마당으로 나뉘며, 각 마당에 들어갈 때마다 사합원 방식으로 청廳, 전殿, 문루門樓가 설치되어 앞뒤로 관통한다. 동단원東端院 담장 한가운데에 있는 조벽은 전체 사원 가운데 주축선의 기점이며, 이 축선에는 목패루木牌楼, 오간방五間房, 석패방石牌坊, 칙수전敕修殿, 성심루省心樓, 연삼문連三門, 봉황정鳳凰亭, 월대月臺, 예배대전禮拜大殿等 등의 주요 건물들이 차례로 늘어서 있다. 중간 축선 양옆에는 각종 비루碑樓, 석방石坊, 남북대청南北對廳, 화상방和厢房, 문루門樓 등 각종 부속건물이 좌우대칭으로 정연하게 배치되어 있다. 넓은 정원은 건물 공간과의 비례가 좋으며, 사원 전체가 조화로운 색조를 이룬다.

중국 이슬람 사원인 청진사의 구조 체계와 건축 형식에도 중국 전통 건축물의 특징이 드러난다. 이런 특징은 대문, 첨탑, 예배당 등 주요 건물에서 찾아볼 수 있다. 명대 이후 중국에서는 아랍식 아치형 대문이 중국식 사찰 대문으로 대체됐다. 베이징 동사사원東四寺院은 원래 3칸의 벽돌로 쌓은 봉화벽封火式식 건물로 밖으로는 목제가 드러나지 않고, 문 좌우에 1개씩 문을 만들어 평상시 출입을 대비하고, 서원 앞에는 회화나무 4그루가 있는 중국의 일반적인 묘문廟門 제도와 같다. 이러한 대문 형태는 중국 이슬람 건축에만 있을 뿐이고, 아랍은

시안(西安) 청진대사

물론 세계 어느 지역에서도 찾아볼 수 없는 양식이다.

청진사에서 아랍의 첨탑식 벽돌 첨탑宣禮塔, Minaret은 점차 사라지고 중국 전통 목조 누각식 건물로 대체되었다. 이런 종류의 첨탑은 베이징 우가牛街 예배사, 시안西安 화각항化覺巷, 허난河南 정저우鄭州 청진사, 산둥山東 지닝濟寧 청진사淸眞寺 대사원 등에서 볼 수 있다. 이들 청진사는 웅장하고 높으며, 목주양공木柱梁栱이 튼튼한 것이 특징이며, 머리 모양斗形의 형체가 많고 소박하며 주변 건물과 대비가 뚜렷하여 사찰 건물 전체의 집단 구도에서 풍부한 윤곽을 나타내는 역할을 한다.

청진사 건축자재 사용도 아랍의 벽돌과 돌을 모방한 재료에서 중국 전통 목재로 대체되었다. 청진사의 다양한 건축자재는 지역 환경에 적합한 재료 및 중국 전통 건축문화와 관련이 있다. 아랍 지역에서는 벽돌과 돌을 쉽게 구할 수 있지만, 중국에서는 목재가 비교적 풍부하고 목조 건축문화도 상당히 발달했다. 이런 연유로 중국 청진사에는 점차 주요 건축재료로 목재를 사용하였다. 중국 청진사의 건축자재 변화 과정은 바로 중국의 이슬람 문화가 변해가는 과정이다.

중국 모스크 건축의 색상은 일반적으로 녹색, 흰색 및 파란색 외에도 붉은색을 사용해서 장식하는 경우가 많다. 붉은색은 중국 전통문화에서 길하고 경사스럽고 생명력이 있음을 의미한다. 무슬림은 한민족과 오랫동안 교제하면서 점차 한민족의 붉은색 선호에 동화되어 이슬람 사원 건축에도 붉은색을 사용했는데, 예를 들면 청진사의 기둥, 문, 창문, 나무 난간 등은 모두 붉은색이다.

(2) 중국 사원의 이슬람적 특징

청진사가 비록 중국의 다양한 디자인과 전통 건축 기법을 많이 흡수하였지만, 이슬람 사원인 만큼 이슬람 건축의 특징 또한 지니고 있다. 중국의 청진사는 이슬람 모스크의 구조와 유사하게 배치되어 있다. 청진사는 대개 대문大門, 선예탑宣禮塔, '邦克樓'라고도 칭함, 망월루望月樓, 예방대전禮拜大殿, 여례방전女禮拜殿, 강경당講經堂, 교장실校長實, 남수방男水房, 대청會客廳, 교장거실校長居室로 구성된다. 이들 구조는 예배대전을 중심으로 배치되어 있으며, 경을 강연하는 강경당講經堂은 경사나 이맘이 경생에게 강의하는 장소이다. 즉, 경당교육의 장소이다. '강경당'은 이맘의 사무실이면서 경전을 보존하고 있는 교장실과 연결된 공간이다. 청진사는 일반적으로 예배당, 첨탑 또는 망월루, 목욕실을 갖추고 있으며, 예배당大殿의 내부에는 미흐랍Mihrāb, 그 우측대예배당 북서쪽 모퉁이의 설교 연단敏白尔, Minbar이 있다.

시안 청진대사 예방대전

청진사의 이런 구조는 중국 전통 건축물에서는 찾아볼 수 없는 구조다. 이슬람은 유일신 알라를 믿는 종교이다. 그래서 알라를 제외한 그 어떤 신이나 인물을 숭배하지 않기 때문에 청진사 예배당에는 절대로 어떠한 우상도 그려서는 안 된다. 그 대신에 예배당 장식품에는 아랍어 문자, 기하도문幾何圖紋, 화문花紋 등으로 조성한 추상 도안을 그렸다.

무슬림이 예배를 볼 때 향하는 메카는 중국에서는 서쪽 방향에 있다. 그래서 청진사의 예배당은 넓이보다 높이가 더 크다. 중국 전통 사찰 건물의 경우 지붕의 총 높이는 건물의 깊이에 정비례하며, 높이가 높을수록 지붕의 능선도 높아진다. 시안 청진대사 예배대전도 일반적인 관례에 따르면, 지붕 자체의 높이가 8m를 넘어서면서 전체 건축의 공간적 척도의 불균형을 초래하게 된다. 그래서 전실 내부에 기둥을 많이 추가했기 때문에 예배볼 때 불편함을 느낀다. 연계식 구조로 이 난제를 해결하기 위해 전전前殿 부분을 앞뒤로 나누어 두 개의 평행한 지붕을 만들고, 다시 꿰어 올린 후요전後窑殿 지붕과 연결해 척도가 적당하고 형체가 풍부한 큰 지붕을 만든다. 이런 종류의 큰 지붕은 수백 년 동안 중국 무슬림 건축가의 걸작으로 평가된다. 중국 청진사의 대전大殿은 대부분 아름답게 꾸민 꾸란문으로 장식되어 있어 경내를 밝은 분위기로 조성한다.

중국 모스크 건축은 중국 전통문화와 이슬람 문화가 오랫동안 어우러져 형성된 건축 양식이다. 이슬람 문화가 중국에 전파되어 점차 중국의 전통문화와 접촉하면서 중국 이슬람 사원 건축문화는 온화하고 점진적인 한화 과정을 거치면서 오늘날 중국 이슬람 사원과 같은 융합적이고 지역적인 건축문화를 형성하였다.

글을 맺으며

경당교육에는 유교의 전통 사숙 교육을 수용했을 뿐만 아니라 유학의 용어와 가치관을 차용해서 이슬람 경전을 번역하는 등 유학을 적극적으로 수용하였다. 그래서 중국이슬람은 유학을 배제하고 논할 수 없을 정도로 지대한 영향을 받았다. 그렇지만 반대로 유교 문화권인 중국 사회에 미친 영향의 흔적을 찾기는 쉽지 않다. 그렇다고 전혀 없는 것은 아니다. 중국이슬람 학자들은 대부분 유가의 사숙이나 서원 교육을 받은 적이 있기 때문에 유학에 대한 관심과 애정이 있었고, 유학의 교육기관인 서당과 서원 건립에도 적극적이었다. 원대 군인 출신인 회회인 욱실재勖實載는 정이천程伊川이 세운 명고서원鳴皐書院을 중건하였다. 정이천은 성리학의 창시자로 주희와 함께 거론될 정도로 유학사에서는 저명한 학자이다. 정이천은 후학들에게 도를 전하는 강당과 집필할 수 있는 공간이 필요해서 서원을 세웠는데, 그 서원을 명고서원鳴皐書院이라고 불렀다. 그런데 명고서원이 금나라의 침략으로 훼손되자 이 지역에 파견나와 있던 군사령관인 무슬림 욱실재가 정이천의 『역전易傳』과 『유서遺書』를 공부한 후 깊이 감동을 받아 10년 동안의 노력 끝에 명고서원을 중건하였다. 원나라 인종仁宗은 이 서원을 '이천서원伊川書院'으로 개명하였다.

이천서원은 리학理學의 발원지로 알려져 있을 뿐만 아니라 중국의 3대 서원 중에 하나로 꼽힌다. 무슬림 욱실재勖實載가 이천서원을 중건한 것과 같은 사례가 많지는 않지만, 중국무슬림이 자녀에게 유학과 이슬람을 가르치기 위해서 서당을 건립한 사례는 흔하다. 이처럼 중국무슬림은 유학의 교육기관인 서원과 서당 건립에 기여했다. 그리고 명청 시기 유학자들은 중국이슬람 학자들의 저술을 긍정적으로 평가했는데, 특히 유지의 『천방성리天方性理』는 사고전서에 수록할 정도로 그 학술적 가치를 인정받았다.

중국무슬림 중에는 어릴 때 가정이나 사숙에서 유학을 배우고 관료로 진출한 후에는 유학에 천착한 무슬림도 많았다. 이들 중에 한 사람이 바로 '유학의 이단자', '중국의 첫 번째 사상범中國第一思想犯'이라고 불리는 이지李贄이다. 이지는 중국유학사에서 한 획을 그을 정도로 독창적인 이론을 제창하면서 중국 사회에서뿐만 아니라 조선 사회에서도 영향을 미쳤다.

이희수 교수는 조선에서 15세기에서 19세기 말까지를 이슬람 문화와의 교류 공백기로 규정하였다. 조선 초기까지만 하더라도 이슬람의 문화나 문물 교류의 흔적이 있었지만 15세기 중반부터 주자학을 통치이념으로 삼으면서 타문화에 대한 배타적이고 억압적인 사회적 분위기가 조성되면서 이슬람 문명과의 교류가 완전히 차단되었다. 하지만 조선 후기에 폐쇄적이고 배타적인 조선 사회를 비판하면서 일군의 지식인이 등장했다. 주자학이 지배하는 사회에서 진보적인 사상이 갑자기 등장할 수는 없다. 그 기원을 추적해 보면 흥미롭게도 중국이슬람 출신 유학자 이지와 만나게 된다.

이지는 호가 탁오卓吾이며, 복건성福建省 천주泉州 출신이다. 천주는 중국 남동쪽에 있는 중국 최대의 무역도시 중에 하나다. 이지의 선조는 아랍 지역으로 항해하면서 그 지역 여성과 결혼하여 이슬람 풍속을 받아들였고, 그 후로 자손이 번성했으며 이슬람을 신봉하였다. 그도 해외에서 이주해 온 집안 배경에서 이슬람 문화의 영향을 받으면서 성장했다. 그는 죽을 때에도 자신을 회교식으로 매장해 달라고 유언을 남겼고, 그의 친구들은 실제로 그의 유언에 따라 회교식으로 장례를 치른 것으로 유명한다.

이지는 당시 관례에 따라 한학을 공부한 후에 관료로 진출하였다. 27세에 향시로 거인擧人이 되어 29세부터 하남성 교유로 관직을 시작하여 남경 국자감 박사, 예부시랑, 남경 형부의 원외랑 등을 거쳐 운남성 요안현 지부知府를 맡기도 하였다. 유학사에서 이지는 양명학 좌파인 태주학파로 분류되지만, 그의 사상에는 이슬람적인 에토스가 짙게 남아 있다. 그는 중국유학사에서 개인의 욕망을 인정한 유학자로 알려져 있다. 이는 꾸란의 인간관과 유사하다. 이슬람에서는 인간을 탐욕적인 존재로 간주하면서 꾸란과 하디스에 따라서 선한 방향으로 나아가야 한다고 가르친다. 이지도 그의 저서에서 "사람은 모두 사적인 욕망을 지닌다人皆有私"라고 하였다. 그는 『덕업유신후론德業儒臣後論』에서 "무릇 사사로운 것은 사람의 마음이다. 사람은 반드시 사사로움이 있은 후에 그 마음에서 비로소 드러난다. 만약 사사로움이 없으면 그 마음이 없다."[27] 고 하면서, 『논어論語』, 『맹자孟子』 등의 유교 경전들도 진정한 도학이

허균의 초상화

아니라고 비판했다. 그는 공자가 세워놓은 기준으로 옳고 그름을 판단하는 것에 반대했다. 당시의 도학자들을 "겉으로는 도를 말하나 속으로는 부귀를 바라며, 유학자의 고상한 옷을 걸쳤으나 행동은 개·돼지나 다를 바 없다."고 맹렬히 비난했다. 그리고 그는 유교의 신분 계급을 부정했다. 그는 하늘은 모든 사람을 평등하게 창조하였다는 평등사상에 근거해서 남녀 간의 평등을 주장하기도 하였다.

이지의 저서 중에는 태워버려야 할 책이라고 제목을 붙인 『분서焚書』와

---

27 李贄, 『藏書』, '德业儒臣后论' : "夫私者人之心也，人必有私而后其心乃见，若无私则无心矣 :
"夫私者人之心也，人必有私而后其心乃见，若无私则无心矣

산중에 꼭꼭 묻어 버려야 할 책이라고 제목을 붙인 『장서藏書』가 있다. 그리고 『속분서續焚書』, 『속장서續藏書』 등이 있으나, 이들 모두 명대明代에 금서가 되었다.

이지와 같은 양명학파에 속한 황종희조차도 그를 유학의 이단자로 부를 정도로 그의 유학은 전통 유학과는 달랐다. 이지 사상은 유학적 권위에 대한 과감한 도전에서 그 특징을 찾아볼 수 있다. 일본 학자 시마다 겐지島田虔次가 "유학자들이 그를 박해하고 투옥해 죽음으로 몰고 가는 대신에 그 도전을 받아들여서 당당하게 논쟁을 했더라면 유학을 비롯한 중국 사상은 생각지도 못한 새로운 국면을 맞이했을지도 모른다."島田虔次, 1986: 217쪽[28]고 지적한 적이 있다. 시마다 겐지가 말한 바와 같이, 그가 그의 저서에서 이슬람과의 관련성을 직접 언급하지는 않았지만, 다른 유학자들과 달리 유학의 안에 갇히지 않고 밖에서 유학을 비판할 수 있었던 배경에는 이슬람 문화가 있었기 때문일 것이다.

이지의 저술을 처음 보게 된 조선의 학자는 허균1569-1618이었다. 1614년, 허균은 명나라 황태자의 생일을 축하하기 위해 조선의 사은사로 명나라로 파견되었다. 이때 함께 간 김중청은 지근거리에서 허균의 행적을 지켜보고, 그 행적을 기록으로 남겼다. 그의 기록은 그의 문집인 『구전선생문집苟全先生文集』 「별집別集」에 조천록朝天錄이란 이름으로 들어 있다. 그런데 『구전선생문집』에는 허균이 이지의 『장서』를 보고 지은 시가 남아 있다. 그 시를 보면, 허균은 이지의 『장서』를 읽고서 그의 사상에 감명을 받았음을 표현하고 있다.

---

28 島田虔次, 1952, 「王學左派論批判の批判」, 『史學雜誌』 61(9). 1952, p. 217

허균은 청년 시절부터 이지를 사모하면서, 그의 특이한 사상과 행적에 관심을 보였다. 실제로 허균은 여러 부분에서 이지와 유사한 측면이 있다. 18세기 말엽의 조선의 실학자였던 이덕무李德懋 1741-1793는 사소절士小節에서 욕망을 본성으로 여기는 점을 들어 이지와 허균의 사상을 비교하였다. 그런데 이덕무의 평가는 현대 중국과 한국에서 이지와 허균의 사상을 연구한 학자들의 평가와 유사하다. 허균의 "남녀의 정욕은 천성본능이다. 이를 검속하는 것은 성인聖人이다. 나는 성인을 따르기보다는 본능을 따르겠다."라고 한 것은 이지의 남녀평등·신분사회 비판에서 연유한다. 허균 역시 명예와 폄훼가 함께 따른다. 그도 명문 출신의 수재였지만 권력으로부터 적대를 당하면서 소외된 이단자의 길을 걷기도 하였다. 이덕무와 오늘날 학자들이 지적한 바와 같이 이지와 허균 사상에는 분명히 유사점이 있는데, 허균이 이지의 평등사상이나 비판정신의 영향을 받은 것으로 보인다. 이지의 이슬람적 에토스는 허균을 비롯한 조선 지식인에게도 영향을 미쳤다.

제4부

한국의 서원

김기주

Silk Ro

ad

제4부
Chapter

한국의 서원

1. 서원의 등장과 전개

1) 서원으로 접근하는 길, 성리학

이슬람에 대한 이해 없이 마드라사madrasah를 이해할 수 없듯, 성리학을 이해하지 않고 서원을 온전히 이해할 수 있을까? 이 물음에 대한 답은 '아니오'다. 서원과 성리학이 만났을 때, 양자는 왜 그토록 충실하게 결합하며 강한 영향력을 발휘하게 되었을까? 왜 중국과 조선의 성리학자는 앞다퉈 '서원건립운동'에 앞장섰을까? 등등의 의문에 대한 답은 성리학 안에서만 충실하게 확인할 수 있다.

성리학은 송명 시대에 이론적 체계를 갖춘 유학의 한 흐름이다. 이 점에서 성리학에 대한 이해는 당연히 유학에 대한 이해와 분리될 수 없다. 그런데 전통적으로 유학의 기원에 접근하는 시각은 크게 두 가지다. 이것은 경전이 만들어지는 과정을 설명하는 두 가지 시각에서도 확인할 수 있다. 오경五經이나 육경六經과 같은 유교의 초기 경전이 어떻게 그리고 누구에 의해 만들어진 것인지에 대해 한대漢代의 '고문경학가古文經學家'와 '금문경학가今文經學家'는 서로 다른 시각을 제시했다.[01]

고문경학가는 이 경전이 국가의 공식적 기록인 '관서官書', 곧 '공문서'에 기원을 둔다고 생각했다. '경經'이란 본래 '국가에서 기록한 공문서'를 지칭했다는 점에 주목한 것이다.[02] 문자 사용이 특정 지배계층에 한정되고, 개인적인 기록이나 사적 감정을 표현한 글이란 존재하지도 않았던 시대의 산물이라는 뜻이다. 고대인들이 역사적 사건이나 경험에서 후대에 남기고 싶은 교훈이나 규범 등을 국가에서 기록하고 관리했다는 사실은 『춘추좌씨전』이나 『주례』 등 여러 곳에서 확인할 수 있다.[03]

반면 금문경학가에게 '경'이란 성인, 곧 공자孔子B.C. 551-B.C. 479가 편집한 것이다. 이들에게 '경'은 국가에서 기록한 공문서에 그치지 않고, 성인이 그 기록을 다시 편집한 결과물을 가리킨다. 고문경학가와 금문경학가는 '경'의 성립 과정에서 공자의 역할에 대해 서로 다른 시각을 보여준다. 고문경학가에게 공자는 앞선 시대로부터 전해진 국가 기록, 곧 '관서官書'로서의 '경'을 계승하여 다시 후대로 전해준 매개자에 불과할 뿐이지만, 금문경학

---

01 古文이란 秦·漢 이전에 통용되었던 문자인 '古文大篆', 줄여서 '고전' 혹은 '篆書'로 쓴 판본을 고문이라 하고, 今文은 前漢 시대에 통용된 '隷書'로 쓴 판본을 가리킨다.

02 蔣伯潛, 蔣祖怡, 『유교경전과 경학』, 최석기, 강정화 역 (파주: 경인문화사, 2002): 4-7쪽. 중국 근대 학자인 장병린은 정부에서 기록하고 관리한 문서는 특별히 큰 죽간에 기록되었는데, 그 크기가 2尺 4寸이었다. 그 내용은 모두 역사적 경험이나 법률로, 특히 역사적 경험을 기록한 문헌을 경이라고 불렀다고 주장한다. 그의 시각에 따르면 '경'은 정부에서 기록한 2척 4촌 크기의 죽간 문헌을 지칭하는 용어다.

03 『春秋左氏傳』, 「昭公 2年」, "二年春, 晉侯使韓宣子來聘, 且告爲政而來見, 禮也. 觀書於太史氏, 見易象與魯春秋, 曰周禮盡在魯矣, 吾乃今知周公之德與周之所以王也." 『周禮』, 「春官 外史」, "外史, 掌書外令, 掌四方之志, 掌三皇五帝之書."

가에게 공자는 '관서'를 편집하고 그것에 새로운 의미를 부여한 성인이었다.

경전의 기원에 대한 고문경학가와 금문경학가의 이런 시각 차이는 유학의 기원에 대한 다른 이해를 전제한다. 고문경학가의 입장에서 유학은 공자에 기원을 두지 않으며, 더욱 과거로 거슬러 올라간다. 훗날 맹자가 구체적으로 제시한 요堯와 순舜에서 시작된 도통道統의 흐름이란 것도 이런 기원에 대한 이해와 무관하지 않다. 이들에게 유학의 기원은 공자에서 더욱 과거로 거슬러 올라가 주공을 거쳐 요와 순에 이를 수 있었다.

반면 금문경학가의 입장은 유학의 기원을 찾아 아득한 과거로 거슬러 가지 않는다. 이들은 공자가 비록 과거의 기록에 근거하였지만, 그것에 새로운 의미를 부여하고 생명을 불어넣었다고 생각했다. 문헌을 편집하면서 새로운 의미를 부여했을 뿐만 아니라, 그 고문헌을 통해 새로운 가치를 표현했다고 생각했다. 이것이 바로 공자가 말한 '조술祖述'이다. 공자는 '풀어서 밝혔을 뿐, 새로운 저작을 만들지 않았다[述而不作]'[04]라고 말했지만, 그것은 과거의 기록에 숨겨져 있던 뜻을 밝혀, 그 기록에 새로운 생명과 의미를 부여하는 작업이었다. 특히 공자가 정리했다고 전해지는『춘추』를 비롯한 '육경'은 모두 본래 국가의 기록인 '관서'에 불과했지만, 공자의 '조술'을 거쳐 마침내 변하지 않는 진리를 담고 있는 책, 곧 '경전經典'이 되었다고 금문경학가는 생각했다.

이처럼 한나라의 고문학파와 금문학파는 공자의 위상에 대해 서로 다르게 평가했다. 그렇지만 양자 모두 공자의 역할이나 의의를 부정하지 않

---

04 『論語』「述而第七」子曰, "述而不作."

았으며, 양자에게 국가의 공식적인 기록에 뿌리를 둔 경전은 가장 중요한 요소로 여전히 주목되었다. 이것은 한漢·당唐 시대 사장유학詞章儒學이나 훈고학訓詁學의 기본적인 시각이기도 했다. 그런데 이 같은 시각과 태도는 송대宋代에 근본적으로 변화하는데, 그 변화의 중심에 성리학이 자리 잡고 있다.

송대에 진행된 공자를 바라보는 시각의 변화는 공자를 누구와 병칭竝稱하는지에서 분명하게 드러난다. 이것은 송대 유학, 곧 성리학의 주요한 차별성이다. 송나라 이전, 공자는 일반적으로 주공周公과 병칭되었다. 그런데 송나라 이후부터 공자를 맹자孟子B.C. 372-B.C. 289와 함께 묶어 부르기 시작했다. 이처럼 함께 묶어 부르는 것에서 공자의 위상 변화가 확인된다. 주공과 공자를 함께 묶어 부를 때, 고문경학가의 시각처럼 공자는 요堯·순舜·우禹·탕湯·문文·무武·주공周公의 전통을 계승한 인물이고, 경전의 전승 과정에서 하나의 매개자라는 점이 강조된다. 반면 공자와 맹자를 함께 묶어 부를 때, 공자는 새로운 전통을 세운 첫 출발점이 되고, 공자는 독자적인 의의와 위상을 갖게 된다. 이 두 시각은 공자의 위상과 의의에 대한 뚜렷한 인식 차이뿐 아니라, 유학의 기원에 대한 시각 차이도 보여준다.

그런데 이보다 더 주의해 살펴봐야 할 부분이 있다. 주공과 공자를 함께 묶어 부르는 태도는 매개자의 역할을 강조하는 고문경학가의 시각과 유사하지만, 공자와 맹자를 함께 묶어 부르는 태도는 금문경학가의 시각과 차별적이라는 점이다. 중요한 것은 이 시각이 공자 외에 맹자의 위상 변화를 함축하고 있다는 점이다. 공자와 맹자를 함께 묶어 부르기 시작한 것이 송대였고, 더욱 구체적으로는 송대의 성리학자들이었다는 점에서, 이것은 성리학의 특징을 선명하게 드러낸다. 성리학은 유학의 첫걸음인 공자의 좌표를 긍정하는 것 외에, 앞선 어느 시대보다 강하게 맹자의 의의를 긍정한다.

사실 북송까지, 맹자는 비판의 대상에 불과했던 인물이다. 최소한 사후 1천 년이 넘도록 맹자는 공자와 함께 묶어 부르지 않았을 뿐만 아니라, 유학의 중심 흐름에서 자신의 자리를 갖지 못했다. 그는 사실상 유학의 정통 흐름에서 아무런 존재감을 보여주지 못했다. 절대 왕권이 자리 잡고 강화되던 시대에 '군주답지 않은 군주는 바꿀 수 있다.'라는 그의 주장이나, '백성이 귀하고 군주는 귀중하지 않다[民貴君輕]'라는 그의 생각은 받아들여질 수 없었다. '사람이라면 누구나 요堯와 순舜이 될 수 있다.'라는 주장은 '사람이라면 누구나 요와 순 같은 군주가 될 수 있다.'라는 혁명을 부추기는 의미로 왜곡되어, 그를 비판하는 구실이 되기도 했다. 일찍이 사마천B.C. 145?-B.C. 91?은 『사기』의 「맹순열전孟荀列傳」을, 조기趙岐108?-201가 『맹자주孟子注』를 각각 남겼지만, 『맹자』에 대한 부정적인 시선이나 평가를 바꾸지는 못했다. 『순자荀子』의 「비십이자非十二子」 편에서 시작된 맹자에 대한 비판은, 그 뒤로도 왕충王充25-220의 『논형論衡』 「자맹刺孟」, 사마광司馬光1019-1086의 「의맹疑孟」, 이구李覯1009-1059의 「비맹非孟」, 조열지晁說之1059-1129의 「저맹詆孟」 등으로 이어졌다. 모두 맹자나 그의 주장에 대해 의문을 제기하거나 비판하고 비난하는 내용이다.

이 같은 『맹자』에 대한 부정적인 평가나 비판적 시각이 변화하기 시작한 것은 송나라가 시작된 이후였다. 특히 주희朱熹1130-1200는 『예기禮記』에서 「대학大學」과 「중용中庸」 2편의 글을 독립시켜, 『논어』·『맹자』와 함께 사서四書로 묶었다. 그리고 이 사서에 주註, 곧 해설을 덧붙인 『사서집주四書集註』를 간행하였다. 이처럼 주희는 공자의 어록인 『논어』 외에 『대학』, 『중용』을 이어 『맹자』를 적극적으로 활용했다. 이 점은 상산학象山學을 체계화한 육구연陸九淵1139-1193이나, 양명학陽明學을 체계화한 명대의 왕수인王守仁1472-1528

역시 예외가 아니었다. 송명 시대의 성리학은 정주학程朱學이나 육왕학陸王學을 막론하고, 모두 『맹자』를 그 이론의 주요 뼈대로 삼아 적극적으로 『맹자』에 주목했다. 그리고 이때부터 『맹자』는 다른 경전과 어깨를 나란히 하는 유교의 마지막이자, 13번째 경전에 편입되었다. 이 점은 송대 유학, 곧 성리학의 주요한 특징이자, 동시에 앞선 한·당 시대 유학과의 주요한 차별성이다.[05]

문제는 성리학이 보여준 이 차별성 혹은 특징이 성리학자에게 극복해야 할 하나의 과제를 남겼다는 점이다. 앞선 한·당 시대의 유학과 차별적이라는 점은 성리학자에게 자신의 학문이 유학, 특히 유학의 정통 흐름에서 벗어나지 않았다는 점을 증명하도록 요구했다. 비판받던 맹자를 주요 흐름으로 끌어들인 성리학이 결코 이단적이지 않다는 점을 증명해야 했던 셈이다. 1173년 주희가 편찬한 『이락연원록伊洛淵源錄』은 이런 요구에 대응한 결과물이다. 주희는 14권으로 구성된 이 책에서 주돈이周敦頤1017-1073, 장재張載1020-1077, 정호程顥1032-1085, 정이程頤1033-1107 등 북송 시대를 대표하는 유학자와 그 제자 등 모두 46인의 언행과 사승 관계를 '연보年譜'나 '제문祭文' 등을 수록해 밝히고 있다. 북송에서 시작해 주희 자신에게로 이어진 성리학이 유학의 정통 흐름에서 벗어나지 않았다는 것을 보여주기 위함이었다.[06] 1234년 진덕수眞德秀1178-1235가 편찬한 『심경心經』 역시 같은 목적을 가지고 편찬된 서적으로 이해할 수 있다. 이런 여러 노력에도 불구하고 북송 시대부터 남송 초기까지 성리학자는 과거시험의 합격자에서 배제되기나 정치적으로 핍박을 받아야만 했다. 이것은 비판의 대상이었던 『맹자』를

---

05 김기주, 『맹자1』, 전주: 전북대학교출판문화원 달설, 2021, 7-8쪽.
06 김기주, 「연원록의 전개사에서 본 『동유학안』의 의의」, 『남명학연구』 76, (2022): 24쪽 참조.

유학의 중심으로 끌어들인 결과였다.

그런데 성리학이 보여준 차별성은 이것에 한정되지 않았다. 성리학의 근원적 지향에서도 또 다른 차별성을 확인할 수 있다. 성리학의 지향은 그것이 등장하는 시대적 변화에서 비교적 선명하게 확인된다. 송대의 성리학은 흔히 '당송변혁기'라고 부르는 당나라가 망하고 송나라가 세워지는 역사적 전환기의 산물이다. 907년 당나라가 망하고 960년 송나라가 세워지는 약 50여 년의 기간을 흔히 '당송변혁기' 혹은 '오대십국 시대'라고 부른다. 이 50여 년 동안 화북 지방에서 왕조가 양梁·당唐·진晉·한漢·주周앞선 왕조와 구분하기 위해 역사학계에서는 後자를 붙여 후양, 후당 등으로 부른다로 다섯 번 바뀌었다고 해서 오대五代라 부르고, 화남을 비롯한 주변 지역에 모두 10개의 지방 정권이 세워졌기 때문에 10국이라 부른다. 50여 년이라는 짧은 기간에 다섯 번 왕조가 교체되고, 주변에 10개의 국가가 난립한 혼란한 상황이었다.

그럼에도 이 시기는 단순히 짧은 기간 새로운 왕조가 등장했다가 망하는 과정이 반복된 정도의 변화나 의미만 있는 것은 아니다. 중국은 진秦나라 이후 황제를 중심에 둔 중앙집권적 관료체제를 운영하였다. 실제로 이 정치체제는 1911년 신해혁명辛亥革命으로 청淸나라가 망할 때까지 유지되었다. 하지만 그 긴 역사의 흐름에서 형식이나 내용에 전혀 변화가 없었던 것은 아니다. 그 가운데 가장 큰 변화가 바로 이 당송변혁기, 곧 오대십국 시대에 일어났고, 그 변화를 이끈 주체는 다름 아닌 신흥사대부였다.

당송변혁기의 가장 현저한 특징을 꼽으라면, 그것은 당연히 변화의 중심축인 신흥사대부의 역사적 등장이다. 중국에서 당나라 이전의 모든 왕조, 특히 수隋나라와 당나라까지는 대부분 직위를 세습하는 귀족들이 큰 세력을 형성하고 있었다. 그런데 오대십국 시대를 거치며 신흥사대부가 등장해 자리 잡았다는 것은, 이 귀족세력이 무너지고, 지방 소지주계층을 중심으로 한 새 시대가 열렸음을 의미한다. 이것은 황제의 중앙집권이 세습 관료 집단인 귀족들로 유지되거나 강화된 것이 아니라, 비세습 관료 집단 곧 과거시험으로 선발된 신흥사대부의 힘으로 유지되기 시작했다는 것을 뜻한다.

변화는 이런 정치적인 측면에 한정되지 않았다. 경제적·문화적인 측면을 비롯하여 일상생활의 구석구석까지 모든 것이 바뀌기 시작했다. 화려함을 강조하던 귀족적인 건축이나 복식·회화·도자기 등 여러 문화적 양식들이 단순하고 소박한 형태로 바뀐 것도 이 때다. 성리학의 성립이나 그 지향 역시 이 신흥사대부의 등장과 분리해 이해될 수 없다. 성리학이란 다름 아닌 이 새롭게 등장한 신흥사대부가 무엇을 지향하였는지를 보여준 학적 체계이자, 신흥사대부의 이념체계이기 때문이다.

그렇다면 성리학이 신흥사대부와 분리될 수 없고, 그들의 지향을 반영한다는 사실을 우리는 어디에서 확인할 수 있을까? 다시 말해서 성리학은 신흥사대부 시대의 도래와 그 지향을 어떻게 반영해 보여주고 있을까? 이 질문에 대한 답은 '모든 사람이 성인이 될 수 있다'라는 『맹자』에 근거를 둔 성리학적 신념에서 확인할 수 있다. 귀족제가 무너진 세상에서 관직은 이제 귀족이 세습하는 것이 아니었다. 귀족제의 해체는 누구나 공부해서 과거시험에 합격하면 관직에 오르는 세상의 도래였다. 이것을 성리학은 '인간이라면 누구나 공부나 수양을 통해 성인이 될 수 있다'라는 말로 표현했다. 교육과 그 기능에 대해 깊이 신뢰하고 강조하는 성리학적 지향을 읽을 수 있는 부분이다.

이런 성리학의 지향은 귀족의 시대가 끝나고, 사대부의 시대가 시작되었다는 선언이기도 했다. 그런데 성리학은 인간이 스스로 노력하면 인격의 완성, 곧 성인이 될 수 있다는 주장에 그치지 않고, 사회나 정치 역시 스스로 노력하면 이상적인 상태로 만들 수 있다는 믿음을 전제한다. 그리고 이러한 믿음을 바탕으로 성리학은 인간의 조건과 그 이상을 교육에 근거를 두고 실현하려 했다. 이런 까닭에 성리학은 운명적으로 교육에 깊은 관심을 기울일 수밖에 없는 이론체계였다.

여기에 더해, 신흥사대부의 학문인 성리학이 보여주는 또 다른 특징은 다름 아닌 윤리 도덕에 대한 강조다. 앞 시대 '한당유학'이 정치적 혹은 사회적 제도 등에 깊은 관심을 표명한 것과 대비해 볼 수 있는 부분이다. 오대십국 시대를 거치며 등장한 신흥사대부는 중앙집권적 관료체제를 지향하는 동시에, 그 기반을 자신들의 출신성분인 향촌지주제에서 찾았다. 그들에게는 자신들의 정치적 기반인 향촌의 질서를 유지하는 것이 주요 관심사였고, 그 질서 유지를 위해 거시적인 국가 제도가 아닌, 도덕이나 공동체의 윤리에 주목해야 한다는 점을 그들은 깊이 이해하고 있었다. 이런 측면에서 성리학자들이 왜 도덕의 내적이면서 초월적인 근거를 제시함으로써 도덕 행위의 전 과정에 대한 해명과 실질적인 도덕실천을 궁극 목표로 설정할 수밖에 없었는지 이해할 수 있게 된다.

물론 성리학에서 말하는 도덕이 특정 이론체계에서 타율적으로 강제된 규범이라는 의미를 가진다는 점은 부정하기 어렵다. 하지만 그것이 더욱 적극적으로는 인간의 조건에 관한 규정과 함께, 그 조건의 실현과 관련된다는 점은 주목할 필요가 있다. 그리고 바로 이 점에서, 성리학에서 말하는 도덕 실천은 단순히 외적이고 강제된 규범을 실천하는 의미에 국한되지 않고, 인간의 본성을 실현하는 방식이자, 자아실현의 또 다른 길로 이해할 수 있다. 성리학이 마치 인간의 자유를 억압하는 규범만을 논하고 있는 듯이 보이지만, 이런 의미에서 인간의 조건과 인간으로 살아가기 위한 길을 깊이 고민한 이론체계였다고 말할 수 있다.

그런데 이 같은 특징을 공유하며 같은 목표를 지향하지만, 그 목표에 도달하는 방법은 달라질 수 있는데, 이것은 성리학의 이론적 분화로 나타났다. 대표적인 분화가 바로 정이와 주희를 중심으로 하는 정주학, 육구연과 왕수인을 중심으로 하는 육왕학의 두 계열이다. 양자가 어떤 차별적인 방법으로 분화했든, 양자 모두는 철저하게 도덕 실천이 가능한 근거와 방법을 체계화했을 뿐만 아니라, 그 같은 실천을 통한 '인간으로의 완성[成人]', 곧 성인聖人을 추구하였다.

이렇게 정리되는 성리학의 특징은 성리학과 서원의 운명적 관련성을 보여준다. 늘 비판의 대상이었던 맹자를 유학의 정통 흐름 속으로 편입한 성리학자들이 피할 수 없었던 문제는, 자신들이 유학의 정통 흐름에서 벗어나지 않았다는 점을 증명하는 일이었다. 맹자를 수용한 성리학을 이단시하며 배척할 때, 성리학자에게는 관학에서 학생들을 교육할 기회가 제한되었고, 이때 새로운 교육기관은 절박하게 요청되었을 것이다. 또 성리학이 전제한 누구나 교육을 받아 과거시험에 합격하면 관료가 될 수 있다는 시각과 태도는, 교육과 그 기능에 대한 깊은 신뢰와 함께 교육 수요의 확대와 교육기관의 확장으로 자연스레 이어졌다. 여기에 더해 성리학이 새롭게 등장한 사대부의 이념이었고, 그 사대부의 지역적 기반인 향촌지주제는 거시적인 국가 제도의 개혁보다 도덕이나 공동체의 윤리를 더욱 중시하는 특징을 보였다.

이런 성리학이 보여주는 특징만으로도 중국 송명 시대와 조선에서 왜 서원에 대한 수요가 폭증하게 되었는지, 왜 성리학자는 서원이라는 교육기관에 주목하며 건립 운동에 몰두하였는지, 왜 서원의 교육과정이나 교육내용이 덕성을 함양하는 것에 중점을 두게 되었는지, 왜 서원은 향촌지역에 광범위하게 분포하게 되었는지 등등의 의문에 답을 찾을 수 있다. 이제 이 같은 성리학에 대한 이해를 바탕으로 서원이 어떻게 등장하게 되었는지부터 살펴보자.

2) 중국 서원의 성립

역사적인 측면에서, '서원書院'이란 용어가 처음으로 등장한 것은 중국 당唐 현종玄宗 개원開元 6년인 718년이다. 현종은 당나라의 제6대 황제로, 흔히 당의 2대 황제인 태종 이세민李世民599-649이 연 태평성세 '정관貞觀의 치治' 이후 최고의 시대를 열었지만, 동시에 당나라를 쇠퇴의 길로 이끈 황제로 평가된다. 즉위 초 유능한 재상들의 보좌를 받으며 '개원開元의 치治'라고 부르는 태평성세를 열었다. 하지만 후기, 곧 무혜비武惠妃699-737가 사망한 737년 이후 그의 주변에는 무능한 관료들이 자리 잡았다. 745년에는 마침내 며느리였던 양옥환楊玉環719-756을 귀비貴妃로 책봉하였고, 755년에는 안녹산安祿山703?-757과 사사명史思明?-761을 중심으로 한 '안사安史의 난亂' 등이 일어나면서, 당나라는 쇠퇴의 길로 접어들었다.

서원은 바로 이 현종 즉위 초기, '개원의 치'라는 당나라 최고의 성세에 등장했다. 『신당서新唐書』「백관지百官志」의 기록은 비록 짧지만, 개원 6년인 718년에 '여정수서원麗正修書院'이 처음 세워졌고, 5년 뒤 광순문 밖에 서원을 또 세웠으며, 그 이듬해에는 동도인 낙양의 명복문 밖에 '여정서원'이 세워졌다는 내용을 담고 있다. 여정수서원이 곧이어 '집현전서원'으로 이름이 바뀌고, 이 서원에는 '원사' 등의 여러 관직이 있었으며, 최초의 서원인 여정수서원의 전신은 '건원원乾元院'이었다는 사실도 확인된다.[07] 이런 몇 가지 사실과 함께 그 명칭, 곧 여정수서원, 여정원수서학사, 여정서원 등을 보면, 서원의 중심 역할이 교육이 아닌 '수서修書', 곧 도서의 정리나 편수에 있었다고 이해할 수 있다.[08]

이런 서원의 기능은 명칭 외에, 여정수서원의 전신이 건원원이었다는 점에서도 확인된다. 건원원은 건원전과 관련된, 다시 말해서 건원전의 특정 건물이자 부서였다. 건원전과 건원원의 관련성에 대해 직접 언급한 기록은 없지만, 양자의 관련성을 유추하는 데 근거가 될 기록은 있기 때문이다. 예를 들어 건원전의 동랑 아래에서 사부四部 도서, 곧 경經·사史·자子·집集을 엮고 옮겨 쓰는 일을 했다는 기록과 건원전에서 사부 도서를 옮겨 쓰고, 건원원사를 설치했다는 기록이 있다.[09] 건원전의 하부 부속기관으로 건원원과 그 담당관에 대한 기록인 셈이다. 이런 기록에 근거하면, 건원원은 건원전과 멀지 않은 곳에 있었던 별도의 '원院'이고, 그것은 사부 도서를 엮고 옮겨 쓰는 일, 곧 '수서修書'를 하는 기관이었음을 알 수 있다.

이 건원전이라는 기관은 당나라 초기에 설치되었던 것으로 확인되는데, 688년에 무측천武則天624-705은 이 건원전을 허물고 그 자리에 '명당明堂'을 새로 세웠다. 명당은 주周나라 때에 왕이 조상과 하늘에 제사 지내거나, 제후의 조회朝會를 받는 등 다양한 국가 의식을 거행하던 건물이었다. 그

---

07 『新唐書』 卷47, 「百官志」, 1213쪽, "六年, 乾元院更號麗正修書院, 置使及檢校官, 改修書官爲麗正殿直學士, 八年, 加文學直, 又加修撰·校理·刊正·校勘官, 十一年, 置麗正院修書學士; 光順門外, 亦置書院. 十二年, 東都明福門外亦置麗正書院. 十三年, 改麗正修書院爲集賢殿書院."

08 김기주, 「서원과 성리학적 이념의 구현」, 『동아인문학』 63, (2023): 226-227쪽.

09 [唐] 李林甫 等撰, 陳仲夫 校點, 『唐六典』 권9, 「中書省」(北京:中華書局,1992, 279쪽), "洎開元五年, 於乾元殿東廊下寫四部書, 以充內庫, 仍令右散騎常侍無量·秘書監馬懷素末總其事, 置刊定官四人, 以一人判事."

런데 이렇게 세워진 명당이 화재로 소실되었다가 재건되는 과정을 반복하다가, 개원 5년인 717년에 현종이 다시 건원전으로 복원하였다. 이때 건원전을 복원한 까닭이 『구당서』에 기록되어 있는데,[10] 이 기록을 보면 현종이 건원전을 복원한 것은 사부四部의 책들을 편사하여 내고內庫를 채우려고 했기 때문이다. 보다 구체적으로는 태종이나 고종 등 선대에 편찬된 서적들이 정리되어 있지 않아 열람이 불편한 상황에서, 수서修書 곧 도서의 정리를 위한 것이었다. 그리고 이 건원전의 여러 부서 혹은 하부 기관 가운데 특히 서적을 정리하는 일을 직접 맡은 곳이 바로 건원원이었다.

그런데 이런 자료에서 보자면, 당나라 때의 서원은 현재 우리가 알고 있는 서원과 거리가 있다. 건원원-여정수서원-집현전서원으로 이어지는 흐름에서 강조되는 역할은 교육이 아니었다. 도서를 정리하는 도서관이나 출판사의 기능을 가진 국가 기관이었기 때문이다. '여정수서원'의 기본적인 목적은 '수서'에 있었을 뿐, '교육'에 있지 않았다. 설사 교육과 관련된 활동이 있었다고 해도, 그것은 왕실이나 특정 인물에 제한되었을 가능성이 크다. 이런 점에서 현재 우리가 알고 있는 서원과의 가장 중요한 두 가지 차별성은 '교육 활동'의 유무와 함께 '국가 기관'이라는 점에 있었다. 그렇다면 이 두 가지 차별성, 곧 '교육 활동'은 언제 서원의 주요한 기능이 되었고, 또 언제 '국가 기관'이 아닌 민간 기구로 자리 잡게 되었을까?

이 물음에 대한 답은 일반적으로 당대唐代와 오대五代, 송대宋代의 3가지 설로 제시된다. 서원이 민간 기구로 교육적 기능을 수행한 것은 당나라

10 『舊唐書』 卷46, 「經籍志」, 1962쪽, "開元三年, 左散騎常侍褚无量·馬懷素侍宴, 言及經籍, 玄宗曰: '內庫皆是太宗·高宗先代舊書, 常令人主掌, 所有殘缺, 未遑補緝, 篇卷錯亂, 難於檢閱, 卿試爲朕格比之."

후기와 오대, 송대에 각기 시작되었다는 관점이다. 당대에 서원이 이미 민간 기구로 교육적 기능을 수행하기 시작했다는 시각은 당나라 후기로 접어들면서 수서를 위한 국가 기관이었던 서원의 명칭이 민간에서 사용되었다는 점에 주목한다. 사실 당나라 시대에 확인되는 서원은 앞에서 살펴본 여정수서원이나 집현전서원에 한정되지 않는다. 정부 기관이 아닌 민간에 세워졌던 서원과 관련된 기록을 확인할 수 있기 때문이다.

먼저 몇몇 지방지에서 당대에 건립된 서원에 대한 설명을 확인할 수 있는데, 절강浙江 소흥紹興의 여정서원麗正書院, 복건福建 장주漳州의 송주서원松州書院, 호남湖南 형산衡山의 남악서원南嶽書院, 호남湖南 형양衡陽의 석고서원石鼓書院, 강서江西 봉신奉新의 오동서원梧桐書院 등 40여 곳의 서원이 그것이다. 다만 이 지방지의 기록이 얼마나 신뢰할 수 있는지에 대해 학자들은 의문을 제기한다. 예를 들어 청나라 강희康熙 연간에 편찬된 『장주부지』에서는 송주서원에 대해 "당나라 시대 진향이 사민들과 강론하던 곳"[11]이라고 설명하지만, 그 근거나 관련 자료를 제시하지는 않는다. 당대 서원에 관한 지방지의 기록 대부분이 이처럼 구체적인 근거 없이 기술된 것으로, 당연히 서원의 실재성과 그 성격에 대해 의문이 제기된다. 반면 이런 지방지에 언급된 서원과는 달리, 당시 문인들의 작품 속에 등장하는 서원의 명칭은 주목할 부분이다.

『문원영화文苑英華』나 『당백가시선唐百家詩選』 등에 실린 당나라 후기 문인들인 한굉韓翃, 노륜盧綸, 왕건王建 등의 시 제목에 서원이라는 표현이 등장하는 것은 모두 16편이나 된다.[12] 비록 몇몇 언급에서 구체적인 서원의

11 康熙『漳州府志』 권34, "陳珦與士民講論處."

12 류준형, 「당대(唐代) 서원(書院)의 형성에 대한 재검토-존재 양태와 배경을 중심으로-」, 『한국

이름이 확인되는 것은 아니지만, 우선 주목되는 부분은 시의 제목이나 내용에서 서원이 언급된다는 점이다. 그리고 무엇보다 이 시문들이 후대인의 시각이나 의도를 반영한 것이 아닌, 순수하게 당시의 기록이라는 사실이다. 그런데 이렇게 확인되는 서원의 대부분이 '이필서원李泌書院'이나 '이관중수재서원李寬中秀才書院'처럼, 특정 인물의 성명과 서원을 결합하고 있다는 점에서 특정 개인의 서재나 서실의 의미로 쓰였다고 이해할 수 있다. 특히 '우문예산사독서원宇文裔山寺讀書院'이라는 명칭에서는 우문예라는 한 개인의 독서 공간이라는 의미가 더욱 분명하게 드러난다.[13]

이렇듯 당 말기 민간으로 전해진 서원이라는 명칭은 특정 인물의 개인 독서공간을 가리켰던 까닭에 성명+서원의 명칭이 일반적인 형태였다. 그러다가 후대로 갈수록 개인의 이름이 아닌 지역이나 위치를 가리키는 특정 명칭을 사용하는 형태로 변화했는데, 문인들의 시문에서 확인되는 '남계서원南溪書院'이 이것에 해당한다. 그리고 이런 독서 공간에서 개인적으로 강학 활동이 이루어졌을 가능성을 배제하기는 어렵다. 당나라 후기에 이미 서원에서 교육이 시작되었다는 주장은 바로 이 가능성에 근거해 있다.

반면 오대五代에 교육적 기능을 가진 서원이 등장했다는 시각은 당나라 후기에 등장한 서원이 교육적 기능보다는 개인의 독서 공간으로 특화된 기능을 가졌다는 주장에서 비롯된다. 설사 교육적 기능이 있었다고 하더라도, 그것은 사적 관계에서 비공식적이고 소규모로 진행되었을 뿐이라는 것이다. 그런데 서원 교육이 오대에 기원한다는 설에 따르면 훗날 주희가 백록동서원으로 재건한 '여산서원廬山書院'이 교육을 진행한 최초의 서

서원학보』, 10, 0 (2020): 15쪽.

13 김기주, 「서원과 성리학적 이념의 구현」, 『동아인문학』 63, (2023): 227-228쪽.

원이다. 이 여산서원은 후당 시대에 세워졌고, 이외에 응천서원應天書院 등도 같은 오대 시대에 세워진 서원들이다. 오대 기원설은 이들 서원에서 교육이 공적으로 진행되었다는 인식에 근거하고 있다.[14]

마지막으로 송대에 교육을 핵심 기능으로 하는 서원이 등장했다는 시각은 북송 시대에 와서야 진정한 의미의 교육기관인 서원이 세워졌다는 견해에서 연유한다. 당대나 오대에도 여러 서원이 세워지고, 일부 서원에서 교육이 진행된 것이 사실이라 해도, 그것은 여전히 제도적으로 확립되지 못했다는 시각이다. 청대 초기의 왕부지王夫之1619-1692는 북송 함평 4년인 1001년에 황제가 '구경九經'을 내려 주었던 주州와 현縣의 학교가 서원의 시작이라고 보았다. 정부에서 교육을 위한 서적을 공급하면서, 간접적으로 교육기관으로 공인한 것을 서원 제도의 출발로 본 것이다.

이 외에도 송대에 교육적 기능을 가진 서원이 등장했다는 시각은 남송시대 성리학자들의 '서원건립운동'에도 주목한다. 성리학자들이 본격적으로 '서원건립운동'을 시작한 때는 남송 시대1127-1279였는데, 이것은 당시 건립된 서원의 숫자에서도 확인된다. 북송 시기에 세워진 서원은 대략 73개소였고, 남송 시기에 세워진 서원은 6배 이상 많은 442개소였다. 남송에서 처음으로 서원 건립을 추진한 성리학자는 호남지역에서 활약했던 호안국胡安國1074-1138과 그의 아들 호굉胡宏1106-1161이었다. 1130년 전쟁을 피해 호남으로 이주한 호안국은 형산衡山 아래에 '벽천서당碧泉書堂'을 세우고, 강학을 시작하였다. 후에 호굉은 이 벽천서당을 '벽천서원碧泉書院'으로 확장 건립하여, 강학의 장소로 삼았다.

---

14 김기주, 「서원과 성리학적 이념의 구현」, 『동아인문학』 63, (2023): 228-229쪽.

중국 무이서원

이들 호씨 부자의 활동은 주변 지역으로 전파되어, 1165년에는 주희朱熹1130-1200의 장인이자 호남안무사湖南安撫使로 있던 유공劉珙1122-1178이 악록서원嶽麓書院을 중건한 후, 호굉의 문인인 장식張栻1133-1180을 초빙해 강학하도록 하였다. 이후 절강浙江에서는 여조겸呂祖謙1137-1181이 1166년 여택서원麗澤書院을 세워 강학했고, 복건福建에서는 주희가 1170년 한천정사寒泉精舍를 세웠다. 또 그는 1179년 강서江西에서 백록동서원을 중건하였으며, 육구연陸九淵은 1187년에 상산정사象山精舍를 설립하였다. 그런데 성리학자들이 왜 이토록 서원에 깊이 관심을 가지며 '서원건립운동'에 앞장서게 되었을까? 그것은 앞서 살펴본 성리학 자체가 함축하고 있는 특징 때문이다.[15]

앞에서 살펴봤듯, 늘 비판의 대상이었던 맹자를 유학의 정통 흐름 속

15 김기주, 「서원과 성리학적 이념의 구현」, 『동아인문학』 63, (2023): 229-230쪽.

으로 편입한 성리학자들은 자신들이 유학의 정통 흐름에서 벗어나지 않았다는 점을 증명해야 했다. 이것은 성리학이 정통 흐름임을 공인받기 전까지 맹자와 더불어 성리학까지도 비판받고 이단적 흐름으로 취급되었음을 뜻한다. 실제로 주희의 학문적 뿌리인 정호程顥1032-1085와 정이程頤1033-1107의 이정학二程學에 대한 비판이나 탄압은 이미 남송 초기부터 시작되었다. 송 고종高宗 때인 1144년부터 1155년까지 정부에서는 이정학을 이단적 학설로 규정하며, 과거시험에 이정학의 시각으로 답안을 작성 제출한 경우 합격자에서 배제하였다.

주자학에 대한 정치적 탄압인 '경원학금慶元學禁'도 유사한 흐름으로 이해할 수 있다. 1196년慶元 2년 8월에 시작되어 주희가 사망한 2년 뒤인 1202년嘉泰 2년 2월까지 주자학은 정치적으로 탄압을 받았다. 공식적인 '경원학금'의 기간은 겨우 6년 전후로 짧았지만, 주자학이 유학의 정통 흐름으로 공식 인정받게 된 것은 많은 시간이 흐른 뒤인 리종理宗 순우淳佑 초년1241에 와서의 일이었다. 주희의 증손자인 주잠朱潛1194-1260이 비록 남송에서 한림학사 등을 역임했지만, 1224년 문인들과 함께 고려로 귀화한 것도 이런 상황과 무관할 수는 없을 것이다. 그리고 마침내 1241년 리종이 태학을 시찰하면서 친필로 쓴 주희의 「백록동서원게시」를 내려 주고, 모든 관학에서 이 '학규'를 따르도록 명하면서, 성리학과 성리학자, 그리고 이들에 의해 세워진 서원을 공인하는 것으로 황실의 입장이 최종 정리되었다.

이런 장기간에 걸친 정부로부터의 비판과 탄압은 자연스럽게 관학 교육기관에서 성리학자들의 활동을 위축시키고, 관학 밖 새로운 교육기관에 대한 수요 증가로 나타났을 것으로 짐작된다. 이런 사실들은 성리학자들이 왜 '서원건립운동'에 앞장설 수밖에 없었는지를 이해하는 주요한 토대를 제공한다. 또 다른 측면에서, 누구나 공부를 하면 공자와 같은 성인이 될 수 있듯, 누구나 교육을 받아 과거시험에 합격하면 관료가 될 수 있다는 성리학의 전제는 교육에 대한 신뢰뿐만 아니라, 교육기관에 대한 수요를 키웠을 것으로 이해할 수 있다.

이처럼 송대에 제도적 교육기관인 서원의 등장은 성리학과 밀접한 관련성을 보여준다. 이후에도 서원은 성리학의 지역적 기반으로, 또 성리학은 서원의 이념적 토대로 작용하며 서원과 성리학은 성쇠를 함께 했다. 1279년 남송이 멸망한 이후 세워진 태극서원太極書院이나 설재서원雪齋書院은 성리학의 북방진출에 큰 역할을 담당했다. 성리학의 북방진출과 함께, 남송 시기 장강長江 유역에 집중되었던 서원 분포가 황하黃河 유역으로 북상하였고, 원 황실의 주도로 서원의 원장 임명이나 학전學田의 관리 등을 조건으로 일부 서원은 관학화되었다.

명대에는 양명학의 등장과 함께 서원의 학파적 성격이 강화되는 경향이 나타났다. 주자학을 이념으로 하는 서원과 양명학을 기반으로 하는 서원으로 그 성격이 구분된 것이다. 이런 상황에서 명나라 말기 동림서원東林書院을 중심으로 진행된 강학 운동은 점차 서원을 사회단체, 정치적 성격의 민간조직으로 재편하는 계기가 되었다. 청나라가 세워진 이후, 서원의 흐름은 또 다른 양상을 보여준다. 청대 초기에는 양명학의 말류와 폐단에 대한 인식과 주자학 계열 서원으로의 복귀가 뚜렷하게 확인된다. 그리고 1733년에는 18개 행성行省의 성도省都에 각 행성 최고학부인 20개의 '성회서원省會書院'이 중앙의 국자감과 주현의 학교를 연결하는 역할을 담당하였다. 또 이 시기를 전후해 서원의 건립을 정부에서 통제하면서, 향촌-주현-성도로 이어지는 서원의 등급이 체계화되었다.

그렇지만 19세기 후반에 접어들면서, 이런 서원 교육에도 관학화 정도가 심각하거나, 교육내용이 지나치게 과거시험에 종속되는 등의 다양한 폐단들이 등장하였다. 이런 상황에서 서학西學이나 실용학문으로 교육내용을 개혁하거나, 서원 운영에서 정부를 배제하고 지방 민간이 참여하는 방식으로 개혁이 추진되었다. 그리고 마침내 1901년 서원제도개혁 조령詔令에 따라 각 성과 주현의 서원은 그 등급에 따라, 소학당·중학당·대학당으로 바뀌었고, 중화민국 시기에 다시 각급 학교로 전환되었다. 최근 중국 서원에 관한 연구는 중국에서 건립된 서원의 숫자를 8,802개소로 집계한다.[16] 중국에서 서원이 지닌 비중과 역할을 이 숫자에서 짐작해 볼 수 있다.

3) 조선 서원의 역사적 전개

우리나라에서 '서원書院'이라는 명칭은 흔히 알고 있듯, '백운동서원'이 처음 사용한 것은 아니다. 역사적으로 우리나라의 서원도 당나라 이후 중국 서원의 전개사와 일정 부분 그 맥을 함께 했다. 서원이라는 명칭은 『삼국사기』에서 처음 확인되는데, 최치원의 종제인 최언위崔彦撝868-944 관련 서술에서 '서서원瑞書院'이라는 기관의 명칭이 등장한다.[17] 여기에 기록된 서서원은 '서서감瑞書監'이라고도 부르는데, 책임자는 '지서서원사'였다. 이 서서원이 어떤 일을 하는 기구였는지 구체적으로 알려진 것은 없지만, 당나라의 '수서원修書院'과 유사한 신라 후기의 문한文翰 기구였을 것으로 추측된다. 이런 전통은 고려에도 계승되어, 고려 성종 9년990에는 서경평양에 '수

16 鄧洪波, 趙子龍, 『中國書院的歷史與傳承』, 北京: 人民出版社, 2018, p. 227.
17 『三國史記』 卷46, 列傳 第六 「崔彦撝條」 "崔彦撝年十八入唐留學, 禮部侍郎薛廷珪下及第, 四十二歲還國爲執事侍郎瑞書院學士."

서원'을 세웠다는 기록이 있다.[18] 이 고려 시대의 '수서원' 역시 서적의 정리와 간행, 관리를 위한 기구였다.

서원이라는 명칭을 사용하지는 않았지만, '수서원'과 유사한 기능을 한 고려 충선왕忠宣王이 원나라의 수도인 '대도大都[Khanbaliq]'에 세웠던 '만권당萬卷堂'도 주목할 필요가 있다. 충선왕이 '만권당'을 세운 이유는 정치적 실리, 곧 원元나라에서 안정된 활동 보장과 원나라 황제 인종 및 그 측근 세력과 지속적 유대 관계 형성이라는 목적 때문이었다고 이해된다.[19] 하지만 본래 의도가 무엇이든, 만권당은 단순히 현실의 정치적 목적에만 이용되지는 않았다.

이색李穡1328-1396의 기록에 따르면, 충선왕은 왕위를 충숙왕忠肅王에게 물려준 후, 대도에 만권당을 세웠지만, 한인漢人 학자들과 교류하는 고려의 학자가 없다는 점을 부끄럽게 여겨 이제현李齊賢1287-1367을 대도로 불러 이들과 교류하도록 했다.[20] 이제현이 만권당을 중심으로 교류한 학자들, 곧 요수姚燧1239-1314와 염복閻復1236-1312, 원명선元明善1269-1332, 조맹부趙孟頫1254-1322 등은 당시 원나라를 대표하는 학자들이었다. 이 점에 근거를 두고 지금까지의 연구에서는 주로 만권당을 중심으로 교류한 한족 출신의 성리학자에 주목했다.

하지만 이 만권당에서의 학술적 교류가 이들 한족 학자로 제한될 수는 없었다. 당시 대원제국의 수도인 '대도'는 유라시아 대륙의 중심도시

---

18 『高麗史』 卷三 成宗 9年 12월 "宜令所司, 於西京開置修書院, 令諸生, 抄書史籍而藏之."

19 김도영, 「萬卷堂과 濟美基德堂에 대한 재검토」, 『역사학보』 210, (2011): 88쪽.

20 李穡, 『牧隱文藁』 권16, 碑銘, 「雞林府院君謚文忠李公墓誌銘幷序」, "忠宣王佐仁宗定內難, 迎立武宗, 故於兩朝, 寵遇無對. 遂請傳國于忠肅, 以太尉留京師邸, 搆萬卷堂, 考究以自娛. 因曰, 京師文學之士, 皆天下之選, 吾府中未有其人, 是吾羞也, 召至都, 實延祐甲寅正月也. 姚牧菴, 閻子靜, 元復初, 趙子昂, 咸游王門. 公周旋其間, 學益進, 諸公稱歎不置."

가운데 하나였기 때문이다. 1271년 대원제국이 들어서면서 몽골제국은 차가타이한국, 킵차크한국, 오고타이한국, 일한국 등으로 분열되었지만, '대도'는 이들 한국과 연결된 국제적인 도시였다. 그 때문에 자연스럽게 중앙아시아와 페르시아, 아랍, 동남아시아 등 다양한 지역과 대도의 물적 인적 교류가 활성화되었고, 그것은 자연히 고려와의 간접적인 교류로 이어졌다.

『고려사절요』 충렬왕 4년의 기록에는 왕의 초청을 받아 방문한 서역에서 온 팔합사八哈思 등 19인에 대한 기록이 있고,[21] 또 마팔국의 왕자 발합리가 사자를 보내온 기록이 있다.[22] 이런 점에서 보자면 고려는 고립된 국가가 아니었고, 중앙아시아를 비롯한 각 지역의 여러 국가와 직간접적으로 교류했다는 사실을 알 수 있다. 그럼에도 고려와 세계의 만남이 대체로 원을 매개로 했다는 점에서, 원나라의 쇠퇴는 자연스럽게 고려가 만나던 세계의 축소로 연결되었을 것으로 짐작된다. 하지만 조선 초기까지 아랍이나 페르시아, 중앙아시아 등의 무슬림과 교류가 이어졌다는 사실은 『조선왕조실록』에서도 확인할 수 있다.[23]

그런데 1368년 몽골에 기원을 둔 원을 북쪽으로 몰아내고 세워진 명나라는 원의 다른 민족에 대한 정책을 폐기하면서, 특히 이슬람과의 관계를 새롭게 정립했다. 이슬람과 새로운 관계 설정은 이슬람의 한화漢化정책으로 구체화되었고, 그 내용은 이슬람식의 옷이나 언어, 성씨의 사용을 금지하는 것이었다. 1427년세종 9 4월 무슬림의 의복에 대한 지적과 함께, 대

---

21 『高麗史節要』 제22권 忠烈王 四(1298), "西蕃八哈思等, 十九人來, 王所招也."

22 『高麗史節要』 제22권 忠烈王 四(1298), "馬八國王子孛哈里, 遣使來, 獻銀絲帽, 金繡手帕 , 沈香 , 土布."

23 『世宗實錄』 세종 9년 정미(1427) 4월 4일(임술) 又啓: "回回之徒, 衣冠殊異, 人皆視之, 以爲非我族類, 羞與爲婚. 旣爲我國人民, 宜從我國衣冠, 不爲別異, 則自然爲婚矣. 且回回大朝會祝頌之禮, 亦宜停罷." 皆從之.

조회에서 이슬람식 기도와 의식을 폐지해야 한다는 조선 정부의 논의는 이 명나라의 정책과 닮아 있고, 같은 방향을 향하고 있다. 그것은 일종의 이슬람의 조선화朝鮮化 정책이었다. 그런데 이 같은 논의는 그 이전까지 조선 사회에 중앙아시아나 페르시아 혹은 아랍의 복식을 고집하는 무슬림이 있었고, 조정의 공식적인 행사에서는 이슬람식 기도와 의식이 거행되었음을 보여준다.

또 앞서 1407년태종 7에는 일본 단주丹州의 사신과 함께 입국한 이슬람 성직자 도로都老에게 집을 주어 거주하게 하는 일도 있었다.[24] 이것은 이슬람교나 무슬림에 배타적이지 않은 모습이다. 그리고 이런 여러 정황에서 보자면, 조선 초기까지는 중앙아시아 외에 동남아시아 등의 지역과도 상당히 활발하게 교류하였고, 또 이들이 조선에 정착해 살았음을 알 수 있다. 이런 개방적 환경에서 문화교류가 진행되었는데, 그 가운데는 당시 세계 최고 수준이었던 이슬람의 수학과 천문학이 있었다.

그런데 1427년세종 9 이슬람교도의 복식에 대한 지적과 함께, 대조회에서 이슬람식 기도와 의식의 폐지, 곧 이슬람의 조선화 정책이 의결되었다는 것은 그 이전의 개방적인 태도에 변화가 시작되었음을 보여준다. 이것은 몽골의 세력이 약화하며, 동북아시아의 힘이 명나라를 중심으로 재편되는 것과 무관하지 않다. 몽골 세력의 약화와 유라시아 대륙 전체에 자리했던 한국의 분열, 그리고 1368년 명의 건국은 서로 맞물려 흘러갔고, 그 결과 자연스럽게 국가 간의 교류는 약화, 단절로 이어졌다고 이해된다.

그런데 이 같은 외부 세계와의 연결이나 단절과 상관없이 서원의 전개

---

24 『太宗實錄』卷13, 태종 7년 1월 17일 壬申 1번째 기사, "日本丹州使詣闕辭. 有回回沙門都老, 率妻子與之偕來, 願留居, 上命給家以居之."

사에서 보자면, 조선에서도 일찍이 서원이라는 용어를 사용한 기록이 있다. 하지만 그것은 여전히 개인의 서재 혹은 독서 공간이면서 제한적으로 교육이 진행되었던 '독서원'과 유사한 형태였다.[25] 이 외에 '건원원'이나 '수서원'의 전통과 유사한 모습인 '강서원講書院'이 등장하는데, 이것은 왕세손의 교육을 담당하기 위한 정부 기관이었다.[26] 이런 사례는 조선 전기에 사용된 서원이라는 명칭이 당나라 후기 정부 기구나 개인 독서 공간을 가리키는 용례와 사실상 일치해, 여전히 제도를 갖춘 전문적인 교육기관은 아니었다는 것을 보여준다. 다만 개인적인 교육 공간을 서원이라 부르기도 했다는 점에서 보면, 조선의 서원은 마드라사나 중국화 된 마드라사인 경당이 등장하는 과정과 유사하다.

그러다가 중국에서 성리학의 등장과 함께 서원의 전개사에 극적인 변화가 일어났듯, 성리학에 대한 이해가 깊어가면서 조선에서도 서원의 전개사는 큰 변화를 겪게 된다. 1543년 주세붕周世鵬1495-1554이 '백운동서원'을 건립하고, 또 이황李滉1501-1570의 요청으로 '소수紹修'라는 이름으로 사액을 받게 된 것은 그 변화의 주요한 계기가 되었다. 그런데 16세기 중반에 조선에서는 어떤 계기로 서원 건립이 본격 시작되어 폭발적으로 증가했고, 사회적으로는 왜 서원의 건립이 그토록 강하게 요청되었을까? 이 의문과 관련해 먼저 주목할 수 있는 것은 1542년 7월 27일 어득강魚得江1470-1550의 상소문이다.

---

25 『世宗實錄』卷2, 세종 즉위년 11월 3일 己酉 12번째 기사, "且鄕校生徒, 雖有志學者, 所在守令, 如損分書役, 應對賓客等事, 無時使喚, 以致廢業, 自今一禁, 其有儒士私置書院, 敎誨生徒者, 啓聞褒賞."

26 『世宗實錄』卷119, 세종 30년 3월 21일 丙午 1번째 기사, "置王世孫官屬: 講書院左右翊善各一, 從四品; 左右贊讀各一, 從六品; 衛從司左右長史各一, 從六品; 左右從事各一, 從七品. 講書院, 以集賢殿官帶差; 衛從司, 以東西班他官帶差."

『중종실록』에 실린 이 상소문에서 어득강은 한나라의 정현鄭玄127-200을 시작으로 중국의 성리학자들이 정사·서원 등의 사학을 건립하여 지방 교육의 일익을 담당했다는 점을 먼저 언급한다. 그는 이 사례에 근거를 두고 조선에서도 충청·전라·강원·경상 좌우도 등에 각각 하나의 사찰을 정한 후, 각 도의 이름난 선비를 사중월춘하추동의 중월인 음력 2·5·8·11월에 모아 독서하는 제도를 제안했다. 또 주州·군郡의 학전에서 나오는 수확으로 경비를 보조하고, 부족한 것은 관에서 보탤 것도 함께 제안했다. 그리고 관직이 높은 수령을 시관試官으로 삼아 두 명의 교수 혹은 현감까지 3인을 거느리고 시험을 시행해 점수에 따라 생원, 진사는 문과의 관시, 한성시, 향시에 응시할 자격을 주고, 유학幼學은 생원, 진사시의 복시에 응시할 자격을 준다면 문풍文風이 진작될 것이라고도 주장하였다.[27]

어득강의 이 상소에서 관학 교육의 폐단과 함께, 관학의 기능을 보조할 새로운 교육기관이나 교육과정이 필요하다는 생각을 읽을 수 있다. 이것은 당시 훈구파나 사림파 모두 공통으로 가졌던 문제의식이기도 했다. 물론 이런 문제의식이 등장하게 된 뿌리는 달랐다. 사실 대표적인 관학 기관인 성균관이나 사부학당은 당시 정원을 채울 수 없었고, 지방의 향교는 군역을 피하는 곳으로 여겨져 글을 읽지 못하는 사람들로 채워졌다.[28] 그

---

27 『中宗實錄』卷98, 중종 37년 7월 27일 乙亥 1번째 기사 漢之鄭玄, 聚徒敎授, 隋之王通, 講學河汾, 唐之李渤, 爲南唐 白鹿洞主, 學者雲集. 至趙宋初, 其徒尙數千人, 宋帝賜九經以奬之. 朱〔周〕、張、程、朱, 各有門徒, 其出於門者, 皆名公碩儒, 靑出於藍。 李公擇, 貯山房萬卷之書, 以與學者共之, 朱熹建武夷精舍, 修白鹿書院. 此道不行於東國, 遐裔之儒, 何所問業? 慶尙、全羅、忠淸、江原四道, 士尙詩書. 臣意忠淸、江原、全羅, 各一道中央, 慶尙, 左右道, 各得一大寺刹, 聚道內名儒, 勿論生員, 進士, 歲以四仲之月, 分上下齋, 讀書年例. 慶尙道以州郡學田之出, 爲六月都會及冬三朔會讀之需, 今可移之爲四仲之資. 官補不足, 常養四〔五〕十人或二三十人, 多少不拘此數, 以秩高守令爲試官, 率二敎授或縣監, 備三員勸課製述, 計其分數, 生員、進士, 於文科館、漢、鄕試、給分有差, 幼學直赴生員、進士覆試. 如此則士皆樂趨, 不勸而勤矣.

28 『中宗實錄』卷29, 중종 12년 8월 22일 乙丑 1번째 기사, "今之處皐比之位者, 皆句讀之人, 其氣

만큼 관학 교육이 사람들에게 신뢰를 주지 못하는 상황이었고, 이것은 서원과 같은 새로운 교육기관에 대한 요청으로 나타났다. 이처럼 조선에서 서원의 등장은 기본적으로 관학에 대한 불신에서 그 원인을 찾을 수 있다. 이것은 특히 훈구파가 서원 건립에 관심을 기울인 이유였다. 그런데 조선에서 서원의 등장 원인으로 이 관학에 대한 불신만을 꼽지는 않는다.

영월 청령포 단종어소

앞에서 살펴봤듯, 중국에서 성리학자들의 서원건립운동은 남송 시기 '이정학'이나 '주자학'에 대한 비판 혹은 정치적 탄압과 관련 있었다. 구체적으로 관학에서 성리학의 활동이 제한되는 만큼, 성리학자들은 관학 밖

局, 又從而庸雜, 則其何能表率以正, 陶鑄一世之人才也? 外方校生, 托名儒籍, 年幾六十, 而不識一字, 故以鄉校爲避役之地矣, 幸有解文者, 反以托名鄉校爲愧, 百端巧避, 而爲訓導、敎授者, 驅樵童、牧竪之餘, 以充其數, 爲謀生營利之次, 則國家設鄉校之意, 徒文具而已."

에서 새로운 대안을 모색할 수밖에 없었다. 그런데 조선에서도 유사한 상황이 전개되었는데, 그것은 4대 사화기의 사림파에 대한 정치적 탄압과 관련된다. 그 원인은 다르지만, 중국에서 진행된 '학금學禁'이나 조선의 '사화士禍'는 모두 당시의 주류 정치 권력으로부터 성리학 혹은 성리학자가 탄압을 받거나 자신의 입지를 확보해야 하는 상황이었다.

이런 상황에서 남송의 성리학자들은 자신들의 학문이 정통에서 벗어난 이단이 아니라는 점을 증명하고, 또 관학에서 소외된 상황을 극복하는 하나의 방법으로 새로운 교육기관인 서원 건립을 선택했다. 조선의 사림파 역시 훈구파와의 정치적 대립 관계에서 사화기를 겪으며, 자신들의 활동을 정당화하는 방식으로 서원의 건립을 추진했다. 비록 훈구 계열의 주세붕이 처음으로 서원을 건립했지만, 그 이후 서원 건립 대부분은 사림 계열이 주도했다. 사화기를 겪은 사림에게 서원의 건립은 그만큼 절실했던 것으로 이해된다. 구체적으로 사림파의 서원에 관한 관심이나 건립 운동은 네 차례의 사화를 거치며 자신들의 학문적 정통성을 확인시켜 줄 새로운 교육기관의 필요성을 통감한 것과 무관할 수 없었다. 게다가 서원이 각 지역 향촌에 건립되었다는 사실은 그것이 사림파의 지역적 기반을 공고히 하는 방식이었다고 이해할 수 있다.

이처럼 조선 중기에 어떤 계기로 서원이 건립되기 시작하여 그것이 폭발적으로 증가하였는지를 살펴볼 때, 먼저 주목되는 것은 향교 등 관학의 쇠퇴와 함께 사림파의 새로운 교육기관에 대한 요청이다. 이것은 중국에서 교육기관으로서의 서원이 제도적으로 자리 잡는 모습과도 유사하다. 그리고 조선에서 서원건립운동을 사림파가 주도했다는 점에서 보면, 서원 건립이 사림파의 활동을 정당화하는 하나의 방식이었다고 이해할 수 있다. 특히 이황은 소수서원의 사액 요청 외에 영주의 이산서원伊山書院, 뒤에 천곡

서원川谷書院으로 이름을 고친 성주의 영봉서원迎鳳書院, 대구의 연경서원研經書院 등의 건립에 관여하며 '서원기書院記'를 남겼고, 1570년선조 3에는 그의 발의로 역동서원易東書院이 창건되었다. 또 그는 9개의 서원을 노래한 '서원십영書院十詠'을 지었는데, 이들 서원의 설립에도 깊이 관여하였다. 이 같은 서원에 대한 이황의 깊은 관심은 이후 사림파 전체가 서원 건립에 관심을 가지도록 만들었다. 그리고 학파나 당파가 형성된 이후에는 학파 활동의 지역 거점에 대한 필요성, 지역 사대부의 향촌에 대한 지배기구의 필요성 등이 서원 건립의 내적 명분으로 작용하였다.

안동 역동서원

이 같은 몇 가지 계기를 배경으로, 교육기관으로서의 서원은 1543년 당시 풍기군수로 있던 주세붕이 백운동서원白雲洞書院을 건립한 것에서 유래한다. 주세붕은 고려 후기 원元나라에서 성리학을 도입한 안향安珦1243-1306의 고향인 순흥에 그를 제향하는 사당과 함께 서원을 처음으로 세웠다. 이후 이 백운동서원은 주세붕을 이어 풍기군수로 부임한 이황의 노력으로

1550년 명종이 '소수紹修'라는 사액賜額을 내렸다. 이렇게 백운동서원이 세워진 이후, 1550년 해주에 문헌서원文憲書院이 세워졌고, 1552년에는 함양의 남계서원濫溪書院, 1553년에는 영천의 임고서원臨皐書院 등 연이어 서원이 건립되기 시작했다. 백운동서원이나 문헌서원은 지방관으로 부임한 주세붕이 주도해 세웠다면, 남계서원이나 임고서원은 지역의 유림이 주도적으로 참여하고, 그것을 관에서 돕는 형태였다.

이처럼 서원이 처음으로 등장하던 때에는 지방관이 주도하거나, 지역 유림이 지방관과 협력하며 서원을 건립했다. 그리고 이렇게 건립된 서원에 대한 사액은 제한적으로 이루어졌다. '사액'이라는 것은 말 그대로 서원의 이름을 새긴 '현판[額]을 국왕이 내려 주는[賜] 것'을 가리킨다. 서원의 현판을 국왕이 내려 준다고 할 때, 그 현판도 중요한 것이지만 사실 그것은 상징적인 의미일 뿐이다. 실질적인 혜택은 사액과 함께 주는 정부의 여러 지원이다. 사액서원은 고등교육기관임을 정부에서 공인한 것으로, 시대에 따라 차이가 있지만 서원 운영에 필요한 전답과 그것을 경작할 노비, 그리고 교육에 필요한 서적 등 여러 측면에서 정부의 지원을 받을 수 있었다. 사액은 서원의 위상을 제고하는 방식이자, 서원의 교육 활동을 가능하게 만드는 경제적 토대를 확보하는 조치였다. 조선 시대 사액서원의 숫자는 사우祠宇를 포함해 270개 전후로 알려져 있다.

그런데 1543년 처음으로 서원이 세워진 후, 겨우 50여 년이 흐른 1595년 『선조실록』에서는 이미 서원의 폐단이 심하다고 지적하고 있다.[29]

---

29 『宣祖修正實錄』卷29, 선조 28년 7월 1일 壬申 3번째 기사 傳敎: "文弊太勝, 各州郡不關緊書院, 姑爲革罷。" 書院之設, 自明廟朝始。周世鵬守豊基郡, 創竹溪 白雲書院, 祠祀先賢安裕, 李滉繼守, 請于朝, 賜額頒書。當時頗有士子講業之效, 繼而作者, 國內僅十餘所。滉欲祠金宗直, 門人或疑其不合, 其時尊祀者亦鮮, 或有院無祠。其後國內慕效, 强稱吾鄕有某賢可祀, 續續立院立

이 『선조실록』의 기록에 근거해 보면, 아직 임진왜란이 채 끝나지도 않은 때에, 조선에는 서원이 없는 고을이 없었고, 그 폐단도 감당하기 어려운 상황이었다. 이렇게 폐단이 늘어나자, 왜란 중에 선조는 사액을 받지 않은 서원에 지원을 중단하고, 더 나아가 서원 자체를 철폐하도록 명했다. 하지만 왜란 중에 군사를 양성하는 것이 급하지만, 인재를 양성하고 풍속을 교화하는 일도 멈출 수 없다는 사간원의 의견이 수용되어 이 명령이 실행되지는 않았다.

임진왜란 중에 이미 서원의 폐단에 대한 논의가 있었지만, 왜란이 끝난 뒤에도 서원의 증가세는 멈추지 않았다. 이렇게 서원이 난립하는 상황에 대해 다시 문제가 제기된 것은 백운동서원이 세워진 지 꼭 100년이 지난 뒤인 1644년이다. 당시 경상감사로 있던 임담林潭1596-1652은 서원의 난립을 막기 위해 서원 건립의 허가제를 건의하였다.[30] 그의 건의가 받아들여져, 서원이나 교육기관을 관리하는 부서인 예조禮曹의 허가를 받아 서원을 건립하도록 절차가 강화되었다.[31] 하지만 이렇게 만들어진 제도가 제대로 실천되지는 못했던 것으로 보인다. 10여 년 뒤인 1657년 충청감사로 있던 서

祠。 此時猶未太濫, 而上敎已如此矣。 今則無邑不院, 而所祀者多鲰人。 儒籍爲逃役之藪, (弦)〔絃〕誦之風掃地, 又不得以文弊論矣。

30 『仁祖實錄』, 卷45, 인조 22년 8월 4일, 기미, 慶尙監司林潭馳啓曰: 我東方書院之作, 始於嘉靖年間, 厥初創建, 未過十所, 俱聞於朝, 明擧祀典. 逮至萬曆以後, 廟宇之作, 歲益浸盛, 比邑相望. 其流之弊, 至於論議不公, 或官貴則祀之, 或族大則祀之, 競事俎豆, 以相誇詡, 因之以私立名譽, 排訐隨之. 士不師古, 世道日壞, 尊賢尙德之義, 轉成私黨, 朝廷莫之問, 官吏不能禁, 習俗偸薄, 誠極寒心. 中朝則儒先、名臣合在祀典者, 督學按察, 必先報聞, 然後方許立祀. 今後係干新創祠宇, 則一追士林通議之後, 呈書本官, 枚報監司, 轉稟朝廷, 得準乃許, 俾無私自乖爭之弊. 臣竊見, 此弊他道無不皆然, 不可不一番停當. 請令朝廷, 着爲成憲, 使各道各邑, 一體遵行事.

31 『仁祖實錄』, 卷45, 인조 22년 8월 4일, 기미, 下禮曹, 判書李植等回啓曰: 書院之設, 初爲待學問靜修之士, 而其立祠尊祀者, 則必以一時所明知, 可爲師表者當之. 今則不然, 爲士者不事學問, 所祀者或非其人, 祠院雖多, 斯文益晦, 誠可寒心. 今此狀啓所論, 實爲有見, 自今新設處, 皆令轉報本曹, 通議朝廷, 公論準許然後, 創設爲當. 且各道祠院, 曾自本曹行移憑問, 欲知所祀先賢誰某, 而鄕人自知不足, 多諱而不報. 其中最甚者, 按考勿祀亦當. 請他道監司處, 一體行會. 上從之.

필원徐必遠1614-1671이 사실상 똑같은 문제를 지적하며, 서원을 건립할 때 반드시 정부의 허가를 받도록 해야 한다고 주장했기 때문이다.[32] 이 서필원의 주장 역시 받아들여져 서원 건립은 사전에 예조의 허가를 받도록 했지만, 그 후에도 늘어나는 서원을 막지는 못했다.

이런 상황이 계속되자, 숙종 때부터는 더욱 강력한 서원 철폐 정책이 제시되었다. 특히 숙종 연간에 서인과 남인이 경쟁적으로 자파 계열의 서원 건립과 사액을 지원하는 폐단이 심화하면서, 서원 정책의 변화가 필요하다는 공통의 인식을 바탕으로 서원의 훼철이 시도되었다. 숙종 40년인 1714년 평안도에서 최초로 서원 훼철을 시작해 1717년까지 수십 개의 서원이 훼철되었다. 이것은 서원의 난립을 극복하려는 최초의 시도로, 이것을 갑오정식甲午定式이라 부른다.

이 갑오정식 이후, 비교적 적극적인 서원 훼철은 1741년영조 17에 단행되었는데, 정부의 허가 없이 건립되었던 170여 개소의 서원이 훼철되었다.[33] 하지만 이렇게 숙종과 영조 때의 서원 훼철은 서원 자체의 문제를 해결하기 위한 것이 아닌, 정치적으로 대립하던 상대 당파 소속 서원의 훼철을 목표로 하거나, 탕평이라는 정치적인 목적을 가지고 시행된 만큼, 서원 자

---

32 『孝宗實錄』, 卷18, 효종 8년 6월 21일, 임진 忠淸監司徐必遠馳啓曰: 書院事體, 亞於鄕校, 而近緣朝無禁制, 士無定論, 唯意所欲, 不復顧憚. 不足於書院者. 稱爲鄕賢祠, 轉相慕效, 日以寢盛, 槪以言之, 其弊有四......今後欲立書院鄕賢祠者, 許令具其行蹟, 詣闕陳列, 下廟堂僉議歸一, 然後許之, 其不稟朝廷, 私自創立者, 則論以淫祀, 罪其首倡儒生. 所謂保奴, 毋論已賜額書院鄕賢祠, 一體革罷, 歸之本官, 以屬軍兵. 入校儒生赴擧之類, 依京中四學例, 立番十日, 受出本官公文, 然後許赴京鄕試, 一以爲救正士習, 一以爲尊奉先聖之地.

33 『英祖實錄』 卷53, 영조 17년 4월 20일 갑인 令諸道發差使員, 監毁書院, 竝禁鄕賢祠及影堂, 從右議政趙顯命之請也. 先是有甲午以後書院毁撤之命, 而諸道猶未盡毁, 至是顯命奏曰: 綸綸一下, 必行乃已, 然後法可信於民. 而道臣、守令不無容護掩置之弊, 請令諸道, 別定差員, 親往撤毁, 期有實效焉. 上可之, 仍教曰: 如有掩置者, 依本律勘斷......時朱子書院、祠堂, 在各邑者凡六所, 而創建在甲午後, 故皆毁之, 其他祠院毁者, 凡一百七十餘所.

체의 폐단을 해결할 수는 없었다. 그런 까닭에 영조 17년의 서원 철폐 이후 조선의 서원 정책은 다시 변화했다.

특히 정조 즉위 후에는 서원의 신설이나 새로운 인물의 추가 제향 금지, 사액의 최소화 등 정부의 서원에 대한 정책이 다시 완화되었다. 그러자 여러 명분을 내세워 훼철되었던 서원을 다시 세우거나, 새로운 서원을 다시 건립하게 되었다. 순조 대 이후에는 서원 건립에 사실상의 제약이 사라지면서 서원의 숫자는 다시 늘어났는데, 대부분은 특정 집안이 주축이 되어 세워진 문중서원이었다. 기존 향촌 유림의 공론에 기반을 두고 세워졌던 서원의 상당수도 이 시기에 문중서원으로 변화하였다. 이 문중서원의 폭증은 서원 전체의 질적 하락을 불러왔고, 결과적으로 서원의 권위를 추락시키면서 보다 강도 높은 개혁이 요구될 수밖에 없었다.

이런 개혁 요구를 기반으로, 고종 때에 본격적인 서원의 철폐 정책이 시행되었다. 당시 상당수 서원은 넓은 농장과 다수의 노비를 소유하고 면세와 면역의 특권을 누리며 국가경제를 잠식하고 있었다. 이런 경제적인 측면에 그치지 않고, 일부 서원은 정치적으로도 국가의 통제를 벗어난 존재로 지역에서 막강한 영향력을 행사하였다.

이처럼 서원의 폐단이 커지자, 고종 원년인 1864년 4월 전국의 서원 실태를 조사해 보고하도록 하는 대왕대비의 전교가 내려지면서, 서원 개혁의 첫걸음을 내딛게 되었다. 그리고 이듬해인 고종 2년1865 3월 마침내 만동묘를 철폐하였고, 고종 5년에는 서원도 세금을 납부하도록 의무화하였다. 그러면서 사액 받지 않은 서원의 철폐를 시작하였는데, 이 서원 철폐는 모두 다섯 차례로 나누어 진행되었고, 고종 8년인 1871년 3월 마침내 47개 서원만 남기고 전국 모든 서원의 훼철 명령이 내려졌다. 이 서원 훼철 조치에 유림은 통문이나 집단상소 등의 방법으로 그 부당함을 지적하며 명령의 철회를 요청하거나, 자기 지역의 서원을 훼철에서 제외해 줄 것을 호소했지만, 받아들여지지 않았다. 하지만 대원군이 실권한 후인 고종 12년 만동묘의 복설이 허용되었고, 이후 훼철되었던 상당수 서원은 다시 복설되었다.

이 같은 우리나라 서원의 전체 전개사에서 보면, 그 어디에서도 이슬람의 '마드라사' 혹은 이 마드라사가 중국화 된 '경당'의 영향이나 관련성을 직접 확인할 수는 없다. 조선에서 서원이 본격 건립되기 시작했을 때, 중앙아시아나 페르시아 등 이슬람과의 직접적인 연결고리는 이미 모두 단절되어 있었다. 이런 점에서 마드라사와 조선 서원의 직접적인 상호작용 역시 확인할 수 없다. 여기에 더해 사림파의 서원건립운동이 본격적으로 시작되었던 16세기 중반, 중국화 된 마드라사인 경당은 아직 등장하지 않았고, 이 점에서 경당과의 직접적인 관련성도 찾아보기 어렵다. 더욱이 계유정난 이후 성종 시기에 성장한 사림파와 '벽이단론'을 중심으로 정통성을 강조한 조선 성리학의 흐름에서 보면, 설령 훗날 서원이 마드라사나 경당과 연결되었다 하더라도, 그것이 적극적인 상호작용을 낳지는 못했을 것으로 짐작할 수 있다.

그럼에도 서원과 마드라사, 경당은 교육기관으로 자리 잡는 과정에서 유사한 흐름과 전개 과정을 보여준다. 서원이나 마드라사, 경당은 모두 사적 학습 공간에서 출발했다는 공통점이 있다. 이들 모두 개인적인 독서 공간이나 교육 공간에서 시작해 확장하고 체계화되는 과정을 거쳤다. 그뿐만 아니라 이들 교육기관은 형식적으로라도 관리 양성을 목표로 하지 않는다는 또 하나의 공통점이 있다. 관리를 목표로 하지 않고, 종교적 혹은 도덕적 인간의 완성을 추구했다는 하나의 흐름을 공유한다. 이런 점에서 이들 교육기관이 영향을 주고받지는 않았지만, 문명사적 흐름 속에서 공진화의 길을 함께 걸었다고 할 수 있다.

2. 서원의 교육

1) 교육 목표와 교과과정

서원의 주요한 기능은 교육에 있다. 앞서 서원이 등장하는 역사적 과정에서 살펴봤듯, 중국의 당나라 후기나 조선 초기에 '수서원', '독서원', '강서원' 등의 기관이 먼저 등장했지만, 교육을 주 기능으로 한 서원은 성리학의 등장이나 성리학에 대한 깊은 이해를 기다려야 했다. 교육을 주기능으로 하는 서원이 등장해 자리 잡는 과정에서 성리학이 주요한 역할을 했듯, 서원의 교육과 학문 활동에서도 성리학은 가장 핵심적인 역할을 담당했다. 성리학적 이념은 서원 교육의 목표와 교육의 내용, 방법 등 모든 것과 연결되어 있다. 그리고 이 서원 교육의 목표, 교육내용이나 과정을 각 서원에서는 '학규學規'로 정하고 있다.

현재 전해지는 서원의 '학규' 가운데 가장 오래된 것은, 주희가 제정한 「백록동서원게시白鹿洞書院揭示」이다. 1179년에 백록동서원을 중건할 때, 주희는 이 「게시」를 제정하면서, 교육과정과 교육방법뿐만 아니라 일상생활의 행위규범까지 망라한 성리학적 교육강령을 제시했다. 그런 까닭에 이 '게시'는 후대 서원의 '학규' 제정에 큰 영향을 끼쳤고, 조선에서 서원 '학규'의 전형이 되었다. 특히 이황이 제정한 「이산서원원규伊山書院院規」나 이이李珥 1536-1584의 「은병정사학규隱屏精舍學規」 등도 모두 이 형식을 계승했다. 또 서원의 '학규'는 그 명칭이 학규學規, 원규院規, 학령學令, 재규齋規, 재헌齋憲, 약속約束, 강규講規, 입약立約 등으로 다양한데,[34] 이 서원의 '학규'에 근거를 두고 조선 서원의 교육목표, 교육과정, 교육방법을 이해할 수 있다.

(1) 서원의 교육목표

서원의 교육목표는 주세붕이 백운동서원을 세우면서 천명한 "사당을 세워 덕을 숭상하고, 서원을 세워 배움을 두텁게 한다[立廟以尙德, 立院以敦學]"라는 한 구절 속에 잘 함축되어 있다. '사당[廟]'과 '서원[院]'이 연결되듯, '덕德'과 '배움[學]'은 분리될 수 없었다. 관학 교육이 과거시험, 곧 정부에 필요한 관리의 양성이 교육의 목표였다면, 서원 교육은 '덕과 분리되지 않는 배움'을 강조한 데 있고, 그것은 '사당'을 중심으로 한 '성현을 본받는 것[法聖賢]'으로 이루어졌다.

그렇다고 현실에서 서원 교육이 과거시험과 무관한 내용이거나, 그것을 도외시하지는 않았다. 일부 서원의 '학규'에서 과거시험을 위한 교육을 금지하거나 배제한 사례도 있지만, 대부분 서원에서 과거시험 응시를 막거나, 과거시험 공부에 부정적인 태도를 보이지는 않았다. 중앙의 성균관이나 사부학당, 지방의 향교와 같은 관학과 비교해 과거시험의 비중이 낮아진 것은 사실이지만, 관리의 양성 역시 서원의 중요한 교육목표 중 하나였다.

서원 교육과 과거시험의 관계가 비교적 구체적으로 제시된 것은 이황의 「이산서원원규」였다.[35] 이 「원규」의 제1조에서 이황은 내외, 본말, 경중,

---

34 박종배, 「조선시대의 학령 및 학규」, 『한국교육사학』, 28, 2 (2006): 224쪽 참조.

35 『退溪全書』 卷41 「雜著」 「伊山院規」, "諸生讀書, 以四書五經爲本原, 小學家禮爲門戶. … 其諸史子集, 文章科擧之業, 亦不可不爲之, 旁務博通, 然當知內外本末輕重緩急之序.

완급의 논리로 과거시험의 의미를 설명한다. 『소학』과 『가례』에서 출발해 사서와 오경으로 나아가는 것이 내內·본本·중重·급急에 해당한다면, 과거시험은 외外·말末·경輕·완緩에 해당한다. 이 「원규」에 제시된 이황의 관점은 이후 영남 지역을 비롯한 많은 서원의 '학규'에 그대로 계승 적용되어 서원교육과 과거 공부의 관계를 이해하는 전형적인 시각으로 자리 잡았다.

이황이 과거시험을 현실적으로 인정하는 태도를 보여준다면, 이이는 과거시험에 대해 상대적으로 부정적인 태도를 보여준다. 그의 관점은 「은병정사학규隱屛精舍學規」에 제시되어 있다. 이 「학규」에서 이이는 최소한 서원에서 과거시험 공부를 하는 것에 반대하는데,[36] 서원에 재학하는 원생들은 성리학과 그 서적에 관한 공부에 집중할 것을 주문한 것이다. 역사서歷史書를 읽는 것은 허용해도, 서원에서 과거시험을 준비하는 것은 허용하지 않았다. 그런데 이이가 비록 강한 어조로 서원에서 과거시험 공부를 해서는 안 된다고 말하였지만, 그가 과거시험 준비 자체를 막거나 부정하지는 않았다는 점은 분명하다.

서원이 처음 건립되던 16세기 후반에 만들어진 서원의 「학규」에서는 이처럼 서원에서의 과거시험 공부에 대해 이황과 이이의 서로 다른 두 가지 관점이 제시되었다. 과거시험 공부의 불가피성을 인정하며 소극적으로 용인하는 것이 「이산서원원규」였다면, 서원 내에서의 과거시험 공부를 금기시하는 것이 「은병정사학규」였다. 이 두 가지 상이한 관점은 이후 퇴계학파와 율곡학파의 성립 이후, 학파별로 여러 서원의 학규에 영향을 미쳤지만, 서원의 교육목표와 관련해서 보면, 과거시험 공부가 서원 교육의 목

36 『栗谷全書』 卷15, 「雜著」 「隱屛精舍學規」, "非聖賢之書, 性理之說, 則不得披讀于齋中[史學則許讀]. 若欲做科業者, 必習于他處."

표가 아니었다는 점은 분명하다. 과거시험 공부가 서원의 목표가 되어서는 안 된다는 점, 서원은 '위기지학爲己之學'의 덕성 교육이 이루어지는 곳이 되어야 한다는 점에서 양자는 공감하고 있었다.

(2) 서원의 교과과정

그렇다면 서원의 교육과정이나 교육내용은 어떻게 구성되었을까? 조선 시대 서원의 교육내용 역시 '학규'의 독서 순서나 교재 목록 등을 규정한 조항에서 확인할 수 있다. 조선 시대의 여러 서원 '학규'에서 가장 많이 인용하거나 참고한 것은 이황의 「이산서원원규」와 이이의 「은병정사학규」였다. 다만 교육과정이나 방법에 대해 「이산서원원규」에서는 "유생들의 독서는 사서와 오경을 본원으로 삼고 『소학』과 『가례』를 문호로 삼아야 한다."고 짧게 표현되어 있고, 「은병정사학규」에서도 '성현의 글이나 성리의 학설'을 읽어야 한다고 쓰여 있을 뿐, 구체적인 교육과정이 자세히 밝혀져 있지는 않다. 서원에서의 교육과정에 대해서는 이이의 「학교모범學校模範」에서 비교적 상세하게 서술하고 있다.

「학교모범」은 이이가 1582년선조 15 왕명으로 서원에서 지켜야 할 학칙을 정리한 것이다. 이 학칙에서는 행동거지를 단속하는 검신檢身에서 시작해 입지立志·독서讀書·신언愼言·존심存心·사친事親·사사事師·택우擇友·거가居家·접인接人·응거應擧·수의守義·상충尙忠·독경篤敬·거학居學·독법讀法 같은 16개 조목을 구분해 서원에서 지켜야 할 규칙을 설명한다. 그리고 그 가운데 교육과정이라고 할 수 있는 독서의 순서와 원칙을 제시한다.[37]

---

37 『栗谷全書』 卷15 「雜著」「學校模範」, "其讀書之序, 則先以小學, 培其根本, 次以大學及近思錄, 定其規模, 次讀論孟中庸五經, 間以史記及先賢性理之書, 以廣意趣, 以精識見, 而非聖之書勿讀, 無

이 「학교모범」에서 제시하는 교육과정은 『소학』을 첫걸음으로 삼아, 『대학』과 『근사록』을 거쳐 '사서'와 '오경'으로 확장하고, 여기에 역사서와 다른 성리학자들의 성리학 관련 서적을 추가해 학습한다. 사실 이것은 조선시대 관학官學이나 사학私學 모두가 채택한 기본적이고 표준적인 교육과정이다. 조선의 서원 대부분에서는 『소학小學』과 사서四書·오경五經을 공통의 필수과목으로 채택하였고, 그 외에 『가례家禮』나 『심경心經』·『근사록近思錄』 등 여러 성리학 서적과 역사서 등을 교재로 사용하였다.[38]

실제로 대부분 서원의 교육과정은 큰 틀에서 「학교모범」에서 제시한 흐름과 대동소이하다. 다만 앞서 언급한 것처럼 「이산서원원규」나 「은병정사학규」는 교육과정과 관련한 내용이 지나치게 소략해서 이후에 제정된 '학규'에서는 그 내용을 더욱 자세하고 구체적으로 설명한다는 차이가 있을 뿐이다. 17세기 초반 정구鄭逑1543-1620가 주도해 세운 현풍 도동서원의 「원규」와 「강법」에서 이런 상황을 확인할 수 있다.

도동서원의 원규에서는 「이산서원원규」의 기본적인 시각을 전제하면서도, 더욱 구체적인 내용이 담겨 있다. 주목할 내용 가운데 첫째는 계절별 독서 방법을 다르게 제시한 점이다. 예를 들어 겨울과 봄에는 사서와 오경, 그리고 성리학자들의 성리학 관련 서적을 읽고, 여름과 가을에는 역사서와 함께 다양한 문집을 읽도록 한 것이다.[39] 독서에 좀 더 집중할 수 있는 농한기에 사서와 오경, 성리학 관련 서적을 읽고, 농번기에 비교적 가볍게 읽을 수 있는 역사서와 문집류를 읽는 방식이다.

益之文勿觀."

38 김기주, 「서원과 성리학적 이념의 구현」, 『동아인문학』 63, (2023): 241-242쪽.

39 『寒岡續集』, 卷4 「雜著」 「院規」, "冬春, 五經四書與伊洛諸性理之書, 夏秋, 史學子集, 任其所讀."

다음으로 과거시험과 관련된 공부를 정규 교육과정에서 배제하는 방식을 보다 구체적으로 제시한다는 점도 주목된다. 도동서원의 원규에서는 여유로운 시간에 과거시험과 관련된 공부를 허용하되, 그것을 서원의 정식 교육과정에 포함할 수는 없다고 말한다.[40] 과거시험 준비를 막을 수 없다는 점을 인정하면서도, 서원의 교육과정은 위기지학爲己之學에 초점을 둬야 한다고 생각한 것이다.

정구가 지은 도동서원의 「원규」보다 늦은 1693년숙종 19 박세채朴世采 1631-1695가 지은 「자운서원원규紫雲書院院規」에서는 「은병정사학규」의 독서 관련 조항을 그대로 인용하면서, 더욱 자세하고 구체적인 내용을 첨부한다.[41] 여기에서 주목되는 부분은 원생들이 읽어야 할 '성현의 글'에 구체적으로 사서와 오경, 『심경』과 『근사록』 등과 함께, 이황의 『주자서절요朱子書節要』와 이이의 『성학집요聖學輯要』를 포함한다는 점이다. 또 '성리의 학설'과 관련된 서적으로 중국 성리학자들의 문집과 나란히 우리나라 선유先儒들의 문집을 제시한다는 점도 주목된다. 조선 성리학을 대표하는 학자의 저술이나 문집을 서원의 독서 목록과 교육과정에 반영한 것이다.

이와 같은 특징은 후기로 내려가면 더욱 뚜렷하게 확인되는데, 1850년철종 원년 이항로李恒老1792~1868가 지은 「여숙강규閭塾講規」의 「서책목록書冊目錄」이 좋은 사례다. 이 목록에서 열거되는 필독서 혹은 교재는 『소학』을 시작으로 『대학』·『논어』·『맹자』·『중용』·『시』·『서』·『주역』·『가례』·『예기』·

40 『寒岡續集』, 卷4 「雜著」「講法」, "所讀書, 逐月有課, 當先經書, 亦及子史. 其他文章舉業之書, 雖不免餘力看讀, 而不得入於課簿."

41 『南溪續集』 卷19 「雜著」「紫雲書院院規」(癸酉), "非聖賢之書[如五經四書小學家禮心經近思錄朱子節要聖學輯要之類], 性理之說[如性理大全程朱諸先生及我東先儒文集之類], 則不得披讀于講堂[史學則許讀. 如綱目續綱目之類]."

『주례』·『의례』·『효경』·『강목綱目』·『송명사宋明史』·『동사東史』·『근사록近思錄』·『심경心經』·『통서通書』·『이정전서二程全書』·『주자대전朱子大全』·『주자어류朱子語類』·『성학십도聖學十圖』·『격몽요결擊蒙要訣』·『성학집요聖學輯要』·「학교모범學校模範」·「석담향약石潭鄕約」·『상례비요喪禮備要』·『송자대전宋子大全』·『서사윤송書社輪誦』 등 30종류의 서적으로 구성되어 있다.[42]

이 가운데 『동사』와 『성학십도』·『격몽요결』·『성학집요』·「학교모범」·「석담향약」·『상례비요』·『송자대전』·『서사윤송』 등이 바로 조선 성리학자의 저술이다. 특히 『서사윤송』은 이재李縡1680-1745가 용인의 한천정사를 중심으로 활동할 때 편찬한 강학 교재였다. 또 이 목록에서는 확인되지 않지만, 화서학파華西學派에서도 『화서선생아언華西先生雅言』, 『서사아송書社雅頌』, 『양지록良志錄』 등의 강학 교재를 편찬하여 활용하였다. 이런 교재의 목록에서 조선 후기 왕성한 학파 활동과 함께 학파별 연구성과를 서원 교육과정에 반영하려는 적극적인 움직임을 확인할 수 있다.

살펴본 것처럼, 각 서원의 학규에서 확인되는 교육내용은 기본적으로 채택된 교재에서 확인할 수 있다. 교재 선정 과정을 보면 서원의 교육과정은 이황과 이이가 처음 「이산서원원규」와 「은병정사학규」, 「학교모범」 등에서 제시한 기본적인 방향을 계승하면서, 후대로 가면서 더욱 구체적인 내용으로 확장되었다. 무엇보다 분명하게 확인되는 것은 서원 교육 교재는 『소학』에서 시작해 사서와 오경, 여기에 『심경』과 『근사록』 등의 성리학 관련 서적을 기본 교재로 삼았고, 각종 역사서와 조선 성리학자들의 저술이 부가된 점이다. 이것은 주자학 중심의 성리학적 흐름이 충실하게 교육

---

42 『華西集』 卷31 「閭塾講規」 「書冊目錄」

과정에 반영된 공통점을 보여준다.

이처럼 서원의 교육과정이 보여주는 주요 특징은 성리학 혹은 유교적 전적을 중심에 둘 뿐, 최대한 다른 요소를 배제한다는 점이다. 이것이 수도원이나 마드라사, 경당에서 진행되었던 교육과의 차별성이다. 당연히 시기나 지역에 따라 편차가 있지만, 일반적으로 이슬람의 교육기관인 마드라사에서는 '이슬람학'이 핵심 교과이지만, 이 이슬람학은 교육목표에 따라 하피즈hafiz 양성과정인 히프즈 과정과 이슬람 법학자를 양성하기 위한 울라마ulama 과정으로 나눠진다.

히프즈 과정이 종교지도자를 양성하는 과정이라면, 울라마 과정은 타프시르, 샤리아, 하디스와 같은 종교 교육 외에도, 아랍어, 논리학, 이슬람 역사 등의 과목으로 구성되었다. 이런 구성은 마드라사가 중국화 된 경당에서도 확인되는데, 『꾸란』, 『하디스』를 중심으로 하는 종교교육 외에, 철학, 아랍어, 페르시아어, 형태론, 수사법, 천문학, 지리학 등 다양한 영역에서 다양한 교과목으로 교육과정이 편성되었다. 특히 주목할 부분은 마드라사의 경우, 이미 중세 시대부터 여성의 입학이 허용되었다는 점이다. 일부에서는 여성의 적극적인 사회 참여에 대해 비판적인 태도를 보이기도 했지만, 이 같은 교육의 영향으로, 15세기 이후에는 8,000명이 넘는 여성학자들이 활동한 것으로 알려져 있다. 이런 점들은 서원 교육과 특히 대비되는 부분이다.

(3) 서원의 교육방법

그렇다면 이제 교육목표와 교육내용을 이어, 서원에서는 어떤 방법으로 교육을 진행했는지를 살펴보자. 서원의 교육은 기본적으로 원생들이 함께 재齋에 기숙하며 개별적으로 독서하고, 강회講會라고 부르는 정기적

강의에 참여하는 방식이었다. 강회는 원생 교육을 담당하는 원임들이 진행하였다. 이 강회는 주기에 따라 순강旬講, 망강望講, 월강月講으로 불렀다. 순강은 10일마다, 망강은 보름마다, 월강은 한 달마다 개최한 강의를 가리킨다.

특히 기숙사인 동재東齋와 서재西齋의 학사學舍가 서원에 적을 둔 모든 원생을 수용할 수 없거나, 제공할 수 있는 식량 문제, 또는 원생의 개인 사정 등으로 서원에서는 원생 모두가 함께 기숙하며 공부할 수는 없었다. 대부분 서원에서는 원생 가운데 일부가 서원의 기숙사에 거주하고, 또 다른 일부는 자신의 집에 거주하며, 정기적인 강회에 의무적으로 참여하는 방식으로 교육이 진행되었다. 서원에 적을 둔 모든 원생이 참여하는 강회는 각 원생의 학습 성과를 점검하고 공유하는 장이었다.

이이의 「은병정사약속」에는 이미 이 같은 상황을 전제하고, 서원에 적을 둔 원생이 기숙사나 자신의 집에 거주하며 매월 초하루의 정기적인 강의에 참여했다는 기록이 있다.[43] 은병정사에서는 매월 초하루 강회를 개최하였고, 이 강회에서 원생은 각자의 학문적 성취에 대해 발표하였다. 이처럼 서원 교육은 주로 원생들이 스스로 읽고 깨우치는 것을 중심으로 했고, 그런 까닭에 앞에서 제시한 것과 같은 독서의 순서가 중시될 수밖에 없었다. 이 강회 후에 구의口義라는 일종의 구술시험으로 이해 정도를 평가받았는데, 그 평가는 일반적으로 통通·약통略通·조통粗通·불통不通의 4등급으로 구분되었다.

43 『栗谷全書』 卷15 「雜著」 「隱屛精舍約束」, 入齋諸生, 宜一心爲學. 不論在齋在家, 皆當勉勉……每月朔, 齊會精舍, 相講所得. 雖非朔會, 須頻來請益, 勿浪過時月. 若寄名精舍而莫往莫來, 行身無異鄕里常人, 則是自欺其心而深負師友之望也. 如是之人, 勢難容接.

이광정李光庭1674-1756이 1746년영조22에 작성한 「삼계서원거재절목三溪書院居齋節目」에서는 서원 기숙사에 거주하는 원생이 지켜야 할 여러 절목을 제시하고 있는데, 여기에서 서원의 기숙사 생활이 어떻게 이루어졌는지를 이해할 수 있다. 기숙사에 거주하는 원칙과 인원, 일자, 강회 등과 관련된 내용은 특히 주목된다. 이 삼계서원의 「거재절목」에 따르면, 원생은 모두 순서를 정해 동재와 서재에서 기숙하고, 함께 기숙하는 인원은 10명이며, 그 기간은 15일이다. 15일 동안 기숙한 원생과 집에 거주한 원생이 교체되는 매월 초하루와 보름에 그동안 독서한 것을 평가받았다.[44] 이이의 「은병정사학규」나 삼계서원의 「거재절목」에서 보자면, 서원에 적을 둔 원생 가운데 일부만이 기숙한 것은 일반적인 상황이었다. 아울러 모든 원생이 의무적으로 참여해 주기적으로 진행한 강학은 교육의 기본적인 기능 외에, 교육의 단절을 막는 역할까지 담당했다.

2) 또 하나의 교육방식, 제향

앞에서는 서원의 교육목표와 교과과정, 방법 등을 주로 서원의 학규에 근거를 두고 살펴보았다. 그런데 서원의 교육이 그 같은 경전이나 성리학 관련 서적을 읽고 이해하는 방식으로만 진행된 것은 아니다. 서원에는

44 『訥隱先生文集』, 卷6, 「雜著」 「居齋節目」, 居齋之日, 員多則或欠靜便, 易致游泛, 恒定十員(冠八童二), 一月再換, 而每朔望遞番, 必背講十五日所讀書, 所講通不, 書于講紙, 以考勤怠. 諸生旣不能一時居齋, 而十五日之後, 還家游浪, 誠恐無益, 勿論居齋與否, 每於朔望齊會, 背講所誦卷, 亦書通不于講紙……居齋, 十員以次入棲, 而若有事故, 與後番齋員, 相議換入, 所讀書, 勿以居齋在家爲間, 刻意加工, 庶幾長進.

또 다른 하나의 주요한 교육방식이 있다. 다름 아닌 '제향'이다. 제향이 어떻게 교육의 방식이 될 수 있을까? 이 물음에 대한 답은 또 다른 물음, 곧 '왜 교육기관인 서원에서 특정 인물에게 제향하는 것일까?'라는 질문에서 그 답을 찾을 수 있다.

사실 서원의 교육은 앞에서 살펴본 '강회'에서 완성되지 않는다. 제향이 더해질 때 비로소 서원의 교육은 완성되고, 온전한 체계를 갖추게 된다. 하지만 이 제향이 서원만의 특별한 교육방식은 아니다. 서원의 제향은 관학의 묘학廟學 제도를 수용하면서 적절히 정비한 것이다. 묘학 제도, 곧 학교와 사당의 결합은 중국의 동진東晉 시대 국자학國子學 옆에 공자묘孔子廟를 건립한 것에 기원을 둔다. 이것은 뒤에 더욱 확장되어 모든 주州와 현縣의 관학에 적용되었다.

(1) 서원의 제향과 무신론

관학의 묘학 제도를 수용해 만들어진 서원의 제향은 대체로 북송대에 시작된 것으로 짐작된다. 하지만 그것이 제도화되며 확산한 것은 남송南宋 때 주희가 창주정사滄洲精舍에서 석채의釋菜儀를 거행하면서부터라고 알려져 있다. 주자는 이 석채의에서 공자를 '선성先聖'으로, 안자顔子顔回, B.C. 521-B.C. 490·증자曾子曾參, B.C. 505-B.C. 435·자사子思孔伋, B.C. 483-B.C. 402·맹자孟子를 '선사先師'로, 여기에 주돈이周敦頤1017-1073·장재張載1020-1077·정호程顥1032-1085·정이程頤1033-1107·소옹邵雍1011-1077·사마광司馬光1019-1086·이동李侗1093-1163을 '선현先賢'으로 삼아 제향했다. 그렇게 하면서 주희는 공자 외에, 안자·증자·자사·맹자와 함께 송대의 성리학자 7인을 제향한 이유에 대해 도통道統의 관점에서 설명하였다. 이런 사실에서 보면, 주희에게 서원의 제향이란 성리학이 공자를 계승한 정통 흐름이라는 점을 강조하는 방식이었다. 이것은 서원에서 제향 의식을 거행하는 하나의 이유였다.

그런데 서원에서 제향 의식을 거행하는 이유는 이것에 그치지 않는다. 그것은 더욱 근원적으로 서원의 교육목표와 맞닿아 있다. 서원의 제향이 교육의 한 방식이라는 것은 어디에서 확인할 수 있을까? 이 물음과 관련해 먼저 주목할 수 있는 부분은 제향을 강조하는 서원의 이념인 성리학이 실제로는 신神이나 귀신鬼神과 같은 존재를 긍정하지 않는다는 점이다. 다시 말해서 성리학은 무신론적 이론체계다. 성리학 자체는 신이나 귀신의 존재를 인정하지 않는다. 세상의 변화나 인간의 행위를 절대적인 신의 의지로 설명하지도 않는다.

소수서원 문성공묘

흔히 유교가 종교인지를 되물을 때, 유교는 종교가 아니라는 답은 바로 유교나 성리학의 이 같은 특징에 근거를 둔다. 사실 엄격하게 말한다면, 유교가 종교라고 주장하는 시각에서도 특정한 인격신을 전제하지는 않는다. 유교의 종교성은 초월적 구원이나 종말론적 심판과 거리가 멀고, 일상 속에서 삶의 질적인 변화를 도덕과 윤리의 실천에서 찾기 때문이다. 현대 신유학의 대표적 인물인 모종삼牟宗三1909-1995과 그를 계승한 두유명杜維明1940-이 말하는 '내재적 초월'이 가리키는 의미 역시 외재하는 초월자에 의지하는 것이 아닌, '내재적으로 진행되는 삶의 질적 변화'로 이해할 수 있다.

이런 성리학의 무신론적 특징은 '리기론理氣論'적 우주관과 세계관에서 직접 확인할 수 있다. 성리학, 그 가운데 조선에 가장 큰 영향을 준 주자학은 세 가지 이론을 뼈대로 한다. '리기론'과 '심성론' 그리고 '공부론'이 그것이다. 문제는 주자학의 이론체계, 곧 리기론과 심성론, 공부론이 철저하게 초월적인 존재나 그의 의지를 배제하면서, 동시에 제사를 강조하는 모순적 태도를 보인다는 점이다.

초월적인 존재를 긍정하지 않는 성리학적 세계관 속에서 인간 사후에 불멸하는 영혼은 존재하지 않는다. 세계와 그 안에 존재하는 모든 것을 어떤 인격적인 신, 혹은 초월적인 존재가 주재하지도 않는다. 그러므로 성리학의 세계에는 사실상 세상을 지배하는 신이나 영원불멸하는 영혼이나 귀신 등 인간이 경배하거나 제향해야 할 대상 자체가 없다. 그런데도 조선에서 세워진 최초의 서원인 백운동서원에서부터 이미 제향이 이루어졌고, 이것은 뒤에 등장하는 서원들의 전범이 되었다. 이런 무신론적 세계관을 전제하면서도, 제사는 서원만이 아닌 일반 가정에서도 거를 수 없는 필수 의식이었다. 특히 가정에서 제사란 사후의 효를 실천하는 후손의 가장 기본적인 의무로 강조되었다.

이처럼 절대적인 신이나 영혼, 귀신의 존재를 인정하지 않으면서, 제향이나 제사를 강조하는 것은 자기모순처럼 보인다. 하지만 다른 측면에서 유교의 제사를 이해할 수 있다. 즉 그것은 절대적인 신이나 불멸하는 영혼을 경배하거나 위로하는 의식이 아니라, 죽은 자나 조상을 기념하고 기억하기 위한 의식이 될 수 있다. 이렇게 이해할 때, 죽은 이가 보여준 삶의 태도와 방식을 닮으라 권고하는 풍부한 교육적 의미를 그 의식에서 발견하게 된다.

유교의 제향에는 '후세 사람들이 기념하고 기억할 수 있는 삶을 살아가라'라는 메시지가 담겨 있다. 서원에서 제향하는 인물처럼 살아간다면, 너 또한 후세의 사람들이 제향하며 너의 삶을 기념해 줄 것이라는 이 메시지는 그 어떤 것보다 삶의 규범을 제시하는 교육적 힘이 있다. 학문적 지식을 전수하는 활동만이 교육일 수는 없다. 삶의 모범적 전형을 세우고, 그 삶을 닮으려는 노력에서 교육의 근원적인 의미를 찾을 수도 있기 때문이다. 그리고 바로 이러한 측면에서 '선현봉사先賢奉祀' 역시 교육적 기능을 가진다고 이야기할 수 있으며, '사당'이나 '사우祠宇' 역시 강당과 똑같은 교육적 목적을 가진 건축물로 이해할 수 있다.[45]

특히 성리학적 세계관을 전제한 사회에서 교육의 목표는 결코 오늘날 강조되는 경험적 지식의 확장에 있지 않았다. 당시는 '공부工夫'라는 말을 인격 혹은 도덕 수양과 동일시했고, 교육은 도덕의 실천을 근원적인 목표로 설정하고 있었다. 물론 제향의 교육방식이란 수동적인 교화에 가까워서 현대의 능동적인 교육과 구분되지만, 그럼에도 제향이라는 의식에 담긴 교육적 의미는 충분히 확인할 수 있다. 이것은 '덕과 분리되지 않는 배움'과 함께 '성현을 본받는 것'을 지향하는 서원의 교육적 목표와도 완전히

---

45 김기주, 「지리산권의 서원과 사우, 그 현황과 특징」, 『남도문화연구』 22 (2012): 9-10쪽 참조.

일치한다.

(2) 서원 제향 인물의 선정

이처럼 '덕과 분리되지 않는 배움'이나 '성현을 본받는 것'은 서원의 제향 목적과 직접 연결된다. 그리고 이 점은 다시 서원 제향 인물의 선정과 밀접하게 관계된다. 제향 인물은 중국의 남송 때부터 해당 서원과 밀접한 관계가 있는 인물, 다시 말해서 해당 서원과 관계가 있는 저명한 학자나 서원의 건립과 발전에 공헌한 인물, 서원이 세워진 지역과 연고가 있는 선현 등에서 선정되었다. 그럼에도 대부분의 중국 서원에서는 공자를 제향 대상에 포함하는 반면, 조선의 서원에서는 특별한 경우가 아니라면 대상에 포함하지 않는다.

조선에서 처음 서원이 건립되기 시작했을 때, 어떤 인물을 제향의 대상으로 선정할 것인가 하는 기준은 마련되어 있지 않았다. 당시는 아무도 짐작하지 못했지만, 이것은 이후 여러 분쟁의 원인이 되었다. 1560년명종 15 성주 영봉서원迎鳳書院에서 발생한 위차 문제를 둘러싼 논란은 제향할 대상의 선정 기준이 명확하지 않아 빚어진 첫 번째 사건이었다. 비슷한 시기에 있었던 경주 서악정사西岳精舍의 제향할 대상과 관련된 문제도 큰 틀에서는 같은 이유로 발생한 사건이었다. 또 임고서원臨皐書院에서 추향追享 인물을 병향竝享할 것인지 아니면 배향配享할 것인지를 두고 벌어진 위차 시비도 있었다. 이 같은 논쟁이나 시비에서 제향 인물의 선정이나 위차를 정하는 기준으로 '도학道學'을 처음으로 분명하게 제시한 인물이 바로 이황이다.

영봉서원의 분쟁에서 특히 이 같은 이황의 시각이 잘 드러난다. 을사사화1545년에 연루되어 고향인 성주에 귀양 와 있던 이조년李兆年1269-1343의 직계 후손인 이문건李文楗1494-1567이 1558년 노경린盧慶麟1516-1568이 성주목사로 부임하자 자신의 직계 조상이자 당시 향현鄕賢으로 존중받았던 이조년과 이인복李仁復1308-1374을 제향할 서원의 건립을 추진했다. 그런데 노경린의 사위인 이이 등이 영정 속 이조년이 염주를 들고 있는 모습을 지적하면서, 부처를 따르는 인물을 서원에 제향해선 안 된다고 강하게 주장하며 갈등이 발생했다.

그래서 성주의 처외가에 출입했던 김굉필과 이조년, 이인복을 함께 제향하는 방법으로 이 갈등을 풀어보려 했지만 사실상 갈등은 더욱 확대될 뿐이었다. 처음 영봉서원에서 제향하고자 했던 이조년과 그의 손자 이인복 사이에는 위차에 문제 될 것이 없었다. 그런데 김굉필이 제향자에 포함되면서 이들 사이의 위차를 두고 또 다른 분쟁이 발생한 것이다. 성주이씨 문중과 노경린은 생졸연대에 따른 위차 결정을, 지역의 유림에서는 김굉필의 도학을 더 존중해 그의 위차를 우선해야 한다고 주장했다.

이 논란은 이황의 제자 황준량黃俊良1517-1563이 노경린의 후임으로 1560년에 성주 목사로 부임한 뒤까지 논란이 이어지다, 결국 서원에는 김굉필을 홀로 제향하고, 이조년과 이인복은 다른 사우를 세워 제향하는 것으로 결정되었다. 이후에 정구가 김굉필 외에, 정이와 주희를 함께 제향하고, 서원의 명칭을 영봉에서 천곡으로 개명하면서 논란은 최종 정리되었다. 영봉서원의 건립을 추진하는 것에서 시작해 천곡서원이라는 이름으로 마무리되는 이 일련의 과정에는 다양한 의미가 함축되어 있지만, 서원에 제향할 인물의 조건, 곧 도학과의 관련 정도를 이황이 처음으로 제시했다는 점은 주목된다. 교육의 측면에서 볼 때, '본받아야 할 선현'은 곧 도학자이고, 도학자란 곧 김굉필처럼 '사림파의 정신을 실천한 성리학자'이기도 했다.

(3) 서원의 제향 의식

이렇듯 제향이 교육적 기능을 가졌다면, 그 제향은 어떤 형식으로 진행되었을까? 다시 말해서 교육적 기능을 수행한 제향은 언제, 어떤 사람이 어떤 형식으로 진행했을까? 제향 의식은 이미 주세붕周世鵬이 그 절차나 형식을 만들었다. 주세붕은 백운동서원을 건립한 이후, 이어서 제향 의례를 제정하였고, 이황이 그것을 다시 정리하였는데, 이것이 서원 의례의 전범이 되었다.

먼저 대부분 서원의 제향일은 봄과 가을의 중월仲月 중정일中丁日이나 계월季月 상정上丁日일로 정해졌다. 봄음력 1-3월과 가을음력 7-9월의 중월인 음력 2월과 8월, 계월인 음력 3월과 9월의 첫 번째 정일丁日인 상정일과 두 번째 정일인 중정일이었다. 서원의 향사일을 이렇게 정하게 된 것은 각 주현州縣 향교鄕校의 석전의례釋奠儀禮가 중월仲月 상정일上丁日이기 때문에 향교 석전의례의 날짜와 중첩되는 것을 피하기 위해서였고, 또 다른 이유는 같은 지역에 있는 다른 서원의 제향일자와 겹치는 것을 피하기 위함이었다. 이런 사실은 영봉서원의 건립을 주도했던 노경린의 기록에서 확인할 수 있다.

노경린은 향교의 석전의례와 서원의 제향이 같은 날에 진행될 수 없는 이유를 석전과 제향 의례를 같은 날짜에 진행할 만큼 제관의 숫자가 많지 않다고 말한다.[46] 이런 까닭에 향교의 석전의례와 서원의 제향은 최소 10일의 시차를 두고 진행되었다. 반면 병산서원의 제향일은 계월 상정일인데, 이것은 도산서원의 제향일인 중월 중정일과 날짜가 겹치지 않도록 일정을 고정한 것이다. 이외에 제향일을 춘추라고 계절만 명시한 서원 대부분은

---

46 『迎鳳志』, 「學規錄」, "如舍菜, 必於上丁, 而此卜中丁者, 一鄕之堪爲官者, 鮮有其人. 精選誠謹者, 皆詣文廟, 而只以庸人, 苟充此數, 則祭如不祭, 安有神只格思乎."

중월 중정일이 제향일이다.

이 제향을 주관하는 제관에 대해 주세붕은 처음 백운동서원을 건립한 후, 헌관 3인과 집사執事 6인으로 규정하였다. 하지만 그 뒤를 이은 이황은 헌관 3인에 축祝·찬자贊者·알자謁者·찬인贊引·사존司尊·봉향奉香·봉로奉爐 등의 집사 7인으로 확대하였는데, 후대로 갈수록 제관은 세 사람의 헌관 외에도 7인의 집사에 더해 봉작奉爵·전작奠爵·학생學生·제물유사祭物有司·사생司牲·도진설都陳設·진설陳設 등 더욱 다양한 구성으로 확대되었다. 또 지역적으로 집사의 명칭에 차이가 있어서, 경기도 지역의 서원에서는 전사관典祀官·척기滌器·관연貫涓·당하집례堂下執禮, 전라도 지역에서는 직일直日·전사典祀·찬창贊唱 등의 집사가 있었다. 전체적으로 보자면 헌관 3인에 최소 7인 이상의 집사들이 서원 향사를 주관하며 진행하였고, 후대로 갈수록 제관의 역할이 분화되며 그 숫자는 확대되었다.

반면 제향에 쓰이는 제물은 향교와 차이를 보인다. 주현의 향교에서 진행하는 석전의례에서 제물은 팔변八籩[형염刑鹽소금·어숙漁鱐어포·건조乾棗대추·율황栗黃밤·진자榛子개암·능인菱仁마름·검인芡仁연근·녹포鹿脯사슴육포]과 팔두八豆[구저韭菹부추김치·탐해醓醢숙성된 소고기·청저菁菹무김치·녹해鹿醢숙성된 사슴고기·근저芹菹미나리김치·토해兎醢숙성된 토끼고기·순저筍菹절인 죽순·어해魚醢숙성된 생선]에 더해 이성二腥[양성羊腥·시성豕腥, 腥은 생고기]을 갖추어야 했다. 반면 서원은 대부분 육변六籩과 육두六豆 또는 사변四籩과 사두四豆에 일성一腥만을 준비했다. 또 양성羊腥, 시성豕腥을 대신해 계성鷄腥이나 계적鷄炙을 쓰기도 하였다. 제물 준비에서 알 수 있듯 서원의 제향 규모는 향교의 석전 형식을 따르면서도 보다 간소화한 모습이다.

이런 제물을 사용해 진행하는 서원 제향의 절차는 주세붕이 작성한 백운동서원의 홀기笏記를 계승하면서도, 상향례上香禮와 초헌례初獻禮를 구분하는 등 일부 내용을 개정하였다고 전해진다. 서원마다 제향 절차는 조금씩 다르지만, 사실상 전체적인 흐름에서 큰 변화는 없다. 대부분의 서원 향사의례가 『국조오례의』에 기반을 두고 제정되었기 때문이다. 한 사례로 현풍의 도동서원 제향 절차를 살펴보면 다음과 같은 순서로 진행된다.

먼저 헌관이나 집사로 선발된 제관은 3일 전에 서원에 들어와 몸과 마음을 경건하게 하며, 재계齋戒에 들어간다. 이렇게 참여한 제관들은 모두 '방명록'이라고 할 수 있는 「시도기時到記」에 이름과 나이, 주소 등을 기록하고, 초헌관을 비롯한 제관들이 인사를 나눈 후, 제관들이 모두 도착하면 사당에 '알묘례謁廟禮'를 행한다. '알묘례' 이후에는 제물로 쓸 돼지 등 희생을 살펴보는 '성성례'를 진행한다. '성성례' 뒤에는 제향을 진행할 집사를 정하는 '분정례'를 행한다. 미리 정한 세 사람의 헌관과 축, 집례 등 제향 의식을 진행하는 집사를 선출하는 과정이다. 분정기의 작성이 마무리되면, 초헌관과 여러 집사의 명단을 강당에 공지하고, 축을 맡은 집사가 축문 작성을 끝내면, 초헌관이 확인하고 사당의 축상 위에 둔다. 그리고 이어서 준비된 사변四籩과 사두四豆, 일성一牲의 제물을 진설한다.

진설이 끝나면 축시丑時새벽 1시-3시에 제향 의식을 시작하는데, 의식을 시작하기 전에 모든 제관은 의관을 정제한 후, 강당에 모여 '상읍례'를 진행한 다음 사당으로 이동한다. 제향은 집례가 의식의 진행 순서를 적은 홀기를 낭독하는 창홀唱笏로 시작된다. 먼저 초헌관이 찬자의 인도에 따라 먼저 진설을 점검하는 점시點視를 한 후, 축은 위폐를 덮은 뚜껑을 여는 개독을 하고, 이어서 제물을 덮었던 뚜껑을 연다.

이어서 집례의 창홀에 따라 찬자, 축을 비롯한 여러 집사가 재배한 후, 헌관은 찬자의 인도에 따라 사당으로 들어간다. 이렇게 자리를 잡고 찬자가 초헌관에게 '청행사請行事'를 고하면, 헌관은 모두 재배한다. 이어서 초헌관이 첫 번째 술잔을 올리는 '초헌례'를 한 후, 축은 축문을 읽는다. '초헌례' 전에 향을 올리는 의식인 '상향례'가 있지만, 도동서원에서는 정위와 배위에 향을 올리는 것으로 대신한다. 이렇게 '초헌례'가 끝나면 곧바로 아헌관이 두 번째 잔을 올리는 '아헌례'와 종헌관이 세 번째 술잔을 올리는 '종헌례'를 한다. '종헌례'가 끝나면 곧바로 '음복수조례飮福受胙禮'가 이어지지만, 초헌·아헌·종헌의 세 헌관이 함께 재배하는 것으로 '삼헌례'를 마무리하기도 한다.

'음복수조례'는 제향에 쓴 제물을 맛보는 것으로, 초헌관이 대표해 사당 앞에 마련한 음복하는 자리에서 제사에 쓴 음식을 나누어 먹고, 고기를 나누어 받은 후, 재배하고 자리에 돌아오면 모두 함께 재배한다. '음복수조례'가 끝나면 축이 변과 두를 내리는 '철변두撤籩豆'를 행하는데, 이 철변두 후에 헌관 홀로 혹은 전체 제향 참여자가 재배하고, 축문과 폐백을 태우거나 묻는 '망예례' 혹은 '망요례'가 진행된다. 이 '망요례'를 마치면, 찬자는 '예필禮畢'이라는 말로 모든 의식 절차가 끝났음을 공지한 후 헌관을 인도하여 사당에서 나간다. 헌관을 인도했던 찬자가 돌아오면 향사에 참여한 집사들은 함께 재배한 후, 축은 열었던 위폐의 뚜껑을 닫는다. 이렇게 향사가 마무리된 후에는 제향 의식에서 문제가 없었는지를 정리하는 제공사祭公事나 제사공론祭祀公論에서 의견을 듣고 정리하거나, 향약 약문을 읽는 '독약讀約'을 한 다음, 음복을 진행한다. 서원에 따라 음복 전에 제물을 나누어 맛보는 '준례餕禮'를 먼저 행하기도 한다.

이런 순서로 진행되는 서원 제향에서 주목할 부분은 헌관과 집사의 동선이다. 서원에 따라 사당에 들어갈 때, 동쪽 계단을 올라 동문으로 들어가고, 동문으로 나와 동쪽 계단으로 내려오는 때도 있고, 헌관이 중문으로 들어가서 동문으로 나오기도 하고, 동문으로 들어갔다가 서문으로 나오기도 하는 등 동선은 각기 다르다.

이 같은 제향의 의식과 그 순서는 그 자체가 교육의 한 방식이다. 성리학에서 강조하는 예적 질서를 바로 이 제향 의식에서 배우고 체화하기 때문이다. 제향에 참여해 제관으로 활동하고, 제향에 필요한 제물을 마련해 진설하는 것, 정해진 순서에 따라 의식에 참여하는 것 등등이 다름 아닌 교육의 내용이자 목표였다. 이런 점에서 무신론의 성리학이 제향을 강조하는 것이나, 복잡한 제향 의식을 제시하는 것 모두가 교육적 목적을 가진 서원의 교육방식이었다고 이해할 수 있다.

3) 서원의 학문 활동, 회강

서원에서는 원생을 중심으로 하는 정기적인 강학 활동이 있었다. 앞에서 살펴봤듯 그것을 일반적으로 '강회'라고 불렀다. 서원에 따라 '강학회'나 '통독회' 등의 명칭을 사용하기도 했다. 그런데 서원에 이 같은 정기적인 강학 활동만 있었던 것은 아니다. 서원의 정규교육 이외에, 비정기적인 강학 활동으로, 서원 내부 구성원이 참여한 학술토론회의 형태가 있는가 하면, 다른 지역의 명망 있는 학자가 참여한 초청강연회와 유사한 활동도 있었다.

(1) 회강, 강회 교육의 폐단을 막는 방법

앞에서 살펴본 강회나 제향과 함께 서원에서 진행된 또 다른 주요한 교육방식이 다름 아닌 '회강會講'이다. 개개인이 홀로 독서하는 것이 아닌 글자 그대로 함께 '모여 강론'한다는 뜻이다. 대부분은 특정 인물을 중심으로 스승과 제자 사이에, 혹은 학단이나 학파 내부, 지역 연고자 사이에 진행된 것으로, 그 뿌리는 학파가 등장하기 이전부터 존재했다. 중종 31년 사간司諫 권기權祺의 언급에서도 그 흐름을 확인할 수 있다.[47] 그는 '모여서 강론하는 것'이 유학자의 학문하는 방법이라 생각했다. 그런데 당시 관학官學에는 이런 '모여서 강론하는' 전통이 거의 사라져서, '학문을 강습하도록 하는 것'은 당시 관학의 폐단을 극복하기 위해 제시되었다고 볼 수 있다. 여기에서 말하는 '관학의 폐단'은 교육방법과 관계된다.

앞에서 살펴봤듯, 서원 정규교육의 핵심은 강회의 방법이었고, 강회는 개인적인 독서가 중요했다. 이것은 당시의 관학 교육도 유사한 방식, 곧 개인의 독서를 중심으로 진행되었다는 것을 짐작게 한다. 개인적인 독서를 중시하는 강회 교육의 폐단을 극복하기 위해 권기가 제시한 방법이 바로 서도書徒와 원점법圓點法이었다. 서도란 관학의 재학생이 매일 무엇을 읽었는지, 그 독서한 내용을 적어 제출하도록 하는 제도였다. 반면 원점법은 아침과 저녁 식사하기 전에 장부에 점을 찍도록 하는 것으로, 성균관이나 향교에 출석하고 있는지를 확인하는 방법이다.

서도가 독서에 무게 중심을 두긴 했지만, 그것을 개인에게 맡겨두지 않고 독서 내용을 점검하겠다는 것을 의미한다. 반면 원점법은 출석, 곧 모임에 무게 중심이 있다. 서도와 원점법은 교육을 개인적인 독서에 맡기는 방법의 폐단을 개선하는 방법이다. 다시 말해서 개인의 독서를 중심으로 하는 강회의 교육방식이 가진 단점을 보완하는 방법이다. 이것은 서원의 교육방식 가운데 하나인 회강도 마찬가지여서, 개인적인 독서를 중심

---

47 『中宗實錄』, 卷81, 중종 31년 2월 6일 辛卯 1번째 기사 祺曰: 儒者之爲學, 必群居講論. 近來全不務學, 故設書徒圓點之法, 使之聚館學, 講習學問, 其矯斯弊也至矣.

으로 하는 강회의 문제나 단점을 보완하는 교육방법이었다.

(2) 회강의 사례들

사실 권기의 지적이 나오기 훨씬 이전 사림파의 활동기에 이미 회강과 같은 형식이 등장했다. 그 회강의 장소가 서원이 아니었을 뿐이다. 김종직이 함양군수로 내려오면서, 그 문하에 정여창과 김굉필, 김일손金馹孫1464-1498 등이 모여들었는데, 이들의 학문적 활동 역시 훗날 서원의 회강과 닮아있다. 이들이 지리산을 함께 유람할 때, 그들이 머문 정사나 사찰은 강론하고 의견을 나누는 장소가 되었다. 특히 서원이 정치적 붕당이나 학파 활동의 지역 거점 역할을 하면서, 같은 학파 인물들이 회합하고 학파를 대표하는 학술적 시각을 기반으로 학파 의식을 만드는 장소로 활용되었고, 회강의 역할이나 수요는 더욱 확대되었다. 이미 이황은 자신이 설립에 참여한 역동서원에서 1570년 5월과 7월 2차례 회강을 열어 『심경』이나 『심경부주』에 대해 제자들과 함께 강론하였다. 그의 제자들 역시 이 교육방식을 모방, 활용하였는데, 특히 조목이 스승인 이황의 뒤를 이어 1581년 1월과 1594년 6월에 역동서원에서 『심경부주』를 강론했다.

사실 이런 회강의 사례는 상당수 서원에서 확인된다. 함양의 남계서원은 비교적 이른 시기인 1552년명종 7에 정여창鄭汝昌1450-1504을 제향하기 위해 그의 고향에 창건되어, 1566년명종 21에 '남계'라는 이름으로 사액되었다. 이 남계서원의 창건에 가장 큰 역할을 했던 강익姜翼1523-1567은 조식曺植1501-1572의 문인이었다. 이런 관계를 기반으로 남계서원이 건립된 후, 1563년명종 18

에 조식과 그의 문인들은 이곳에서 회강을 열었다.[48] 서원 건축이 시작된 후 10여 년 만에 사당이 완공되자 조식은 그의 제자들과 함께 남계서원을 방문하여 회강을 진행하였고, 그 뒤를 이어서 1565년명조 20에는 그의 제자인 오건吳健1521-1574이 남계서원에서 주자의 연보 등을 강론하였다. 완공 초기 남계서원은 남명학파의 주요한 회강 장소였다.

정구를 제향하는 회연서원

정구鄭逑1543-1620의 봉산욕행蓬山浴行은 회강의 특별한 방식이다. 1617년 7월 20일 정구는 채몽연蔡夢硯·곽영희郭永禧·이천봉李天封·이언영李彦英·이윤우李潤雨·배상룡裵尙龍·이명룡李命龍·류무룡柳武龍·이난귀李蘭貴·이학李壆·정

48 장원철, 전병철 역, 『南冥先生編年』, (파주: 경인문화사 2011). 79-82쪽. "三月 如濫溪 謁一蠹鄭先生祠 聽諸生講 先生與河覺齋 河寧無成 柳潮溪宗智 陳栢谷克敬 往濫溪 姜介庵 鄭嶧陽惟明 鄭梅村 林藍溪希茂 及多士 會講 因語及鄭先生日 學術淵篤 無一疵累 其不免於禍天也"

천주鄭天澍 등 열두 문인의 수행을 받으며, 신병 치료를 위해 성주에서 동래 온정으로 출발했다. 현풍·고령·창녕·함안·영산·밀양·김해·양산을 거쳐 동래 온정에 도착한 뒤 30일 동안 온천을 하며 머문 후, 다시 통도사·청도·경주·영천·하양·경산을 거쳐 성주 하빈으로 돌아오는 총 45일간의 여정이었다. 당시 동래부사로 재직 중이었던 황여일黃汝一 1556-1622은 봄부터 온정을 정비하고 숙소를 증축하는 등 스승을 맞이할 준비를 하고 있었다.

정구에게 이 여행은 낙동강 하류의 문인·제자들과 연대하고 학문을 토론하는 회합의 장이었다. 「봉산욕행록」에 따르면, 이 욕행의 과정에서 정구가 만난 사람은 대략 300명이고, 이 가운데 그의 문인은 약 80명이었다. 이 점에서 그의 봉산욕행이 칠곡·대구·현풍·고령·창녕·함안·영산·밀양·김해 등 낙동강 하류 지역 문인과 교류하는 행사였음을 확인할 수 있다. 그리고 이들 제자와의 만남에서 학문적인 논의 역시 진행되었다.[49]

정구 개인에게 1604년 도동서원 중건이 진외증조부인 김굉필을 배경으로 그의 영향력을 성주에서 낙동강 중류 지역으로 확장하는 계기가 되었다면, 안동부사직을 맡으면서 확고하게 이황의 고제로 자리 잡고, 안동을 중심으로 한 낙동강 상류 지역으로 자신의 학문적 영향력을 확대하는 계기를 마련할 수 있었다. 이것과 마찬가지로 현풍에서 온정으로, 온정에서 다시 하빈으로의 여정인 봉산욕행에서 그는 도동서원과 신산서원, 임고서원 등 각 지역의 주요 서원을 참배했고, 그 지역 문인과의 회강과 회합을 주관하였다. 낙동강 하류 지역에서 문인의 결속과 함께 학문적 집단의식을 만들고, 또 그것으로 활동 기반과 활동 영역을 확장하는 기회를

---

49 李道一, 『消憂軒集』 卷下, 附錄 「家狀」.

만들었다. 봉산욕행 과정에서 각 지역 서원을 중심으로 진행된 회강은 정구의 학문적 영향력을 확장하는 지역적 기반과 토대를 마련하는 방식이었다.

김해 신산서원

이 같은 학파의 결속을 다지기 위한, 혹은 지역적 거점을 확보하기 위한 서원의 회강 활동은 조선 후기까지 지역에서 활발하게 전개되었다. 이 회강은 서원의 교육 이념을 구현하는 방식이면서, 조선 후기 성립한 학파의 계승과 분화, 전개에 주요한 학술적 매개체로 작용하였다. 조선 후기 남인계 서원에서 주요 교재로 활용한 이황의 『주자서절요』, 서인계 서원에서 활용한 이이의 『성학집요』 등을 통한 회강은 자파의 학설을 계승하는 중요한 도구가 되었다. 또 서원의 회강에서 주목해야 할 것 가운데 하나는 학자를 초빙하는 일이었다. 회강은 초빙된 학자의 학문에 크게 의존하기 때문이다. 따라서 학문과 덕망을 갖춘 영향력 있는 학자가 초빙되어 회강할 때는 인근의 문인들이 참여해 학파의식을 공유하는 자리가 되었다. 이상정李象靖1711-1781의 문인들이 주도한 19세기 소수서원 『중용』 강회는 영남 퇴계학파의 학풍이 회강을 통해 어떻게 이해되었는지를 보여준다.

18세기 김창협과 김창흡의 석실서원 회강에서도 같은 모습을 볼 수 있다. 김창협 사후 18세기 중반 그의 손자 김원행이 강회를 주도할 때에도 전국 각지에서 문인들이 몰려들어 그의 문하에서는 서울, 경기를 포함하여 충청·전라·경상·황해·평안도에 이르기까지 전국에 걸쳐 150여 명에 이르는 광범위한 문인 집단이 형성되었다. 그 가운데는 경세에 관심을 기울이며 실학 영역으로 나아간 홍대용洪大容1731-1783과 황윤석黃胤錫1729-1791도 있었다. 이 석실서원의 회강에 참여했던 문인들은 자신의 향리로 돌아가 그곳에서 다시 회강을 열어 그 학풍을 전파했다. 이런 점에서 회강은 특정 학단이나 학파 내부에서 학문적 시각을 통일시키고 결속력을 높이는 역할을 했다.

(3) 회강의 방식과 절차

그렇다면 서원의 회강은 구체적으로 어떤 방식이나 절차를 거치며 진행되었을까? 이 물음에 대해 충실하게 답을 할만한 자료를 찾기는 어렵다. 관련된 기록 대부분은 회강의 내용에 대해 간략하게 기술할 뿐, 그 형식이나 방식에 대해서는 자세히 언급하지 않기 때문이다. 그나마 숙종 때 박세채가 문회서원文會書院에서 수관한 회강 기록인 「문회서원강의文會書院講義」에서 회강의 대체적인 모습을 그려볼 수 있다. 박세채는 이명李茗·임원성任元聖·민진원閔震元·진향震享·목천순睦天純·심현沈俔·이형李衡·최단길崔端吉·심동직沈東稷·심동명沈東鳴 등과 함께 문회서원에 모여 회강을 진행하였는데, 그 내용은 「교법요지敎法要旨」·「백록동게시白鹿洞揭示」·「여장자수지서與長子授之

書」·「여위중서與魏仲書」·「옥산강의玉山講義」·「맹자강의孟子講義」·「백록동서원강의白鹿洞書院講義」·「대학혹문大學或問」 외에 주희의 「행장行狀」 등과 관련된 것이었다.

박세채가 문회서원에서 연 회강은 먼저 분석 대상으로 삼은 서적의 한 구절이나 내용 가운데 한 부분을 읽은 후, 그것에 대해 강론하는 순서로 진행되었다. 회강에는 강론 이외에 별도로 지켜야 할 절차나 의례는 없었다. 전체적으로 비교적 자유로운 방식으로 진행되었음을 뜻한다. 강론의 주제는 읽은 대상 서적이 어떤 것인지, 그 구절의 요지나 의의가 무엇인지, 그 구절이 시사하는 바는 무엇인지 등으로 구성되어 있었다. 회강 내용에는 그 구절에 대한 각 개인의 해석과 평가가 포함되었다. 회강은 이처럼 성리학 관련 서적을 읽고 그 의미를 해석하며, 개인의 의견을 제시하는 과정으로 구성되었다.[50]

이처럼 대개 회강은 강론의 대상 문헌이나 그 문헌의 한 구절에 대해 해설하고 논의하는 방식이었다. 이 과정에서 성리학이나 성리학자를 한 걸음 더 깊이 이해할 수 있었다. 하지만 그렇다고 회강의 목적이 학문적 성장에만 초점이 맞춰져 있었던 것은 아니다. 그 모든 활동의 최종 목적은 현실의 일상에서 성리학적 지향이나 이념을 얼마나 실현할 것인지에 있었고, 이 점에서 회강은 흔히 성현들을 본받아 따르자는 다짐이나 결의로 마무리되었다. 이것은 서원의 교육목표인 '위기지학', 곧 '덕과 분리되지 않는 배움'이나 '성현을 본받는 것[法聖賢]'과 직접 연결되는 것이기도 하다.

---

50 朴世采, 『南溪集』, 卷65 雜著, 「文會書院講議」, "次講行狀. 以爲此乃明朱子道學德行之全體而作者. 朱子之道, 固已大成, 而非黃勉齋則亦難形容說出如此. 大抵工夫到此, 然後方稱爲人之理. 而向上又有孔孟諸聖賢遺訓, 夫爲人之道, 豈不重大. 而今之學者鮮能知之. 可勝歎耶."

3. 서원의 건립과 운영

앞에서 서원이라는 교육기관이 어떤 필요성에 의해 건립되었고, 또 교육은 어떤 방식으로 이루어졌는지를 살펴봤다면, 이제 서원이 어떤 과정을 거쳐 건립되어 운영되었는지, 그리고 서원을 구성하는 건축물은 어떻게 배치되고, 각 건물은 어떤 역할을 했는지를 살펴보자.

1) 건립 주체에 따른 서원의 변화

서원이 구체적으로 누구에 의해 어떤 과정을 거쳐 건립되었는지는 서원의 성격에 대한 이해와 깊이 관련된다. 지방관이 건립을 주도했는가 아니면 지역의 유림 혹은 지역의 유력한 문중이 주도했는가에 따라 그 서원의 성격은 달라졌다. 조선에서 서원의 건립은 처음 관이 주도하였고, 점차 지역 유림이 주도하는 방향으로 변화했다. 조선 후기에는 서원의 건립을 지역의 유력한 문중이 주도하기도 했다. 이처럼 서원 건립의 주체가 변화함에 따라 서원의 성격 역시 변화했다.

서원의 건립을 관에서 주도했을 때, 그 서원은 보통 관학의 교육적 기능을 보완하는 기구로 이해되었다. 반면 서원의 건립을 지역 유림이 주도할 때, 서원은 향교 등의 관학을 대체하는 새로운 대안적 교육기관으로 이해되었다. 그리고 후자처럼 서원이 관학을 대체할 새로운 교육기관이라는 의식에는 유림의 지역자치기구나 학파 활동의 지역적 거점 역할을 할 만큼 자율성을 전제하게 된다. 반면 서원이 특정 문중에 의해 주도적으로 건립되었을 때, 서원은 그 유력 문중의 영향력을 더욱 공고히 하거나 확대하는 기구로 작용했다. 이처럼 서원의 설립 주체를 이해할 때, 조선에서 서원이 어떤 역할을 했는지 알 수 있다.

(1) 관이 주도한 서원 건립

최초의 서원인 백운동서원의 건립을 주도한 이는 당시 풍기군수로 재직하던 주세붕이었다. 물론 백운동서원의 건립이 중앙정부의 승인이나 예산 지원을 받은 것은 아니었다. 하지만 주세붕은 지방관으로서 동원할 수 있는 다양한 영향력을 집중해 서원을 세웠다. 이 점에서 백운동서원은 관이 주도해 세운 서원으로 분류할 수 있다. 그런데 비록 관이 건립을 주도했지만, 서원의 건립은 당시 일찍이 없었던 시도여서 여러 비판도 함께 제기되었다. 그것은 백운동서원을 건립한 뒤에 주세붕이 서원 건립의 당위성을 강조하기 위해 지은 『죽계지竹溪誌』의 서문에서도 확인할 수 있다.

이 『죽계지』의 서문에서 주세붕은 서원 건립을 비판하는 질문에 답하는 형식으로 자신의 주장을 펼치는데, 이런 형식 자체가 당시의 지역 여론을 반영했다고 짐작된다. 그 가운데 첫 질문이 안향은 이미 고려 말 국학에 제향했고, 순흥에 향교가 있는데, 굳이 또 하나의 교육기관인 서원과 사당을 세울 필요가 있는지를 묻는 것이었다. 이 질문은 지역의 수령이 여론을 형성해 서원 건립을 주도하는 데 보조를 맞춰야만 했던 당시 지역 인물들의 불만을 드러낸다.

주세붕은 무엇보다 이 같은 부정적인 평가를 불식해야 했고, 그것은 지역 유림으로부터 외면받으면 건립된 서원이 10년도 보존되기 어렵다는 것을 그 역시 잘 알고 있었기 때문이다. 그러면서 주세붕은 서원 건립은 자신이 한 것이지만, 유지와 보존은 자신이 할 수 있는 것이 아니라서 만약 유지하지 못한다면 그것은 어쩔 수 없다고 답한다. 이런 비판을 무릅쓰고 서원을 건립하는 모습에서 우리는 되묻게 된다. 그는 왜 비판을 무릅쓰고 서원을 건립했던 것일까?

이 물음에 대한 답은 백운동서원의 원규에서 간접적으로 찾아볼 수 있다. 주세붕이 제정한 서원의 원규에는 서원에 입원入院할 수 있는 조건을 사마시에 합격한 인물로 한정했고, 입원한 후에는 과거 준비에 매진하도록 했다. 그리고 원장의 책무를 강학이 아닌, 서원의 재정과 건물의 관리를 담당하는 것에 국한하고 있다는 점에서 그가 생각한 서원의 성격을 이해할 수 있다. 주세붕이 비록 주희가 남강의 지사가 되었을 때, 염계서당뒤에 백록동서원을 세워 교육한 남강고사南康故事를 인용하며 "사당을 세워 덕을 숭상하고, 서원을 세워 배움을 돈독히 한다"는 목표를 제시하지만, 그가 서원을 세웠던 1차 목적은 관이 주도해 국가에서 필요한 인재를 양성하는 흥학興學 정책의 일환이었다고 이해할 수 있다. 이것은 곧 관학의 교육적 기능을 보완하기 위해 서원을 세웠다는 뜻이다.

백운동 현판

서원의 건립이 관학의 기능을 보완하기 위한 노력이었다는 점은 관이 건립의 주체가 된다는 점에서도 확인된다. 사적인 교육공간을 마련하는 일에 지방관이 적극적으로 참여할 필요는 없다. 그런데 백운동서원의 건립에는 지방관이 핵심 역할을 했다. 주세붕이 큰 어려움 없이 서원을 완공할 수 있었던 것도 풍기 군수라는 자리에 앉아 재정과 인력을 쉽게 마련할 수 있었기 때문이다. 더불어 당시 경상도 관찰사로 있던 안향의 11대손 안현安玹1501-1560의 지원도 서원 건립에 큰 힘이 되었다.

이때 서원 건립을 지원했던 안현은 황효공黃孝恭1496-1553, 정준鄭浚, 유경장柳敬長, 안공신安公信1496-1561, 황준량黃俊良1517-1563 등과 함께 「순흥문성공묘백운서원사문입의順興文成公廟白雲書院斯文立議」를 지어 완성도 높은 서원 운영의 틀을 제시하였다. 여기에서는 봄과 가을의 향사와 원생들에 대한 처우, 원생의 정원을 포함한 제반 학규 등을 상세하게 정하고 있다. 특히 서원 경영에 관의 힘을 적극적으로 동원하는 방법이 기록되어 있는데, 보미保米 수거가 어려우면 관에서 차사를 보내 받아내고, 수량이 부족하면 관의 비용으로 충당하는 등 지원은 파격적이었다. 그리고 매년 보미와 전답, 서책, 노비의 실태를 관에서 감독하도록 했다. 또 전답 30결에 대한 경작인의 잡역을 면제하고, 수철과 염분 2좌를 울산의 관에서 매입해 매월 여기에서 나오는 소금과 목면을 관에서 함께 감독하도록 하였다. 또 사당과 서원 건물의 보수나 관리 책임도 모두 관이 맡도록 하였다.

이 「사문입의」의 내용에서 보면, 서원을 운영하기 위한 경제적인 기반이나 관리를 사실상 관에서 주관했다. 서원 운영에 필요한 물자를 충당하고 관리하는 것이 모두 관에서 이루어졌다. 이런 운영체제 자체를 보면, 백운동서원은 사학이라 부르기 어려운 모습이다. 그런데 이것은 백운동서원에 한정되지 않았다. 1558년 성주목사로 있던 노경린이 지역의 사족과 협력해 건립한 영봉서원뒤에 천곡서원으로 이름을 고침에서도 유사한 모습을 확인할 수 있다.

(2) 관의 역할이 축소되는 과정

이 영봉서원은 건립과정에서 그 성격이 이황에 의해 방향 전환을 시도하지만, 백운동서원의 틀을 크게 벗어나지는 않았다. 이황은 서원의 교육 목표가 과거시험 합격에 있지 않다는 점, 그리고 관이 주도해 서원을 관리할 때 서원의 자율성이 침해될 수 있다는 점을 분명히 지적한다. 이 같은 이황의 태도는 처음 서원을 세운 주세붕의 태도와 뚜렷이 구별된다. 이들의 정치적 지향과 생각이 달랐기 때문이다. 특히 이황은 서원의 자율성을 최대한 확보하는 방식으로 명종 때에 세워진 서원 17개 가운데 9개의 건립에 직간접적으로 관여하며 서원건립운동을 전개했다.

그럼에도 영봉서원은 관이 핵심 주체가 되어 건립되면서, 관의 역할이 강조된 서원이었다. 그것은 영봉서원의 운영이 백운동서원의 입원 자격이나 원장의 직무에 대한 부분을 대부분 수정 없이 계승하고 있는 데에서 확인된다. 특히 주목되는 부분은 서원의 운영이나 강학에서 지방관의 역할을 중시했다는 점이다. 그래서 "읍재의 주관하에 절기마다 원생에 대해 시강을 실시하고 부재 시에는 교관이 대행한다."[51]라는 학규 규정은 백운동서원의 운영 방향과 일치한다.

이처럼 영봉서원의 건립이나 운영에서는 지방관의 역할이 중요했지만, 서원에서 제향하는 인물의 기준으로는 사림파의 이념인 '도학'이 강조되었다는 점은 주목된다. 고려 시대 정치가이자 문인으로 활약한 이조년과 그의 손자 이인복을 성리학자 김굉필과 병향하는 것에 반대하는 이황의 태도에서 도학이 위차의 기준이 되어야 한다는 생각을 읽을 수 있다. 이는

---

51 『迎鳳志』, 「學規錄」, 三日 勸課

단순히 절의나 선행 등의 행적으로 한 지역에서 존중받았던 인물과 도학으로 국가에서 포상한 인물이 같은 위계를 가질 수 없다고 본 것이다.

이런 점에서 서원의 건립과 제향자의 선발 및 위차의 문제에 이황은 주요한 하나의 기준을 제시했다. 이것은 백운동서원이 건립될 때 주세붕이 보여주었던 태도와 다르다. 여전히 서원의 건립과 운영에서 지방관의 역할이 강조되지만, '도학'과 '도학자'가 강조되는 중요한 변화가 시작된 것이다. 서원은 단순히 관학의 교육적 기능을 보완하는 기구일 수 없고, 도학적 이념을 실현하는 지역적 기반으로 받아들여진 것이다.

서원의 건립과 운영에서의 시각 변화는 뒤를 이어 건립된 서원일수록 더 잘 드러난다. 그 변화는 서원 건립에서 관의 역할이 줄어들고, 서원의 자율성이 확대되는 것이다. 영봉서원보다 진일보한 변화를 보여주는 곳은 오산서원吳山書院이다. 오산서원은 1588년선조 21 인동仁同현감 유운룡柳雲龍 1539-1601이 세운 서원으로 길재를 제향했다. 이 오산서원에서 변화를 확인할 수 있는 부분은 바로 「학규學規」다. 유운룡은 『오산지吳山志』의 발문에서 서원의 '제의祭儀'와 '원규院規' 등을 마련하면서 경상도 지역에 건립된 도산서원陶山書院·역동서원易東書院·이산서원伊山書院·백운동서원白雲洞書院[紹修書院]·금오서원金烏書院·천곡서원川谷書院·병산서원屛山書院의 원규와 『국조오례의』, 『죽계지』를 참고했다는 점을 먼저 전제한다.[52] 오산서원의 학규는 유사有司·원사院士·거업居業·권과勸課·방검防檢·교제交際·상정相正·양현養賢·수우修宇·점서點書·전복典僕의 11개 조목으로 구성되어 있는데, 이 11개 조목은

---

52 『吳山志』 卷2 享祀, 「題吳山志」, "書院告成,享祀有日, 不可無祭儀及院規, 謹取陶山,易東,伊山,白雲,金烏,川谷,屛山等書院定規及五禮儀, 略加參述如左, 類皆出於前賢酌定已試之效, 一無起於賤末刱見臆揉之說, 後之覽者, 其毋以曾經鄙人之手而忽之哉, 時萬曆十六年四月日."

다시 모두 85개 조항으로 구성되어 있다. 이 가운데 다른 서원의 원규를 인용한 것은 67개 조항, 유운룡이 새로 추가한 것이 18개 조항이었다.

이렇게 여러 서원의 원규를 참고해 만든 오산서원의 「학규」 가운데 주목할 부분은 무엇보다 서원의 자율성을 강화한 부분이다. 오산서원의 권과勸課 조항에서는 서원 운영에 관권 개입을 제한하는 내용을 담고 있다. 이황이 편찬한 이산서원伊山書院의 내용을 토대로 지방관은 서원을 지원할 의무가 있지만, 잦은 의식 등으로 학업에 몰두해야 할 원생을 번거롭게 해서는 안 된다고 본 것이다. 또한 「영봉지」에서 요구한 지방관의 정기적인 시강試講 규정이 삭제되면서 서원 교육의 자율성은 더욱 확대되었다.

또 원사院士 조항에서도 원생의 선발 기준을 사마시 합격자로 제한했던 것을 학행學行으로 규정하였다. 이것은 앞서 살펴본 백운동서원과 차이를 보이는 부분이다. 학행이라는 기준이 모호하지만, 원생의 입원 절차를 구체화해 발생할 수 있는 폐단을 방지했다. 즉 원임 등 7~8인의 천거를 받아야만 서원 입원이 허가되고, 누구의 천거를 받았는지 그 천거자의 명단을 함께 보관하게 함으로써 책임 소재가 분명해졌다. 사마시 합격자를 원생으로 선발한다는 것이 과거시험에 관심을 기울이는 모습이라면, 학행을 선발 기준으로 삼는다는 것은 도학에 더욱 관심을 두는 모습이다. 서원이 과거시험을 준비하는 기관일 수 없다는 이황의 시각이 적극적으로 반영된 것이고, 서원이 관학의 단순한 보조기관일 수 없다는 의미 역시 강화된 것이다.

이처럼 서원의 자율성 강화와 서원에 대한 지방관의 간섭 배제는 서원 운영과 방식에 대한 새로운 고민을 낳았다. 다시 말해서 서원의 크고 작은 일을 관에서 관리하지 않는다면, 어떤 기구가 어떤 과정을 거쳐 서원의 일을 의결하고 관리할 것인지의 문제였다. 이 점과 관련해 오산서원 학규의 '상정相正' 조항은 하나의 방법을 보여주는데, 그것은 공론公論이었다. 다시 말해서 서원의 주요 사항은 공공의 의견을 모아 결정하는 것을 원칙으로 했다. 만약 원임이 서원의 일을 독단적으로 결정한다면, 지역 사림이 통문을 돌려 의견을 모아 결정하도록 했다. 서원이 서서히 지역 공론을 모으는 장소로 그 역할을 확장해 나가는 모습이다. 이것은 서원이 지역의 고등교육기관의 역할 외에, 사림의 지역 자치 기구 역할까지 하게 되는 계기가 되었다.

그렇지만 서원 운영에서 지방관과의 우호적인 관계는 필수 요소여서, 이 점에 관한 고려도 학규에 반영되었다. 학규의 유사有司 조항에는 유사를 정하는 과정에서 관과의 관계를 규정하고 있다. 오산서원은 2인의 유사를 선발하는데, 원장직을 수행하는 상유사上有司는 서원의 모든 일을 총괄하고, 하유사下有司는 미포 출납 등을 관리하였다. 이들 유사는 반드시 관에 보고한 후 교체하거나 선발하도록 해서, 지방관과 원활한 관계를 도모하는 모습이다.[53]

이처럼 오산서원 학규에서는 서원의 자율성 확보나 과거시험과 거리를 두는 서원의 성격을 분명하게 규정한다. 여기에 학행을 중시하고, 천거로 원생을 선발하며, 공론에 기반을 둔 서원 운영 방법을 제시한다. 이런 모습에서 유림이 추구한 새로운 학제의 구현과 향촌의 중심기구로서 그 역할을 확대해 나갔던 서원의 변화를 확인할 수 있다.

---

53 조준호, 「서원지 분석을 통해 본 초기 서원의 성격-죽계지, 영봉지, 오산지를 중심으로-」, 『한국학논총』 33 (2010): 12쪽.

(3) 지역 사림이 주도해 건립한 서원에서 문중서원으로

이 같은 변화와 흐름은 남계서원에서도 확인된다. 영봉서원보다 더 이른 1552년에 서원 건립을 추진했지만, 꼭 10년 만인 1561년에 완공한 남계서원은 지방관이 건립을 주도하지 않았다. 이것이 이 서원이 10년이라는 긴 시간이 걸려 완공된 까닭일 수도 있을 것이다. 1552년명종 7에 강익姜翼 1523-1567이 박승원朴承元·노과盧稞·정복현鄭復顯1521-1591·임희무林希茂1527-1577 등과 협의해 정여창을 제향하는 서원을 세우기로 하고, 함양군수 서구연徐九淵1502-1562의 도움을 받아 공사를 시작하였지만, 흉년 등의 이유로 공사를 마무리하지 못하고 중단하게 되었다.

함양 남계서원 풍영루

그러다가 1559년명종 14에 군수로 부임한 윤확尹確의 도움을 얻은 함양 사림은 다시 공사를 재개하였다. 그동안 공사가 중단되었던 강당과 함께 담장, 곳간, 부엌 등이 지어져 서원의 면모를 갖추게 되었다. 그리고 이어서 사당을 세우기 시작해 2년 만인 1561년명종 16에 완공하였다. 이렇게 사당이 완공된 그해 2월 16일 마침내 정여창의 위패를 봉안하였는데, 서원 건립을 추진한 지 꼭 10년 만의 일이었다. 그 뒤 명종 19년인 1564년 함양군수 김우홍金宇弘1522-?의 도움을 얻어 동재東齋와 서재西齋를 완공했다.

남계서원의 건립 과정에서 함양군수로 부임한 서구연과 윤확, 김우홍 등이 나름대로 역할을 다했지만, 앞선 백운동서원이나 영봉서원처럼 지방관이 서원 건립을 주도한 것은 아니었다. 강익을 중심으로 함양의 유림이 건립을 주도한 만큼, 완공된 후 서원의 자율성은 더욱 확대될 수 있었다. 이렇게 확대된 서원의 자율성은 당시 함양 지역에 영향력을 확대하고 있던 남명학파에게는 활동 반경을 넓히는 기회가 되었다.

특히 남계서원의 학규에서 유사를 선발할 때 지방관의 역할을 거의 배제하는 자율성의 확대는 주목된다. 1935년에 발간된 『남계서원지藍溪書院誌』에 수록되어 있고, 강당인 '명성당'에 걸려 있는 원규의 현판에서 확인되는 유사有司에 관한 조항 어디에서도 그 선출 과정에 지방관의 역할은 언급되지 않는다.[54] 다만 청렴하고 재간이 있으며 관직에 오른 사람으로 임명할 것을 명시하고 있는데, 이것은 앞에서 살펴본 서원들과 다른 내용이다. 그만큼 서원 원임의 선발에서 관의 역할이 사라지고 있는 모습이다. 그리고 과거시험 준비에 대해서는 반대하지 않지만, 경중과 완급의 순서를 헤아려 처리해야 한다고 말한다.[55] 도학적 이념이 서원의 운영에 적극적으로 반

---

54 『藍溪書院誌』, "院有司 以近居廉幹品官一人爲差定 又擇儒士之識事理有行義衆所推服者一人爲上有司 皆二年相遞."

55 『藍溪書院誌』, "諸生讀書 以四書五經爲本源 小學家禮爲門戶 遵國家作養之方 守聖賢親切之訓 知萬善本具於我 信古道可踐於今 皆務爲躬行心得 明體適用之學 其諸史子集文章科擧之業 亦不可不爲之旁務博通 然當知內外本末輕重緩急之序 常自激昂 莫令墜墮 自餘邪誕妖異淫僻之書 不得入焉近眼 以亂道惑志."

영되고, 서원은 유림의 지역 자치 기구나, 학파 활동의 지역 거점으로 자리잡는 모습이다.

하지만 조선 후기로 갈수록 각 지역에 서원이 폭증하면서, 개별 서원의 영향력은 점차 약해질 수밖에 없었다. 특히 서원의 건립 과정에서 지역 유림의 공론은 형식적으로 변질되고, 특정 문중이 서원의 건립을 주도하거나, 혹은 한 지역에 여러 서원이 세워지면서 제향 인물의 후손 혹은 관련된 문중에서 서원의 운영을 주도하게 될 때, 이런 서원을 '문중서원門中書院'이라 부른다. 이때 서원은 그 유력 문중의 영향력을 더욱 공고화하고 확대하는 기구로 작용했다.

처음 남명학파 계열의 서원으로 조식의 문인이 세웠던 남계서원은 남명학파의 몰락과 함께 여러 차례 그 성격의 변화를 겪다가 마침내 문중서원으로 변모했고, 그것은 '남계서원묘정비문'과 관련된 사건에서 확인된다. 이 묘정비사건은 정여창의 후손인 정덕제가 서원의 묘정비를 세우면서 그 비문을 노론老論 계열의 인물인 김종후金鍾厚1721-1780에게 부탁해 지었는데, 그 내용에 문제가 있다며 비문을 도끼로 찍어 지워버리는 등의 송사가 발생한 것을 가리킨다. 송사가 발생할 만한 내용의 묘정비가 서원의 마당에 세워졌지만, 그것은 함양 유림의 논의 결과가 아니었고, 정덕제와 그 문중이 독단적으로 결정했던 일이다. 그리고 바로 이 점에서 남계서원이 문중서원으로 변화되었다고 이해할 수 있고, 이런 문중서원화는 후대로 갈수록 광범위한 지역에서 진행되었다.

2) 서원의 운영

앞에서 살펴봤듯, 서원은 건립의 주체에 따라 그 지향이나 성격의 차별성을 보여주었다. 관이 주도했을 때 서원은 관학의 보조기관으로 이해되었고, 관이 서원의 운영에 강한 영향력을 행사할 수 있었다. 하지만 후대로 갈수록 서원의 건립 주체는 관에서 지역 유림으로, 지역 유림에서 다시 지역의 유력한 문중으로 바뀌었다. 이런 서원 건립 주체의 변화는 관이 서원에 미치는 영향력의 축소로 이어졌다.

사실 서원에 미치는 관의 영향력에 대해 처음으로 고민한 인물은 이황이었다. 이미 백운동서원의 사액을 청하는 글에서 그는 정부나 관이 서원에 재정은 지원하되, 교육 활동에 대해서는 간섭하지 말아야 한다고 주장했다.[56] 이황은 중국 송대의 고사에 근거해서, 교육에 필요한 서적과 서원 운영에 필요한 전답, 그 전답을 경작할 노비와 함께, 서원의 편액을 내림으로써 서원이 국가에서 공인한 교육기관임을 인정해 달라 요청했다. 동시에 지나친 법령과 복잡한 조항을 만들어 서원의 교육 활동에 간섭하거나 제한하는 일이 없도록 해 달라고 말한다. 이런 이황의 요청에 조정은 서원의 교육내용과 방법의 자율성을 최대한 보장하였다.

『명종실록』의 기록은 지방관이 학업을 권장하려는 의도를 가졌더라도, 이런저런 명령으로 서원의 원임이나 원생을 동원하는 것은 옳지 않다고 분명히 밝히고 있다.[57] 서원에 대한 지방관의 간섭을 금지하면서, 서원

---

56 『退溪全書』 卷9, 「上沈方伯」, "則欲請依宋朝故事, 頒降書籍, 宣賜扁額, 兼之給土田臧獲, 以贍其力, 又令監司郡守, 但句檢其作養之方, 贍給之具, 而勿拘以苛令煩條."

57 『明宗實錄』 卷10, 명종 5년 2월 11일, 병오 "且儒生讀書, 貴寂寞之境。 若監司、守令欲爲勸課, 煩其敎令而檢束之, 則人不自由, 恐乖藏修游藝之道, 莫若勿撓之而已."

의 자율적인 교육 활동을 최대한 보장한 것이다. 그런데 서원 운영에서 자율권을 충실하게 보장받기 위해서는 최소한 두 가지 측면, 곧 경제적인 조건과 교육과정의 개발, 원임이나 원생의 선발 등에 관련된 교육행정의 조건이 제대로 갖추어져야 한다. 하나는 서원의 자율권이 어떤 현실적인 조건에서 실현되었는지와 관련되어 있다면, 다른 하나는 그와 같은 자율권이 어떤 내용과 방식으로 실현되었는지와 관련 있다. 명목상의 자율권이 아닌, 그것이 현실적으로 실현되기 위한 조건이 주로 서원의 경제적인 조건과 관련된다면, 그 자율권이 실현되는 내용이나 방식은 행정적인 조건과 관련된다.

(1) 서원 운영을 위한 경제적 조건

서원 운영은 경제적 기반을 필요로 한다. 경제적 기반은 서원이 자율성을 확보하는 가장 기본적인 조건이다. 서원이 이런 경제적 기반을 확보하는 데 가장 선호한 방법은 국가의 다양한 혜택과 지원이다. 국가는 사액서원을 중심으로 토지를 지급하거나 토지에 대한 세제 혜택과 현물 등을 지원하였다. 서원이 운영되려면 충분한 경제적 재원이 필요한데, 서원에서 확보할 수 있는 재원은 기본적으로 토지였다. 영조 때에 편찬한 속대전에 따르면 국가는 성균관에 400결結, 한양의 4학에 각각 10결, 주州와 부府의 향교에 각 7결, 군과 현의 향교에 각각 5결을 지급하였고, 서원에 대해서는 사액서원에 한정해 가 3결을 지급하였다.

서원이 세워지던 초기에는 지방관의 배려로 서원이 소유한 전답은 면세되었다. 그런데 서원전의 확대로 국가의 세수가 줄어들자 면세 혜택의 범위는 줄어들 수밖에 없었다. 영조 때에는 사액서원에 3결만 면세의 혜택을 주었다가, 고종 5년1868에는 이 면세 혜택도 없어졌다. 그런데 서원이 소유한 서원전 대부분은 국가에서 직접 서원에 지급한 것이 아닌, 각 서원에서 자비로 마련한 것으로, 세금만 면제받았을 뿐이다. 처음으로 사액을 받은 백운동서원은 사액을 받기 전에 이미 30여 결의 전답과 18구 이상의 노비를 소유하고 있었다.

구체적으로 각각의 서원이 어느 정도 규모의 토지를 소유하고 있었는지는 서원에서 작성한 「양안量案」이나 「전답안田畓案」 등에서 확인할 수 있다. 한 사례로 1733년영조 9에 작성되고, 1737년에 추가로 기록된 남계서원의 「양안」을 보면, 당시 남계서원의 전답은 국가로부터 영구적으로 세금이 면제된 토지가 1결 2부였고, 면세지가 3결이었다. 3결의 면세지는 밭이 95부 3속, 논이 2결 7속으로 구성되어 있었다. 그런데 이러한 내용과 함께 논의의 결론인 '완의完議'의 내용은 몇 가지 시사하는 바가 있다.[58] '완의'란 의논이 끝난 내용을 기록하고, 그것을 지키도록 약속한 문서를 가리킨다. 이 남계서원의 '완의'에 따르면, 당시 서원의 전답은 충분히 체계적으로 관리되지 못하였다. 서원 전답을 개인의 토지와 임의로 바꾸거나 누락하고, 방매하는 폐단이 발생했다. 그러면서 관리상의 문제가 발견되었을 때, 유림이 함께 논의한 결과를 운영 지침으로 제시하여, 같은 사태가 다시 발생하는 것을 막으려 노력한 모습도 보인다.

반면에 서원 토지의 위치와 면적, 소작인과 소작료 등을 기재한 일제강점기에 작성된 「추수기」를 살펴보면 당시 서원의 경제력을 대략 파악할 수 있다. 이 「추수기」에 따르면 1911년 남계서원의 토지는 주로 함양 인근에 분포해 있었고, 논 257두락 8승이었는데, 여기에 121석 4두의 소작료가

---

58 국학진흥연구사업추진위원회, 「양안」, 『고문서집성』 (서울: 한국정신문화원, 2006), 641쪽.

징수되었다. 그 가운데 수수료나 자연 감축분 등을 뺀 실제 소작료 수입은 111석이었다. 하지만 1924년의 추수기를 살펴보면, 소작료 수입은 92석 10두로 전체 수입이 상당 부분 축소되었음을 알 수 있다.

서원은 소작료 등 토지로부터 얻어지는 수입 외에, 지역의 사족士族이나 지방관으로부터 후원을 적지 않게 받았는데, 이런 기부나 후원은 일회성이거나 일시적인 것도 있었다. 그리고 관에서는 현역 복무자인 정군의 경비 충당을 위해 현역에서 제외된 10호의 보인에게 부담시켰던 군포의 징수권을 서원에 위임하기도 했다. 또 일부 서원에는 건립되던 때부터 지역의 사족이나 지방관의 기부·후원의 규모와 명단을 기록한 「부보록裒寶錄」이 전한다. 이 「부보록」의 후원 내역을 살펴보면, 후원은 쌀·콩·서적·노비·어물·소금·종이 등 다양한 형태로 이루어졌다. 서원은 제사에 쓸 물건도 그 지역의 수령에게서 후원을 받았다. 이런 현물 후원은 토지 다음으로 서원의 중요한 경제적 토대였다.

이에 대해 효종 8년1657에 충청감사 서필원은 장계를 올려 서원의 폐단을 논하는데, 그 주요 내용은 춘추 향사의 제수와 관련된 것이었다.[59] 사액서원이 아닌 곳에는 제수를 관에서 후원하지 않아야 한다는 서필원의 이 장계 이후 사액서원에 한정해 필요한 제수를 관에서 지급하게 되었다. 이외에 서원의 노비는 대개 사액과 함께 지급하는 것이 원칙이었다. 서원 노비는 각종 사역뿐만 아니라, 서원전의 경작에 종사하는 주요 노동력이었다.

---

59 『孝宗實錄』 卷18, 효종 8년 6월 21일, 임진 書院鄕祀, 春秋祭物, 自本官備給之際, 所費甚廣, 而事係學宮, 故爲守令者, 極力備送, 猶恐不及. 其中易辦之物, 容或無傷, 而如猪羔等物, 係是會付所錄, 不是等閑之物, 用之無節, 漸就耗損, 此四弊也......雖其道學合爲書院者, 一道之內, 使不得疊立院宇, 賜額書院外, 未賜額書院, 春秋享祀祭需, 勿令官家備給.

서원에서는 노비 외에도 보노保奴, 곧 서원에서 일하는 사람들을 받았는데 이들은 군역을 피할 수 있었다. 그렇게 되면서 후대로 갈수록 보노가 군역을 피하는 수단으로 활용되어, 군역과 관련된 폐단을 낳았다. 효종 8년1657 6월 충청감사 서필원은 상소에서 보노와 관련된 폐단을 지적한다.[60] 이 상소에 따라 서원 보노의 수는 그해에 사액서원은 7명, 미사액서원은 5명, 향현사는 2명으로 정해졌다. 하지만 이것이 현실에 맞지 않는다고 해서 사액서원은 20명, 미사액서원은 10명으로 증원했다. 그러다가 『속대전』에서 사액서원에만 20명으로 한정하는 것으로 법제화되었다.

(2) 서원 운영의 행정적인 조건

조선 시대의 서원은 이 같은 물적, 경제적인 기반 위에서, 다양한 직책을 가진 행정인력을 중심으로 운영되었다. 서원을 대표하는 인물은 원장으로, 지역 유림으로부터 존경받는 사람이 선정되었지만, 후대로 갈수록 관련 학파의 퇴임한 고위 관료를 위촉하는 경우가 많아졌다. 그의 직무는 서원의 일들을 총괄 운영하고, 서원을 대표하는 것이었다. 그리고 부원장이라고 할 수 있는 원이장院貳長은 원장을 보좌하면서, 원장의 유고 시에 원장을 대리하였다. 원장이나 원이장이 대부분 명예직이라면, 실질적인 서원의 교육 활동은 주로 강장講長과 훈장訓長이 담당하였다. 강장이 강학을 담당하였다면, 훈장은 주로 원생들의 훈도를 맡았다.

이 밖에 원생들이 생활하는 동재와 서재에는 각각 재장齋長이 생활지도

---

60 『孝宗實錄』 卷18, 효종 8년 6월 21일, 임진 毋論良賤, 募得閑民, 稱以保奴, 任意使喚, 隨其所得, 多少不齊. 而募得之後, 則執爲院物, 如有奪定軍役之擧, 則群起呶呶, 必得所欲而後已, 此二弊也.

와 함께 사무를 처리하였으며, 집강執綱은 서원의 기강을 바로잡는 역할을 맡았다. 이 밖에 도유사都有司는 서원 내외의 모든 실무를 감독하였고, 부유사副有司는 도유사를 보좌해 일을 처리하였다. 직월直月은 오늘날의 간사와 같은 직책으로 사무를 집행하는 실무를 맡았고, 직일直日은 직월을 보좌하였다. 그 명칭에서 보자면 원래 직월은 1개월, 직일은 1일을 임기로 순번을 정해 돌아가며 맡았던 직책이다. 이외에 서원의 대소사를 평의하는 장의掌議와 원생의 대표인 색장色掌이 있었다. 이 같은 서원의 다양한 직책은 서원의 규모에 따라 편차가 있었고, 그 명칭 역시 서로 다르게 사용되기도 했다.

서원의 입원 자격과 입원 정원은 시기에 따라 변동이 있었다. 주세붕이 세운 백운동서원은 입원 자격을 세 가지로 제시하는데, 첫째는 성균관 입원과 같은 자격이 있거나, 둘째는 생원, 진사 시험의 초시에 합격한 사람, 셋째는 생원, 진사 시험에 합격하지 못했더라도 향학열이 높고 행실이 바른 사람의 경우 회의를 거쳐 입원할 수 있었다. 하지만 이황은 서원의 입원 자격을 생원이나 진사의 합격 여부와 관련지어 규정한다거나, 서원이 과거 준비를 위한 장소가 되어서는 안 된다고 생각하였다. 영남 지역 서원들의 모델이 된 이황의 「이산서원원규伊山書院院規」는 원생의 입원 자격에 특별한 제한이 없었다. 후대로 갈수록 원생의 입원 자격을 생원이나 진사의 합격 여부보다는, 행실 위주로 하는 서원이 점차 늘어났다. 그러나 이 기준은 서원마다 조금씩 달라서 각 서원의 입원은 자율적으로 이루어졌다.

이것은 신분 역시 마찬가지인데, 서원은 원칙적으로 양인良人이면 입원하는 데 제약이 없었다. 조선 시대의 신분은 크게 양인과 노비로 구분되는데, 노비가 아닌 사람은 법적으로 모두가 양인이며, 과거시험에 응시해 관직에 오를 수 있었다. 다만 그 권리를 가지는 만큼 양인에게는 조세, 공납,

요역과 군역의 의무가 있었다. 그런데 양인이면서 군역을 면제받을 수 있는 사람으로 현직 관원 외에 성균관, 향교와 같은 관학이나 서원에서 공부하는 학생이 있었다. 조선 후기가 되면서 서원의 원생이 군역을 면제받을 수 있는 권리는 군역을 피하는 도구가 되었고, 그것은 서원의 재정을 충당하는 방법으로도 이용되었다. 군역을 맡아야 할 사람이 서원에 입원해 군역을 피하는 일이 증가하고, 서원은 군역의 도피처가 된 것이다.

이런 부작용을 줄이기 위해 나라에서는 서원의 원생을 제한하게 되는데, 숙종 33년에 대현서원은 30명, 사액서원은 20명, 미사액서원은 15명 내외로 그 정원을 제한하였다. 이런 법제화에도 불구하고 문란한 원생 모집은 그 후에도 여전히 계속되어 서원에 입원한 원생과 그 서원의 노비를 합했을 때, 수백 명에 달하는 서원들도 있었다. 하지만 이런 서원의 원생 규모도 이슬람의 교육기관인 마드라사의 학생 규모와는 비교도 되지 않는다. 일반적으로 마드라사에서는 최소 5명에서 최대 20명 초반대의 학생이 하나의 교실에서 수업을 듣는데, 이런 교실을 보통 10~15개 전후로 갖추고 있었기 때문이다. 학생 규모에서 마드라사는 서원보다 최대 20배는 많았던 셈이다.

그런데 후대로 내려오면서 지역마다 서원이 늘어났고, 그 가운데 유력한 세력과 연계하지 못한 서원은 입원 정원을 채우지 못하는 현상이 나타났다. 예를 들어, 도동서원이 보존하고 있는 「입원록」은 이 같은 흐름을 이해할 수 있는 주요한 자료를 제공한다. 도동서원의 「원규」에 따르면 원생으로 입원할 수 있는 나이는 20세가 기준이었고, 서당 등에서 일정 수준의 교육을 받은 사람에 대해, 원임 등의 추천과 회의를 거쳐 입원 여부가 결정되었다. 도동서원에는 중건 이후 1610년부터 1907년까지 약 300년의 「입원록」, 곧 입원한 원생의 명부가 보존되어 있어서, 그 시대적 변화를 읽을 수 있다. 이 「입원록」을 보면, 도동서원에서는 1610년 최초로 21명의 원생을 선발한 이래 1907년 25인의 원생을 마지막으로, 모두 89차에 걸쳐 1,127명의 원생을 선발하였다.

현풍 도동서원 수월루

전체 1,127명의 원생 가운데 곽 씨와 김 씨가 874명으로 가장 많았다는 점에서 원생들 대부분이 현풍과 그 인근 지역의 인물이라고 짐작된다. 왜냐하면, 조선 후기 현풍 지역의 재지사족은 현풍곽씨와 서흥김씨를 주축으로, 대략 박·엄·정·채·나·배·성·이의 10개 성씨로 구성되어 있었기 때문이다. 이 점에서 노농서원의 운영이 이 두 성씨를 중심으로 이루어졌던 것으로 짐작된다. 19세기에 이르러 상대적으로 김 씨의 비중이 높아지는 것은 예연서원1618년 건립, 1677년 사액과 이양서원1707년 건립 등 현풍곽씨와 관련된 서원이 건립되면서 서원에 관한 관심이 분산되었기 때문이다. 그리고 이 점은 후대로 내려갈수록 원생의 선발 횟수가 늘어났음에도 불구하고 전체적인 선발인원이 줄어드는 사실과도 관련된다.[61] 도동서원이 입원 정원을 채우지 못하는 상황은 아니었지만, 후대로 갈수록 선발인원이 줄어드는 현상은 서원의 폭증으로 그 영향력이 약화한 것과 무관하지 않다.

현풍 예연서원

3) 서원의 공간구성과 건축물

앞에서 경제적인 측면과 행정적인 측면에서 서원이 어떻게 운영되었는지를 살펴보았다. 이제 마지막으로 서원은 어떤 건축물로 구성되고, 각 건물은 어떤 역할을 했는지, 건축물을 통해 서원을 이해해 보자. 무엇보다 그 입지에서 보면, 관학인 향교가 주현의 행정중심지에 건립되었다면, 서원은 행정의 중심지를 벗어나 자리 잡았다. 이 점에서도 서원과 향교가 보여

---

61 김기주, 「도동서원과 한강학의 전개」, 『한국학논집』 57, (2014): 26-28쪽.

주는 교육적 지향에서의 차별성을 읽을 수 있다. 그렇지만 대부분의 향교와 서원이 강학 공간과 제향 공간을 결합해 배치했다는 점은 양자가 보여주는 주요한 공통점 가운데 하나다. 특히 향교와 같은 관학 건축이 서원보다 먼저 지어졌다는 점에서, 서원 건축은 향교의 건축적 특징을 상당 부분 계승했을 것이라 짐작된다.

(1) 향교 건축과 서원 건축

조선의 관학 교육은 중앙의 성균관과 사부학당, 지방의 향교가 담당했다. 그런데 성종 17년에 출간된 『동국여지승람』에 따르면, 당시 지방 교육을 담당했던 향교가 8개 도에 모두 328개소나 세워져 있었다. 거의 모든 군현에 향교가 있었던 셈이다. 그리고 『경국대전』에 따르면, 향교에서 학생을 교육하는 교관을 종6품인 교수와 종9품인 훈도로 구분하고, 군현에는 훈도를, 부와 목 이상에는 교수를 파견하도록 법제화되었다. 그런데 이렇게 세워진 향교의 건축 역시 처음부터 강학 공간과 제향 공간이 함께 갖추어졌던 것은 아니다.

정인지鄭麟趾1396-1478가 편찬한 「해평향교기」에 따르면 당시 강학 공간은 따로 구분되지 않았고, 대성전 좌우의 건물을 강당으로 사용했다. 「연산향교기」에서도 비슷한 양상을 확인할 수 있는데, 여기에서도 대성전의 익실翼室을 강당으로 사용했다는 기록이 있다. 그런데 15세기 이후에 세워졌거나 중건된 향교에서는 변화가 보인다. 1440년의 「해주향교기」에 대성전 전면에 명륜당과 동·서재를 세웠다는 기록이 있기 때문이다. 여기에 더해 1458년에 건립된 강릉향교와 1488년 세워진 광주향교에서는 제향 공간과 강학 공간이 완전히 분리된다. 이런 점을 살펴볼 때, 대략 15세기 이후부터 제향 공간과 강학 공간이 구분되면서, 향교의 건축형식이 완성되었다는 것이 확인된다. 그렇다면 서원이 처음 세워졌던 16세기 중반, 이미 향교는 강학 공간과 제향 공간이 구분된 건축 형태로 완성되어 있었다.

이 같은 향교 건축의 발전 과정이 서원에서는 상대적으로 짧게 나타난다. 최초의 서원인 소수서원은 정형화된 모습이 아니며, 제향과 강학 공간의 배치가 상대적으로 자유로운 특징을 보인다. 특히 강학 공간과 제향 공간이 앞뒤가 아닌 좌우에 자리해서, 이후 건립된 서원과 비교해 보면 두 공간의 위계성은 강하지 않다. 강학 공간을 구성하는 동재와 서재 역시 분리되지 않았다. 전체적으로 강학 공간이 차지하는 영역에 비해 제향 공간이 협소하고, 모든 공간이 하나의 축으로 또 대칭적으로 연결되는 배치 형식 역시 보이지 않는다.

하지만 본격적으로 서원이 건립되면서 서원 건축은 향교를 닮아갔다. 특히 대부분 서원은 언덕을 배경으로 앞이 낮고 뒤가 높은 경사지에 세워졌기 때문에, 그 지형을 이용해 제향 공간과 강학 공간이 구분 배치되었다. 이것은 대칭적인 건축물의 배치로 질서나 위계성이 강조되는 것을 의미한다. 그러나 후기로 갈수록 건축물의 배치에 변화가 나타나는데, 강당과 동재·서재 등이 생략되고 제향의 기능을 가진 사우만이 남거나, 사우와 강당만으로 구성되거나, 사우와 동·서재가 생략되고 강당만 남는 형태가 등장하였다. 이것은 서원이 어떤 건축적 조건을 갖추어야 하는지에 대한 고민보다는 누구를 위해, 누가, 어느 곳에, 어떤 목적으로 서원을 세우는지가 더욱 중요했기 때문이다.

이 같은 변형된 형태가 아닌 조선 서원의 전형적인 형식은 서로 구분되면서도 연결되는 제향 공간과 강학 공간을 중심으로, 여기에 흔히 진입 공간과 겹쳐지는 유식遊息 공간이 자리 잡은 모습이다. 그래서 일반적으로 서원은 진입 공간, 강학 공간, 제향 공간으로 구성되고, 그 각각의 공간

기능에 맞춰 건축물을 배치한다. 이제 이들 공간의 특징과 함께 공간을 구성하는 건축물을 구분해 살펴보자.

(2) 서원의 진입, 강학, 제향 공간

먼저 진입 공간은 서원으로 들어가는 입구로 홍살문, 하마비, 외삼문이나 누문 등으로 구성된다. 홍살문은 상대적으로 규모가 큰 서원에 세워져 있는 상징적인 문이다. 서원으로 들어가는 길의 양쪽에 기둥을 세운 후 이 두 기둥을 연결하는 부재를 걸친 다음, 그 위에 나무 화살을 박아 넣은 모습이다. 붉은 칠을 하고 일정한 간격으로 나무 화살을 박아 놓아서 홍살문이라고 부르며, 홍전문紅箭門이나 홍문紅門이라 부르기도 한다. 실제로 문의 기능을 하기보다는 서원이 시작되는 것을 알리는 역할을 한다.

하마비下馬碑는 신분에 상관없이 누구나 말이나 가마에서 내려야 한다는 뜻으로 세워둔 비석이다. 일반적으로 홍살문 주변에 있으며, 하마석下馬石이라 부르기도 한다. 대부분 서원에서 정문은 외삼문外三門이라 부른다. 3개의 문으로 구성되어 있고, 외부에서 서원 안으로 들어가는 문이다. 좌우의 문보다 가운데 문의 지붕이 높은 솟을삼문인 경우도 있고, 3개의 문이 하나의 용마루로 이어진 평삼문인 경우도 있다. 또 2층 누각을 세우고 그 아래층인 1층에 3개의 문을 달아 외문을 겸한 누문 형식으로 세워진 것도 있고, 외삼문과 강당 사이에 독립 누각 건물인 경우도 있다.

특히 이 누각은 원생이나 지역의 유림이 회합을 하거나 학업에 지친 심신을 이완시켜 주는 유식遊息의 장소로 사용되었다. 조선 후기의 성리학자 기정진奇正鎭1798-1879은 남계서원의 「풍영루중수기」에서 활의 시위를 당기다가도 풀어 놓는 것, 정신을 일깨워 세우면서도 성정을 쉬면서 기르는 것, 이 두 가지 방향, 다시 말해서 긴장된 학문탐구전통적으로는 이것을 '藏修'라고 불렀다와 그 긴장을 풀어주는 휴식전통적으로는 이것을 '遊息'이라고 불렀다의 두 가지 측면이 균형을 이룰 때 학문적 성취 역시 도모할 수 있다는 점을 강조한다.[62] 서원의 누각은 바로 그 두 가지 기능 가운데 후자, 곧 휴식의 공간이었다.

홍전문

진입 공간 다음에는 일반적으로 강학 공간이 펼쳐진다. 원생들이 기숙하며 배우는 공간으로 강당과 동재, 서재 등으로 구성된다. 강당은 강학하는 서원의 중심 건물이다. 일반적으로 중앙에 대청을 두고 그 한쪽이나 양쪽에 협실인 온돌방이 있다. 재사인 동·서재는 원생들의 기숙사 건물로

---

62 奇正鎭, 『蘆沙集』 卷21, 「風詠樓重建記」, "曾氏之沂上風詠 與顏子之巷居如愚 規模氣像 雖有不同 而學者不可廢一而不講也明矣 是院之有居敬集義齋者 蓋將追曾孟之旨 以事體用之學 是所謂學顏子之所學 而張而不弛 文武不能 發舒精神 休養性情 又烏可無一段事乎"

온돌방과 마루로 구성되며, 보통은 강당의 앞마당이나 뒷마당에 서로 마주 보며 세워진다. 이 외에 장서각藏書閣, 장판각藏板閣은 서적과 목판을 보관하는 건물로, 보통은 마루로 된 구조이고, 환기창이나 살창이 설치되어 있다.

서원의 가장 깊숙한 곳이자 가장 높은 곳은 사당을 중심으로 한 제향 공간이다. 이 제향 공간은 서원 제향자의 위패를 모신 사당과 전사청 등으로 구성되지만, 다른 공간과 이 제향 공간을 구분하는 것은 신문神門이다. 이 신문은 제향 공간으로 진입하는 사당의 정문으로, 서원의 정문이 외삼문이라면, 이 문은 내문 혹은 내삼문이라 부르기도 한다. 이 신문으로 들어서면 위패를 모신 사당이 있다. 사당은 제향 공간의 중심 건물이면서, 제향자의 위패가 모셔져 있으며, 봄과 가을에 제향이 이루어진다. 그리고 이 제향에 필요한 물품을 보관하고, 제수를 장만하는 곳을 전사청이라 부른다. 보통은 사당과 인접해 있지만, 제향 공간 밖 별도의 영역에 있을 때도 있다. 이 밖에 건축물은 아니지만, 제향에 쓸 희생을 검사하는 생단牲壇 혹은 성생단省牲壇이 있고, 제향이 끝난 후 축문을 불사르거나 묻는 곳인 망례위望瘞位나, 망료위望燎位도 있으며, 춘추 향사에서 헌관이 손을 씻기 위해 대야를 올려놓는 관세위盥洗位도 사당 앞에 있다.

서원의 공간은 이처럼 진입과 강학, 제향의 기능으로 구성되고 구분된다. 이 외에 강학이나 제향과 직접 관련된 것은 아니지만, 서원의 관리인이 기주하는 공간인 고직사가 있다. 제향에 필요한 제수를 준비하거나, 원생들의 식사를 마련하는 곳으로, 서원의 강학 공간 밖에 인접해 있다. 또 서원의 강당이나 사당 앞 혹은 마당에는 어두운 밤에 불을 밝히기 위해 정료대庭燎臺나 요거석燎炬石을 두기도 한다.

(3) 조선 서원 건축의 특징

이렇듯 진입 공간, 강학 공간, 제향 공간을 중심축으로 하는 조선의 서원 건축에는 몇 가지 중요한 특징이 있다. 무엇보다 서원의 건축이나 배치 구도가 성리학적 이념을 표현하고 있다는 점이다. 주목되는 것은 서원 건축의 배치 구도에서 질서, 곧 정연성과 대칭성, 그리고 의장에서 확인되는 절제미 혹은 검소함이다. 서원 건축은 다른 일반적인 건축과 달리 정연한 대칭적 구도를 가지며, 대부분 서원은 전후와 좌우로 대칭되는 축선 구도로 일정한 질서를 표현한다. 봄이 가면 여름이 오듯이, 계절이 오고 가는 순환 과정에서 곡식은 여물며, 그 속에서 세상의 모든 생명체가 성장해 간다는 시각에는 이미 세상을 질서정연하게 움직이도록 하는 하나의 원리가 전제되어 있는데, 이것이 바로 성리학에서 말하는 리理 혹은 천리天理이다. 그리고 서원에서의 공부가 궁극적으로는 바로 이 원리에 대한 인식과 체현을 목표로 하는 것이라면, 서원의 건축 역시 자연스럽게 그 질서정연함을 표현할 수밖에 없다.

여기에 더해 서원 건축은 다른 종교적 건축물과 달리 거대한 규모로 그 앞에 선 인간을 주눅 들게 하거나, 화려한 장식으로 사람을 감탄하게 하지 않는다. 서원의 각 건축물은 화려한 장식을 배제한다. 공포라던가 초각 등 한옥의 장식적 요소조차 거의 사용하지 않고, 재사와 강당은 단청조차 하지 않는 경우가 많다. 오히려 절제된 단순성으로 성리학의 원리가 복잡한 것이 아니라는 점, 성리학이 지향하고 있는 진리가 꾸며진 것이거나 일상의 삶으로부터 분리된 것이 아니라는 점을 보여준다. 그만큼 서원 건축은 성리학이 일상과 분리되지 않는 실천적인 학문이라는 점 역시 부각해 보여준다. 그것은 세습 귀족이 아닌 지방의 소지주계층에 기반을 둔 사대부와 이들의 이념적 뿌리가 되었던 성리학이 보여준 근원적 지향이기도 했다.

다음으로 조선의 서원 건축이 보여주고 있는 주요한 특징은 긴장된 학습의 공간과 그 긴장을 푸는 유식 공간이 유기적으로 연결되고 있는 점이다. 누각 혹은 누마루는 한국 서원이 가진 가장 독특한 건축물이자 성리학이 지향하는 정신의 표현이다. 중국, 일본, 베트남의 서원 혹은 그와 유사한 기관이나 건축에서는 이런 형식이나 목적을 가진 건축물을 찾아보기 어렵다. 그것은 서원에서의 회합과 유식 활동을 위한 공간이다.

중국 곡부의 공묘

끝으로 조선의 서원 건축이 보여주는 주요한 특성은 외부 자연경관과 조화를 이룬다는 점이다. 네모난 평면과 그 중앙에 정원을 두고 건축물이 위치한다는 점에서 서원 건축은 중국의 전통적인 건축양식인 사합원과 닮았다. 사합원은 사각형의 평면구조로 건물을 연결하여 외부로는 폐쇄적이고 내부로는 개방적인 독특한 건축 형태로, 과거 중국 중상류층의 대표적인 주거 형태였다. 이 사합원의 구조는 주거용 가옥뿐만 아니라, 중국의 서원이나, 사묘, 특히 공묘나 맹묘 등에도 적용되었다. 그렇다고 중국의 사합원 건축양식과 조선의 서원 건축양식이 완전히 일치하는 것은 아니다. 양자의 차별성은 외부에 대한 개방성에서 확연하게 드러난다. 사합원의 건축양식에서 건축물은 그 자체로 외부와 구분하는 담장 역할을 하였고, 특히 정방의 좌우에 있는 상방의 경우 창문은 일반적으로 내원을 향할 뿐, 외부로 향하는 창문을 두지 않는다. 이처럼 사합원의 건축양식은 철저하게 외부와 단절되어 있다.

반면 조선의 서원 건축은 이 점에서 확연한 차이를 보여준다. 전형적인 서원 건축형식을 보더라도, 강당 앞 좌우의 동재와 서재는 담장 역할을 하지 않는다. 또 창문의 위치뿐만 아니라, 개방된 마루로 구성된 헌의 모습에서 중국식 사합원이 보여주는 폐쇄성을 일소한다. 그리고 특히 조선 서원 건축의 일반적인 경향은 서원의 진입 공간으로부터 시작해 점차 고도를 높여 제향 공간인 사당은 서원의 가장 높은 곳에 있다. 이러한 공간적 배치는 외부와의 시각적 관계에서 이미 개방성을 한껏 높여주는 특징을 보인다.

글을 맺으며

당나라 시기 서원이 등장한 이래, 어떻게 중국과 조선에서 제도적인 교육기관으로 자리 잡았고, 그렇게 자리잡은 서원에서 교육은 어떤 내용과 방식으로 이루어졌는지, 그리고 서원은 어떻게 건립되어 운영되었고, 그 공간은 어떻게 구성되었는지를 주로 성리학과의 관련성 속에서 살펴보았다. 당나라 시대에 처음 등장한 서원이 송대에 교육기관으로 성립하는 과정에서 성리학자들의 노력은 주목되는 부분이다. 이것은 4대 사화를 겪은 조선에서도 유사한 모습으로 나타났다. 16세기 중반, 조선에서 제도적 교육기관으로서의 서원이 처음 세워진 이래, 서원의 숫자는 폭발적으로 증가하였는데, 이 모든 변화에서 성리학이나 성리학자들과의 관련성을 확인할 수 있다.

중국이나 조선에서 성리학자들이 교육기관으로서의 서원에 주목하고 관심을 기울일 수밖에 없었던 이유는 성리학 내부에서 분명하게 확인된다. 중국 송대에 체계화된 성리학은 한당유학과 분명한 차별성을 가졌고, 그 차별성의 핵심은 늘 비판과 비난의 대상이었던 맹자를 공자의 적장자로 이해한 것이다. 주희가 제시한 '사서', 곧 『논어』, 『대학』, 『중용』을 이은 『맹자』의 구도는 바로 이 같은 시각을 보여주는 주요 틀이다.

따라서 송대의 성리학자들은 맹자를 정통의 자리에 놓은 자신들의 관점이 이단적이지 않다는 점을 증명해야 했고, 관학에서 발언권이 제한되거나 배제되었을 때, 관학 너머 새로운 교육기관을 요청할 수밖에 없었다. 이런 요청은 조선에서도 유사한 구도로 나타났는데, 그것은 네 차례 진행된 사화에서 사림파의 지향과 실천이 정당한 것이었음을 증명하는 길이면서, 동시에 윤리에 기반을 둔 향촌 질서를 만들어가는 방식이었다.

또 교육기관으로서의 서원에서 진행한 교육내용뿐만 아니라, 서원 자체는 성리학적 이념을 구체적으로 표현하는 공간이기도 했다. 앞서 살펴봤듯, 서원의 교육목표와 교육내용은 사실상 성리학적 이념으로 채워졌을 뿐만 아니라, 성리학과 관련 없는 요소를 적극적으로 배제하고 있다. 이 점은 서원 교육에서 과거시험과 관련된 교육에 대해 보여주었던 태도에서 확인할 수 있다. 이외에도 서원에서 제향 인물을 선정하는 기준이나 서원 건축과 그 평면구성 등에서도 일관되게 성리학적 이념과 지향을 실현하려는 노력이 확인된다. 이렇듯 서원이 하나의 교육기관으로 성립하는 과정에서부터 시작해, 서원에서 진행된 교육적 측면이나, 서원의 공간을 구성하는 건축의 측면 모두는 성리학과의 관련성을 떠나서는 이해할 수 없는 요소들이다.

다만 이런 논의에서 보자면, 기독교의 수도원, 이슬람의 마드라사 그리고 마드라사가 중국화 된 경당이 우리나라의 서원과 문화사적으로 어떻게 연결되는지를 직접적이고 구체적으로 확인할 수 없다는 한계는 분명하다. 그렇지만 사적 교육 활동이 점차 체계화되며 서원 교육으로 자리잡는 과정은 마드라사나 경당이 자리 잡는 과정과 완전히 일치한다. 여기에 더해 교육내용이나 교과목은 분명 다르지만, 마드라사와 수도원, 경당, 서원의 교육이 추구하는 방향은 사실상 크게 다르지 않았다. 기본적으로 그것은 인간 너머의 경험적 지식이 아닌, 인간을 향하고 있었다는 공통점을 가진다. 사실상 서원이 수도원-마드라사-경당의 문화사적 흐름과 연결될 수 있는 것도 바로 이 지점이 될 것이다. 그리고 이것은 인간 혹은 인성 상실의 현대를 살아가는 우리가 수도원과 마드라사, 경당, 서원 등 실크로드의 교육기관을 함께 돌아보고 관심을 가져야 할 주요한 이유가 된다.

참고문헌
Reference

제1부
기독교 세계의 수도원

국내자료(번역자료 포함)

곤잘레스, 후스토. 『중세교회사』. 엄성옥 역. 서울: 은성출판사, 2012.

구자섭. "성직자 독신의 제도적 확립과 서임권 분쟁." 『서양사연구』 49 (2013): 175-218.

권용근. "중세 기독교교육 활동과 그 내용에 관한 고찰." 『신학과 목회』 28 (2007): 243-273.

김능수. 『중세 대학의 설립과 발전』. 서울: 문음사, 2003.

김병용. "9세기 루이 경건왕의 수도원 개혁: "아니아느의 개혁?"" 『한국서양중세사학회 연구 발표회 자료집』 58 (2009): 17-32.

김봉수. "『베네딕트 규칙서』에 나타난 수도원이념에 관한 연구." 『총신대논집』 16 (1997): 249-290.

김봉수. 『서양교육사』. 서울: 학문사, 1982.

김솔빔, 신동윤. "수도원 건축에서 영적 공간과 생활공간의 공존방식의 변용에 관한 연구-수도원 건축에서 의미적으로 대립된 공간들의 물리적 해석 사례 연구." 『Journal of the Korean Housing Association』 30, 2 (2019): 43-51.
김수천. "4세기 이집트 수도자 마카리우스와 에바그리우스의 영성사상 고찰." 『신학과 실천』 19, 1 (2009): 229-259.
김영한. "기독교와 이슬람: 문명의 공존." 『선교와 신학』 16 (2005): 125-154.
김영희. "대학의 유형별 기원에 관한 고찰." 『법사학연구』 36 (2007): 216-276.
김율. "철학의 진리와 신앙의 진리." 『중세철학』 17 (2011): 272-327.
김은규. "로마 콘스탄티누스 황제 전·후 시대에 기독교의 유대교 박해." 『신학사상』 184 (2019): 63-87.
김정신. "성 베네딕도회 덕원 수도원의 배치와 건축 양식 추적." 『교회사연구』 46 (2015): 115-146.
김중기. "중세대학의 기원에 관한 고찰." 『역사와 사회』 25 (2000): 189-226.
김현조. "재산에 대한 교회의 이해의 빛 안에서 수도회의 재산 취득." 『사목연구』 18 (2007): 277-318.
노성기. "바실리우스가 세운 사랑의 도시, '바실리아드'." 『신학전망』 200 (2018): 39-68.
드세유, 플라시드. 『사막에서 피어난 복음』. 허성석 역. 서울: 분도출판사, 2019.
루빈슈타인, 리처드. 『아리스토텔레스의 아이들』. 유원기 역. 서울: 민음사, 2004.
르고프, 자크. 『중세의 지식인들』. 최애리 역. 서울: 동문선, 1998.
마라발, 삐에르. 『제롬(히에로니무스)의 생애』. 남성현 편역. 서울: 엠애드, 2006.
마서영. "중세수도원과 건축문화의 연구-베네딕트·시토·프란시스·도미니크 수도회를 중심으로 살펴본 수도원 영성." 협성대학교 신학석사학위논문, 2011.
박경수, "수도원, 그 현장을 가다 04. 몬테카시노 수도원, 베네딕투스 수도회의 요람." 『기독교사상』 746 (2021): 154-168.
박경수. "수도원, 그 현장을 가다 05. 프란체스코 수도원, 영혼의 울림을 경험하는 곳." 『기독교사상』 747 (2021): 183-198.

박병철. “대학의 중세유럽 기원론에 대한 고찰.” 『건지인문학』 37 (2023): 61-91.

박승찬. “중세 대학의 설립과 발전-학문의 자유를 지키기 위한 보루-.” 『가톨릭철학』 26 (2016): 5-56.

박진형. 『그레고리오 개혁과 수도회 개혁에 관한 고찰』. 대구가톨릭대학교 대학원 석사학위 논문, 2010.

버넬, 마틴. 『블랙 아테나: 서양 고전 문명의 아프리카·아시아적 뿌리』. 오흥식 옮김. 제1권, 『날조된 고대 그리스 1785-1985』. 서울: 소나무, 2006.

배네딕도. 『베네딕도 수도서(Regula Benedicti)』. 이형우 역주. 서울: 분도출판사, 2017.

보이드, 윌리암. 『서양교육사』. 이홍우, 박재문, 유한구 역. 개정·증보판. 파주: 교육과학사, 2008.

서던, 리처드 윌리엄. 『중세교회사』. 이길상 역. 서울: 크리스천다이제스트북스, 1999.

성백용. “서유럽 중세 수도원 운동의 이념과 수도회 조직들.” 『한국중세사연구』 35 (2013): 99-137.

손은실. “중세 수도원의 빛과 그림자-수도회 변천의 큰 흐름: 기원에서 13세기 탁발수도회까지.” 『기독교사상』 675 (2015): 12-21.

에코, 움베르토. 『중세 I 476-1000: 야만인, 그리스도교도, 이슬람교도의 시대』. 김효정, 최병진 역. 서울: 시공사, 2015.

에코, 움베르토. 『중세 III 1200-1400: 성, 상인, 시인의 시대』. 김정하 옮김. 시공사, 2016.

염창선a. “4세기 교회와 국가의 ‘교회정치적(kirchenpolitisch)’ 차원.” 『한국교회사학회지』 18 (2006): 97-118.

염창선b. “알렉산드리아의 클레멘스의 『어떤 부자가 구원을 받는가?』에 나타난 ‘가난과 부’에 대한 이해의 문제.” 『서양고대사연구』 25 (2009): 283-300.

염창선c. “초기 기독교와 로마제국의 정치적 갈등과 대응.” 『서양고전학연구』 51 (2013): 107-144.

와이스헤이플, 제임스. 『토마스 아퀴나스 수사. 생애, 작품, 사상』. 이재룡 역. 서울: 성바오로출판사, 2012.
워커, 윌리스턴. 『기독교회사』. 송인설 역. 고양: 크리스찬다이제스트, 2010.
위형윤. “신앙과 행위의 생활규범에 대한 고찰.” 『신학과 실천』 24 (2010): 5-45.
유해룡. 『영성의 발자취』. 서울: 장로회신학대학교출판부, 2011.
유해룡. “영적 여정의 길로서의 베네딕트의 『수도규칙』.” 『Korea Presbyterian Journal of Theology』 45, 4 (2013): 281-306.
윤용수. “중세 지중해의 문명 교류와 이슬람.” 『지중해지역연구』 19, 3 (2017): 61-88.
이석우. “中世大學의 起源과 成立.” 『경희사학』 13 (1986): 251-268.
이영재. 『유럽 중세교회의 향연 1. 11세기 교황 그레고리우스 7세의 개혁을 중심으로』. 서울: 혜안, 2020.
이영재. “중세 도시의 성장과 사회 변화에 대한 성 프란체스코(회)의 새로운 응전.” 『서양중세사연구』 25 (2010): 95-124.
이영재. “클뤼니(Cluny) 수도원의 개혁 운동에 대한 연구.” 『숭실사학』 13 (1999): 139-175.
이은혜. “부와 부자들에 대한 초대 교부들의 이해: 연속성과 불연속성.” 『성경과 신학』 82 (2017): 151-178.
이재경. “조화에서 분리로: 13세기 이성과 신앙의 관계.” 『철학논총』 44 (2006): 309-327.
이정민a. “11·12세기 프랑스 수도원의 재원과 운영에 관한 고찰-루아르강 주변과 노르망디와 프랑스 동북부의 수도원을 중심으로-.” 『한국중세사연구』 35 (2013): 69-98.
이정민b. “11-13세기 프랑스 수도원의 재원과 운영에 관한 고찰.” 『서양중세사연구』 34 (2014): 31-58.
이쾌재. “로마제국 기독교 박해의 제요인.” 『사총』 26 (1982): 57-127.
이필은a. “6-10세기 아일랜드의 사제 교육.” 『신학과 실천』 34 (2013): 391-410.
이필은b. “7~8세기 앵글로색슨 「참회고행지침서」에 나타난 성범죄 지침에 관한 연구.” 『현상과인식』 106 (2008): 130-147.

이필은c. “중세초기 개종한 기독교인을 위한 교육-7, 8세기 앵글로 색슨지역의 「참회고행지침서」를 중심으로-.” 『기독교교육논총』 21 (2009): 185-212.

이화용. “서양 중세 후기 세속화의 이해: 파리의 존(John of Paris) 논의를 중심으로.” 『한국정치학회보』 39, 3 (2005): 83-104.

임진수. “그레코-로만 세계와 초기 기독교의 자선가 사상(euergetism).” 『Canon & culture』 16 (2014): 269-303.

정병식. “교회사의 개혁 패러다임 고찰.” 『신학과선교』 40 (2012): 281-312.

정용석. “수도원의 형성과 역사.” 『기독교사상』 682 (2015): 10-20.

정원래. “중세 스콜라 신학에 미친 이슬람 철학자들의 영향.” 『한국개혁신학회』 73 (2022): 151-167.

정준철. “전통과 혁신: 교황 그레고리우스 7세 개혁의 양면성.” 『서양중세사연구』 23 (2009): 31-58.

존슨, 폴. 『기독교의 역사』, 김주한 옮김. 서울: 포이에마, 2013.

지재구. “초기 공주 수도원 공동체(Coenobitic monasticism)에 관한 연구: 성 파코미우스(St. Pachomius Great, 292-346 AD)의 삶과 영성을 중심으로.” 『교회사학』 23 (2023): 253-275.

질송, 에티엔. 『중세철학사』. 김기찬 역. 서울: 현대지성사, 2013.

채혁수. “렉시오 디비나(Lectio LIvina)와 기독교교육적 적용.” 『실천신학』 84 (2023): 561-588.

최원오. “히에로니무스 『명인록』의 교부학적 의미.” 『가톨릭신학』 40 (2022): 5-30

최은순a. “중세 수도원운동의 이념과 그 교육사적 공헌.” 『도덕교육연구』 32, 1 (2020): 111-135.

최은순b. “중세 유럽 교사의 삶과 교육.” 『교육철학연구』 40, 4 (2018): 191-213.

코플스턴, 프레드릭. 『중세철학사: 아우구스티누스에서 스코투스까지』. 박영도 옮김. 서울: 서광사, 1988.

타이어니, 브라이언. 『서양중세사 연구』. 박은구, 이기영, 이연규 옮김. 서울: 탐구당, 1988.

타이센, 게르트, 박정수. "유대교와 기독교 바울에게서 시작된 두 종교의 분열에 대한 사회사적 고찰." 『신약논단』 13, 4 (2006): 1055-1094.

푸어만, 호르스트. 『중세로의 초대』. 안인희 역. 서울: 이마고, 2003.

프랑크, 칼a. 『기독교 수도원의 역사』.최형걸 역. 서울: 은성출판사, 2007.

프랑크, 칼b. "동방 수도원의 초기 형태." 『신학전망』 71 (1985): 84-94.

프랑크, 칼c. "서방 수도원의 시작." 『신학전망』 73 (1986): 52-88.

플라시, 쿠르트. 『중세철학이야기』. 신창석 역. 서울: 서광사, 1998.

피퍼, 요셉. 『중세 스콜라 철학: 신앙과 이성 사이의 조화와 갈등』. 김진태 역. 서울: 가톨릭대학출판부, 2003.

하성수, "부와 가난에 대한 바실리우스의 이해." 『신학전망』 172 (2011): 58-84.

하태규. "성 베네딕트의 가르침에 나타난 영성과 기도." 『한국전문대학기독교교육학회논문집』. 4, 1 (2000): 95-107.

허성석. 『중용의 사부, 배네딕도의 영성』. 서울: 분도출판사, 2015.

허성준. "베네딕도 규칙서에 나타난 렉시오 디비나." 『신학전망』 153 (2006): 70-89.

허성준. 『수도 전통에 따른 렉시오 디비나: 독서와 묵상』. 신정판. 서울: 분도출판사, 2018.

헤르, 프리드리히. 『중세의 세계』. 김기찬 역. 서울: 현대지성사, 1997.

히르쉬베르거, 요하네스. 『서양철학사』. 강성휘 역. 서울: 이문출판사, 1992.

국외자료

Abu-Lughod, Janet L.. *Before European hegemony, The World System A.D. 1250-1350*. New York: Oxford University Press, 1989.

Bauman, M.. "St. Gallen: Meeting St. Gall and St. Otmar," *Road to Emmaus* 18, 3-4 (2017): 91-97.

Bigongiari, D.. *The Political Idea of St. Thomas Aquinas*. New York: Hafner Press, 1953.

Black, R.. *Humanism and Education in Medieval and Renaissance Italy: Traditionand Innovation in Latin Schools from the Twelfth to the Fifteenth Century*. Cambridge: Cambridge University Press, 2001.

Boyd, W. and E. J. King. *The History of Western Education*. London: Adam & Charles Black, 1975.

Brackmann, A.. "Die politische Wirkung der Kluniazensischen Bewegung," in: *Zur politischen Bedeutung der Kluniazensischen Bewegung*. Darmstadt: Wissenschaftliche Buchgesellschaft, 1965.

Boyle, James. *The Public Domain*. New Haven: Yale University Press, 2008.

Brett, Annabel S.. *Liberty, Right and Nature*. Cambridge: Cambridge University Press, 1997.

Brooke, C. N.. *The age of the cloister: The story of monatic life in the middle ages.* Santa Monica: Hidden Spring, 2003.

Brown, Peter. *The Rise of Western Christendom*. Malden, MA: Blackwell Publisher, 1997.

Brown, P.. *Through the Eye of a Needle: Wealth, the Fall of Rome, and the Making of Christianity in the West, 350-550 AD*. Princeton and Oxford: Princeton University Press, 2012.

Bury, J. B.. *History of the Later Roman Empire: From the Death of Theodosius I to the Death of Justinian*, vol 1. Mineola: Dover Publications, 2011.

Carlyle, R, W. and A. J. Carlyle. *A History of Medieval Political Theory in the West*, vol 5. London: Blackwood, 1932.

Champlin E.. *Nero*. Cambridge: Belknap Press of Harvard University Press, 2005.

Chesterton, G. K.. *St. Thomas Aquinas and St. Francis of Assisi*. San Francisco: Ignatius Press, 1986.

Classen, P.. *Studium und Gesellschaft im Mittelalter*(Schriften der Monumenta Germaniae Historica). Stuttgart: Anton Hirsemann Verlag, 1983.

Cobban, A. B.. *The Medieval Universities: Their Development and Organization*. London: Methuen & Co. Ltd., 1975.

Coleman, Janet. "Medieval Disscussions of Property: Raio and Dominium According to John of Paris and Marsilius of Padua." *History of Political Thought*, vol. 4, no. 2 (1983): 209-228.

Corsten, S.. "Der frühe Buchdruck und die Stadt." In *Studien zum städtischen Bildungswesen des späten Mittelalters und der frühen Neuzeit*, hrsg. von B. Moeller, H. Patze und K. Stackmann, 9-32. Göttingen: Vandenhoeck & Ruprecht, 1983.

Driver, Steven D.. *John Cassian and the Reading of Egyptian Monastic Culture*. New York and London: Routledge, 2003.

Eavey, C. B.. *History of Christian Education*. Chicago: Moody Press, 1964.

Emerton, E.. *Correspondence of Pope Gregory VII*. New York: Columbia Univ. Press, 1932.

Ennen, E.. *Die europäische Stadt des Mittelalters*. 4. Aufl. Göttingen: Vendenhoeck und Ruprecht, 1987.

Ennen, E.. "Stadt und Schule in ihrem wechselseitigen Verhältnis vornehmlich im Mittelalter." In *Gesammelte Abhandlungen zum europäischen Städtewesen und zur rheinischen Geschichte*, hrsg. von Georg Droege, 154-168. Bonn: Ludwig Röhrscheid Verlag, 1977.

Flasch, K.. *Das philosophische Denken im Mittelalter. Von Augustin zu Machiavelli*. Stuttgart: Reclam, 1986.

Garnsey, Peter. *Thinking about Property: From Antiquity to the Age of Revolution*. Cambridge: Cambridge University Press, 2007.

Goehring, James. "The Encroaching Desert: Literary Production and

Ascetic Space in Early Christian Egypt." *JECS* 5 (1993): 61-83.

Good, H. G.. A *History of Western Education*. New York: Macmillan, 1961.

Grabmann, M.. *Mittelalterliches Geistesleben. Abhandlungen zur Geschichte der Scholastik und Mystik I*. München: Max Huber Verlag, 1926.

Grubmüller, K.(Hrsg.). *Schulliteratur im späten Mittelalter*(Münstersche Mittelalter-Schriften). München: Fink, 2000.

Grubmüller, K.. "Der Lehrgang Triviums und die Rolle der Volkssprache im späten Mittelalter." In *Studien zum städtischen Bildungswesen des späten Mittelalters und der frühen Neuzeit: Bericht über Kolloquien der Kommission zur Erforschung der Kultur des Spätmittelalters 1978 bis 1981*, hrsg. von B. Moeller, H. Patze, und K. Stackmann, 371-397. Göttingen: Vandenhoeck & Ruprecht, 1983.

Haddan, A. W. and W. Stubbs. *Councils and Ecclesiastical Documents Relating to Great Britain and Ireland II*, vol. 1. Oxford: Oxford University Press, 1973.

Harmless, William. *Desert Christians: An Introduction to the Literature of Early Monasticism*. Oxford: Oxford University Press, 2004.

Haskins, C. H.. *The Renaissance of the Twelfth Century*. Cambridge: Harvard University Press, 1957.

Heather, P.. "Why Did the Barbarians Cross the Rhine?" *Journal of Late Antiquity* 2, 1 (2009): 3-29.

Heinzelmann, Martin. "The 'affair' of Hilary of Arles(445) and Gallo-Roman Identity in the Fifth Century." In *Fifth-century Gaul: a Crisis of Identity?*, edited by John Drinkwater and Hugh Elton. Cambridge: Cambridge University Press, 1992.

Khoury, Adel-Theodor. "Aristoteles/Aristotelismus III". In *TRE*, Bd. 3.,

777-779. Berlin-New York: Walter de Gruyter, 1978.

Kislinger, E.. "Reisen und Verkehrswege zwischen Byzanz und dem Abendland vom neunten bis in die Mitte des elften Jahrhunderts." In *Byzanz und das Abendland im 10. und 11. Jahrhundert*, hrsg. von Evangelos Konstantiou, 231-257. Köln-Weimar-Wien: Böhlau, 1997.

Klassen, W.. "Anti-Judaism in Early Christianity: The State of the Question." In P. Richardson and D. Granskou(Eds.). *Anti-Judaism in Early Chtirtianity*, vol. 1. New York: Wilfrid Laurier University Press, 1986.

Klinkenberg, H. M.. "'Bürgerliche Bildung' im Mittelalter." In *Studien zur deutschen Literatur des Mittelalters,* hrsg. von. R. Schutzeichel, 334-370. Bonn: Bouvier, 1979.

Kluxen, W.. "Aristoteles/Aristotelismus V." In *Theologische Realenzyclopaedie*, Bd. 3., 782-789. Berlin & New York: Walter de Gruyter, 1978.

Levision, Wattenbach und Wilhelm Levision. *Deutschlands Geschichtsquellen im Mittelalter. Vorzeit und Karolinger, III. Heft, Die Karolinger Vom Tode Karls Des Grossen Bis Zum Vertrag Von Verdun*, bearbeitet von H. Löwe. Weimar: Hermann Bohlaus Nachfolger, 1957.

Lewis, E.. *Medieval Political Ideas*, vol. 2. New York: Alfred Knopf, 1954.

Lewis, Bernard. *The Arabs in History*. Oxford: Oxford University Press. 1993.

Liebeschuetz, J. H. W. G.. *The Decline and Fall of the Roman City*. Oxford and New York: Oxford University Press, 2001.

Little, K.. *Religious Poverty and the Profit Economy in Medieval Europe*. New York: Cornell Univ. Press, 1983.

Macquarrie, John. "Spirit and Spirituality." In *Exploring Christian spirituality: An ecumenical reader*, edited by Kenneth J. Collins, 63-73. Grand Rapids: Baker Books, 2000.

Mathisen, Ralph W.. *Roman Aristocrats in Barbarian Gaul: Strategies for Survival in an Age of Transition*. Austin: University of Texas Press, 1993.

Pirenne, H.. *Sozial- und Wirtschaftsgeschichte Europas im Mittelalter*. 4. Aufl. Bern: Francke, 1976.

Prinz, Friedrich. *Frühes Mönchtum im Frankenreich: Kultur und Gesellschaft in Gallien, den Rheinlanden und Bayern am Beispiel der monastischen Entwicklung*. München: R. Oldenbourg Verlag, 1965.

Raasch, J.. "The Monastic Concept of Purity of Heart and Its Sources." *SM* 12 (1970): 7-48.

Rashdall, H.. *The Universities of Europe in the Middle Ages*. Oxford: Clarendon Press, 1895.

Rörig, F.. "Groβhandel und Groβhändler in Lübeck des 14. Jahrhunderts." In *Wirtschaftskräfte im Mittelalter*, hrsg. von P. Kaebein, 2. Aufl., 216-246. Graz: Böhlau, 1971.

Rubenson, Samuel. "Power and Politics of Poverty in Early Monasticism." In *Prayer and Spirituality in the Early Church: Poverty and Riches*, edited by Geoffrey D. Dunn, David Luckensmeyer, and Lawrence Cross, 91-110. Strathfield: St Pauls Publications, 2009.

Ryrie, A.. *The Desert Movement: Fresh Perspectives on the spirituality of the desert*. London: Canterbury Press Norwich, 2011.

Schneiders, Sandra M.. "Spirituality in the Academy." In *Exploring Christian spirituality: An ecumenical reader*, edited by Kenneth J. Collins, 676-697. Grand Rapids: Baker Books, 2000.

Seaver, James Everett. *The Persecution of the Jews in the Roman Empire (300-428)*. Lawrence, Kensas: University of Kansas Publications,

1952.
Southern, Richard William. *Western Society and the Church in the Middle Ages*. London: Penguin Books, 2016.
Stannard, David E.. *American Holocaust: The Conquest of the New World*. London: Oxford University Press, 1992.
Wendenhorst, A.. "Wer konnte im Mittelalter lesen und schreiben." In *Schulen und Studium im sozialen Wandel des hohen und späten Mittelalters, Vorträge und Forschungen 30*, hrsg. von J. Fried, 9-34. Stuttgart: Jan Thorbecke Verlag, 1986.
Wilde, R.. *Treatment of the Jews in the Greek Christian writers of the first three centuries*. Washington, D.C.: Catholic University of America Press, 1949.
Wilds, E. H. and K. Tolttich. *The Foundation of Modern Education*. New York: Halt, Rinehart, K Winston, 1970.
Wriedt, K.. "Schulen und bürgerliches Bildungswesen in Norddeutschland im Spätmittelalter." In *Studien zum städtischen Bildungswesen des späten Mittelalters und der frühen Neuzeit*, hrsg. von B. Moeller, H. Patze, und K. Stackmann, 152-172. Göttingen: Vandenhoeck & Ruprecht, 1983.

인터넷자료

https://brunch.co.kr/@santolee/28 (검색일: 2023.10.10.)
http://ds.cathms.kr/xe/free/27280 (검색일: 2023.12.26.)
http://www.beopbo.com/news/articleView.html?idxno=200241 (검색일: 2023.12.26.)
https://cyw.pe.kr/xe/index.php?mid=a26&document_srl=1091649 (검색일: 2023.12.25.)
https://en.wikipedia.org/wiki/Benedict_of_Nursia (검색일: 2023.08.19.)
https://fr.wikipedia.org/wiki/Sanctuaire_du_Sacro_Speco (검색일:

2023.08.20.)
https://en.wikipedia.org/wiki/Essenes (검색일: 2023.12.30.)
https://en.wikipedia.org/wiki/Maulbronn (검색일: 2023.08.23.)
https://en.wikipedia.org/wiki/Pharisees (검색일: 2023.12.30.)
https://en.wikipedia.org/wiki/Sadducees (검색일: 2023.12.30.)
https://italiatv.tistory.com/19 (검색일: 2023.12.25.)
https://ko.wikipedia.org/wiki/%EB%8F%84%EB%AF%B8%EB%8B%88%EC%BD%94 (검색일: 2023.12.26.)
https://ko.wikipedia.org/wiki/%EC%95%84%EC%8B%9C%EC%8B%9C%EC%9D%98_%ED%94%84%EB%9E%80%EC%B9%98%EC%8A%A4%EC%BD%94 (검색일: 2023.12.26.)
https://en.wikipedia.org/wiki/Jerome (검색일: 2023.08.18.)
https://news.cpbc.co.kr/article/689914 (검색일: 2023.08.19.)
https://whc.unesco.org/en/list/268/ (검색일: 2023.08.20.)
https://heritage.unesco.or.kr/%EB%A7%88%EC%9A%B8%EB%B8%8C%EB%A1%A0-%EC%88%98%EB%8F%84%EC%9B%90-%EC%A7%80%EA%B5%AC/ (검색일: 2023.08.20.)
https://whc.unesco.org/en/list/990/ (검색일: 2023.08.20.)
https://whc.unesco.org/en/list/990/gallery/ (검색일: 2023.08.20.)
https://www.imaeil.com/page/view/2019030710440325996 (검색일: 2023.12.25.)
https://youtu.be/30eAeg9GiAc (검색일: 2023.08.20.)
https://www.wikidata.org/wiki/Q1410982 (검색일: 2024.01.07.)

제2부

이슬람 세계의 마드라사

국내자료

강영순. "인도네시아 전통 이슬람 교육기관에 관한 연구: 뻔독 쁘산뜨렌을 중심으로." 『아시아연구』 13, 1 (2010): 29-68.

고재영. 『이슬람 전기 초등교육에 관한 연구』. 학위논문(박사). 충북대학교 일반대학원, 2019.

고재용. 서범종. "이슬람 전기 고등교육기관 마드라사의 형성에 관한 연구." 『한국교육학연구』 23, 2 (2017): 113-130.

김정명. "중세 이슬람 세계에서의 철학과 종교 간의 갈등: 이슬람 신플라톤 철학과 전통적 창조관 간의 충돌." 『大同哲學』 61 (2012): 33-62.

김종도. "이슬람 교육관과 쿠탑(Kuttāb)에 관한 연구." 『韓國 中東 學會 論叢』 35, 2 (2014): 113-130.

김종도. 박현도. "근대 이전 마드라사(Madrasa) 연구." 『아랍어와 아랍문학』 21, 2 (2017): 105-120.

김중순. 이희수 외. 『수피즘: 실크로드를 읽는 문화코드』. 서울: 소통, 2016.

라피두스, 아이라. 『이슬람 세계사 I』. 신연성 옮김. 서울: 이산, 2008.

라이언스, 조너선. 『지혜의 집, 이슬람은 어떻게 유럽 문명을 바꾸었는가』. 김한영 옮김. 서울: 책과함께, 2013.

박노종. "중국의 종교교육과 종교학교." 『중국학』 61 (2017): 21-39.

서범종. "이슬람 교육의 이해를 위한 기초 연구." 『한국교육학연구』 19, 2 (2013): 167-187.

손주영. "이슬람법과 법학파의 형성에 관한 연구," 『한국이슬람학회논총』 15, 1 (2005): 49-80.

송영은. "이슬람 세계를 묶어주는 공공의 네트워크-와끄프(waqf)." 『월간 공공정책』 121 (2015): 81-85.

심복기. 유재득. "이슬람 건축 장식의 특징에 관한 연구." 『대한건축학회논문집』

29, 12 (2013): 189-196.
안사리, 타밈. 『이슬람의 눈으로 본 세계사』. 류한원 옮김. 서울: 도서출판뿌리와이파리, 2011.
윌슨, 벤. 『메트로폴리스』. 박수철 옮김. 서울: 매경출판(주), 2021.
이희수. "이슬람 전통 교육기관 마드라사의 사회적 역할과 역사적 변천." 『중동문제연구』 13, 4 (2014): 91-130.
이희수. 『인류본사: 오리엔트-중동의 눈으로 본 1만 2,000년 인류사』. 서울: 휴머니스트출판그룹, 2022.
이희숙. 『이슬람 건축의 동양과 서양』. 파주: 이담북스, 2016.
전완경. 『이슬람 예술』. 파주: ㈜살림출판사, 2014.
정규영. "말레이시아의 아랍어 교육에 관한 연구: 이슬람의 영향을 중심으로." 『국제문화연구』. 13, 1 (2020): 137-152.
정선영. "2장 한지의 역사." 『산림문화전집』 14 (2020): 55-90.
정인경. 『동서양을 넘나드는 보스포로스 과학사』. 파주: 다산북스, 2017.
조형균. "한국 제지사 연구 서설." 『서지학보』 30 (2006): 253-277.
하워드, 니콜. 『책 문명과 지식의 진화사』. 송대범 옮김. 서울: 플래닛미디어, 2007.

국외자료

Ahmed, Kodom Ali. *Madrasah Education in Assam and its impact on the society: A critical study*. Ph.D. thesis. Assam: Gauhati University, 2014.
Ali, B. Muhammad Huzai. *Tahricu'd-delalati's sem'iyye*. Cairo: Darü'l-Garbi'l-Islami, 1980.
Atuf, Nafi. *Türkiye Maarif Tarihi -Bir deneme-*. Ankara: Mualim Ahmet Halit Kitaphanesi, 1930.
Barthold, V.V. *Orta Asya Türk Tarihi hakklnda Dersler*. Istanbul: Evkaf Matbaasi, 1927.

Basheer, K. Mohammed. "An introduction to madrasa education system in India." *Scholarly Research Journal for Humanity Sciences & English Language* 1, 6 (2014): 952-964.

Bozkurt, Nebi. "Medrese." *IA(Islam Ansiklopedisi)*. Istanbul: Türkiye Diyanet Vakfı, 2003.

Butt, M.Q.. Khalid, M.S. "The Role of Madrasa Education in Inter-Cultural and Cross-Cultural Exchange." *Bulletin of Education and Research* 39, 1 (2017): 61-74.

Dağ, Mehmet. Öymen, Hıfzırrahman. *İslam Eğitim Tarihi*. Ankara: Milli Eğitim Basımevi, 1974.

Kathir, Ibn. *Bidaya wa-al-Nihaya, XI*. Berut: Dar al-Kutub al-Ilmiya, 1987.

Kılıç, Remzi. "Osmanlı Devleti'nde Medreseler." *Türk Kültürü* 39, 456 (2001): 205-216.

Landau, J.M. "Kuttāb." *Encyclopaedia of Islam 5* (1986): 567-570.

Leiser, Gary. "Notes on the Madrasa in Medieval Islamic Society." *The Muslim World* 76 (1986): 16-23.

Lewis, Bernard. *The Middle East*. London: Oxford University Press, 1993.

Lone, R.A.. Andrabi, A.A. "Understanding Madrasa System of Education: A Systematic Review." *Special Education* 1, 43 (2022): 9177-9182.

Makdisi, George. *The Rise of Colleges: Institutions of Learning in Islam and the West*. Edinburgh: Edinburgh University Press, 1981.

Moosa, Ebrahim. *What is a Madrasa?* North Carolina: University of North Carolina Press, 2015.

Mutahhari, Murtaza. *The Theory of Knowledge: An Islamic Perspective*. Translated by Mansoor Limba. London: ICAS Press, 2011.

Pedersen, Johannes. *The Arabic Book*. Translated by Geoffrey. Princeton, N. J.: Princeton University Press, 1984.

Pilatin, Übeydullah. *Güneydoğu Anadolu Bölgesinde Faaliyet Gösteren Geleneksel Eğitim Kurum-ları*. Elazığ: Fırat Üniversitesi SBE,

Yüksek Lisans Tezi, 2010.

Sabki, A.A.. Hardaker G. "The madrasah concept of Islamic pedagogy." *Educational Review 65*, no 3(2013), 343-351.

Safa, Z. *Hamāseh-sarāyi dar Irān*. Tehran: Amir Kanir, 1966.

Shafie, A.B. "Towards the Improvement and Development of Cottage Education Systems in Malaysia." *Journal Pendidikan Islam 2*, 1 (1984): 24-44.

Turan, Osman. *Selcuklular Tarihi ve Turk-Islam Medeniyeti*. Istanbul: Boğaziçi Yay ı nları, 1980.

Yakuboğlu, Kenan. *Osъmanlı Medrese Eğitimi ve Felsefesi*. İstanbul: Gökkubbe Yayınları, 2006.

Yildiz, Hakki Dursun. *Buyuk Islam Tarihi*. vol. 4. Istanbul: Çağ, 1988.

Байхаки, Абу-л-Фазл. *История Масуда (1030-1041)*. Перевод с перс., вступление и комментарии А. К. Арендса. М.: Наука, 1969.

Вяткни, В.Л. *Кандия Малая*. Самарканд: Типография Труд, 1906.

Мехтиев, А. "Архитектура медресе в Азербайджане." *International Academy Journal Web of Scholar* 1, 31 (2019): 26-30.

Мец А. *Мусульманский Ренессанс*. Перевод Д. Е. Бертельса. М.: Нау ка, 1973.

Наршахи, М. *История Бухары*. Ташкент: Типо-лит. торг. д. "Ф. и Г. б р. Каменские", 1897.

Остроумов, Н.П. *Исламоведение: Введение в курс исломоведения*. Т ашкент: Издание туркестанских ведомостей, 1914.

Рашид, Бозоргниа Делавар. *История развития научных и образова тельных учреждений Мавераннахра и Хорасана (с древнос ти до середины XVIII в.)*. Институт истории, археологии и этнографии им.А.Дониша, Душанбе, 2016.

Смагулов М.Н., Смагулов К.Н. "Классические образовательные пра ктики ислама на примере Центральной Азии: традиции и с овременность." *Мусульманский мир* 4 (2016): 23-30.

인터넷 자료

https://baike.baidu.com/item/%E8%83%A1%E7%99%BB%E6%B4%B2 (검색일: 2023.10.5.)

https://commons.wikimedia.org/wiki/Category:Molla_Abdollah_Madrasa (검색일: 2023.9.23.)

https://istanbultarihi.ist/652-traditional-education-in-istanbul-and-the-istanbul-ulama (검색일: 2023.10.5.)

https://islamdusunceatlasi.org/mekanlar/isfahan/31 (검색일: 2023.10.5.)

http://uaq.ma/index.php/contact-universite-alquaraouiyine-fes-maroc(검색일: 2023.9.21.)

http://www.azhar.edu.eg (검색일: 2023.9.21.)

http://www.koreaislam.org (검색일: 2023.9.15.)

http://www.muslimpopulation.com/asia/China/A%20century-old%20Ottoman%20legacy%20in%20China.php (검색일: 2023.10.5.)

https://www.orientalarchitecture.com/sid/1322/uzbekistan/bukhara/mir-i-arab-madrasa (검색일: 2023.9.23.)

https://www.uomustansiriyah.edu.iq (검색일: 2023.9.21.)

제3부
중국의 경당

『舊唐書』, 198卷, "大食傳'

馬德新,『大化總歸』

顧炎武,『天下君國利病書)』
劉智,『伍功釋義』,
劉智,『天方典禮』,,

서범종.「이슬람 교육의 이해를 위한 기초 연구」.『한국교육학연구』 23, 2(2013): 167-187.
이희수.『이슬람과 한국문화』. 파주: 청아출판사, 2013
이희수.「이슬람 전통 교육기관 마드라사의 사회적 역할과 역사적 변천」.『중동문제연구』 13, 4 (2014): 91-130.
余振貴.雷曉靜 主編, 〈中國回族金屬錄〉, 寧夏人民出版社 2001.
金義久,『王岱與思想研究』, 民族出版社, 2008.
金義久,『蘇非主義在中國』, 中國: 社會科學文獻出版社, 2015.
李興華, 馮今源,『中國伊斯蘭史參考資料選集』(下册), 寧下人民出版社, 1985.
趙燦(淸), 楊永昌, 馬繼祖 標注,『經學系傳譜』, 青海人民出版社, 1989.
傳統先.『中国回教史』. 银川 : 宁夏人民出版社 , 2002.
邱樹森 ,「唐宋蕃坊與治外法權」,『寧夏社會科學』(第5期) , (2001): 59-90.
海存福,「回族家庭教育发微」,『回族研究』, 2000年 第4期(总第40期), (2000):51-55.
島田虔次, 1952,「王學左派論批判の批判」,『史學雜誌』 61(9). 1952, p. 217

제4부

한국의 서원

국내자료

『高麗史』
『高麗史節要』
『藍溪書院誌』
『南溪續集』

『南溪集』
『蘆沙集』
『訥隱先生文集』
『三國史記』
『消憂軒集』
『世宗實錄』
『宣祖修正實錄』
『牧隱文藁』
『吳山志』
『迎鳳志』
『英祖實錄』
『栗谷全書』
『仁祖實錄』
『中宗實錄』
『太宗實錄』
『退溪全書』
『華西集』
『寒岡續集』
『孝宗實錄』
국학진흥연구사업추진위원회. 『고문서집성 84』. 서울: 한국정신문화원, 2006.
김기주, 『맹자1, 2』, 전주: 전북대학교출판문화원 달섬, 2021.
김기주. 「지리산권의 서원과 사우, 그 현황과 특징」. 『남도문화연구』 22 (2012): 7-27.
김기주. 「도동서원과 한강학의 전개」. 『한국학논집』 57 (2014): 7-33.
김기주, 「연원록의 전개사에서 본 『동유학안』의 의의」, 『남명학연구』 76, (2022): 1-33.
김기주, 「서원과 성리학적 이념의 구현」, 『동아인문학』 63, (2023): 223-249.
김도영. 「萬卷堂과 濟美基德堂에 대한 재검토」. 『역사학보』 210 (2011): 59-95.
류준형. 「당대(唐代) 서원(書院)의 형성에 대한 재검토-존재 양태와 배경을 중심으로-」. 『한국서원학보』 10, 0 (2020): 1-32.
박종배. 「조선시대의 학령 및 학규」. 『한국교육사학』 28, 2 (2006): 213-237.
蔣伯潛·蔣祖怡. 『유교경전과 경학』. 최석기·강정화 역. 파주: 경인문화사, 2002.
장원철, 전병철 역. 『南冥先生編年』. 파주: 경인문화사, 2011.
조준호. 「서원지 분석을 통해 본 초기 서원의 성격-죽계지, 영봉지, 오산지를 중심으로-」. 『한국학논총』 33 (2010): 1-17.

국외자료

『舊唐書』
[唐] 李林甫 等撰, 陳仲夫 校點, 『唐六典』
『論語』
『新唐書』
『漳州府志』
鄧洪波, 趙子龍. 『中國書院的歷史與傳承』, 北京: 人民出版社, 2018.
『春秋左氏傳』

색 인

Index

제1부 기독교 세계의 수도원

제2부 이슬람 세계의 마드라사

제3부 중국의 경당

제4부 한국의 서원

저자소개

Author Introduction

계명대학교 실크로드연구원

계명대학교 실크로드연구원은 2014년에 개원하여 동서양을 아우르는 통섭적 인문학을 기치로 실크로드 문명사를 연구해오고 있다. 매년 국제학술회의를 개최하고 국제 저널 *Acta Via Serica*를 발행하여 저명한 석학들과 학술적 성과를 교류하는 한편, 연구의 성과를 단행본으로 엮어낸다. 경상북도의 지원에 힘입어 대구경북지역과 실크로드와의 접점을 발굴해내고 한국문화, 특히 신라 역사의 세계사적 위상을 제고하여 지역민들의 역사적 자긍심을 고취하기 위한 연구와 프로그램을 진행 중이다. 또한 연구원의 성과를 지역민들과 공유하기 위해 실크로드 아카데미를 운영하고 있다.

집필진

홍순희

계명대학교 독어독문학과를 졸업하고 계명대학교와 서울대학교에서 독문학과 비교문학으로 각각 박사학위를 받았다. 그리고 독일 튀빙겐대학교와 뮌스터대학교에서 수학했다. 현재 계명대학교 Tabula Rasa College 교수로 재직 중이며 독문학, 비교문학, 교양교육, 신화와 문화 관련 연구결과물을 지속적으로 축적하고 있다. 하인리히 폰 클라이스트의 드라마와 토마스 만의 소설, 하이데거 예술 철학, 릴케, 트라클, 횔덜린, 그리고 김수영의 시가 주요 연구 대상이다. 동양과 서양 인문학의 공유 공간 내지는 연결 지점을 확보하기 위해 실크로드 인문학에 관심을 가지고 페르시아 수피시인 하피즈의 시를 심층적으로 분석했다.

조미경

경북대학교 노어노문학과를 졸업하고 러시아 상트페테르부르크 국립대학에서 러시아 문학 전공으로 석사 및 박사학위를 받았다. 현재 계명대학교 Tabula Rasa College 교수로 재직 중이다. 러시아 작가 알렉산드르 푸시킨과 레프 톨스토이의 작품에 대한 다수의 논문을 발표했다. 실크로드 국가의 문화에도 관심을 가지고 연구 중이며, 논문 「이슬람 세계와 실크로드 도시 국가들의 지적 교류: 중앙아시아 마드라사의 형성과 변천과정을 중심으로」(2023) 등을 발표했다. 저서로는 『바이칼 호수 인문기행』(공저, 2018)과 『다시 걷는 실크로드』(공저, 2020)가 있으며, 번역서로는 『벨킨이야기』(2010) 등이 있다.

권상우

계명대학교 철학과를 졸업하고, 中國社會科學院 哲學硏究所에서 철학박사 학위를 취득하였다. 현재 계명대학교 Tabula Rasa College 교수로 재직하고 있다. 최근에는 종교 간의 대화와 융합을 주제로 연구하고 있다. 저서로는 『전통과 현대의 대화를 위한 동양의 지혜』(계명대학교 출판부, 2015), 『유학의 소통과 융합』(문사철, 2017), 『유학이 묻고 이슬람이 답하다-淸眞釋疑』(계명대학교 출판부, 2020) 등이 있고, 논문으로는 「유학과 이슬람의 상호문화철학적 접근」(2015), 「유학의 '사이(間)'윤리학: 惻隱과 恕를 중심으로」(2016), 「마덕신(馬德新)의 유학에 대한 이슬람적 해석」(2022) 등 다수의 논문이 있다.

김기주

계명대학교 철학과를 졸업하고 臺灣東海大學 哲學硏究所에서 '맹자의 도덕철학'에 관한 연구로 철학박사 학위를 받았다. 지금은 계명대학교 Tabula Rasa College 교수로 재직하고 있다. 학위 후에는 나고 자란 영남지역의 성리학과 그 전개 과정에 깊이 관심을 가지고 다수의 논문을 발표했으며, 이 책의 주제 가운데 하나인 서원과 관련된 연구도 함께 수행하였다. 『유교와 칸트』(예문서원, 2012), 『심체와 성체』(소명출판, 2012), 『서원으로 남명학파를 보다』(경인문화사, 2013) 등 20여 권의 저역서와 70여 편의 연구논문이 있다.